Visualize This 2/E
데이터 리터러시를 높이는 **데이터 시각화**

Visualize This:
The FlowingData Guide to Design, Visualization, and Statistics, Second Edition

Copyright ⓒ 2024 Nathan Yau
All Rights Reserved.
ISBN: 9781394214860

This translation published under license with the original publisher John Wiley & Sons, Inc., through Danny hong Agency.

Korean edition copyright ⓒ 2025 Insight Press Co., Ltd

이 책의 한국어판 저작권은 대니홍 에이전시를 통한 저작권사와의 독점 계약으로 (주)도서출판인사이트에 있습니다.
저작권법에 의해 한국 내에서 보호를 받는 저작물이므로 무단전재와 무단복제를 금합니다.

데이터 리터러시를 높이는 데이터 시각화

초판 1쇄 발행 2025년 9월 3일 **지은이** 네이선 야우 **옮긴이** 한상택 **펴낸이** 한기성 **펴낸곳** (주)도서출판인사이트 **편집** 정수진 **영업마케팅** 김진불 **제작·관리** 이유현 **용지** 월드페이퍼 **인쇄·제본** 천광인쇄사 **등록번호** 제2002-000049호 **등록일자** 2002년 2월 19일 **주소** 서울시 마포구 연남로5길 19-5 **전화** 02-322-5143 **팩스** 02-3143-5579 **이메일** insight@insightbook.co.kr **ISBN** 978-89-6626-485-8 책값은 뒤표지에 있습니다. 잘못 만들어진 책은 바꾸어 드립니다. 이 책의 정오표는 https://blog.insightbook.co.kr에서 확인하실 수 있습니다.

데이터 리터러시를 높이는 데이터 시각화

숫자를 메시지로 바꾸는 스토리텔링과 그래프 작성

네이선 야우 지음 | 한상택 옮김

인사이트

차례

옮긴이의 글 viii
소개 x

1장 데이터로 이야기하기 1

숫자 그 이상의 시각화 1
통계적인 정보 시각화 2 | 오락으로써의 시각화 4
감정을 전달하는 시각화 5 | 설득력 있는 시각화 7

데이터에 대해 질문을 던져라 8
검증 10 | 탐색적 시각화 11 | 소통 12

디자인 14
목적 15 | 대상 청중 17 | 기기 17 | 명확성과 통찰 18
트레이드오프 19

마무리 20

2장 데이터 시각화 도구 선택 21

혼합 도구 상자 21

클릭 기반 시각화 도구 22
종류 23 | 트레이드오프 30

프로그래밍 31
종류 31 | 트레이드오프 40

지도 만들기 41
종류 41 | 트레이드오프 45

일러스트레이션 45
종류 47 | 트레이드오프 49

iv

간단한 시각화 도구   50
    종류 50 | 트레이드오프 54

연필과 종이   54
    트레이드오프 55

사용 가능한 도구들 살펴보기   55

마무리   57

3장   데이터 다루기   59

데이터 준비   59

데이터 찾기   60
    검색 엔진 60 | 범용 데이터 응용 프로그램 60 | 연구자 61
    정부 기관 62 | 카탈로그와 리스트 63 | 주제별 참고 자료 63

데이터 수집   65
    복사 및 붙여 넣기 65 | 수동으로 수집하기 66 | 스크래핑 67
    사이트 스크래핑하기 68

데이터 불러오기   74

데이터 포매팅   75
    데이터 포맷 75 | 포매팅 도구 79 | 코드로 포맷 바꾸기 82

데이터 처리하기   88

표본 데이터의 필터링과 집계   89

마무리   91

4장   시간 시각화   93

추세   94
    시간을 나타내는 막대그래프 95 | 선 차트 100
    계단형 차트 106 | 평활화 110

이벤트   114
    타임라인 116 | 점 도표 121

주기   134
    다중 선 차트 135 | 히트맵 142

마무리   146

5장 범주 시각화 — 147

양 — 148
범주형 막대 차트 149 | 크기 조절 도형 155

전체에서의 부분 — 166
파이 차트 167 | 도넛 차트 172 | 사각 파이 차트 173
트리맵 176

순위와 순서 — 180

범주와 시간 — 183
누적 막대 차트 184 | 누적 영역 차트 189
충적 다이어그램 192 | 범프 차트 195

마무리 — 196

6장 관계 시각화 — 197

상관관계 — 198
산점도 199 | 버블 차트 210

차이점 — 216
덤벨 차트 217 | 차이 차트 223 | 차이점 강조하기 227

다중 변수 — 229
다중 변수용 히트맵 230 | 평행 좌표 그래프 235
뷰 분리하기 240

연결 — 240
네트워크 그래프 242

마무리 — 247

7장 공간 시각화 — 249

공간 데이터 다루기 — 250
주소 지오코딩하기 250 | 지도 투영법 251

위치 — 253
점 254 | 크기 조절 도형 260 | 선 264

공간 분포 — 269
단계 구분도 270 | 카토그램 278 | 점 밀도 지도 282

공간과 시간 — 286

연속 지도　286　|　애니메이션 지도　292

마무리　296

8장　데이터를 시각적으로 분석하기　299

정보 수집하기　299

개요　300

주요 개념　301　|　분포　311　|　데이터 품질　327
질문 조정하기　328

세부 사항 탐색하기　328

비교　329　|　패턴　331　|　불확실성　334　|　이상값　337

결론 도출하기　340

마무리　341

9장　목적을 담은 디자인　343

좋은 시각화　343

무한한 선택지　344　|　시각화 구성 요소　345

타인을 위한 통찰　347

시각적 위계　348　|　미학　348　|　시각적 은유　350
주석　354　|　접근성　355

마무리　355

찾아보기　357

옮긴이의 글

트위터에서 우연히 본 흥미로운 시각화 작품이 있었다. "미국인의 하루"라는 작업이었는데, 1,000명을 나타내는 1,000개의 작은 점들이 시간의 흐름에 따라 잠자기, 일하기, 식사하기 같은 활동들 사이를 이동하는 모습을 보여주었다. 마치 높은 빌딩에서 군상을 내려다보는 것처럼, 각 점이 움직이면서 매시간 사람들이 어떤 활동을 주로 하는지가 한눈에 들어왔다. 대다수의 점들이 뭉쳐 다니면서 평범한 생활 패턴을 보이지만, 주류에 속하지 않는 다양한 사람들의 다양한 모습이 눈앞에 펼쳐진다. 단순한 막대 차트, 파이 차트로는 전해 지지 않는 훨씬 다층적인 정보를 전달할 수 있다는 것이 너무 매력적이었다. 나중에 이 책의 번역을 의뢰 받고 책을 읽다가 그 작품이 바로 이 책의 저자 네이선 야우(Nathan Yau)의 것임을 알게 되었다.

네이선 야우는 FlowingData라는 데이터 시각화 사이트를 18년째 운영하고 있다. 책의 원제인 'Visualize This'는 야우가 데이터 세트를 올리면 구독자들이 직접 시각화해보는 챌린지 코너의 이름이었는데, 그것을 책 제목으로 정했다고 한다.

사람들은 정보를 받아들일 때 언어 정보와 시각 정보, 두 가지 채널을 통해 따로 정보를 처리하고 통합하여 저장한다고 한다. 아무리 자세히 글로 설명해도 이해하기 어려운 복잡한 정보도 시각적 표현과 함께 제시하면 훨씬 쉽게 이해되고 기억에도 오래 남는다. 뉴욕 타임스나 파이낸셜 타임스의 데이터 저널리즘이 주목받으면서 복잡한 경제 지표를 인터랙티브한 그래프로, 선거 결과를 움직이는 지도로, 기후 변화를 체감할 수 있는 애니메이션으로 보여주는 사례들이 늘어났다. 국내 언론들도 이런 흐름에 발맞춰 데이터 시각화를 활용한 기사들을 적극적으로 선보이고 있다. 대중들도 이제 데이터 시각화의 힘을 체감하며 관심을 갖게 되었다.

하지만 아직도 많은 사람들이 엑셀이 제공하는 막대 차트나 선 차트, 산점도 같은 기본 차트에만 익숙하다. 이 책은 데이터를 보여주는 데 더 적합한 다양한 데이터 시각화 방법을 보여준다. 그리고 그것을 직접 내 손으로 만들어보고 싶어 하는 독자를 위한 실용적인 안내서이다. 갑자기 R이나 파이썬 같은 프로그래밍 언어가 등장하여 처음에는 다소 어려울 수도 있다. 하지만 저자는 요리를 가르치는 셰프처럼, 재료인 데이터를 어떻게 손질하고 어떤 도구를 언제 사용해야 하는지 차근차근 알려준다. 직접 코딩을 하지 않더라도 전문 데이터 시각화 도구를 활용하는 방법을 함께 제시한다. 중요한 것은 전달하려는 이야기와 목적에 따라 적합한 시각화 방법을 선택하는 것이다.

이 책을 번역하는 지금, 데이터 시각화는 또 다른 전환점을 맞고 있다. 구글 Colab 노트북에 AI가 통합되면서 AI가 코딩이라는 기술적 장벽을 낮췄고, 이제는 컴퓨터 언어가 아닌 사람의 언어로 대화하면서 데이터를 찾고 분석하고 시각화할 수 있다. 결국 가장 중요한 것은 호기심이다. "왜 이런 현상이 일어날까?" "이 데이터에는 어떤 이야기가 있을까?" 이런 질문을 던질 수 있다면, 이 책이 당신을 흥미진진한 데이터 세계로 안내할 것이다.

한상택

소개

데이터는 어디에나 있다. 데이터를 탐구하는 가장 괜찮은 방법 중 하나가 바로 시각화다. 숫자들을 눈에 보이는 공간에 펼쳐 두는 거다. 그러면 뇌가 패턴을 찾기 시작한다. 우리 뇌는 이런 걸 잘한다. 스프레드시트에서는 보이지 않던 인사이트를 발견할 수 있다. 또 시각화는 소통의 도구다. 한 사람에서 수백만 명에까지 인사이트를 전달할 수 있다.

오랫동안 시각화는 주로 정량적이고 기술적인 작업에 가까웠다. 데이터를 보여주고 물러서서, 데이터가 스스로 말하게 두는 식이었다. 이런 방식이 통할 때도 있지만 그건 데이터가 말하는 언어를 모든 사람이 이해하고, 그 내용이 항상 명확하면서 진실만을 말한다는 가정하에서나 있을 법한 일이다. 하지만 데이터가 항상 그렇게 솔직하지만은 않고, 통찰도 그렇게 뚜렷하지 않을 때가 많다.

시각화, 통계, 디자인에 관한 사이트인 FlowingData를 17년간 운영하며 나는 시각화의 진화를 지켜보았다. 내가 공부를 시작했을 때 시각화는 주로 분석 도구였지만 이제는 데이터로 이야기를 들려주는 매체로 발전했다. 단순히 사실만을 보여주는 걸 넘어서 감정을 불러일으키고, 재미를 주고, 변화를 촉구한다.

나에게 시각화는 데이터를 이해하고 발견한 것을 공유하는 방법이며, 무엇보다 일상을 이해하는 도구이다. 나는 데이터로 질문에 답하고, 그 답을 시각화하고, 더 많은 질문을 했다. 질문이 더 이상 없을 때까지 반복했다. 일반적인 분석과 시각화 방법은 이 책의 초판부터 대체로 유지되었지만, 방법을 수행하는 단계는 계속해서 다듬었고 도구는 해마다 바뀌었다.

이 책은 《Visualize This》의 2판이다. 십수 년 전 초판을 썼을 때와 비교하면 실무에서의 시각화는 많이 변했다. 도구가 달랐고(플래시 같은 걸 썼다), 사람들은 더 엄격한 디자인 지침을 따랐으며(데이터-잉크 비율[1]), 시각화의 목적은 한정적이었고(분석과 정량적 인사이트를 얻는 정도로만), 기업과 기관 들은 어떤 데이터를 공개할지 고민하는 단계였다(요즘 기준으로는 개방적이라고 보기 어렵다).

이번 판에는 그동안 진화·발전시킨 노하우를 반영했다. 소통을 위한 차트 만들기에 초점을 맞춰 완전히 새로운 예시, 설명, 지침을 넣었다. 이건 내가 보는 데이터 시각화 방법일 뿐, 유일한 정답은 아니다. 물론 내가 생각하기엔 굉장히 좋은 방법이다. 이 책을 통해 차트 만들기의 기본을 배우고 자신의 상황에 맞는 프로세스를 정립해서, 훌륭한 시각화란 무엇인지 자신만의 견해를 만들어 나가길 바란다.

1 (옮긴이) 데이터-잉크 비율은 전체 잉크의 양 중 데이터를 나타내기 위해서 사용된 비율을 말한다. 데이터 시각화에서는 이 비율이 높아야 한다고 요구한다. 가급적 정보를 나타내는 데 잉크를 사용하고 그 외에 꾸미는 데에는 잉크 사용을 줄이라는 것이다.

데이터 시각화 배우기

통계학과의 인연은 대학 1학년 때 시작됐다. 전기공학과 필수 과목이라 들었는데 교수님이 놀라울 정도로 열정적이었고, 통계학을 진심으로 즐기는 게 분명했다. 강의실 계단을 거의 뛰다시피 오르내리며 수업했고, 말할 때마다 손을 크게 흔들었다. 학생들 옆을 획획 지나가며 수업에 참여시켰다. 그 열정에 홀려 나는 데이터 공부에 빠져들었고, 4년 뒤엔 대학원에서 통계학을 공부하게 됐다.

대학에서 내가 배운 통계학은 절차적 데이터 분석, 분포, 가설 검정 등이었는데 적성에 맞았다. 새로운 데이터 세트[2]에서 추세와 패턴, 상관관계를 찾는 게 재미있었다. 대학원에 들어가면서 시야가 더 넓어졌고, 모든 게 더 흥미로워졌다. 통계학에 대한 애정도 깊어졌다.

2 (옮긴이) 보통 데이터는 포괄적으로 정보나 값을 나타내고, 데이터 세트는 분석이나 학습을 위해 데이터를 구조화한 모음을 말한다. 이 책에서는 전반적으로 데이터 세트라는 표현을 많이 사용한다.

통계학은 가설 검정, 정규 분포 곡선, 동전 던지기에서 데이터로 이야기를 들려주는 것이 주가 되었다. 현실 세계를 담은 데이터를 가져와 분석하고 해석하면 내 주변 세상을 이해할 수 있다. 데이터가 들려주는 이야기는 공공 정책, 비즈니스, 기술, 건강, 행복, 일상생활에 영향을 미친다.

데이터가 어디에나 있다 보니 데이터로 소통하는 방법이 여러 분야에서 유용하게 활용된다. 하지만 대부분 사람들은 시간이 없거나 방법을 몰라 데이터를 활용하지 못한다. 당신이 추상적인 숫자와 통찰력을 잇는 다리가 될 수 있다.

데이터를 유용하게 시각화하는 기술은 어떻게 배울까? 요즘엔 데이터 시각화 강좌도 있고 대학에서도 배울 수 있다. 하지만 전문 학위 없이도 실전으로 배울 수 있다. 나는 시각화 강좌를 들어본 적이 없다.

내가 처음 만든 차트는 초등학교 4학년 때 과학 전시회 프로젝트용으로 만든 것이었다. 그 당시 내 파트너와 나는 정말로 진지하게 달팽이가 어떤 표면에서 가장 빨리 움직이는지 알고 싶었다. 우리는 달팽이를 거친 면과 매끈한 면에 올려놓고 같은 거리를 기어가는 데 걸리는 시간을 쟀다. 표면 차이에 따라 걸린 시간이 데이터가 되었고, 그것으로 막대 그래프를 만들었다. 빠른 순서로 정렬하는 게 좋다는 인사이트가 있었는지 기억나지는 않지만, 마이크로소프트 엑셀과 씨름한 건 또렷이 기억난다. 그 후로는 차트 만들기가 쉬워졌다. 소프트웨어 기본 기능과 사용법은 한번 익히면 나머지는 배우기 쉽다. (궁금해할 사람을 위해 말해두자면, 달팽이는 유리 위에서 가장 빨랐다.)

어떤 소프트웨어나 프로그래밍 언어를 배우든 과정은 비슷하다. 4학년 때의 과학 전시회용 달팽이 프로젝트 이후로 나는 데이터 시각화를 실전으로 배우며 경력을 키워나갔다. 학교에서 데이터 분석을 위해 R을 배웠고, 나중에 회사에서 더 많이 사용하게 됐다. 내가 들어간 연구실에서는 데이터 수집에 파이썬을, 웹 애플리케이션에 PHP를 쓰고 있어서 쓸모 없는 놈이 되지 않으려고 그 언어들도 배웠다. 웹용 인터랙티브 애니메이션 그래픽을 만들고 싶어서 플래시를 배웠고, 플래시가 망하자 자바스크립트를 배웠다. 그래픽 인턴을 준비할 때 데이터 디자인 책도 닥치는 대로 읽었다. 하지만 일반 대중을 위한 차트는 또 부단히 노력해 어도비 일러스트레이터를 배우고 나서야 그릴 수 있었다.

코드를 작성해 보거나 복잡한 소프트웨어 패키지를 다뤄본 경험이 없다면 이 과정이 좀 겁날 수도 있다. 하지만 이 책을 보면서 예제를 몇 개 따라 해보면 요령이 생길 것이다.

책 사용법

이 책은 예제 중심으로, 다양한 시각화 도구를 어떻게 혼합해 사용할 것인지, 여러 포맷의 데이터를 어떻게 이해할 것인지를 실제 과정에 따라 진행한다. 각 예제에서 데이터 세트를 통해 질문을 던지고, 데이터에 대해 배우고, 더 광범위한 대상에게 인사이트를 전달하는 법을 알아본다.

각 장마다 다운로드할 수 있는 데이터, 코드, 파일이 포함되어 있다. www.wiley.com/go/visualizethis2e 또는 https://book.flowingdata.com/vt2에서 다운로드할 수 있다. 파일을 다운로드하여 단계별로 예제를 따라 하면서 궁금하면 직접 데이터를 살펴보고, 배운 것을 다른 데이터 세트에 적용해 볼 수 있다.

이 책은 처음부터 끝까지 차근차근 읽어도 되고, 데이터 세트를 가지고 있거나 염두에 둔 시각화가 있다면 원하는 부분만 골라 읽어도 된다. 각 장은 데이터 유형과 시각화하려는 항목에 따라 구성을 나눴다. 각 절은 데이터에서 무엇을 찾아야 하는지와 관련 패턴을 찾는 데 도움이 되는 차트 유형에 대해 설명한다.

책을 다 읽고 나면 자신의 데이터를 시각화하고 출판이 가능한 수준의 그래픽을 디자인할 수 있게 될 것이다. 이 과정을 같이 즐겁게 해보자.

1
데이터로 이야기하기

데이터 시각화 작업들 중에서 재미있었던 걸 한번 떠올려 보자. 온라인에서 본 것이나 강연에서 본 것, 또는 그냥 '이거 정말 괜찮은데?'하고 생각했던 것들 중에서. 머릿속에 떠오른 건 아마 뭔가 흥미로운 이야기가 있는 작업일 것이다. 우리를 설득하려는 이야기일 수도 있고, 행동을 촉구하거나 새로운 정보를 알려준 것일 수도 있다. 어떤 가정에 스스로 의문을 품게 만들거나 또는 미소 짓게 하는 이야기일 수도 있다. 크든 작든, 예술을 위한 것이든 슬라이드 발표를 위한 것이든 뛰어난 데이터 시각화의 특징은 우리가 이전에는 볼 수 없던 패턴을 보여주는 데 있다.

숫자 그 이상의 시각화

시각화에 대한 내 관심은 통계학과 대학원 시절부터 시작됐다. 모든 데이터 세트를 분석할 준비가 되어 있었다. 차트는 데이터를 더 잘 이해하기 위한 도구였고, 가끔 보고서에 넣을 이미지를 만들기도 했다. 그게 전부였다.

나는 기술적인 관점에서만 차트 만들기에 접근했다. 어떤 유형의 차트가 가장 적합한지, 누가 내 작업을 볼 것인지, 어떻게 통찰과 스토리를 담아낼지는 거의 고민하지 않았다. 분석의 다음 단계로 넘어갈 수 있게 그저 차트를 만드는 방법만 알면 됐다.

하지만 데이터를 다루면 다룰수록 그 복잡성과 주관성, 그리고 세상과의 관계에 대해 더 많이 알게 됐다. 동시에 우리는 컴퓨터, 휴대폰, 인터넷 기기들을 통해 데이터를 더 많이 주고받게 되었다. 데이터는 이제 단순히 분석가들이 직장에서 열어보는 스프레드시트가 아니라 일상과 얽혀 있다. 나는 데이터가 우리 자신을 이해하는 데 어떤 역할을 하게 될지 궁금했다.

대학원 2년차 때 유명 언론사에서 그래픽 디자인 인턴을 했는데, 이때의 경험을 통해 데이터를 보여주고 전달하는 시각화의 역할에 대해 생각하게 되었다. 탐색적 데이터 분석과 데이터 시각화는 어떻게 다른 걸까? 그러다 FlowingData를 시작하고 데이터 시각화로 수백만 명과 소통하는 경험을 얻게 되었다. 뭔가를 찾은 것 같았다. 계속 파고들었고 푹 빠져들었다. 처음엔 그저 동기들과 연락을 이어가려고 시작한 프로젝트였는데 그게 내 꿈의 직업이 됐다.

세월이 흘러 시각화는 이제 단순한 분석 도구의 수준을 넘어섰다. 문외한에게도 데이터를 쉽게 설명하는 방법이 됐다. 재미도 있었다. 시각화는 데이터로 이야기를 들려주는 매체로 성장했다. 모든 좋은 매체가 그렇듯, 시각화로 다양한 이야기를 할 수 있게 됐다.[1]

1 존 튜키(John Tukey)의 《Exploratory Data Analysis》(Pearson, 1977)는 데이터를 연구하는 데 시각화를 사용하는, 당시로선 획기적인 아이디어를 선보인 고전이다.

통계적인 정보 시각화

데이터와 시각화라고 하면 대부분 통계적인 이야기를 떠올린다. 언론에서는 주로 차트와 설명을 곁들인 익숙한 기사 형식을 따른다. 차트는 데이터를 보여주고, 글과 주석으로 된 설명은 그 데이터가 무엇에 관한 건지, 숫자들의 맥락이 뭔지 알려준다. 뉴욕 타임스, 워싱턴 포스트, 로이터 같은 신문사의 데이터 저널리즘 기사가 이런 형식을 취한다.

통계적 이야기는 보고서, 프레젠테이션, 분석 결과 등 더 분석적인 맥락에서도 찾아볼 수 있다. 이것들이 전통적인 의미의 이야기는 아니지만 다루는 데이터는 항상 무언가에 관한 것이고, 바로 그 무언가가 시각화를 의미 있게 만들어 준다.

1874년, 미국 인구조사국은 '미국의 통계 지도'를 발간했다. 10년 주기로 진행하는 1870년의 인구 조사에서 수집한 데이터를 지도와 차트로 요약한 그래픽 자료다. 오늘날의 관점에서 보면, 당시의 삶이 어떠했는지를 보여주는 시간의 스냅샷과 같다.[2]

2 1870년대의 '미국의 통계 지도'는 *https://datafl.ws/7l4* 에서 확인할 수 있다.

나는 이 원본 지도의 시각적 형식을 차용해 현재의 스냅샷을 만들 수 있을지 궁금했다. 그래서 가장 최근의 데이터를 사용해 개정된 지도를 만들어 보았다. 주(州)별, 인종별 인구 분포를 19세기의 미감과 용어를 사용해 디자인했다(그림 1.1).

몇 백 년 후에도 볼 수 있는 데이터 스냅샷이라는 아이디어가 내 작업의 대부분을 시작하게 만들었다. 지금 볼 때와 100년 후에 볼 때는 어떤 차이가 있을까? 개인이 휴대폰과 기기를 통해 수집한(능동적이든 수동적이든) 데이터로 만든 스냅샷은 어떤 모습일까?

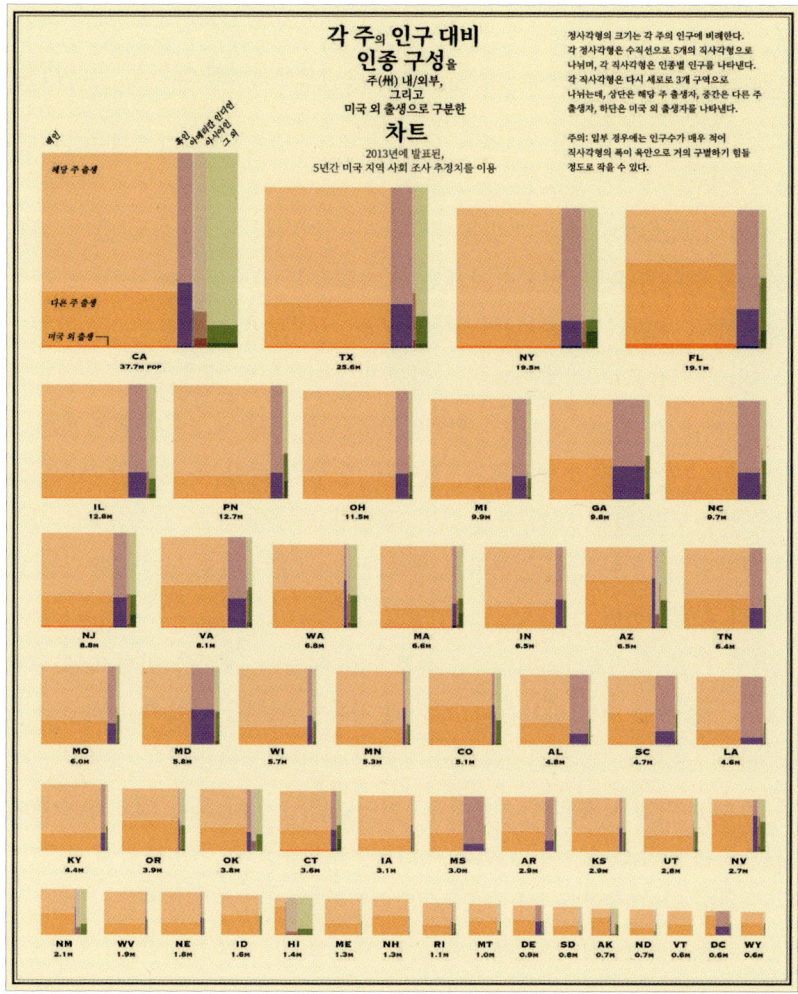

그림 **1.1** 미국 통계 지도 개정판, *https://flowingdata.com/2015/06/16/reviving-the-statistical-atlas-of-the-united-states-with-new-data*

우리는 데이터를 통해 인사이트를 얻을 수 있고, 인사이트와 맥락이 결합하면 이야기가 만들어진다. 이런 데이터를 통한 이야기가 사람들이 업무와 일상생활에서 정보에 기반하여 더 나은 결정을 내리는 데 도움을 준다.

오락으로써의 시각화

사람들이 내가 뭘 전공했는지 물어볼 때 '통계학'이라고 답하면 두 가지 반응을 보인다. 흥미를 잃고 눈빛이 멍해지거나, 대학 때 듣던 통계학 개론을 떠올리며 괴로워한다. 정규 분포 곡선과 무슨 가설 검정 같은 걸 떠올리는 것 같다. 가끔 관심 있는 척하는 사람도 있는데, 배려는 고맙지만 관심 없는 거 다 안다.

데이터를 해석할 줄 모르면 데이터는 따분해 보인다. 뭔 소리를 하는지 알 수가 없다. 시각화의 재미있는 점은 사람들이 방정식이나 글자로는 이해하기 어려운 패턴을 눈으로 바로 볼 수 있다는 거다.

세월이 흐르면서 점점 더 많은 사람들이 데이터의 매력을 알아갔다. 차트는 이제 하나의 오락 형태로 진화했다. 사람들은 차트로 농담을 하고, 만화를 그린다. 재미있는 호기심거리를 탐구하고, 정보와 오락을 섞은 인포테인먼트라는 이름으로 소셜 미디어 사업을 만들어내기도 했다.

FlowingData에 올리는 프로젝트의 상당 부분은 내 개인적인 흥미에서 출발했다. 그림 1.2의 프로젝트가 그 예다. 문득 궁금한 게 생기면 데이터로 답을 찾아보려 했다. 내가 관심 있어 할 만한 주제라면, 호기심을 갖는 사람이 적어도 한 명 이상 있을 거라고 생각한다. 이것이 바로 인터넷의 근간 중 하나라고 생각한다.

맥주 리뷰 사이트 RateBeer는 선호도와 사용자 평점을 바탕으로 상위 100개 양조장을 매년 발표한다. 장거리 자동차 여행을 좋아하고 맥주를 사랑하는 나로서는, 미국 전역을 가로지르며 이 양조장들을 모두 방문하는 여행 코스는 어떤 모습일까 궁금했다. 뛰어난 양조장이 하나 있으면 주변에 다른 좋은 곳들도 있기 마련이라, 상위 양조장들을 오가는 사이에 들를 만한 곳들도 알고 싶었다. 이 지도는 2014년 기준 최고의 양조장들을 최소 시간으로 방문하는 루트를 유전 알고리즘[3]으로 찾아 그린 것이다.

3 (옮긴이) 유전 알고리즘이란 자연의 진화를 모방하여 매 세대마다 최선의 답을 찾아 정보를 다음 세대로 전달하고, 최적의 경로에 수렴할 때까지 반복하는 방법이다.

그림 1.2 추천 양조장 여행 코스. 알고리즘으로 찾은 최적 경로, https://flowingdata.com/2015/10/26/top-brewery-road-trip-routed-algorithmically

이 시각화는 빠른 의사 결정을 위해 최적화된 방법은 아니지만, 꽤 많은 사람들이 좋아했다.

감정을 전달하는 시각화

학문으로써의 시각화에서는 인사이트를 극대화하는 방향을 추구한다. 분석 측면에서는 맞는 말이다. 데이터를 빠르고 효율적으로 탐색해야만 다양한 관점에서 평가할 수 있기 때문이다.

하지만 우리가 항상 가장 효율적이고 인지적으로 정확한 시각화를 추구한다면, 대부분 막대 그래프만 그려야 할 것이다. 정확성이 가장 중요하면 차라리 시각화는 건너뛰고 표만 보여주는 게 나을지도 모른다(약간 과장이긴 해도, 틀린 말은 아니다). 물론 내가 선호하는 방식은 아니다.

정량적 인사이트 이상의 의미를 데이터를 시각화에 담고 싶을 때도 있다. 그림 1.3에서 나는 사람들을 행복하게 만드는 것이 무엇인지 탐구했다.

연구진이 만 명의 참가자에게 최근 행복했던 순간 열 가지를 적어달라고

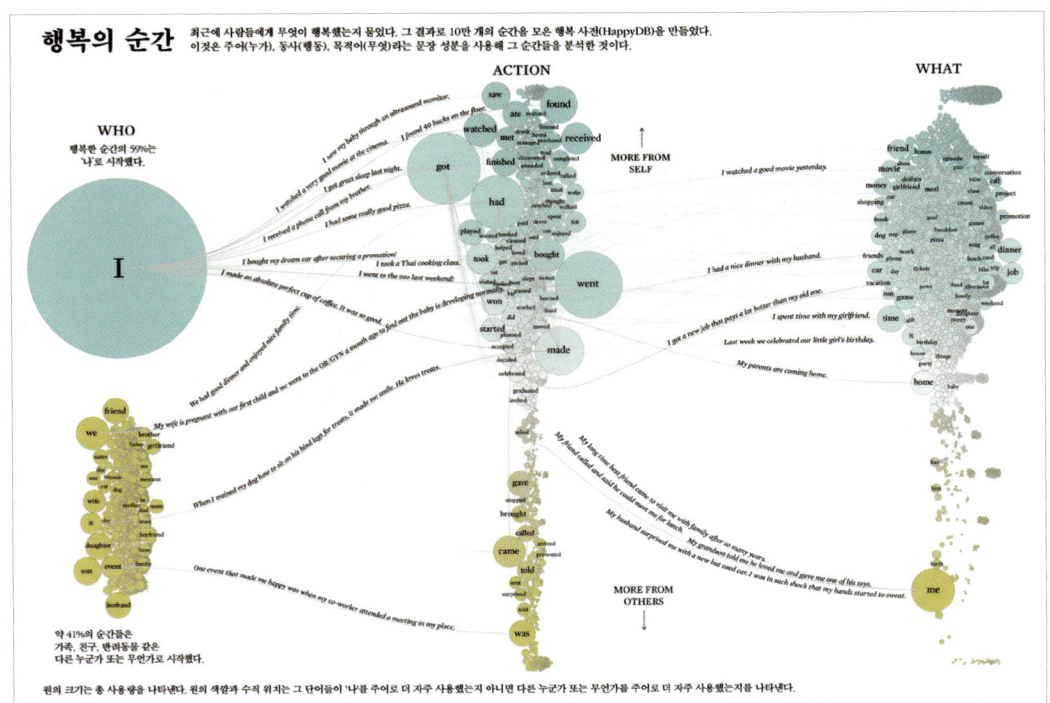

그림 1.3 행복의 정량화.
행복은 어디에서 오는가?
https://flowingdata.
com/2021/07/29/count-
ing-happiness

4 더 많은 데이터 아트 예시는
FlowingData에서 볼 수 있다.
https://datafl.ws/art

5 (옮긴이) We Feel Fine
프로젝트는 http://www.
wefeelfine.org에서 확인할 수
있다. 이 프로젝트는 책으로도
출간되었다. *We Feel Fine: An
Almanac of Human
Emotion*, Scribner, 2009.

요청했다. 그렇게 탄생한 게 '행복 사전(HappyDB)'이다. 10만 개의 행복한 순간을 모아놓은 데이터베이스다. 각각의 순간에서 주어와 동사, 목적어를 뽑아내 사람들을 행복하게 만드는 요소를 찾아보았다. 모아놓기만 해도 전체적인 그림을 보여주는 데 도움이 되지만, 행복한 순간들에서 사용한 단어들 각각이 무엇인지를 보여주고 싶었다.[4]

데이터를 통해 감정을 느끼려면 어떻게 해야 할까? 많은 시도가 있었다. 조나단 해리스(Jonathan Harris)와 셉 캄바(Sep Kamvar)가 만든 '우린 괜찮아요(We Feel Fine)'(Scribner, 2009)[5]는 서로 연결된 짧은 이야기들로 감정을 들여다봤고, 조르지아 루피(Giorgia Lupi)와 스테파니 포사벡(Stefanie Posavec)의 '데이터에게(Dear Data)'(Princeton, 2016)는 일 년 동안 데이터를 시각화해 엽서로 주고받는 프로젝트였다. 스테이먼 디자인의 '감정의 지도(Atlas of Emotions)'는 달라이 라마와 폴 에크먼(Paul Ekman)이 함께 만든 작품으로, 인간 감정의 스펙트럼을 탐구했다.

데이터는 무미건조하고 딱딱해 보일 수 있다. 하지만 그 안에는 숫자로 측정하기 어려운 것들도 담겨 있다. 시각화는 바로 그런 데이터의 숨은 면을 생생하게 드러낸다.

설득력 있는 시각화

시각화는 여러 가지 얼굴을 동시에 가질 수 있다. 정보를 주고, 재미도 있으면서 감동까지 준다면? 그게 바로 설득력 있는 시각화다.

이 분야의 최고봉은 한스 로슬링(Hans Rosling)이다. 세계 보건학 교수이자 갭마인더(Gapminder) 재단 공동 설립자였다. 로슬링은 '트렌덜라이저(Trendalyzer)'라는 도구로 각 나라의 빈곤 상황이 어떻게 변화하는지 애니메이션으로 보여줬다(그림 1.4). 그의 강연을 듣던 청중은 데이터에 빠져들고, 마지막엔 모두들 일어나 박수를 쳤다. 데이터로 기립 박수를 받는 건 놀라운 일이다.

최근의 시각화는 이해하기 쉬워졌다. 로슬링의 발표 이후 많은 사람들이 저마다의 방식으로 '트렌덜라이저'를 만들어냈기 때문이다. 로슬링은 빈곤도와 기대 수명을 나타내는 각 나라의 버블이 연도에 따라 움직이도록 했다. 그의 강연은 왜 그토록 인기 있었을까? 비결은 로슬링의 발표 스타일과

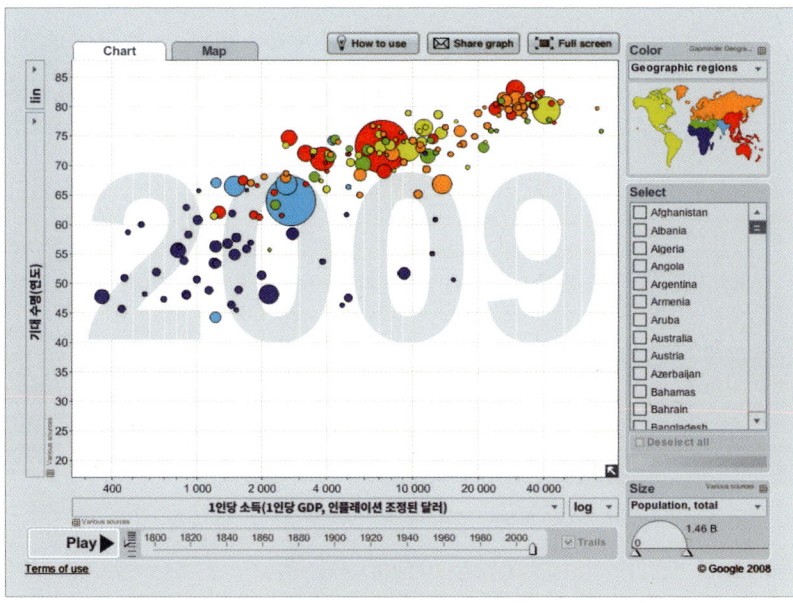

그림 1.4 갭마인더 재단의 '트렌덜라이저'

프레이밍에 있었다. 그는 이야기를 들려준다. 차트와 그래프를 잔뜩 보여주는 따분한 발표가 얼마나 많은가. 로슬링은 데이터가 의미하는 바를 발표에 활용하고 청중을 사로잡는 방법을 찾아냈다. 강연 말미의 칼 삼키기 묘기도 마지막까지 강한 인상을 남기는 데 도움이 되었다.[6]

통계학자 존 튜키는 그의 저서 《Exploratory Data Analysis(탐색적 데이터 분석)》(1977, Pearson)에서 이렇게 말했다. "그림이 주는 가장 큰 가치는 우리가 전혀 예상하지 못한 것을 보여주는 데 있다." 시각화는 맥락을 담아 데이터를 보여주고 그걸 이야기로 만든다. 데이터 자체로는 너무 복잡한 개념도 시각화를 통해 쉽게 이해시킬 수 있다.

당신은 어떤 이야기를 들려주고 싶은가? 보고서인가, 소설인가? 사람들에게 행동의 필요성을 납득시키고 싶은가?

모든 데이터 하나하나에는 이야기가 담겨 있다. 영화 속 인물에게 과거와 현재, 미래가 있듯이 말이다. 데이터들은 서로 관계 맺고 상호작용한다. 그걸 찾아내는 건 당신의 몫이다.

데이터에 대해 질문을 던져라

문제는 이거다. 데이터가 무엇에 관한 것인지 당신이 직접 파악해야 하고, 그것을 바탕으로 어떤 이야기를 들려줄지 결정해야 한다. 어떤 이들은 데이터가 스스로 말하게 두라고 한다. 데이터 세트를 차트 프로그램에 넣기만 하면 마법처럼 멋진 시각적 이야기가 튀어나온다고 생각한다. 그렇다면 이 책은 여기서 끝내도 되겠지만, 아직은 그렇지 않다. 할 일이 많이 남아 있다.

단 하나의 데이터 세트, 심지어 몇 개의 데이터 포인트만 있는 작은 세트도 여러 가지로 시각화할 수 있다. 변수와 관찰값이 늘어날수록 가능성은 폭발적으로 증가한다. 차트 종류, 형태, 색상, 형식, 차원 등 선택지가 무한대로 늘어난다. 이걸 보여주기 위해 나는 하나의 데이터 세트(시간에 따른 국가별 기대 수명)를 25가지 다른 차트로 시각화해봤다.

지역을 그룹화하거나, 특정 국가에 초점을 맞추거나, 특정 시간대를 강조하는 등의 방법을 취하면 더 많은 차트를 만들 수 있었다. 덜 전통적인 시각

6 한스 로슬링이 데이터로 청중을 놀라게 하는 모습을 보자. *https://datafl.ws/hanstalk*
(옮긴이) 강연에서 진짜로 칼을 삼키는 것으로 유명하다.

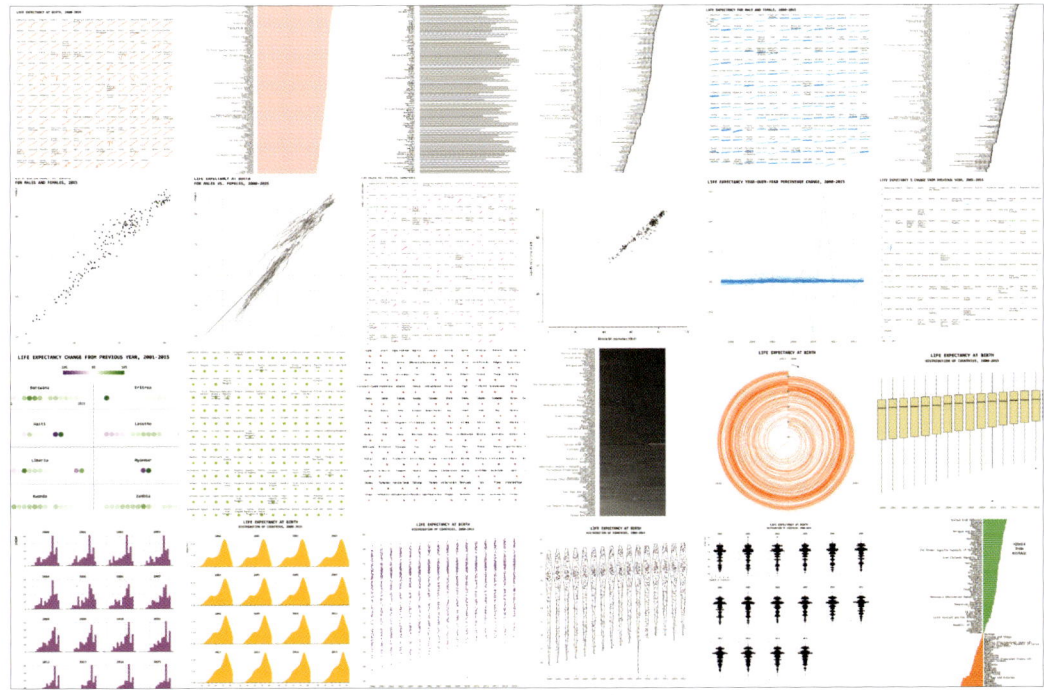

그림 1.5 하나의 데이터 세트를 25가지 방법으로 시각화, https://flowingdata.com/2017/01/24/one-data-set-visualized-25-ways

화 방법으로 바꿀 수도 있었다. 데이터에 주석을 달거나 설명을 추가하는 것까지는 하지 않았다.

당신이 해볼 차례다. 5와 10, 이 두 숫자를 시각화하는 모든 방법을 생각해 보자. 원 10개와 사각형 5개를 그리거나, 사각형 10개와 원 5개를 그릴 수도 있다. 한 도형을 다른 것보다 두 배 크게 그릴 수도 있다. 더 큰 수를 나타내기 위해 더 어두운 색을 사용할 수 있다. 아니면 정의된 축을 따라 두 숫자를 연결하는 선을 그릴 수도 있다.

재미있는 일이 너무 많아서 걸러낼 필요도 있다. 데이터에서 관련 부분을 찾고 노이즈를 걸러내야 한다. 이건 기본적으로 통계학의 영역이다. 지금 자세히 설명할 순 없지만, 데이터를 분석하고 시각화에 초점을 맞추는 가장 좋은 방법은 질문을 던지는 것이다. 이런 질문과 답변으로 품질을 검증하고, 데이터의 의미를 탐색하고, 통찰력을 전달한다.

검증

데이터 속에서 이야기를 찾는 동안 무엇을 발견하더라도 항상 의문을 품어야 한다. 숫자가 곧 진실은 아니라는 걸 명심해야 한다. 데이터는 수집 방법, 수집자, 수집 대상에 따라 주관적일 수 있다.

젊었을 때는 데이터 검증이 시각화 과정에서 가장 싫었다. 차트만 만들고 싶은데 귀찮은 일처럼 느껴졌다. 하지만 경력이 쌓이면서 데이터 검증이 시각화 과정의 중요한 부분이라는 걸 깨달았다. 부실한 데이터는 실수와 오해를 낳지만 데이터에 대한 신뢰가 높으면 시각화에 대한 자신감으로 이어진다.

기본적으로 우선 말이 안 되는 것을 찾아야 한다. 데이터 입력 시 실수로 0을 하나 더 넣거나 빼먹었을 수도 있고, 데이터 스크래핑[7] 중 연결 문제로 일부가 뒤죽박죽됐을 수도 있다. 또는 급하게 수집한 데이터가 생각한 걸 제대로 나타내지 못할 수도 있다.

데이터에는 항상 불완전한 부분이 있다. 데이터를 이해하려면 이런 불완전함과 씨름해야 한다. 다음은 초기 단계에서 확인해야 할 질문들이다.

- 표본이 전체 모집단을 대표하는가?
- 데이터에 격차가 많은 이유는 무엇이며, 그 격차가 기존 데이터와 관련이 있는가?
- 이상값은 측정 오류인가, 아니면 진짜 특이한 경우인가?
- 데이터의 신뢰도는 어느 정도인가?
- 계산 과정에서 실수를 저지르지는 않았는가?
- 데이터가 예상과 얼마나 일치하는가?

이 목록이 전부는 아니다. 평생 이런 문제만 연구하는 학자들도 있다. 하지만 우리의 목적을 위해서는 그 정도로 자세히 파고들 필요까지는 없다. 쓸모없는 것을 분석하고 시각화하느라 시간 낭비하기 전에 데이터가 제대로 된 것인지 먼저 확인해야 한다.

---

7 데이터 스크래핑은 웹에서 데이터를 자동으로 수집하는 방법이다. 3장에서 그 방법을 배우게 될 것이다.

탐색적 시각화

내 시각화 프로젝트 대부분은 일상적인 호기심에서 시작된다. 기억력이 형편없어서 즉시 메모하는 습관을 들였고, 이걸 바탕으로 작업한다. 사람들이 어떻게 수입을 올리는지[8], 내가 늙었는지 아닌지[9], 이직하기엔 너무 늦었는지[10], 또는 화장지를 얼마나 사둬야 할지[11] 같은 질문들이다. 이런 심오한(?) 질문들에 데이터로 답하려 노력한다.

8 *https://datafl.ws/7nz*
9 *https://datafl.ws/7n1*
10 *https://datafl.ws/7o1*
11 *https://datafl.ws/7o0*

이런 간단한 질문에 답하려다 보면 더 많은 질문이 생기고, 다양한 데이터 세트로 이어진다. 나는 많은 차트를 만들어 탐구한다. 다듬기보다 빠르게 만들려고 한다. 그림 1.6은 분석 과정의 예시를 보여준다.

스스로의 질문에 대한 답을 찾고 새로운 궁금증이 생긴다면, 대개 내가 올바른 방향으로 가고 있다는 신호다.

먼저 질문을 하고 그 질문에 답을 줄 데이터를 찾는 방식이 도움이 된다. 반대로 이미 많은 데이터를 가지고 있어서 질문을 나중에 만들어야 할 수도

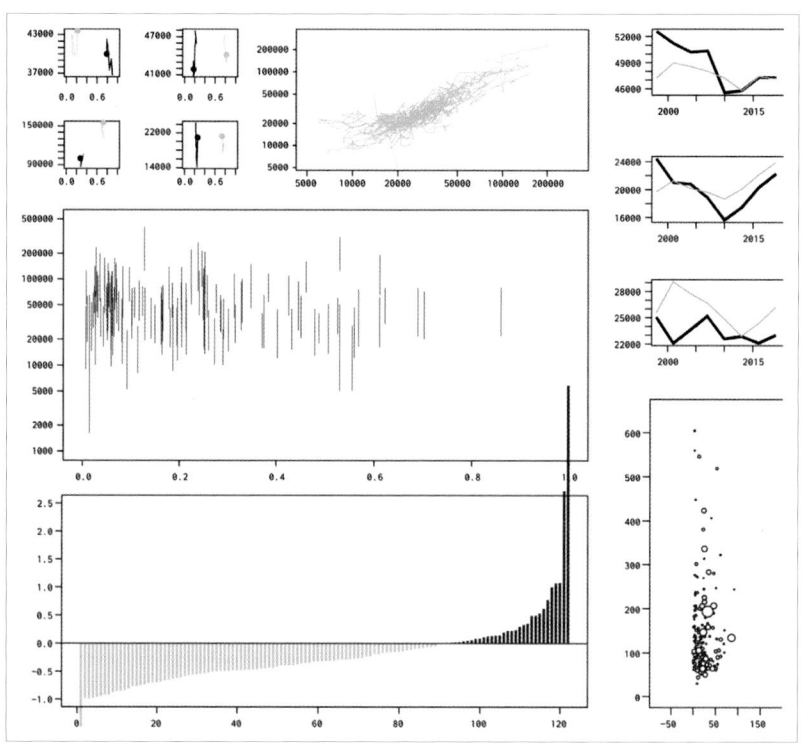

그림 **1.6** 분석 과정에서 만드는 탐색적 차트

있다. 어느 쪽이든, 질문은 우리를 통찰로 이끈다.

시작하는 데 도움이 될 만한 일반적인 질문들은 다음과 같다.

- 이 데이터는 무엇에 관한 것인가?
- 시간이 지남에 따라 어떻게 변화했나?
- 이것들은 어떤 관계인가?
- 시간에 따른 변화나 범주 간 차이를 설명할 수 있나?
- 이 그룹이 다른 그룹과 비교해 가지는 차이와 공통점은 뭘까?
- 가장 흔한 것과 가장 드문 것은?
- 만약에?
- 두드러지는 건 무엇인가?
- 이게 정상인가?

"평균이 뭐야?"보다 더 구체적인 질문을 만들어 보자. 물론 평균은 항상 계산할 수 있다. 하지만 데이터와 연구 맥락에서 생각해 보자. 평균이 중요한가? 이 평균은 특이한 값인가? 높거나 낮은 몇몇 극단값에 평균이 크게 영향받나? 평균값이 실제로 의미하는 바는 무엇일까?

최고의 데이터 시각화 프로젝트는 만드는 사람이 흥미와 호기심을 느껴서 시간을 들여 깊게 탐구한 결과로 나온다. 결국 전하고 싶은 이야기는 데이터 자체가 아니라 그 데이터가 무엇을 나타내는지에 관한 것이다.

소통

소통은 통찰로 이어진다. 좋은 데이터를 가지고 있다고 가정해 보자. 또한 그 데이터가 무엇을 의미하는지 파악했다고 하자. 그럼 이제 다른 사람들에게 어떻게 전달할지에 대한 질문으로 이어진다.

- 대상 청중은 누구인가?
- 무엇을 강조하고 싶은가?
- 어떤 걸 세부적으로 설명해야 하고, 어떤 걸 간단히 요약할 수 있는가?
- 차트의 목적은 무엇인가?

분석용 시각화와 대중 전달을 위한 시각화는 통계적 측면에서 유사하지만, 목적이 다르니 접근법도 달라야 한다. 예를 들어, 그림 1.7은 시스템 기본값을 사용한 충적 다이어그램(alluvial diagram)이다. 이 차트 유형은 시간에 따른 범주 값의 변화를 보여주는 데 좋다. 5장에서 만드는 방법을 배울 것이다. 이 차트는 미국의 유제품 소비 변화를 보여준다.

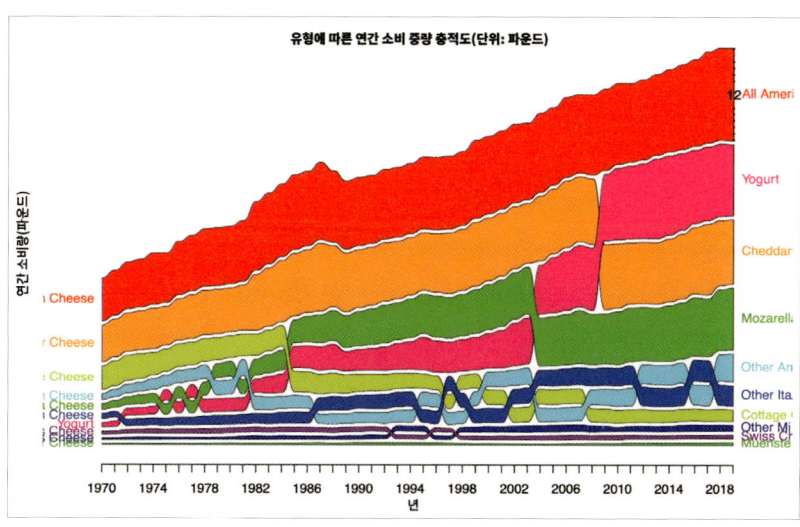

그림 1.7 유제품 소비에 대한 탐색적 도표

그림 1.8은 주석을 명확히 하고 실제 식품 유형과 비슷한 색을 사용하여 개선한 버전이다. 이 차트는 미국의 식품 소비에 대한 데이터 스토리의 일부로, 간단한 문구를 추가해서 맥락을 제공하고 데이터를 설명해 주어 더 쉽게 이해할 수 있다.

청중을 대상으로 데이터를 시각화할 때는 사람들이 알고 있는 것과 차트를 이해하기 위해 알아야 하는 정보를 고려해 데이터를 설명해야 한다.

차트는 소통이다. 단순히 숫자를 던져주고 독자가 뭔가 찾아낼 수 있을 거라고 기대하면 안 된다. 차트가 특정한 패턴이나 비교 또는 추세를 보여주어야 한다. 그렇지 않으면 독자가 직접 분석해야 하는데 대부분 그런 걸 원하지 않는다. 시각화를 좋아하는 나조차도 데이터를 해석하는 데 할애할 집중력에는 한계가 있다.

발견한 내용을 어떻게 전달할지, 누구에게 전달할지, 무엇을 위해 전달하

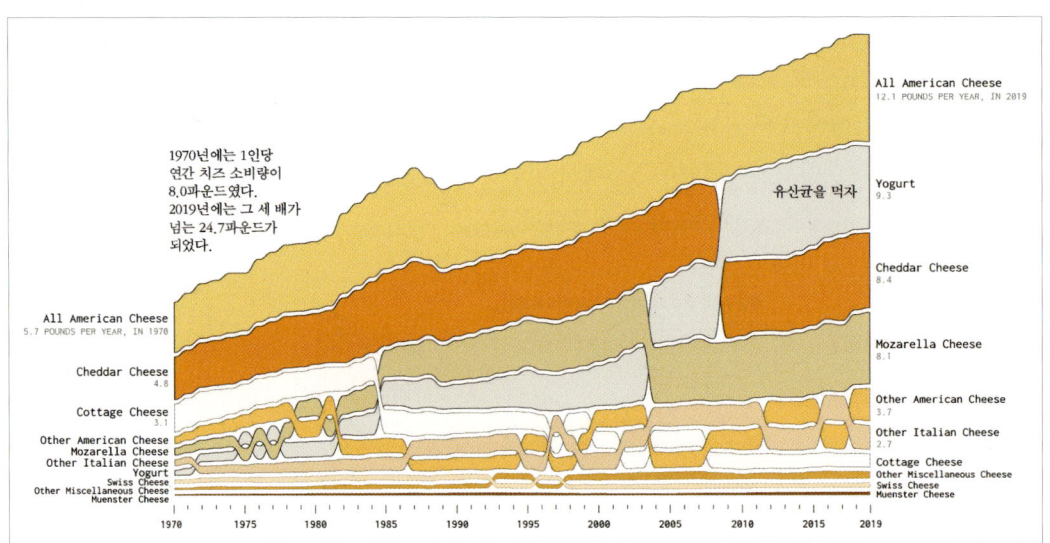

그림 1.8 2007년부터 2019년까지 우리가 얼마나 먹었는지 보기, https://flowingdata.com/2021/06/08/seeing-how-much-we-ate-over-the-years

는지에 대해 질문하라.

　이 책을 통해 구체적인 예시와 함께 더 많이 질문하게 될 것이다. 차트들을 배우면서 자신의 데이터에 어떻게 적용할 수 있을지 생각해 보자.

디자인

시각화를 통해 어떻게 소통할지 고민하다 보면 어떤 디자인을 선택할 것인가로 고민이 이어진다. 심사숙고한 디자인은 데이터를 더 읽기 쉽고 이해하기 쉽게 만든다. 이야기를 전할 때도 좋은 결과로 이어진다.

　일부는 시각화에서의 디자인을 단순히 차트를 예쁘게 만드는 방법이라고 오해한다. 이렇게 말하는 사람은 시각화에 대해 모르거나 시야가 좁은 것이다.

　첫째, 이런 사람들이 예쁜 차트를 싫어하는 이유를 모르겠다. 보기 좋은 차트는 누군가가 데이터나 정보에 대해 충분히 신경써서 보기 좋게 만들었다는 뜻이다. 반면, 기본 설정으로 대충 만든 차트는 같은 내용을 보여주더라도 대충 분석했다는 인상을 준다. 둘째, 좋은 차트 디자인은 독자들이 뭘 봐야 하는지 알려준다. 몇 시간씩 걸린 분석 과정 없이도 독자가 데이터 세트를 이해하고 음미할 수 있게 도와준다.

목적, 대상, 기기, 명확성을 고려해 디자인하면 기본 차트보다 훨씬 나은 결과를 얻을 수 있다.

목적

내가 자주 사용하는 데이터 세트 중 하나가 미국인의 시간 사용 설문 통계이다. 미국 노동통계국(the Bureau of Labor Statistics)에서 발표하는 자료로, 미국인들에게 지난 24시간 동안의 활동을 회상하도록 요청하고 각 활동별로 응답자는 무엇을 했는지, 언제 시작했는지, 언제 끝났는지 기록한다.

이를 통해 한 개인의 하루 일과가 드러난다. 예를 들어 언제 일어났고 언제 출근했는지, 언제 저녁을 먹었는지 등이다. 이 모든 일기를 모아 종합하면 미국인들의 일상에 대한 그림을 얻을 수 있다. 그림 1.9는 평일에 다양한 활동에 참여한 사람들의 비율을 보여준다.

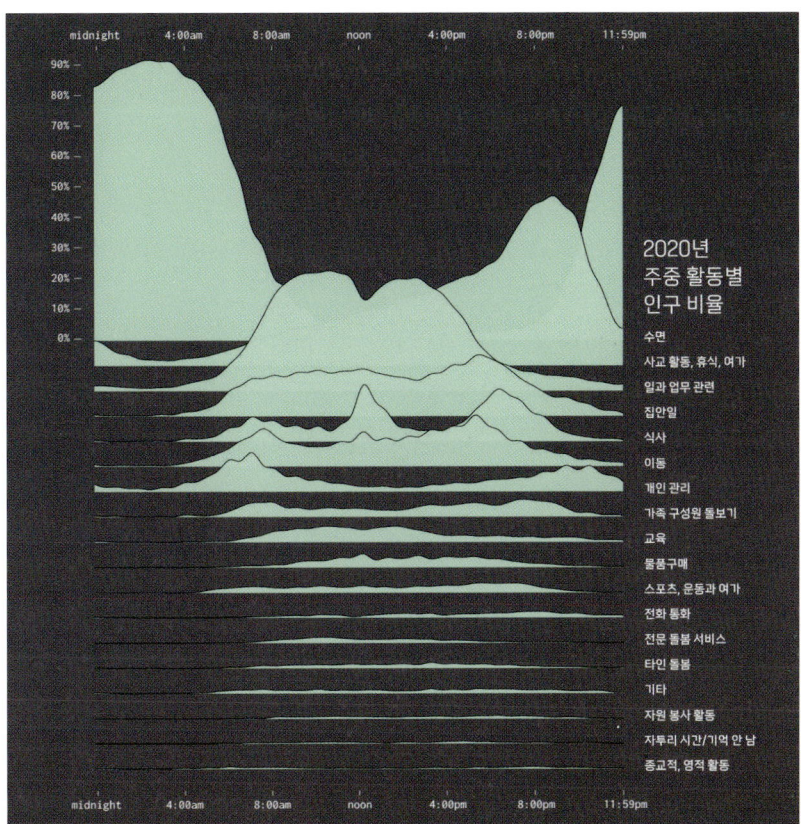

그림 **1.9** 미국인의 일과, https://flowingdata.com/2021/08/19/daily-routine-2020

디자인 15

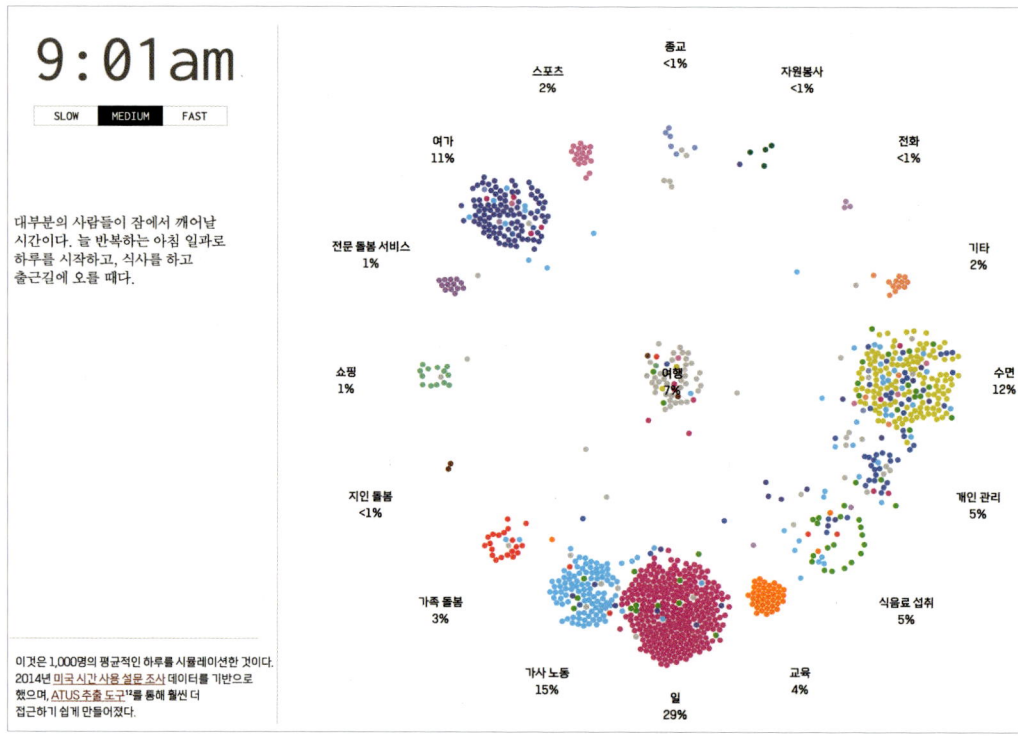

그림 1.10 미국인의 하루, https://flowingdata.com/2015/12/15/a-day-in-the-life-of-americans

12 (옮긴이) ATUS 추출 도구는 ATUS(The American Time Use Survey, 미국 시간 사용 설문) 결과 데이터를 추출하는 도구다.

그림을 보면 새벽에는 자고, 오전 8시경 일을 시작하는 사람이 대부분이다. 점심과 저녁 식사는 낮 12시와 저녁 6시경에 집중된다. 이 차트는 하루 일과를 개괄적으로 보여준다.

하지만 나는 같은 데이터 세트로 다른 시각화를 적용해 보았다. 1,000명의 일과를 시뮬레이션하고 시간에 따른 활동을 애니메이션으로 만들었다(그림 1.10).

두 시각화는 같은 데이터를 보여주지만, 목적이 다르니 다른 디자인을 선택했다. 첫 번째는 빠른 요약용이고, 두 번째는 애니메이션이라 시간이 더 걸리지만 한 활동에서 다른 활동으로 넘어가는 흐름을 더 잘 반영한다.

목적이 다르면 디자인도 다른 걸 선택해야 한다. 목적에 가장 잘 부합하거나 목적을 강조하는 색상, 도형, 차트를 사용한다.

대상 청중

차트의 대상을 고려한다. 강당의 청중을 위한 것이라면 뒤에 있는 사람들도 글씨를 읽을 수 있도록 너무 복잡하지 않게 만든다. 반면, 한 사람이 컴퓨터 화면으로 자세히 볼 큰 그래픽이라면 더 많은 세부 정보를 포함할 수 있다.

콘텐츠는 많고 집중도는 낮은 소셜 미디어에서 관심을 끌고 싶다면, 차트가 눈에 띄어야 한다. 시각적으로 독특하거나 통찰력 있게 만들되, 빠르게 읽을 수 있어야 한다.

상사에게 보고할 용도라면 아름다운 데이터 아트를 만들 필요는 없다. 대신 명확하고 핵심적인 그래픽을 만들어야 한다.

차트가 개인 분석용이라면 미관이나 가독성에 시간을 쓸 필요가 없다. 데이터가 익숙할 테니 차트를 그리고 다음 분석으로 넘어가자. 레이블 위치 조정에 시간을 낭비하지 말고 데이터를 파악하는 데 집중하자.

청중을 상상하며 이야기를 만들어라. 나는 내 오랜 친구에게 말하듯 차트를 만들고 글을 쓴다. 이렇게 하면 데이터를 친숙하게 만들고, 전문 용어를 피하며, 지루하지 않게 할 수 있다. 대상이 구체적일수록 대상에 더 맞는 차트를 만들 수 있다.

기기

《Visualize This》 초판을 쓸 때는 지금처럼 많은 기기를 고려할 필요가 없었다. 그 당시 대학원 연구팀은 아이폰이 연구할 만큼 중요한지 고민 중이었다. 모바일 데이터 수집 장치를 하루 종일 사용하려면 큰 보조 배터리를 들고 다녀야 했다. 인쇄용이 아니면 차트는 보통 데스크톱 컴퓨터 모니터에 표시된다고 가정했다.

이제는 작은 휴대폰도 고려해야 한다. 최근에는 대부분 휴대폰을 기본 화면 크기로 본다. 모바일 전용 디자인, 데스크톱 전용 디자인, 또는 둘 다 지원하는 경우가 있다. 나는 둘 다 지원하려고 노력하며 보통 두 가지 버전으로 차트를 만든다. 그림 1.11처럼 브라우저에서 여러 크기를 테스트한다.

지원해야 하는 화면 크기가 많아졌다고 투덜댈 수도 있지만(나도 한동안

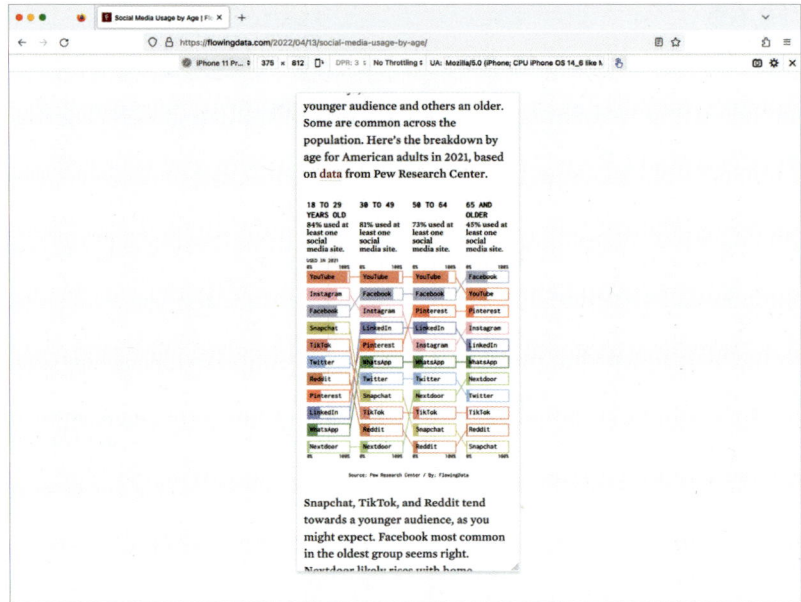

그림 1.11 연령별 소셜 미디어 사용, 모바일 버전, *https://flowingdata.com/2022/04/13/social-media-usage-by-age*

그랬다), 대부분의 독자가 휴대폰으로 본다면 제한된 화면 공간에서 데이터를 읽기 쉽게 만드는 방법을 찾는 것이 좋다.

명확성과 통찰

차트 유형은 다양하다. FlowingData에서는 60개 이상의 목록이 있으며(그림 1.12), 이를 조합하고 수정해 다른 유형을 만들 수 있다. 처음에 데이터세트에 어떤 차트가 맞을지 검토할 때 선택지가 너무 많아 부담스러울 수 있지만, 이 책에서 그중 상당수를 다룰 예정이다.

   차트를 걸러내는 과정이 있다. 시계열 데이터에는 선 차트가, 분포를 보여주는 데는 히스토그램이 적합한 것처럼 특정 데이터나 특성에 맞는 차트 유형이 있다.

   하지만 선택이 한 가지로 좁혀지는 경우는 드물다. 대신 목적에 가장 잘 맞는 것을 고른다. 명확성과 통찰을 우선순위로 고려하는 것이 가장 이상적이다. 데이터 패턴을 혼란스럽지 않은 방식으로 정직하게 보여주는 차트(그리고 한발 더 나아가 시각적 인코딩)를 선택한다.

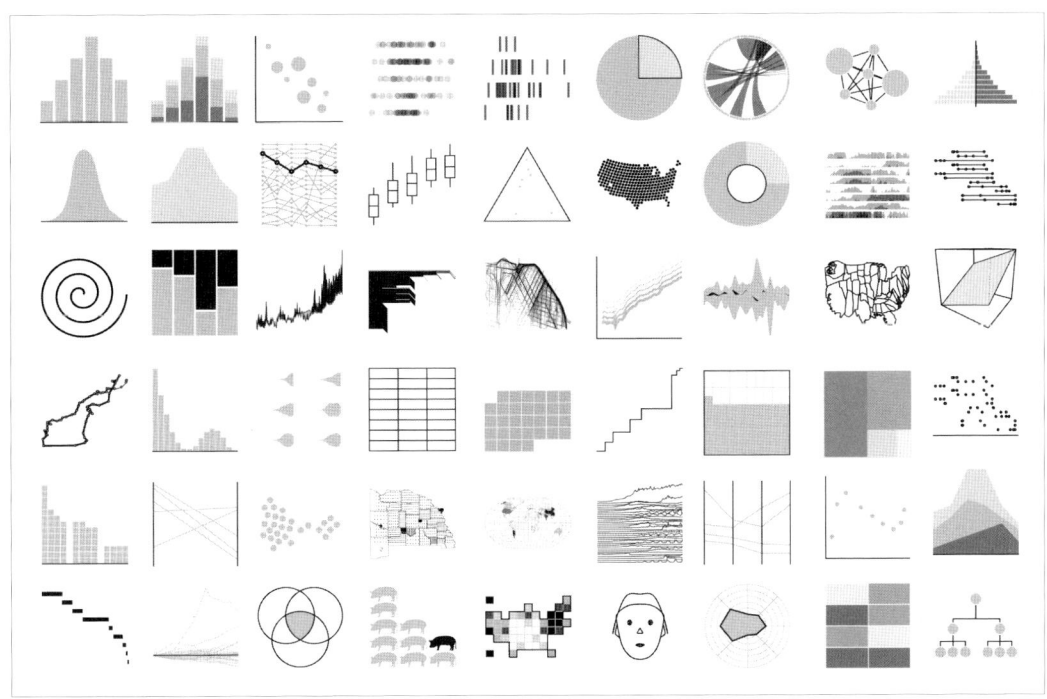

그림 1.12 차트 유형, *flowingdata.com/chart-types/*

이해하는 데 시간이 걸리는 차트를 만들어도 되지만, 혼란스러운 부분을 시각적으로 쉽게 이해할 수 있도록 디자인해야 한다. 최소한 데이터를 정확히 표현하는 도형과 색상을 사용하여 설명해야 한다. 독자에게 명확하지 않을 수 있는 인코딩에 주의하고, 숫자에 맥락을 제공하기 위해 차트에 레이블을 붙인다. 이에 대해서는 뒷부분에서 더 자세히 다룰 것이다.

트레이드오프

모든 차트가 지켜야 할 시각화 디자인 규칙이 있다고 생각하는 사람이 많다. 일부는 마치 체크리스트가 있어서 하나라도 안 지켜지면 실패하거나 왜곡된 시각화인 것처럼 취급한다.

하지만 실제 전문가들은 체크리스트를 따르거나 차트의 모든 요소 배치에 대해 잘난 척하면서 말하지 않는다. 과정 중 어딘가에는 항상 제한이 있기 마련이다. 원래의 질문에 딱 맞게 답해 줄 데이터가 없을 수 있다. 현재 플랫폼의 기술로는 제한된 시간 안에 아이디어를 실현하기 힘들 수도 있다. 데이터 세트를 특정한 방식으로 이해하는 데 필요한 능력이 부족할 수도 있다.

모든 차트는 제약에 따른 트레이드오프가 있다. 그래서 시각화의 목표는 보편적 진리 같은 규칙을 따르는 게 아니라, 주어진 조건에서 최선을 다하는 것이다.

마무리

이번 장의 내용을 요약하면 다음과 같다. 먼저 질문을 던지는 데서 출발한다. 그 다음 데이터를 비판적으로 살펴보고, 그래픽의 목적과 대상을 파악한다. 이렇게 하면 어떤 종류의 그래픽이든 가치 있고 명확한 그래픽을 만들 수 있다.

다음 장들에서 데이터 처리와 시각화 방법을 배운다. 차트 디자인 방법을 처음부터 끝까지 배우고 나면 배운 내용을 자신의 데이터에 적용해 시각화할 수 있게 될 것이다. 전하고 싶은 이야기를 정하고, 그에 맞게 디자인하면 된다.

다음 장에서는 이 과정을 돕는 시각화 도구들을 다룬다. 하나의 도구만 고수하는 사람도 있지만, 나는 다양한 도구를 혼합해 사용하는 걸 좋아한다. 그래야 요구에 부합하는 차트를 유연하게 만들 수 있다.

2
데이터 시각화 도구 선택

이전 장에서는 분석을 시작하고 데이터로 소통하기 위한 질문 방법을 배웠다. 시각화는 종이와 연필만 가지고 손으로 할 수도 있지만, 아무래도 컴퓨터를 사용하는 게 더 낫다.

다행히 선택지가 많이 있다. 클릭만 하면 되는 것도 있고, 프로그래밍이 필요한 것도 있다. 데이터 시각화 전용은 아니지만 유용한 도구들도 있다. 시각화 작업을 도와주는 가벼운 도구도 있다. 이번 장에서는 이 옵션들을 살펴보고 어떤 도구나 도구 모음이 자신에게 가장 적합할지 선택하도록 도울 것이다.

혼합 도구 상자

많은 사람들이 시각화 작업에 하나의 도구만 고집한다. 그러면 작업 흐름을 효율적으로 만들고 새 도구를 배우는 데 허비하는 시간을 줄이는 대신 데이터 분석과 시각화 자체에 시간을 집중할 수 있다.

반면 기술 변화에 빨리 적응하는 사람도 있다. 지금 쓰는 도구의 유행이 끝나기 전에 새로운 도구가 나오면 재빨리 사용법을 익힌다. 이 책의 초판에 소개한 많은 시각화 도구들이 더 이상 사용할 수 없거나 현재 웹에서 작동하지 않는 것도 사실이다.

나는 절충적인 접근을 선호한다. 몇 개의 도구 모음으로 대부분의 작업을 완성하고, 현재 도구 모음의 범위를 넘어서는 것을 만들고 싶을 때 새로운 도구를 배운다. 이 방식으로 하면 일도 마칠 수 있고 소프트웨어 패키지의 한계를 넘어서 상상에 근접한 작업을 할 수 있다.

익숙한 도구들을 사용할 때는 사용 방법을 생각할 필요가 별로 없다. 작업할 때는 가급적 디버깅하거나 사용 설명서를 찾아보느라 멈추지 않고 일하려 한다. 타이핑을 배우는 것과 비슷하다. 처음에는 각 글자가 키보드의 어디에 있는지 생각해야 하지만, 익숙해지면 그냥 쓸 수 있다.

동시에, 하나로 모든 것을 할 수 있는 만능 도구는 없다. 어떤 회사는 자사의 소프트웨어로 모든 걸 할 수 있다고 사용자가 생각하길 바라겠지만, 모든 도구에는 장단점이 있다. 분석에는 뛰어나지만 프레젠테이션 기능이 부족하기도 하고, 정적 그래픽에는 좋지만 상호작용과 애니메이션은 그저 그런 경우도 있다. 웹에는 적합하지만 인쇄물 작업에는 덜 적합한 것도 있다.

다음 절에서는 옵션과 장단점에 대해 배운다. 내가 즐겨 쓰는 도구들을 주로 소개하겠지만, 실무자마다 만들고 싶은 것이 다르니 선호하는 도구도 다르다.

클릭 기반 시각화 도구

초보자는 코딩이 필요 없는 도구를 고르는 게 가장 쉽다. 데이터를 복사해 붙여 넣거나 CSV 파일을 불러오기만 하면 된다. 그리고 나서 원하는 차트 유형을 클릭하고, 레이블이나 격자 종류 같은 옵션을 선택하면 시각화 결과가 나온다.

여러 해 동안 많은 클릭 기반 솔루션이 등장했다 사라졌다. 많은 솔루션이 적은 노력으로 놀라운 통찰력을 제공한다고 약속했고, 일부는 과정을 자동화해 준다고 했다. 하지만 그런 약속을 제대로 지키는 솔루션은 아직 보지 못했다.

물론 시각화에도 자동화할 부분이 있다. 예를 들어, 특정 데이터 형식이 주어지면 자동으로 선택지를 좁혀서 제안할 수 있다. 단일 지표의 시계열 데이터를 원형 차트로 시각화하지는 않기 때문이다. 하지만 여전히 사용자가 선택해야 하는 옵션이 많이 남아있고 분석에서 가장 중요한 인사이트를 자동으로 찾아 주진 못한다. 통찰이야말로 훌륭한 데이터 스토리를 만드는 주된 요소인데, 통찰력은 데이터와 응용 분야의 맥락을 알아야 구체화할 수 있다.

그러니 자동으로 인사이트를 제공한다는 소프트웨어나 서비스를 조심해야 한다. 대신 데이터에 맞게 시각화를 조정할 수 있는, 유연한 소프트웨어를 찾는 게 좋다.

종류

클릭 기반 도구는 용도에 따라 다양하다. 마이크로소프트 엑셀이나 구글 스프레드시트 같은 도구는 기본적인 데이터 관리와 그래프 작성용이다. 반면 더 엄격한 분석, 시각적 탐색, 발표용으로 만들어진 도구들도 있다.

기존 도구를 개선하려는 신제품들이 늘 나오지만, 대부분(특히 만능을 표방하는 도구들)은 사라지고 만다. 여기 소개하는 도구들은 데이터 시각화 분야에서 확고하게 자리잡았고, 앞으로도 계속 사용될 것들이다.

마이크로소프트 엑셀

엑셀은 다 알겠죠. 그림 2.1처럼 데이터를 입력하는 스프레드시트는 익숙할 것이다. 내가 초등학교 4학년 때 과학 전람회 프로젝트에 사용한 이래로 수십 년 동안 버튼과 기능만 추가됐을 뿐, 기본 동작 방식은 똑같다.

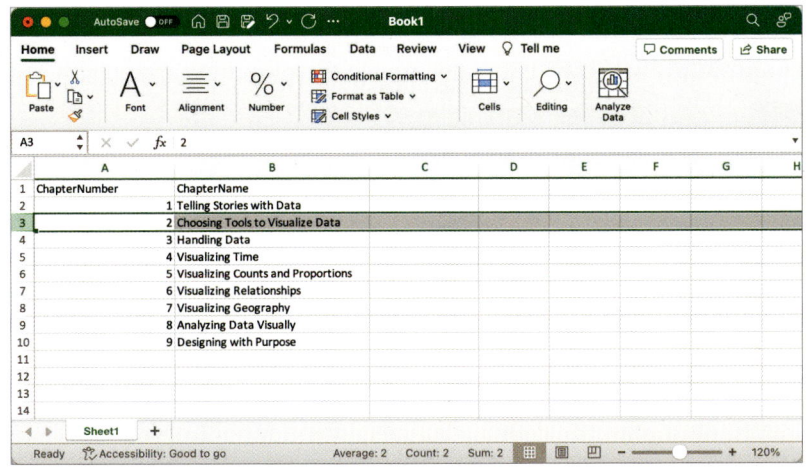

그림 2.1 마이크로소프트 엑셀 스프레드시트

[삽입]-[차트]에서 작은 막대 그래프가 그려진 버튼을 클릭하면 원하는 차트를 만들 수 있다. 막대 그래프, 선 차트, 파이 차트, 산점도 등 모든 기본 유형 차트를 그릴 수 있다(그림 2.2).

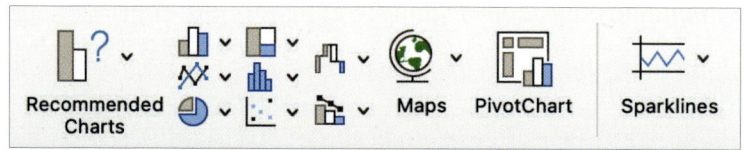

그림 2.2 마이크로소프트 엑셀 차트 옵션

엑셀을 비웃는 사람들도 있지만, 적절한 작업을 하는 데는 그리 나쁘지 않다. 물론 심층 분석이나 출판용 그래픽에는 엑셀을 사용하지 않는다. 하지만 작은 데이터 세트를 엑셀 파일로 받은 경우(흔히 있는 일이다), 대략적인 내용을 빠르게 파악하고 싶을 때 엑셀에서 클릭 몇 번으로 그래프를 만들어 본다.[1]

1 마이크로소프트 엑셀에 대한 정보는 www.microsoft.com/en-us/microsoft-365/excel 에서 확인할 수 있다.

구글 스프레드시트

구글 스프레드시트는 마이크로소프트 엑셀과 비슷한, 브라우저 기반 스프레드시트 애플리케이션이다(그림 2.3).

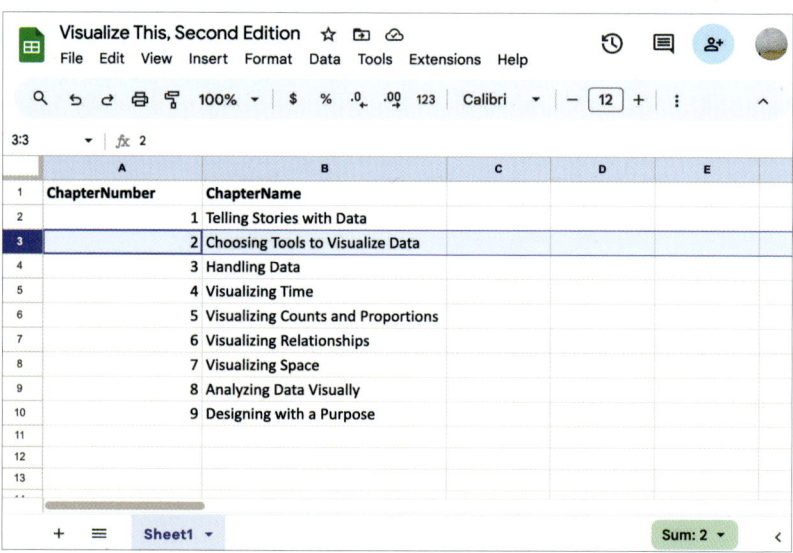

그림 2.3 구글 스프레드시트

그림 2.4와 같이 표준 차트 유형도 제공한다.

구글 시트는 한동안 유일하게 쓸만한 온라인 스프레드시트 애플리케이션이었다. 데이터가 자동으로 클라우드에 저장되며, 다른 사람들과 실시간으로 협업할 수 있다. 권한 수준이 다양하고 공유도 쉽다.

예전에 내가 영화 박스오피스 데이터를 찾고 있었는데, 영화 제목만 있고 매출액이 없었다. 그래서 구글 스프레드시트를 공유하면서 구독자들에게 위키피디아의 데이터로 빈칸을 채워달라고 부탁했다. 실시간으로 스프레드시트가 채워지는 걸 보는 게 정말 재미있었을 뿐만 아니라 혼자 채워 넣는 것보다 훨씬 빨랐다. 당시에는 온라인이라는 것이 엄청난 장점으로 느껴졌다.

하지만 마이크로소프트가 엑셀 온라인 버전을 만들면서 구글 시트의 협업 기능이 이전처럼 큰 장점은 아니다. 구글은 몇 년간 분석 작업의 일부를 자동화하는 여러 기능을 추가하려 했지만 별로 인기가 없었다. 그래서 구글 시트와 엑셀 중 뭘 선택할지는 구글과 마이크로소프트 제품 중 뭘 주로 사용하는가에 달렸다. 엑셀은 구독료를 내야 하는 반면 구글 시트는 무료로 쓸 수 있다는 점이 선택에 고려 사항이 될 수 있다.

둘 중 하나는 사용하는 게 좋다. 나는 그냥 지금 어떤 프로그램을 열어놨는지에 따라, 또는 데이터의 원본 파일이 어떤 포맷인지에 따라 두 가지를 번갈아 사용한다.[2]

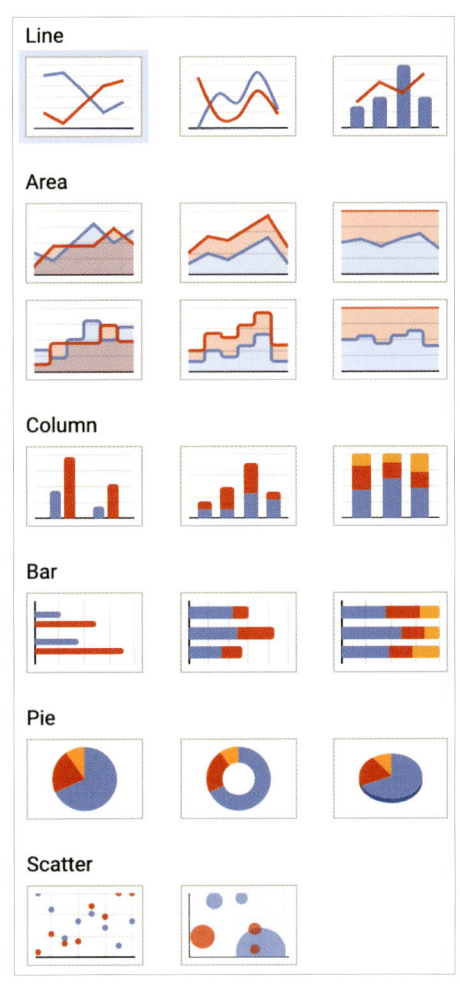

그림 2.4 구글 스프레드시트 차트 옵션

[2] sheets.google.com에서 구글 시트를 이용할 수 있다.

태블로

태블로(Tableau)[3]는 다양한 제품을 제공한다. 하지만 개인 사용자에게는 태블로 데스크톱이 주력 제품이다(그림 2.5). 이 소프트웨어는 스프레드시

[3] 태블로에 대해 더 알고 싶다면 tableau.com을 방문해 보자.

클릭 기반 시각화 도구

그림 2.5 태블로 데스크톱

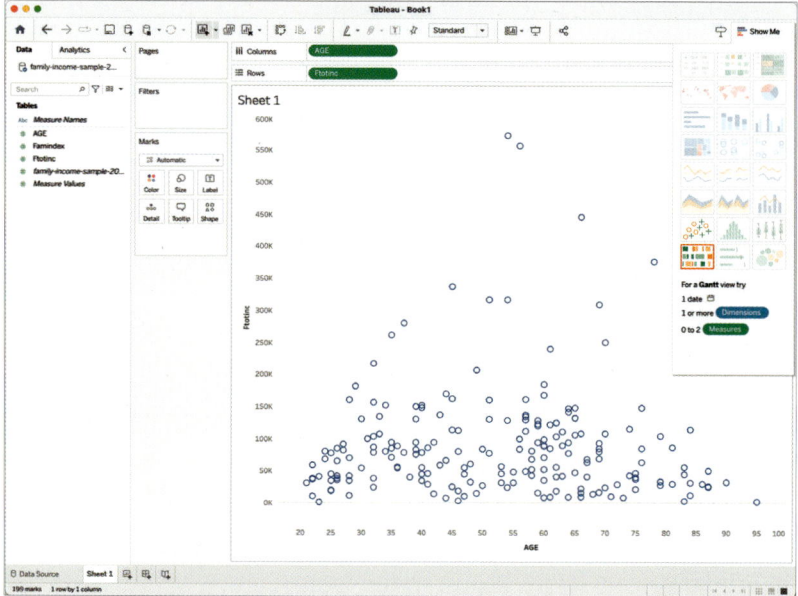

트 애플리케이션보다 시각적 분석과 데이터 탐색에 더 중점을 둔다.

이 소프트웨어는 대화형 시각화 도구를 제공하고 데이터 관리 기능도 괜찮다. 엑셀, 텍스트 파일, 데이터베이스 서버에서 데이터를 가져올 수 있다. 시계열 차트, 막대 그래프, 파이 차트, 기본 지도를 만들 수 있다. 이러한 화면을 조합하고, 동적 데이터 소스를 통합하여 맞춤형 뷰나 데이터 현황을 보여주는 대시보드를 만들 수 있다.

태블로도 태블로 퍼블릭(Tableau Public)을 통해 온라인으로 작업물을 공유할 수 있다. 브라우저에서 대화형 대시보드와 뷰를 만들 수 있다. 코드를 작성하지 않고 그래픽 인터페이스로 구현할 수 있어 더 간단하지만 브라우저 기반 뷰는 좀 느린 편이다.

기능이 보다 많은 만큼 가격도 엑셀보다 비싸다. 그래서 모든 기능이 필요하지 않다면 더 간단한 선택지를 고르면 된다.

루커 스튜디오

구글의 루커 스튜디오(Looker Studio)는 데이터 분석보다는 보고서와 대시보드에 중점을 둔 온라인 도구다. 다양한 출처의 데이터를 쉽게 통합해 복잡한 (비즈니스) 시스템을 한눈에 볼 수 있게 해준다. 그림 2.6의 루커 스튜디오는 개인이 무료로 사용할 수 있다. 루커 스튜디오 프로는 기업용 유료 버전으로, 정액제는 아니다.[4]

4 루커 스튜디오에 대해 더 알고 싶다면 *lookerstudio.google.com*을 방문해 보자.

그림 2.6 루커 스튜디오

파워 BI

이름에서 알 수 있듯이 마이크로소프트의 파워 BI[5]는 비즈니스 인텔리전스(Business Intelligence, BI)에 초점을 맞춘 분석 도구다. 시각화 도구라기보다는 다양한 출처의 데이터를 관리하는 도구다. 그 과정에서 차트도 만들 수 있다. 개인과 기업 사용자를 위한 다양한 가격 옵션이 있다.

5 Power BI에 대해 더 알고 싶다면 *powerbi.microsoft.com*을 방문해 보자. (옮긴이) 비즈니스 인텔리전스(BI)는 기업이 데이터를 수집, 분석, 시각화하여 의사결정에 활용하는 기술과 전략을 말한다. 그것을 그대로 제품 이름으로 사용하고 있다.

데이터래퍼

수년간 발표용 시각화 도구가 많이 나왔다 사라졌다. 대개 너무 범용적이고 너무 많은 기능을 담으려 했다. 주로 비즈니스를 겨냥해 만든, 특화되지 않은 도구들이라 데이터로 이야기를 들려주는 데 필수적인 세련됨과 구체적인 목적성이 부족했다.

데이터래퍼(Datawrapper)는 온라인에서 데이터로 이야기를 전하는 데 초점을 맞추고 있다(그림 2.7). 데이터를 가져와 옵션을 선택하면 다양한 차트, 지도, 표를 만들 수 있다. 브라우저에서 잘 작동하고 다양한 화면 크기에 맞게 반응형으로 만들어졌다. 온라인 프레젠테이션에 중점을 둔 덕에 차트 제작 과정이 간단하고 직관적이다. 모든 요구 사항을 충족하려는 욕심을 버려 버튼과 메뉴가 복잡하지 않다. 소통에 적합한 차트를 만들 수 있다.

데이터래퍼는 또 사용자 데이터 판매나 독자 추적을 하지 않고, 원할 때 차트를 비공개로 유지한다고 약속한다. 가장 중요한 건, 온라인 콘텐츠가 쉽게 사라지는 이 시대에 차트를 무기한 온라인에 유지한다고 한다. 이는 무료 버전에도 적용되는데, 요즘에는 드문 환영할 만한 정책이다.6

6 데이터래퍼로 출판 수준의 차트를 만들 수 있다.
datawrapper.de

그림 2.7 데이터래퍼

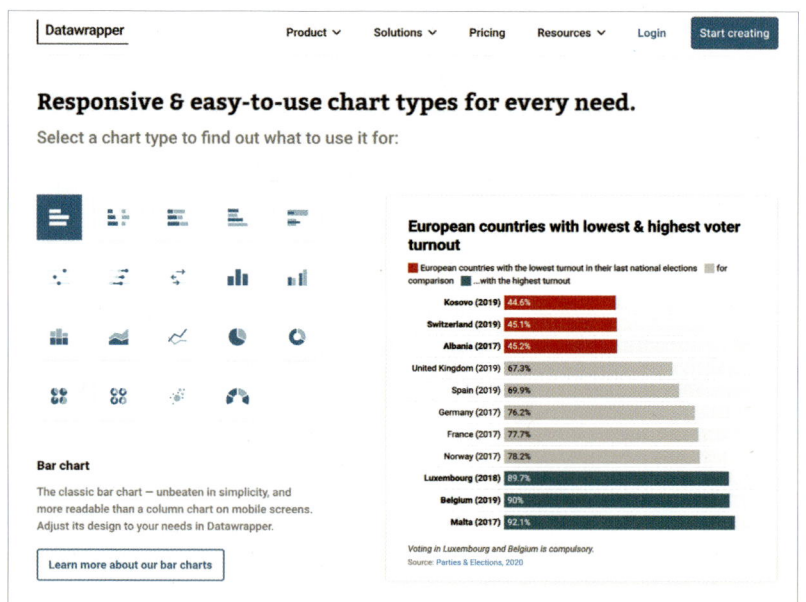

플러리시

플러리시(Flourish)는 데이터로 이야기를 전하는 데 도움을 주는 온라인 애플리케이션이다. 차트 라이브러리와 템플릿을 제공하고, 시각화 작업을 온라인에서 쉽게 공유할 수 있다. 데이터를 업로드하고 빈칸을 채우면 끝이다. 차트를 내보내거나 사이트에 삽입할 수 있다.

플러리시는 데이터래퍼와 비슷하지만 스토리 중심 템플릿을 만들기 좋게 보다 기능이 열려 있다(그림 2.8). 애니메이션 막대 차트, 원 채우기 차트 (packed circles), 생키 다이어그램(Sankey diagrams)[7] 등 다양한 시각화가 가능하다. 퀴즈나 슬라이더가 포함된 시각화 같은 상호작용 요소도 있다. 이전에 이런 걸 만들려면 코딩이 필요했지만, 플러리시로 이런 스토리 형식을 쉽게 구현할 수 있다.[8]

[7] (옮긴이) 원 채우기 차트는 여러 범주를 겹치지 않는 계층적 원으로 표시해 원의 크기로 각 그룹을 비교하는 시각화 방법이다. 생키 다이어그램은 선의 굵기를 통해 데이터의 흐름과 분포를 나타내는 시각화 방법이다.

[8] flourish.studio에서 인터랙티브 차트를 만들어 보자.

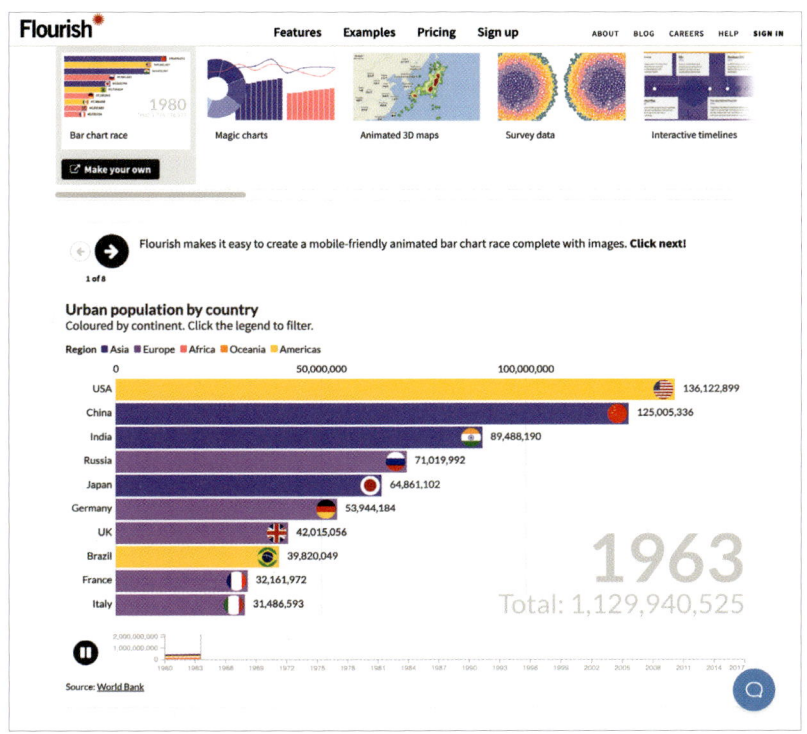

그림 2.8 플러리시[9]

[9] (옮긴이) 그림 속 순위 변동 막대 그래프(bar chart race)는 시간의 변화에 따라 순위와 값의 변화를 애니메이션으로 보여준다. 보통 나라별 통계를 비교할 때 지표가 커지면 막대가 늘어나는데 막대가 다른 나라를 따라잡으면 순위가 바뀌면서 순서가 뒤바뀌어 경주를 보는 것 같은 재미를 준다. 정적이거나 인쇄용으로 사용할 때는 보통 가로에 시간을 표시해 범프 차트(bump chart)로 나타낸다.

플러리시는 유연한 만큼 복잡하다. 더 많은 것을 할 수 있지만 옵션과 메뉴도 더 많이 골라야 한다. 그렇다고 겁낼 필요는 없다. 플러리시는 개인이나 소규모 그룹에게 유용한 무료 플랜을 제공한다. 더 많은 기능을 원한다면 유료 플랜도 있다.

RAWGraphs

RAWGraphs는 차트를 만들고 원하는 대로 조정하고 싶어 하는 디자이너를 위한 오픈 소스 도구다. 데이터를 불러오고, 차트 종류를 고르고, 시각화하고 싶은 변수를 설정한 다음(스프레드시트 소프트웨어처럼) 커스터마이징하면 된다. 결과물은 이미지나 벡터 파일로 내보낼 수 있다. 그 파일을 그대로 발행하거나 좋아하는 일러스트레이션 소프트웨어로 편집할 수도 있다.

스프레드시트로 데이터를 시각화해왔지만 더 많은 차트 옵션을 바라는 사람들에게 훌륭한 선택이다. RAWGraphs는 현재 32가지 차트 유형을 제공한다(그림 2.9). 클릭 기반 인터페이스라 사용하기 쉽다. 개발자라면 이 오픈 소스 애플리케이션을 확장할 수도 있다.[10]

10 인터랙티브한 오픈 소스 RAWGraphs를 사용해보자. *rawgraphs.io*

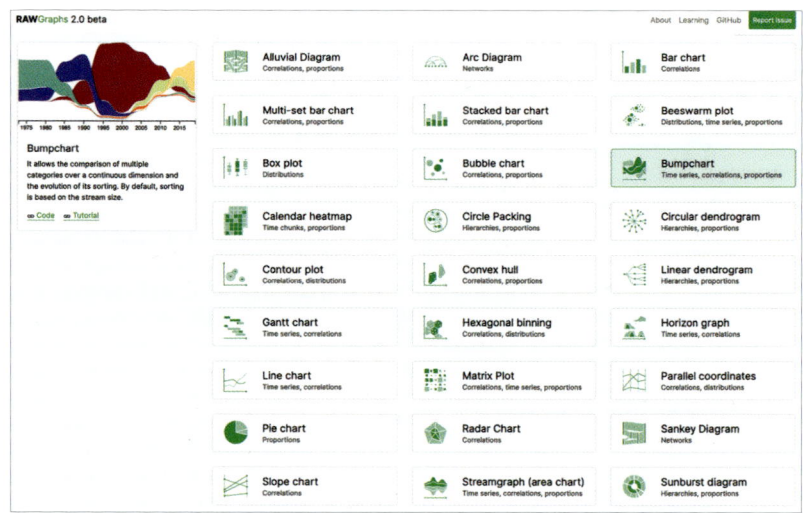

그림 2.9 RAWGraphs의 차트 옵션들

트레이드오프

이런 도구들은 프로그래밍 경험이 없어도 사용할 수 있지만, 단점도 있다. 클릭 한 번으로 작업할 수 있는 대신 유연성을 포기해야 한다. 보통 색상, 글꼴, 제목 정도는 바꿀 수 있지만 소프트웨어가 제공하는 범위 내로 제한된다. 원하는 차트 유형에 해당하는 버튼이 없다면, 그걸로 끝이다.

분석과 시각화를 만드는 것도 쉽지 않다. 클릭만 하면 되니 새 언어를 배울 필요는 없지만, 어떤 버튼을 누르고 어떤 메뉴를 열어야 하는지는 배워야 한다. 작업 순서도 직관적이지 않은 경우가 많다.

예전에 만들어 본 차트를 다른 데이터로 만들 때도, 템플릿을 저장해 두지 않았다면 모든 단계를 기억해 다시 해야 한다. 숙련자에겐 별 문제 아닐 수도 있지만 초보자에겐 지겨운 작업이다. 반면 데이터를 다루는 코드를 작성하면 재사용이 쉽고 다른 데이터를 간단히 끼워 넣을 수 있다.

클릭 방식 소프트웨어를 피하라는 뜻은 아니다. 데이터를 빠르고 쉽게 탐색하는 데 도움이 되고, 애플리케이션도 계속 개선되고 있다. 하지만 더 많은 데이터 세트를 다룰수록 시각화 도구 소프트웨어로는 부족한 시점이 온다. 그때 프로그래밍으로 전환하면 된다.

프로그래밍

프로그래밍 실력을 조금만 쌓으면 클릭 기반 소프트웨어보다 데이터로 더 많은 일을 할 수 있다. 클릭 기반 소프트웨어를 폄하하는 건 아니다. 다만 프로그래밍을 하면 버튼이나 메뉴에 얽매이지 않고 다양한 유형의 데이터에 더 유연하게 대처할 수 있게 된다.

내용과 딱 맞아떨어지는 인상적인 시각화는 대부분 코드로 만들어진다. 코드를 사용하면 정해진 차트 유형 대신 데이터에 맞는 시각화를 만들 수 있다.

초보자에겐 코드가 난해해 보일 수 있다. 나도 그랬다. 하지만 새 언어를 배운다고 생각하면 된다. 컴퓨터에게 뭘 하라고 말하는 법을 배우는 것이다. 어느 언어나 마찬가지로 처음부터 유창하게 구사하기는 어렵다. 기초부터 시작해 차근차근 배우면 된다. 어느새 상상한 대로 데이터를 코딩하고 시각화할 수 있게 될 것이다.

종류

코딩을 시작하기로 했다면 무료로 쓸 수 있는 게 많다. 특정 작업에 더 적합한 언어가 있다. 어떤 건 대용량 데이터를 다룰 수 있고, 어떤 건 데이터를 잘 처리하지는 못하지만 더 나은 시각 효과나 상호작용, 애니메이션을 제공한다. 만들고 싶은 시각화 유형과 개인 선호도에 따라 어떤 언어를 쓸지 선택하면 된다.

어떤 사람들은 한 가지 언어만 집중해서 깊이 파고든다. 이것도 좋은 방법이다. 프로그래밍 초보라면 이 전략을 강력히 추천한다. 코딩의 기초와 핵심 개념을 익히는 데 집중하는 게 좋다.

실력이 늘면서 현재 쓰는 도구로는 특정 시각화 방법을 구현할 수 없거나 하고 싶은 일을 하는 데 너무 번거롭게 느껴질 때가 있다. 그럴 때 다른 선택지를 탐색해 보면 좋다. 나의 경우, 데이터 분석과 질문에 쓰는 주력 도구가 있지만 필요에 따라 다른 도구들도 익혔다. 주로 웹용 콘텐츠 제작 요구사항의 변화에 맞춰 다른 도구를 배웠다.

R

프로그래밍 초보지만 데이터 시각화 언어를 배우고 싶다면 R을 추천한다. 무료 오픈 소스이고 설치가 쉽다. 통계학자들이 분석과 통계 그래픽을 위해 설계한 언어라 데이터 로딩, 탐색, 시각화가 간편하다. 질문을 던지고 답을 찾는 데 아주 유용하다.

R은 분석 및 시각화에서 내가 가장 선호하는 소프트웨어이다. 나는 R을 '사고의 언어'라고 부른다. 충분히 익숙해져서 문법이나 구조를 고민할 필요 없이 데이터에 더 집중할 수 있다. 막히는 부분이 있어도 어디서 도움을 찾고 어떻게 빨리 디버깅할지 알고 있어서, 다른 도구를 쓸 때보다 훨씬 빠르게 문제를 해결한다. 차트 제작자마다 선호하는 도구가 다르지만, 개인적으로 R이 최고라고 생각한다.

몇 줄의 코드로 막대 차트, 선 차트, 산점도 같은 전통적인 통계 그래픽을 만들 수 있다. 색상, 모양, 크기를 원하는 대로 지정할 수 있다. 4장 "시간 시각화"에서 이 작업 방법을 살펴볼 것이다. 그림 2.10은 R로 만든 히트맵을 보여준다.

R의 주요 장점 중 하나는 기본 기능을 확장하는 패키지(베이스 R이라고도 부른다)가 많다는 점이다. 수년간 많은 패키지가 추가되었고 계속 유지 보수, 개발되고 있다. 설치도 간단해서 새로운 시각화 유형을 시도하거나

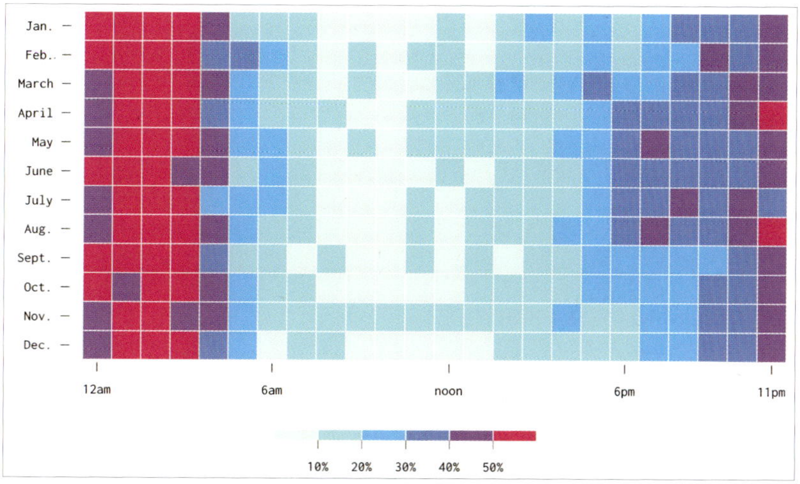

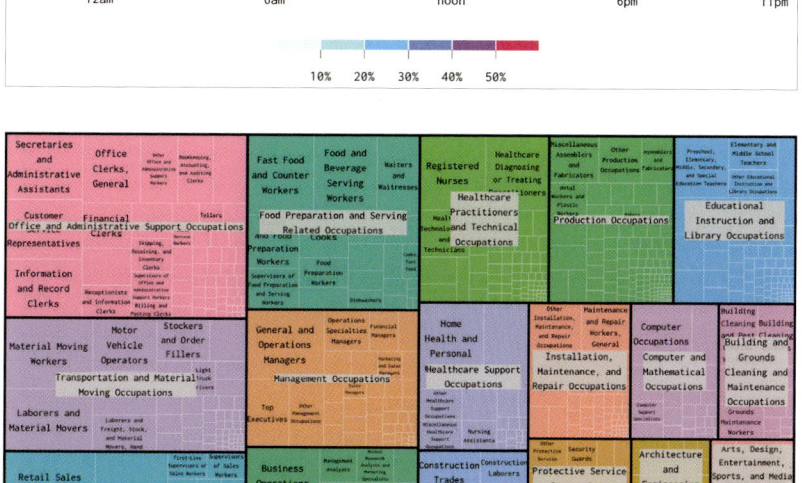

그림 2.10 R로 만든 히트맵

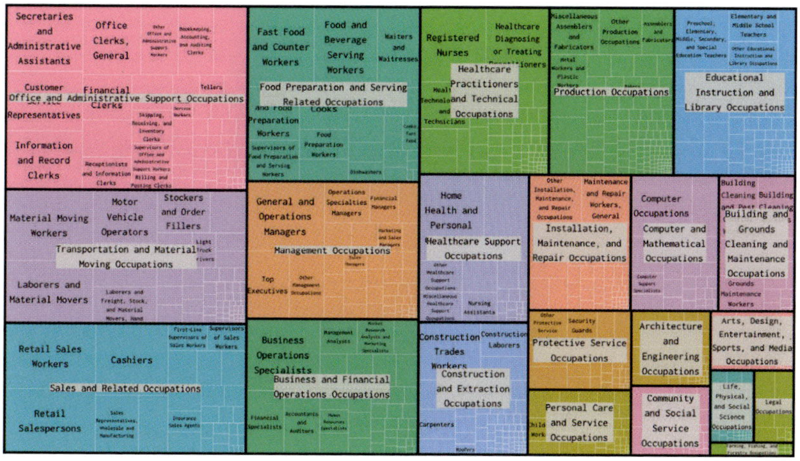

그림 2.11 R로 만든 트리맵

나만의 차트를 실험해 보기 좋다.

예를 들어, R은 기본적으로 트리맵 함수(계층적 데이터 표시)를 제공하지 않지만, treemap 패키지를 설치하면 새로운 함수를 사용할 수 있다(그림 2.11).

충적 다이어그램, 스트림 그래프, 원 채우기 차트, 지리 지도, 달력, 네트워크 등을 위한 다양한 패키지가 있다. 이름을 들어본 유명한 시각화 방법이라면 패키지가 있을 가능성이 높다.

> ☑ **R 시각화 패키지**
>
> 패키지는 R의 기능을 확장한다. R 저장소(CRAN)에는 수만 개의 패키지가 있다. 여기에는 범용 시각화 패키지와 이 책에서 본 차트를 만드는 데 사용된 몇 가지 차트별 패키지를 소개한다. 뒷장에서 더 많은 패키지를 볼 수 있다.
>
> - ggplot2: Tidyverse라는 패키지 모음의 일관된 문법을 따르는 유연한 시각화 패키지다. 리랜드 윌킨슨(Leland Wilkinson)의 《The Grammar of Graphics》(1999, Springer)를 바탕으로 만들어졌다.
> - plotrix: 이름에서 알 수 있듯이, 기본 R과 동일한 코드 패턴을 따르는 새로운 플롯 유형과 함수를 제공하는 일반 패키지다.
> - animation: GIF로 데이터를 움직이게 한다.
> - treemap: 계층적 데이터를 트리맵으로 시각화한다.
> - alluvial: 적층도. 시간에 따른 순위와 절대값을 보여준다.
> - packcircles: 원 채우기. 겹치지 않는 원을 그린다.

원하는 것을 만들 수 있는 패키지나 함수가 없어도 R에는 기본적인 그리기 함수가 있다. 원하는 좌표 시스템과 기하 도형을 사용해 선, 형태를 그리고 색상을 지정할 수 있다.

R은 훌륭하다. 설치가 쉽고, 분석에 유용하며, 결정적으로 짧은 시간에 많은 차트를 만들 수 있다. 하지만 모든 것을 다 할 수 있는 건 아니다. 예를 들어, R은 데스크톱에서는 잘 작동하지만 온라인에서는 그렇지 않다. 브라우저에서 R 인스턴스를 실행하는 솔루션이 있지만, 불편하거나 복잡한 설정이 필요하다(보통 둘 다 해당한다).

R은 웹에서의 인터랙티브 그래픽에 적합하지 않다. 웹 네이티브 차트를 내보내거나 생성하는 패키지가 있지만, 제공하는 기능이 제한적이다.

마지막으로, 그림 2.10과 2.11의 차트가 세련되지 못하고 제목이나 주석 같은 요소가 부족하다는 걸 눈치챘을 것이다. 일부러 기본 설정을 사용했는데, 혼자 데이터를 분석할 때는 이 정도로 충분하다. 하지만 발표할 때는 좀 더 보기 좋게 다듬거나 독자를 위해 가독성을 높이고 싶을 수 있다. R에서 여러 옵션을 조정하거나 추가 코드를 작성해 디자인을 다듬을 수는 있지만,

시행착오가 많이 따른다. 그래서 보통 R로 차트를 시작하고, 나중에 어도비 일러스트레이터 같은 일러스트 소프트웨어로 편집하고 다듬는 전략을 쓴다. 이에 대해서는 곧 설명하겠다.[11]

파이썬

R을 강력히 추천했으면서 파이썬(Python)[12]은 왜 또 있는지 궁금할 수 있다. 하지만 앞서 말했듯이, 나는 도구를 섞어 쓴다. 때론 재미있어 보이는 라이브러리를 파이썬에서만 제공하기도 한다. 나는 데이터를 처리하고 포맷을 맞추는 데 주로 파이썬을 사용한다. 가끔은 데이터 스크래핑에도 사용한다.

통계 관련 기능에 초점을 맞춘 R과 달리 파이썬은 범용 프로그래밍 언어다. 데이터 분석과 시각화가 언어에 내장되어 있지 않다. 대신 판다스(pandas)나 맷플롯립(Matplotlib) 같은 라이브러리를 활용하여 파이썬에서 데이터 작업을 더 쉽게 할 수 있다. R로 만들 수 있는 차트는 대부분 파이썬으로도 만들 수 있다. 예를 들어 그림 2.12는 파이썬으로 만든 히트맵인데, R로 만든 그림 2.10과 같은 데이터를 썼다.

[11] r-project.org에서 R에 대해 더 알아보고 무료로 다운로드 받을 수 있다. R에는 자체 개발 환경이 있지만, RStudio를 사용하는 것이 더 일반적이다. RStudio는 https://datafl.ws/rstudio에서 다운로드할 수 있다.

[12] python.org에서 시작 가이드와 설명서를 찾아보자.

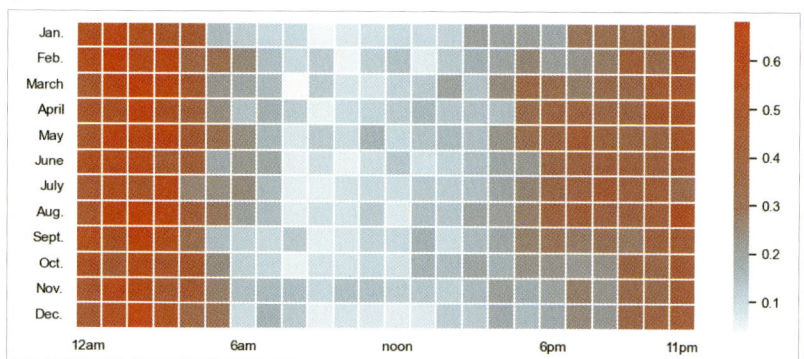

그림 2.12 파이썬으로 만든 히트맵

시각화를 시작할 때는 이미 아는 것이나 꼭 배워야만 하는 것을 쓰는 게 좋다. 이미 파이썬을 쓰고 있다면 파이썬으로 차트를 만드는 게 좋다. 한 언어로 데이터를 시각화하는 논리와 과정을 배우면 다른 언어에도 적용할 수 있다. 이 방법은 프로그래밍 원리에 시간을 덜 쓰고 관련 라이브러리 사용법을 배우는 데 더 많은 시간을 쓸 수 있다는 장점이 있다.

> ☑ **파이썬 시각화 라이브러리**
>
> 파이썬은 범용 프로그래밍 언어라서 라이브러리마다 시각화 접근 방식이 다양하다.
>
> - 맷플롯립: 2003년에 출시됐다. 파이썬의 초기 그래프 라이브러리 중 하나다.[13]
> - 씨본(Seaborn): 맷플롯립 기반. 차트 생성을 위한 고수준 함수를 제공한다.[14]
> - 판다스: 주로 데이터 분석에 사용되지만 일부 차트도 제공하고 씨본과 호환된다.[15]
> - 알테어(Altair): 적은 코드로 간결성과 일관성을 유지하는 데 중점을 둔다.[16]
> - 플로틀리(Plotly): 웹용 인터랙티브 차트. 오픈 소스와 기업용 버전이 있어 파이썬, R, 자바스크립트 등 여러 언어를 지원한다.[17]

[13] https://matplotlib.org
[14] https://seaborn.pydata.org
[15] https://pandas.pydata.org
[16] https://altair-viz.github.io
[17] https://plotly.com/graphing-libraries

프로세싱

프로세싱(Processing)[18]은 오픈 소스 프로그래밍 언어이자 소프트웨어 스케치북이다(그림 2.13). 원래부터 코딩을 처음 시작하는 시각 예술가를 위해 만들어졌다. 빠르게 시작할 수 있고 프로그래밍 환경이 가볍다.

[18] processing.org에서 시각 예술에 초점을 맞춘 프로세싱 소프트웨어를 사용해 보자.

그림 2.13 프로세싱 스케치북

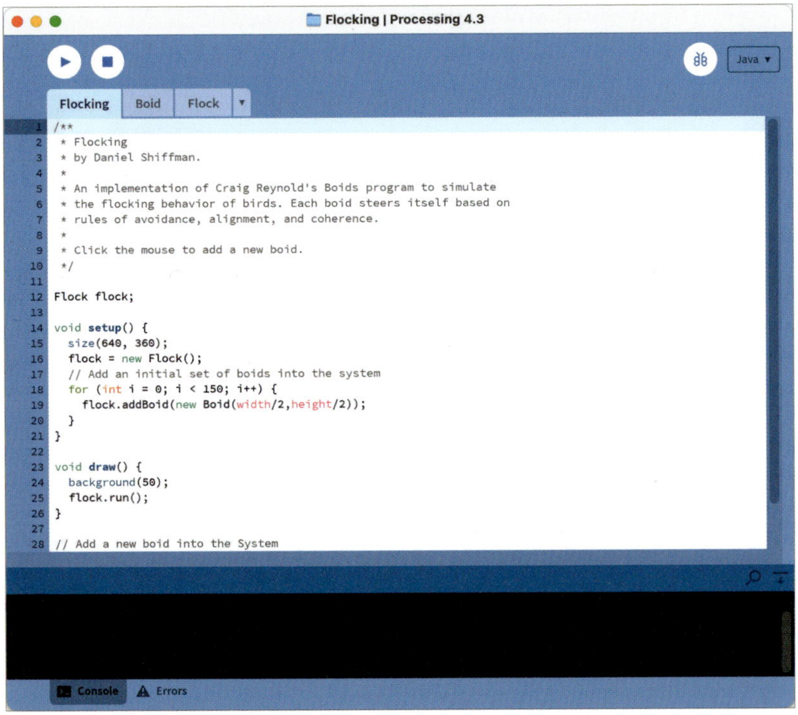

몇 줄의 코드로 애니메이션이나 상호작용이 가능한 시각화를 만들 수 있다. 기본적이지만 시각화 제작을 위해 설계되어 일반 프로그래밍 언어보다 기본 도형과 기하학적 도형을 그리기 쉽다. 데이터를 불러와서 그것을 바탕으로 그리기만 하면 시각화 결과물을 얻을 수 있다.

프로세싱은 원래 자바 기반으로만 만들어졌다. 자바는 범용 프로그래밍 언어인데, 프로젝트를 내보내면 다른 곳에 탑재할 수 있는 작은 애플리케이션이나 애플릿이 생성된다. 하지만 이제 프로세싱은 자바스크립트(자바와는 다르다)와 파이썬 버전도 있다. 본인이 알고 있는 언어와 연계하거나 목적에 맞는 버전을 사용하기 쉬워졌다.

그래서 이건 초보자들이 시작하기 좋다. 특히 이미 만들어진 차트 유형보다는 맞춤형 시각화에 관심 있다면 사용해 보자. 하지만 차트에 축을 그려야 하는 경우라면 다른 옵션을 먼저 시도해 보는 것이 좋다.

HTML, CSS, 자바스크립트

또 웹용 시각화가 있다. 정적 이미지는 언제나 공유할 수 있지만, 브라우저에서 작동하는 대화형 애니메이션 시각화를 하려면 HTML, CSS, 자바스크립트 조합을 알아야 한다. HTML(Hypertext Markup Language)은 구조를 제공하고, CSS(Cascading Style Sheets)는 객체의 모양을 설정하며, 자바스크립트는 웹 페이지의 객체를 동적으로 변경한다. 이건 대략적인 설명일 뿐이고, 각각의 용도가 중복되기도 한다. 즉, 만들고자 하는 것에 따라 자바스크립트, HTML, CSS를 함께 사용하는 방식이 달라진다.

이 방식은 앞서 언급한 방법들보다 복잡한 경향이 있다. 웹이 다양한 목적으로 쓰이고, 다양한 기기에서 표시되어야 하고, 많은 사람들이 사용하기 때문이다. 기술도 변하고 있다. 과거에 웹에서 인터랙티브하고 애니메이션이 들어간 시각화를 만들 때는 플래시(Flash)와 그 프로그래밍 언어인 액션스크립트(ActionScript)를 주로 사용했다. 2017년에 플래시는 퇴출됐고, 많은 시각화 프로젝트들이 단명하여 사라졌다. 온라인에 등장한 모든 것들의 디지털 도서관 역할을 하는, 비영리 조직이자 웹 사이트인 인터넷 아카이브(Internet Archive)에서 플래시 파일들을 아직 찾을 순 있다. 하지만 플래시 에뮬레이터로 작동하는 건 일부뿐이다.

이 책의 초판 자바스크립트 절에서 제시했던 자료들은 이제 온라인에서 내려갔거나, 서비스가 중단됐다. 아직 남아있더라도 10년 넘게 업데이트되지 않았거나 더 이상 데이터 시각화의 좋은 해법으로 여겨지지 않는다. 시각화 분야는 빠르게 업데이트되는 경향이 있는데, 관점에 따라 좋을 수도 나쁠 수도 있다. 그래도 내가 좋아하는 자바스크립트 기반 시각화 프로젝트들은 이러한 변화에도 불구하고 대부분 여전히 동작한다.

자바스크립트는 유연성이 장점이다. 기본 차트 유형을 만들고 싶으면 대부분의 작업을 처리해 주는 코드 라이브러리를 사용할 수 있다. 보통 함수로 제공되고 데이터만 넣으면 된다. 각 차트 요소를 더 세밀하게 제어하거나 맞춤형 시각화를 원할 때도 라이브러리가 있다. 각 부분을 정의하고 어떻게 맞춰 넣을지 결정할 수 있다.

그림 2.14는 상호작용과 레이아웃을 위해 사용자 정의가 필요한 시각화를 보여준다. 특정 차트 기능을 제공하지 않는 범용적인 자바스크립트 라이브러리인 D3를 사용했다. 대신 데이터를 불러오고 다루는 방법과 그 데이터를 기반으로 도형과 색상을 그리는 방법을 제공한다.

사람들에게 직장에서의 스트레스, 슬픔, 행복, 의미를 0에서 6까지 점수로 매기도록 했다. 0이 가장 낮고 6이 가장 높다. 각 직업군별로 감정에 대한 막대 그래프가 있고, 직업군에 마우스를 올리면 그 그룹의 모든 차트가 강조되어 연결된다. 결과적으로 막대 그래프와 범프 차트(bump chart)[19]를 조합한 것이다.

내 입장에서는 D3로 상호작용을 구현하는 게 더 간단했지만, 다른 여러 방법이 있다. 어떤 방법을 선택할지는 현재 상황에 따라 다르다. 한 라이브러리에만 얽매일 필요도 없다. 막대 그래프를 재빨리 그리고 싶으면 고수준 라이브러리를 쓰고, 창의적인 작업이 필요하면 저수준 라이브러리를 쓴다. 여러 라이브러리를 조합해 쓸 수도 있다.[20]

---

19 (옮긴이) 범프 차트는 시간의 흐름에 따라 순위 변동을 보여주는 차트이다. 순위 등락에 따라 혹(bump)처럼 보여 그런 이름이 붙었다.

20 HTML 기초는 Mozilla의 https://datafl.ws/whathtml 에서 배울 수 있다. CSS에 대해서는 https://datafl.ws/whatcss를 참고하고 자바스크립트는 https://datafl.ws/whatjs를 읽어보자.

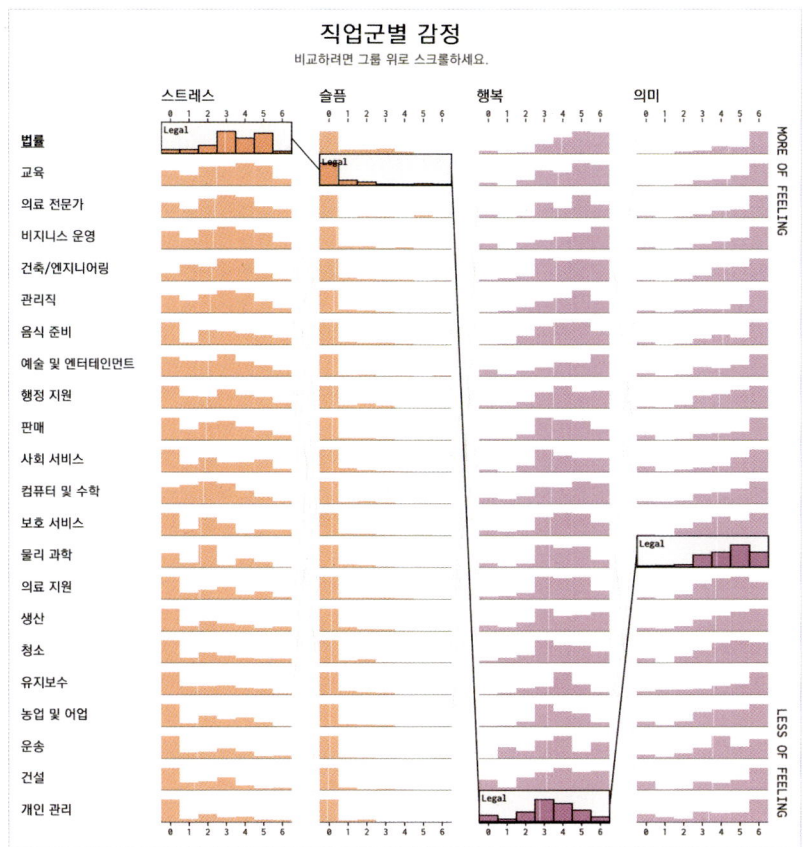

그림 2.14 직장에서의 감정 (2007년-2022년), *https://flowingdata.com/2022/10/26/feelings-at-work*

> ☑ **자바스크립트 시각화 라이브러리**
>
> 자바스크립트는 주로 웹에 쓰이는 범용 언어지만, 맨바닥부터 시작하지 않아도 되는 시각화 라이브러리들이 있다.
>
> - D3: 맞춤형 시각화를 만들 때 사용한다. 기본 차트 기능을 제공하지 않는 대신 차트를 구성하는 요소들을 쉽게 결합하고 제어할 수 있다.[21]
> - p5.js: 프로세싱을 자바스크립트로 구현했다.[22]
> - Vega: JSON 데이터 포맷을 기반으로 한 시각화 문법을 사용해 차트를 만든다. 이 문법은 자바스크립트 외에 R이나 파이썬 같은 언어에도 적용된다.[23]
> - Chart.js: 최신 웹 환경에서 동작하는 경량 차트 라이브러리다.[24]
> - Observable Plot: D3 위에 '그래픽 문법' 접근 방식으로 만들어졌다.[25]

21 *https://d3js.org*

22 *https://p5js.org*

23 *https://vega.github.io*

24 *https://chartjs.org*

25 *https://observablehq.com/plot/*

- Layer Cake: Svelte는 인기 있는 자바스크립트 웹 프레임워크이고, Svelte용 프레임워크인 Layer Cake는 프레임워크 내 컴포넌트를 제공한다.[26]

[26] https://layercake.graphics

매트랩(MATLAB)

매트랩[27]은 매스웍스(MathWorks)에서 만든 상용 프로그래밍 언어다. 주로 계산이 핵심 기능이지만, 전통적인 차트 유형을 그려주는 시각화 기능도 있다. 전기공학을 전공할 때 써봤지만 오래 사용하지 않았다. 이미 매트랩을 쓰고 있다면 차트 기능을 한번 살펴보고 그렇지 않다면 더 개방적인 옵션들을 먼저 시도해 보는 게 좋다.

[27] MATLAB에 대해 더 알아보려면 https://datafl.ws/matlab을 참조하자.

트레이드오프

프로그래밍을 배우면 원하는 대로 데이터를 시각화할 수 있다. 새 데이터에 기존 코드를 적용할 수 있고, 이미 만들어 둔 라이브러리를 사용할 수 있어 맨바닥부터 만들지 않아도 된다. 장기적으로 보면 시간을 절약할 수 있고, 상상력을 마음껏 발휘할 수 있다.

하지만 먼저 프로그래밍을 배워야 한다. 코딩 경험이 없다면 시간이 꽤 걸릴 것이다. 그래서 클릭 기반 솔루션이 더 매력적으로 보일 수 있다. 한 번만 사용할 차트라면 클릭 방식이 더 적합할 수 있다.

코딩을 위한 설치와 환경 설정이 힘들 수 있다. 이 점이 초보자들에게 R을 추천하는 이유 중 하나다. 파이썬 세팅은 까다롭고, 웹 개발 환경 세팅은 보통 여러 단계를 거쳐야 한다. 회사와 조직마다 자체적인 시스템 요구 사항이나 제약도 있다.

다행히 멋진 차트를 만들기 위해 처음부터 모든 기능을 완벽히 알 필요는 없다. 해가면서 배우고 그 경험을 다음 프로젝트에 활용하면 된다. 새 언어를 배우는 것과 비슷하다. 기본 단어만 알아도 외국에서 화장실은 찾을 수 있다. 더 많은 단어와 문법을 배우면 유창해지고 대화도 할 수 있게 된다. 프로그래밍도 마찬가지다. 필요한 함수 사용법, 함수 간 연계, 코드의 논리를 배우다 보면 점점 능숙해진다.

지도 만들기

데이터 디자인 관점에서 보면 지리적 지도 만들기와 시각화는 겹치는 부분이 많다. 둘 다 시각적 인지를 활용해 패턴을 보여주기 때문에 색상, 도형, 공간 선택에서 비슷한 점이 있다. 차트와 지도는 데이터로 이야기할 때 같은 맥락에서 자주 쓰인다. 한 프로젝트에서 둘을 함께 보거나, 서로 겹쳐 놓거나, 나란히 배치하는 경우가 흔하다.

하지만 지리 데이터는 현실 세계의 물리적 장소와 연결되어 있고, 고유한 인코딩과 파일 포맷, 그리고 척도를 가지고 있다. 지도는 시각화처럼 데이터를 전달하는 데 쓰이지만, 길 찾기나 새로운 공간을 탐험하는 일상적인 인터페이스로도 사용한다. 그래서 지도 제작 과정은 특화될 수 있고 또 그래야 한다. 이미 쓰고 있는 소프트웨어의 접근 방식을 바꾸거나 지도 전용 도구를 사용해야 한다는 걸 의미한다.

종류

예전에 휴대폰으로 주변을 조사하는 연구를 했다. 하루 종일 위치를 계속 추적하기 위해 외부 GPS 장치를 휴대폰에 연결하고, 전원을 공급하기 위해 배낭 속에 노트북을 넣고 모든 기기를 노트북에 연결했다. 당시 구글 지도가 아닌 동적 웹 지도를 만들어 사용하느라 상당한 노력이 필요했다.

이제 대부분의 휴대폰에는 위치 기능이 기본으로 탑재된다. 배터리도 하루 종일 지속된다. 사람들이 이해하고 싶어 하는 공간 데이터가 넘쳐나고, 그만큼 지도를 만드는 도구도 많다. 이 책의 초판을 쓸 때보다 지도를 만드는 일이 더 간단해졌다.

사실, 지금까지 언급한 모든 도구로 지도를 만들 수 있다. 클릭 방식이든 프로그래밍 방식이든 상관없다. 시각화와 지도 제작의 기술적 요구 사항이 겹치기 때문에, 익숙한 소프트웨어를 사용해서 어느 정도까지 가능한지 살펴볼 수 있다. 예를 들어, 나는 대부분의 지도를 R로 만든다. 가끔 인터랙티브 프로젝트를 만들 때는 자바스크립트가 필요하다. 이 정도면 내게 충분하지만, 더 많은 기능이 필요하다면 다음의 지도 전용 도구들이 더 적합할 수 있다.

ArcGIS

Esri사의 ArcGIS는 지도 제작 도구 모음으로 데스크톱(ArcGIS Pro)과 온라인(ArcGIS Online) 버전이 있다. 서비스의 이름과 범위는 변해왔지만, 지도 제작을 돕는다는 전반적인 목표는 동일하다. ArcGIS는 지도 제작, 공간 데이터 탐색, 데이터 처리 및 집계 등 풍부한 기능을 제공한다. 코딩을 배울 필요 없이 클릭만으로 사용할 수 있다.

다만 이렇게 기능이 풍부한 탓에 버튼과 메뉴가 많다는 게 단점이다. 하지만 대부분의 소프트웨어처럼 사용할수록 직관적으로 느껴진다. 아마도 가장 큰 단점은 필요로 하는 사용 수준에 따라 달라지는 연간 결제 비용일 것이다. 단순한 지도만 원한다면 이 비용이 부담스러울 수 있다.[28]

28 ArcGIS에 대해 더 자세히 알아보려면 *esri.com*을 방문하자.

QGIS

QGIS는 ArcGIS의 대안으로 무료 오픈 소스이다. QGIS 데스크톱, QGIS 서버, QGIS 웹 클라이언트 등 여러 응용 프로그램이 있다. 데스크톱 버전은 말 그대로 컴퓨터에서 작동하며 지도를 만들고 공간 데이터를 시각화할 수 있다. 서버와 웹 클라이언트 응용 프로그램으로는 공간 데이터와 QGIS 지도를 온라인에 쉽게 게시할 수 있다.

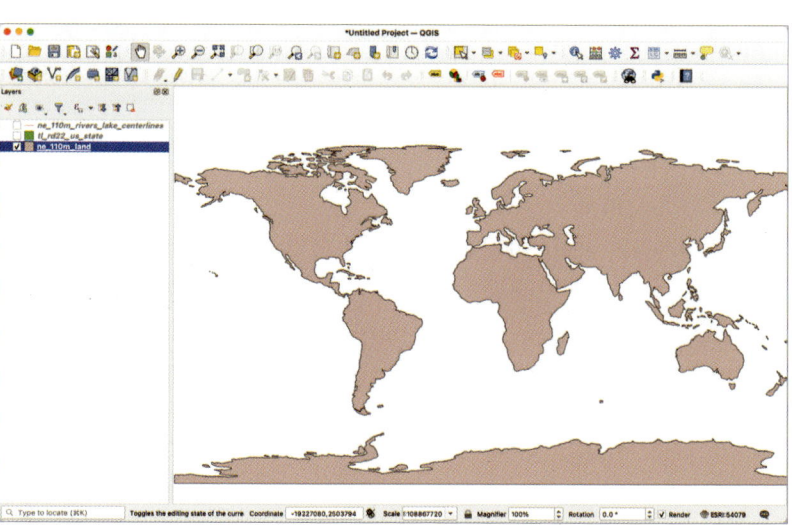

그림 2.15 QGIS 데스크톱

이 응용 프로그램은 클릭 기반 방식이라 코딩을 배우지 않고도 다양한 공간 파일을 불러와 지도화할 수 있다(그림 2.15). 하지만 파이썬 스크립트를 이용하면 데이터를 더 사용자 요구에 맞게 처리할 수 있다.

활발한 커뮤니티와 풍부한 문서가 있어 필요할 때 도움을 받을 수 있다. QGIS의 주된 단점은 인터페이스가 ArcGIS보다 덜 세련되게 느껴질 수 있다는 점이지만 몇 년 사이 많이 개선됐다.[29]

29 오픈 소스인 QGIS는 *qgis.org*에서 다운로드할 수 있다.

맵박스

맵박스(Mapbox)는 개발자에게 다양한 제품을 제공한다. 주로 다른 서비스나 제품과 연동되는 인터랙티브 지도를 만들고 싶어 하는 이들에게 좋다. 맞춤 설정 가능한 배경 지도를 제공하고 서비스한다. 공간 데이터, 내비게이션, 교통 정보, 지리 검색 기능도 제공한다. 웹에서 필요한 대부분의 지도 기능을 맵박스로 처리할 수 있다. 그림 2.16은 클릭만으로 지도를 디자인할 수 있는 도구인 맵박스 스튜디오를 보여준다.

그림 2.16 맵박스 스튜디오

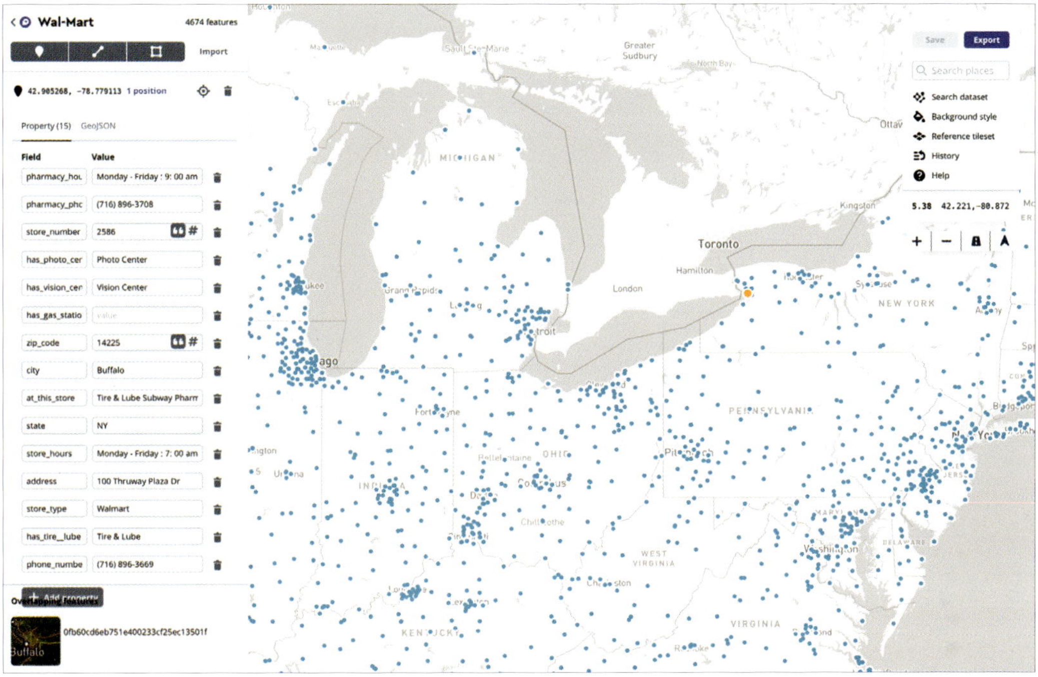

지도 만들기 43

대부분의 서비스는 무료로 시험해볼 수 있고, 이후에는 총 사용량에 따라 월간/연간 요금이 부과된다. 비용이 문제라면 리플릿(Leaflet)이나 오픈레이어즈(OpenLayers) 같은 오픈 소스 대안을 찾아보는 것도 좋다. 맵박스와 완전히 일치하는 무료 서비스는 없지만, 기능을 모방한 소규모 서비스들을 찾을 수 있다.[30]

30 맵박스에 대해 더 알아보려면 *mapbox.com*을 방문하자.

구글 지도와 빙 지도

한때 인터넷의 모든 지도는 구글에서 제공한 것처럼 보였다. 실제로 대부분 그랬다. 마커를 찍고 연결선을 그릴 수 있는 단순한 인터페이스였다. 그리고 그걸 자신의 웹 페이지에 삽입할 수 있었다. 새롭고 놀라웠다. 좁은 곳에 마커 100개가 겹쳐 패턴을 알아보기 힘들었지만 그건 문제가 아니었다. 데이터 출처와 외양은 바뀌었지만, 핵심 기능은 비슷하다(그림 2.17).

31 구글 지도에 대해 더 알아보려면 *https://developers.google.com/maps*를, 빙 지도에 대해서는 *https://datafl.ws/bingmaps*를 참고하자

    구글 지도[31]와 빙(Bing) 지도는 여전히 건재하지만, 맵박스가 더 흔해졌다. 맞춤형 지도를 만들기도 더 쉬워졌다. 데이터용으로 구글이나 빙 지도를 쓸 때는 주로 데이터 처리와 검색에 유용한 API(Application Programming Interfaces)를 활용한다. 제한된 사용은 무료고, 더 많이 쓰려면 쿼리 수에 따라 비용을 지불해야 한다.

그림 2.17 구글 지도

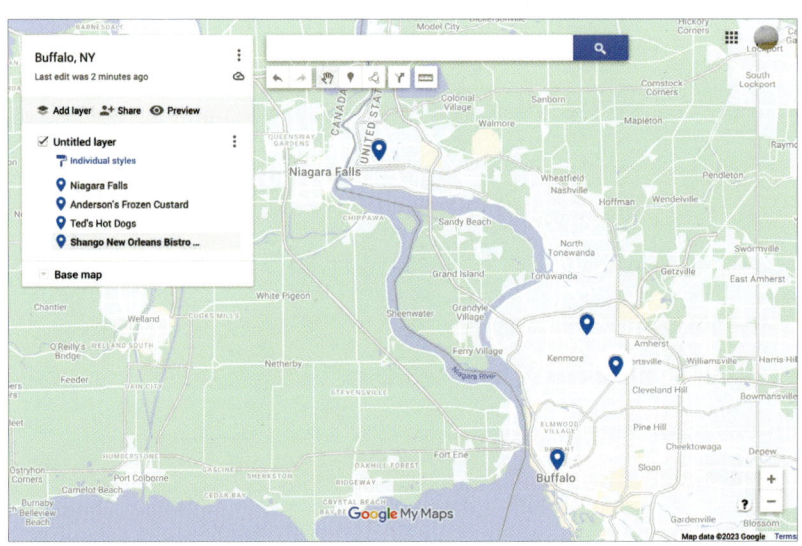

트레이드오프

공간 데이터를 자주 분석하고 지도를 많이 만들어야 한다면, 이런 애플리케이션들에 시간과 비용을 추가로 투자할 가치가 있다. 지도에 특화된 도구라 일반적인 시각화 프로그램에서는 제공하지 않는 지도 전용 기능들을 사용할 수 있다.

반면에 이미 다른 시각화 도구를 많이 쓰고 있다면, 익숙한 도구로 지도 만드는 법을 배우는 게 더 효율적인 방법일 수 있다. 기존 작업 흐름을 유지할 수 있기 때문이다. 소프트웨어의 한계 때문에 지도 품질이 떨어질 수도 있지만 지금 쓰는 도구가 이미 필요한 걸 다 제공할 수도 있다.

혹시나 예상대로 되지 않을 때의 대비책으로 사용 가능한 도구들을 알아두면 좋다. 나는 유료 솔루션을 쓸 만큼 상세하고 전문적인 지도를 만들지는 않지만, R로는 제대로 된 지도를 만들 수 없을 때 QGIS를 유용하게 사용했다.

일러스트레이션

이 정도면 훌륭한 차트를 만들 도구를 충분히 살펴봤다고 생각할 수 있다. 그렇다. 코드와 클릭 방식 시각화 도구를 조합하면 많은 걸 할 수 있고, 대부분 그래픽을 보다 읽기 쉽게 맞춤 설정할 수 있다. 레이블을 옮기고, 범례를 조정할 수 있다.

하지만 이런 세부 조정들은 대부분의 애플리케이션에서 까다로운 편이다. 상당한 시행착오를 거쳐야 하기 때문에, 최종 차트를 보면 어떤 소프트웨어로 만들었는지 티가 나는 경우가 많다. 사람들은 그런 번거로운 과정을 거칠 시간이 없다. 그래도 보통 발표나 보고서, 출판물용 그래픽을 만들 때 자연스럽게 어울리는 차트가 필요하다. 글꼴, 색상 구성, 테두리, 전반적인 미감을 통일시켜서 차트가 복사해 붙인 것처럼 보이거나 맥락에서 벗어나 보이지 않게 해야 한다. 차트를 읽기 쉽고 보기 좋게 만들어야 한다.

예를 들어, 그림 2.18은 R의 기본 설정으로 만든 차트들이다. 엄마가 첫째, 둘째, 셋째 아이를 낳았을 때의 나이를 보여준다. 예상대로 나이 분포가 오른쪽으로 이동한다.

그림 2.18 엄마들의 출산 시 나이를 보여주는 차트. R로 작업했다.

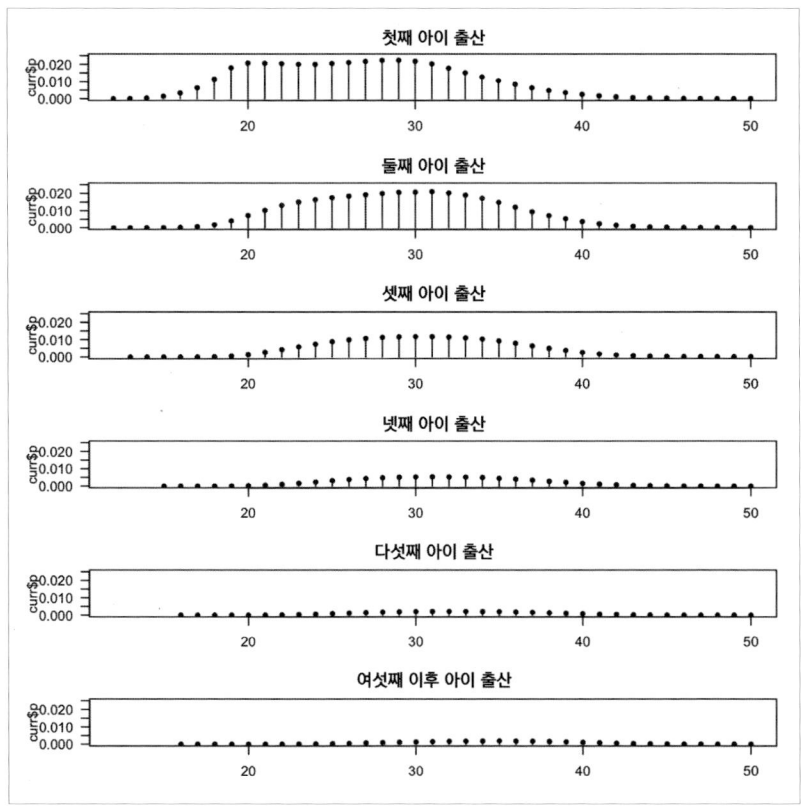

차트를 더 읽기 쉽게 만들고 차이점을 설명하기 위해, R에서 파일을 내보내고 일러스트레이션 소프트웨어에서 편집했다. 그 결과가 그림 2.19다. 선 두께를 바꾸고, 레이블을 수정하고, 범위에 주석을 달고, FlowingData의 맥락에 맞게 색상을 추가했다.

복잡한 변경 사항은 아니다. R에서도 같은 편집을 할 수 있지만, 모든 요소를 추가하고 실행해 보기 전까지는 그래픽의 최종 레이아웃을 알 수 없고 각 부분이 어울리는지도 알 수 없다. R에서는 레이블 배치와 맞춤 주석 작업에 보통 시행착오가 필요하다. 반면 일러스트레이션 소프트웨어에서는 눈으로 보면서 반복적으로 클릭하고 드래그하여 작업할 수 있다.

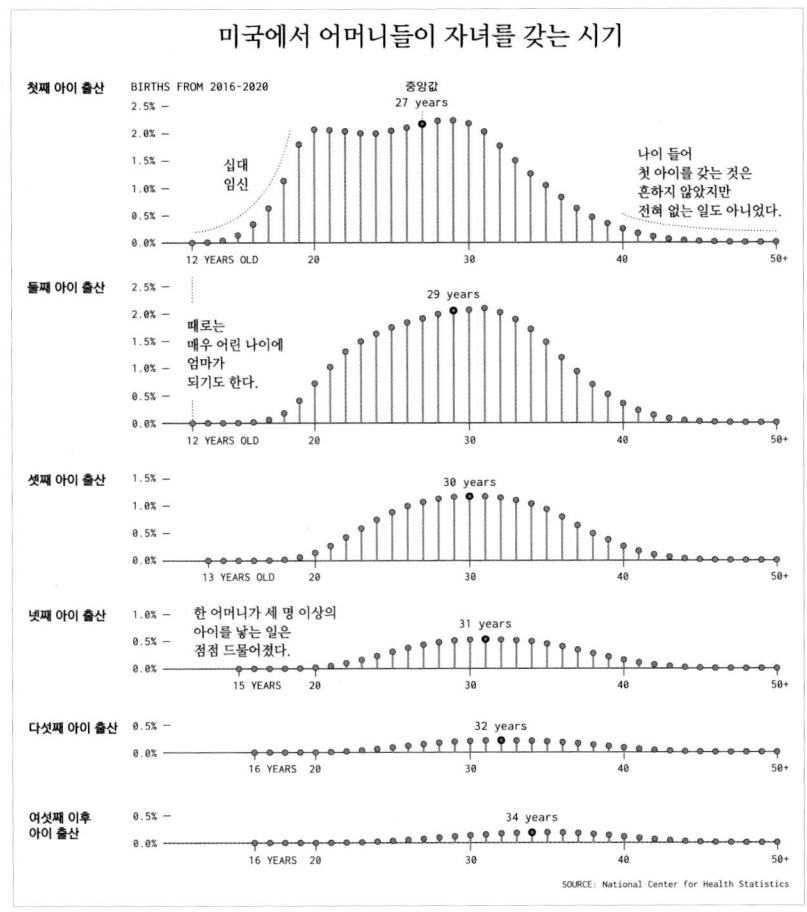

그림 2.19 자녀 출산 시 엄마의 나이, *https://datafl.ws/momage*

종류

일러스트레이션을 위한 프로그램은 많이 있다. 하지만 대부분의 사람들이 쓰는 건 몇 개로 한정되어 있고 거의 모두들 쓰는 건 사실상 하나다. 가격이 선택의 결정적인 요인일 것이다. 처음에 그냥 해보고 싶다면 오픈 소스를 추천한다. 기본 이상의 기능이 필요하다면 다른 옵션을 시도해 보자.

어도비 일러스트레이터

어도비 일러스트레이터는 가장 많이 쓰는 일러스트레이션 소프트웨어다.

그림 2.20 일러스트레이터에서 차트 편집하기

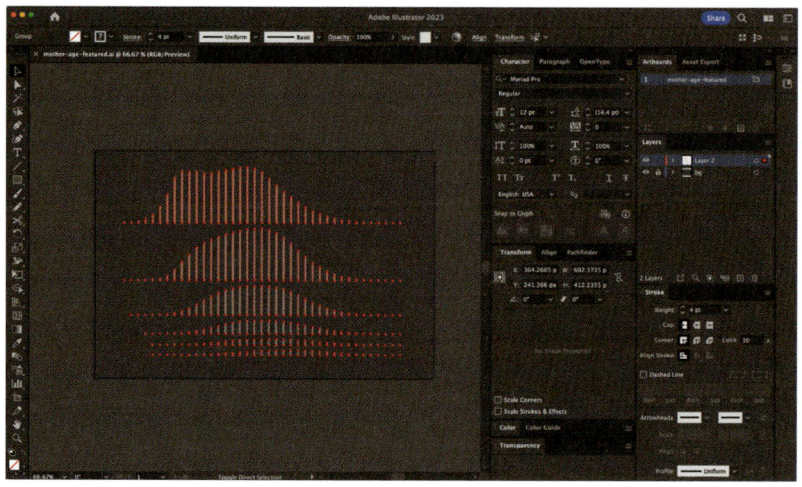

주요 언론에서 보는 정적 차트 대부분이 일러스트레이터로 편집한 것이다. 차트 생성기는 PDF나 SVG 같은 벡터 기반 파일을 만들어낸다(이런 파일은 기하학적으로 정의돼 있어서 확대해도 픽셀이 깨지지 않는다). 이걸 일러스트레이터로 불러와 마무리 작업을 한다(그림 2.20).[32]

이 소프트웨어는 원래 폰트 개발용으로 만들어졌다. 나중에 디자이너들 사이에서 인기를 얻어 로고나 예술적인 그래픽 작업에 쓰이기 시작했다. 지금도 일러스트레이터는 주로 그런 용도로 쓰인다.

일러스트레이터는 기본적인 그래프를 그릴 수 있는 그래프 도구를 제공한다. 막대 그래프, 파이 차트, 선 차트 같은 것 말이다. 작은 스프레드시트에 데이터를 붙여 넣을 수 있지만, 데이터 관리 기능은 거기까지다.

데이터 그래픽 면에서 일러스트레이터의 최대 장점은 유연성이다. 하지만 그 유연성 때문에 버튼과 메뉴가 많아져서 처음엔 좀 헷갈릴 수 있다. 4장에서 기본적인 것들을 살펴볼 것이다.

모든 걸 코드로 하는 방식과 비교했을 때 가장 큰 단점은 비싸다는 거다. 설치할 수 있는 컴퓨터만 있으면 코드로 하는 건 공짜로 할 수 있다. 현재 어도비 일러스트레이터와 다른 어도비 제품군을 사용하려면 월간/연간 단위로 결제해야 한다. 나는 오래 전부터 일러스트레이터를 써왔기에 그 돈이 아깝지 않지만, 다른 선택지도 있다.[33]

32 참고: 나는 일러스트레이션 소프트웨어를 주로 주석, 레이아웃, 색상과 선 굵기, 크기의 미세 조정에 쓴다. R(및 다른 프로그래밍 언어)로도 할 수 있지만, 이미지를 내보낼 때 차트 요소의 위치가 미묘하게 바뀌는데 몇 픽셀 차이가 나면 골치 아프다. 일러스트레이션 소프트웨어는 상호작용을 통해 조정할 수 있다. 움직여 보다가 원하는 위치에 놓으면 된다. 나는 이 정도의 세세한 제어가 필요하지만, 모든 사람에게 필요한 건 아니다.

33 어도비 일러스트레이터에 관해서는 *https://datafl.ws/7ln*에서 확인할 수 있다.

어피니티 디자이너

어피니티 디자이너(Affinity Designer)는 어도비 일러스트레이터보다 이후에 출시된 프로그램이며 괜찮은 대안으로 자리잡았다. 어피니티 디자이너는 구독 방식이 아니라 프로그램을 한번 구매하면 계속 사용할 수 있다.

일러스트레이터와 마찬가지로 이 소프트웨어도 주요 파일 포맷을 지원하고, 클릭하고 드래그해서 차트를 시각적으로 편집할 수 있는 유연성을 제공한다. 34

34 어피니티 디자이너는 *affinity.serif.com*에서 구입할 수 있다.

잉크스케이프

잉크스케이프(Inkscape)는 어도비 일러스트레이터의 대안이 될 수 있는 무료 오픈 소스이다. 무료 도구를 원한다면 잉크스케이프가 최선의 선택이다. 나는 일러스트레이터를 쓴다. 직장에서 데이터 그래픽의 세세한 부분을 배우기 시작했을 때는 작업하는 데 일러스트레이터가 필요했기 때문에 당연했다. 하지만 지금 시작한다면 아마도 잉크스케이프를 먼저, 어피니티 디자이너를 그 다음으로 쓸 것 같다. 35

35 무료 디자인 도구 잉크스케이프는 *inkscape.org*에서 다운 받을 수 있다.

트레이드오프

일러스트레이션 소프트웨어는 시각화만을 위해 만들어진 게 아니다. 그래픽 디자인에 뿌리를 두고 있어서, 일러스트레이터나 디자이너, 잉크스케이프를 쓰는 차트 제작자들은 보통 제공되는 기능의 일부만 쓴다. 이런 프로그램으로는 데이터를 분석하거나 탐색할 수 없다. 복잡한 차트를 처음부터 만들기도 어렵다.

하지만 출판 수준의 그래픽을 만들고 싶다면 이런 프로그램이 좋다. 미적 요소를 조정하고, 가독성을 높이고, 지저분한 차트를 깔끔하게 정리할 수 있다.

시각화는 보통 다양한 데이터 세트를 분석하는 데 쓰이지만, 일러스트레이션 소프트웨어는 하나의 데이터 세트에 맞추어 작업하는 데 사용한다. 수동 편집으로 기계적인 차트에 인간의 손길을 더할 수 있다. 차트를 분석용으로만 쓴다면 이런 소통을 위한 시각화는 건너뛸 수 있다.

간단한 시각화 도구

지금까지 다양한 차트와 유형과 방법을 다루는 시각화 도구에 대해 배웠다. 대개는 이 정도면 충분하다. 하지만 때로는 과정 중에 시각화 관련한 자잘한 작업을 해야 할 때가 있다. 이런 일을 도와주는 작은 도구들이 있다.

종류

작은 도구들은 오래 지속되지 않아 소개하기가 망설여진다. 유행에 따라 나타났다 사라지기도 하고, 작은 기능이 충분히 중요해지면 결국 일반화된 도구에 새 기능으로 추가되기도 한다.

하지만 작은 시각화 도구들은 하나에만 집중하기 때문에 유용하다. 보통 사용하기 쉽고 빠르게 일을 처리한다. 현재 사용 가능한 모든 작은 도구를 다 나열하진 않겠지만, 내가 써봤고 몇 년간 살아남은 것들을 소개하겠다.

컬러브루어

차트와 지도의 색상을 고르는 건 재미있다. 무한한 옵션과 조합이 있으니까. 하지만 색상 팔레트는 데이터 세트에 적합하면서 색맹인 사람도 인식할 수 있어야 하고, 당연히 보기 좋아야 한다. 신시아 브루어(Cynthia Brewer)와 마크 해로워(Mark Harrower)가 2000년대 초에 설계한 컬러브루어(ColorBrewer)는 그런 선택의 폭을 좁혀준다(그림 2.21).[36] 데이터, 원하는 색조의 수, 색맹에 따른 제약 등을 기준으로 색상 구성을 고를 수 있다. 원래는 주제별 지도를 위해 만들어졌지만, 현재는 시각화 전반에 쓰이고 있다.

Chroma.js 컬러 팔레트 도우미

나만의 색상 팔레트를 만들고 싶을 수 있다. 하지만 모든 사람이 다른 색조 간의 대비를 인지할 수 있도록 해야 하고, 의도한 차이를 구분할 수 있도록 주의해야 한다. 그레고르 아이시(Gregor Aisch)가 만든 Chroma.js는 이를 돕는 자바스크립트 라이브러리이다. 그림 2.22의 색상 팔레트 도우미는 이 라이브러리를 이용해 만든 GUI 인터페이스다.

---

36 *colorbrewer2.org*에서 컬러브루어로 색상 팔레트를 고를 수 있다.

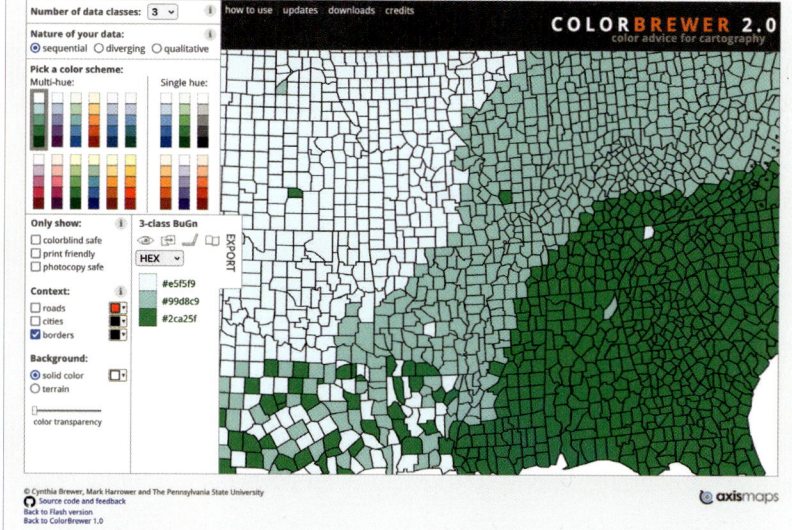

그림 2.21 컬러브루어

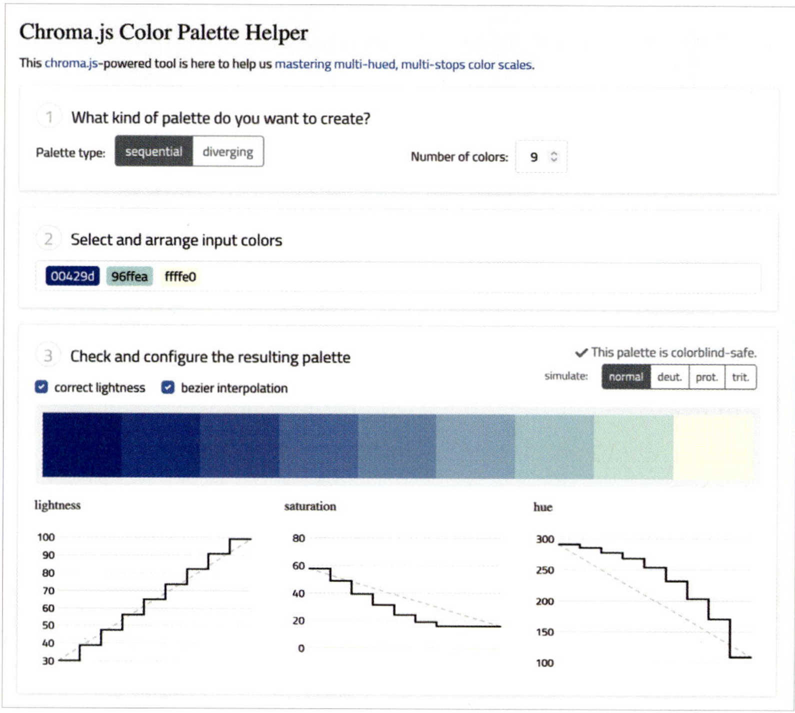

그림 2.22 Chroma.js 색상 팔레트 도우미

간단한 시각화 도구 51

컬러 스케일의 양 끝 색상을 고르면(중간 색상을 고를 수도 있다) 이 앱이 중간 색조를 만들어 준다. 밝기를 보정하고 결과가 색약·색맹 안전 색상인지 알려준다.[37]

37 Chroma.js로 맞춤 색상 팔레트를 만들 수 있다. *https://www.vis4.net/palettes*에서 이용 가능하다.

Sip

색상 관련 도구들은 많이 있다. 아마 색상 선택은 주관적이고, 시각화에만 국한되지 않기 때문일 것이다. Sip은 macOS용 색상 선택 앱으로, 화면에서 픽셀을 선택하고 그 색상을 복사할 수 있다(그림 2.23). 버전 업데이트를 하려면 연간 단위 구독을 해야 한다. macOS에 디지털 컬러 미터(Digital Color Meter)가 내장돼 있긴 하지만, Sip은 디자인에 초점을 맞춰서 작업 흐름에 잘 맞는다. 윈도우에도 자체 색상 선택 도구가 있다.[38]

38 *sipapp.io*에서 Sip으로 화면의 색상을 추출할 수 있다.

그림 2.23 Sip을 사용한 색상 매칭

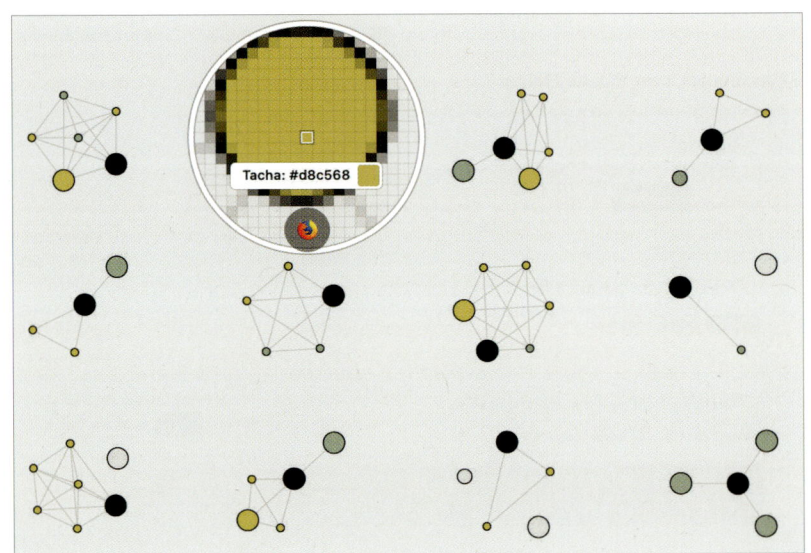

색맹 시뮬레이터

색맹 시뮬레이터(Sim Daltonism)는 macOS와 iOS용 오픈 소스 앱이다(그림 2.24). iOS 앱으로는 카메라로 찍으면 색맹인 사람의 시점으로 볼 수 있다. macOS 앱에서는 화면 위로 창을 움직여서 색맹 시뮬레이션을 해볼 수 있다.[39]

39 *https://datafl.ws/daltonism*에서 이용해 볼 수 있다.

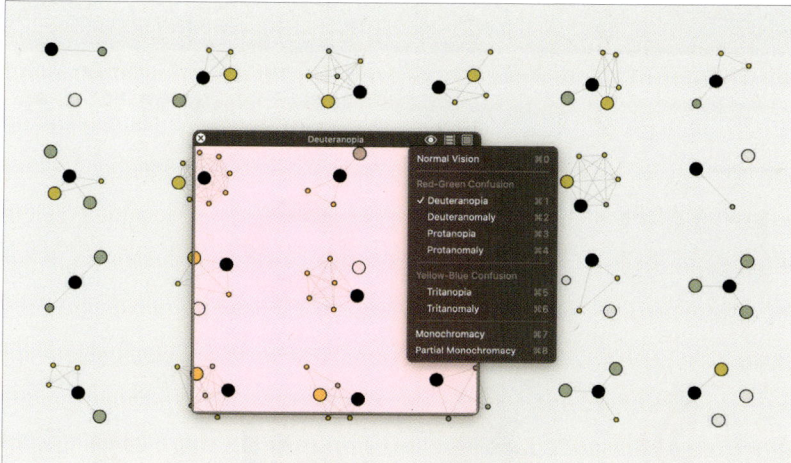

그림 2.24 색맹 시뮬레이터

투톤

숫자를 바탕으로 소리를 만드는 음향화는 데이터를 소리로 바꾸어 시각화에 또 다른 차원을 더한다. 그림 2.25의 투톤(TwoTone)을 이용해 업로드한 데이터 세트로 음악을 만들 수 있다.[40]

40 투톤으로 데이터 기반 음악을 만들 수 있다. *https://twotone.io*

그림 2.25 Sonify와 구글 뉴스 이니셔티브의 투톤

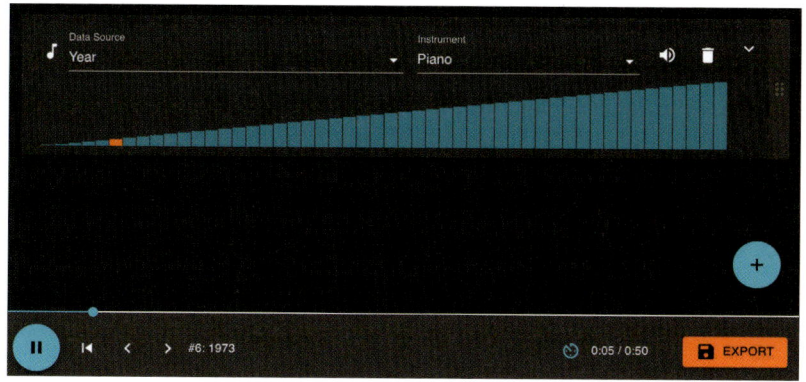

데이터 시각화 프로젝트

차트 종류가 너무 많으면 고르기가 힘들다. 페르디오의(Ferdio)의 데이터 시각화 프로젝트(Data Viz Project)는 데이터 구조, 목적, 형태에 따라 차트 유형을 추천해서 선택의 폭을 좁히는 데 도움이 된다(그림 2.26).[41]
정확한 해답을 주진 않지만, 막막할 때 좋은 출발점이 된다.

41 *datavizproject.com*의 Data Viz Project로 차트를 선택한다.

간단한 시각화 도구   53

그림 2.26 데이터 시각화 프로젝트

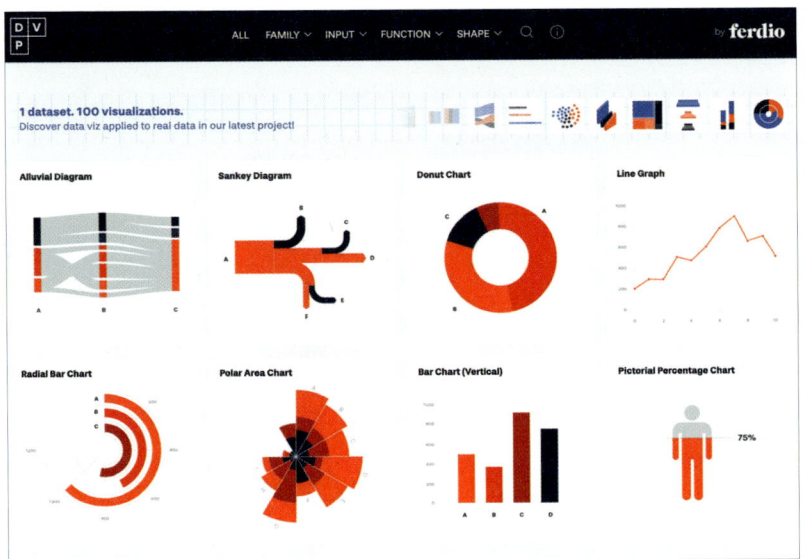

트레이드오프

Sip을 제외하고 이 작은 도구들은 무료다. 몇몇은 오픈 소스이기도 하다. 좋은 일이지만, 그만큼 오래가지 않을 수도 있다. 이 도구들을 만들고 관리하는 사람들에겐 본업이 있으니까.

하지만 언급한 도구들은 몇 년째 사용 가능하다. 적어도 당분간은 온라인에 남아있을 것이다. 게다가 이 도구들은 필수라기보다는 있으면 편리한 보조 도구에 가깝다. 한번 시도해 보자. 유용하면 좋고, 아니어도 큰 시간과 노력이 낭비되는 것도 아니니까.

연필과 종이

마지막으로, 늘 믿음직한 연필과 종이를 빼놓을 수 없다. 이걸로 그래픽을 완성하진 않지만, 내가 만든 복잡한 차트들은 거의 다 스케치나 낙서에서 시작했다. 나는 메모장과 연필을 항상 손이 닿는 곳에 둔다.

쉽게 접근할 수 있어 아이디어를 빠르게 기록하고 새로운 생각을 떠올리는 데 도움이 된다. 컴퓨터가 없어도 더 유연하게 생각할 수 있다. 물론 이

건 내 취향일 수 있고 나이가 들어서일 수도 있다. 하지만 나는 늘 뭔가 끄적이는 게 좋았고 그게 도움이 됐다.

트레이드오프
연필과 종이로 세세한 작업을 하려면 시간이 좀 걸린다.

사용 가능한 도구들 살펴보기

데이터 시각화에 사용할 수 있는 모든 것을 나열한 목록은 아니지만, 시작하기에는 충분하다. 실험해볼 것들이 많다.

많은 사람들이 직장이나 학업 때문에 특정 소프트웨어를 쓰기 시작한다. 어떤 이들은 그냥 쓸 수 있는 걸 쓴다. 일단 아는 소프트웨어나 알아야 하는 소프트웨어를 써보고 데이터 시각화 과정에 집중해 보자. 질문하고, 데이터를 분석하고, 색과 모양을 고르는 과정은 다른 프로그램에도 적용할 수 있다.

꼭 만들어야 하는 걸 현재 도구로 제시간에 만들 수 없다면, 도구를 바꾸거나 새로운 도구를 추가할 때다. 정적 데이터 그래픽을 디자인한다면 R이나 일러스트레이터를 시도해 보자. 웹 프로젝트용 인터랙티브 도구를 만들어야 한다면 자바스크립트를 시도해 보자. 항상 가능하지는 않지만, 데이터를 어떻게 시각화하고 싶은지 질문한 다음 필요한 도구를 찾는다.

2021년 데이터 시각화 협회가 실시한 설문 조사에서, 사람들에게 시각화에서 자주 사용하는 33개의 도구 중에서 하나를 선택하도록 했다. 그림 2.27은 그 결과를 보여준다.[42]

최소 한 가지 도구를 고른 1,870명 중 58%가 마이크로소프트 엑셀을, 46%가 태블로를, 36%가 마이크로소프트 파워포인트를, 33%가 R을, 28%가 파이썬을 쓴다고 답했다. 이번 장에서 다루지 않은 '기타' 도구를 쓴다는 사람도 20% 정도 있었다.

많은 사람들이 쓰는 도구들이 있다. 하지만 상황에 따라 작은 규모의 도구나 특정 용도의 도구들도 필요하다. 그림 2.28에서 볼 수 있듯이 대부분은 여러 도구를 섞어 쓴다. 단 하나의 도구만 쓰는 사람은 8%에 불과하고,

[42] 데이터 시각화 협회의 설문 데이터는 다음에서 확인할 수 있다. *https://datafl.ws/soti*

그림 2.27 실무자들이 사용하는 시각화 도구들

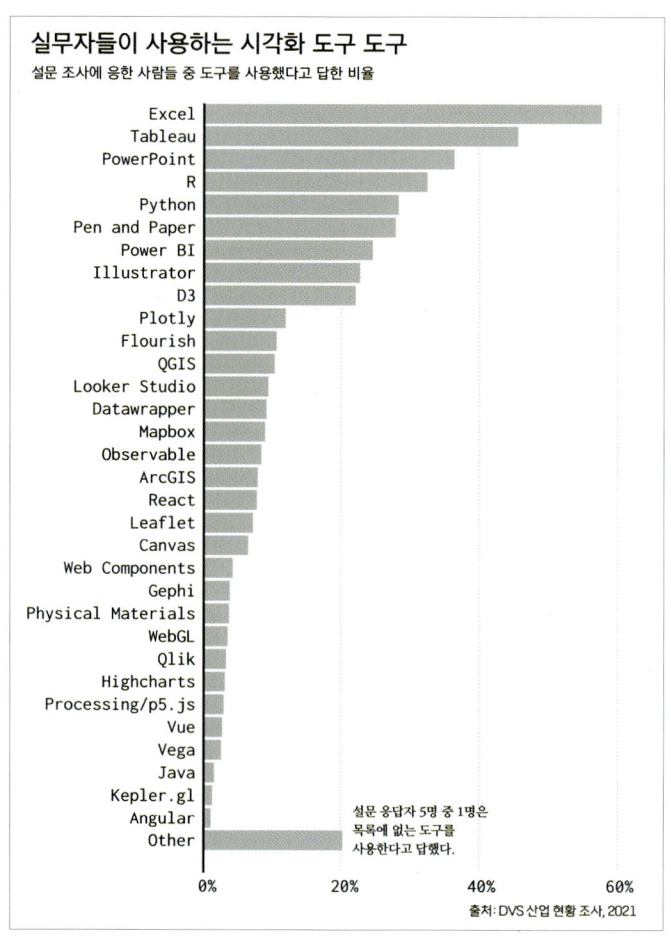

그림 2.28 선택한 도구의 수

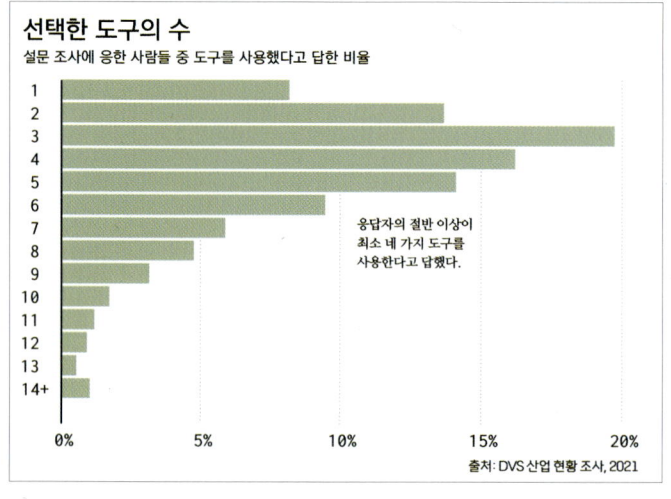

두 가지를 쓰는 사람도 14%뿐이다. 20%는 세 가지를 쓰고, 절반 이상은 네 가지 이상을 쓴다.

아는 것부터 시작하거나 쓸 수 있는 것부터 쓰자. 보통은 범용 애플리케이션 중 하나를 사용하게 된다. 그리고 필요할 때마다 다른 도구들로 영역을 넓혀가면 된다. 시각화를 처음 시작하는 사람들은 도구 선택에 시간을 허비하는 경우가 많다. 하지만 사실 도구는 과정에서 가장 덜 중요한 부분이다. 멋진 차트를 만들려고 모든 소프트웨어를 완벽히 알 필요는 없다. 시각화 과정과 만들고 싶은 것에 집중하면 필요한 기능을 찾을 수 있다.

마무리

이 도구들 중 어느 것도 만병통치약은 아니다. 결국 분석과 데이터 설계는 당신 몫이다. 도구는 그저 도구일 뿐이다. 망치가 있다고 집을 지을 수 있는 건 아니다. 마찬가지로 훌륭한 소프트웨어가 있어도 데이터를 이해하고 소통하는 법을 모른다면 소용없다. 어떤 질문을 할지, 어떤 데이터를 쓸지, 어떤 이야기를 할지는 당신이 결정한다. 이어지는 장들에서 이것을 파악하는 과정을 차근차근 밟아갈 것이다.

다음 장에서는 언급된 도구들을 직접 사용해볼 수 있다. 데이터부터 시작할 것이다. 데이터 없이는 시각화도 없기 때문이다.

3
데이터 다루기

시각화 작업을 시작하려면 먼저 데이터가 필요하다. 시각화를 흥미롭고 가치 있게 만드는 것은 데이터다. 데이터가 없으면 그냥 빈 차트만 나온다. 좋은 데이터를 어디서 찾을 수 있을까? 어떻게 접근할 수 있을까?

데이터를 확보한 후에는 소프트웨어에 로드할 수 있도록 형식을 맞춰야 한다. 쉼표로 구분한 텍스트 파일(CSV)이나 엑셀 스프레드시트로 받은 데이터를 XML 등으로 변환해야 할 수도 있다. 온라인에 여러 페이지로 나뉘어 있는 데이터를 하나의 스프레드시트로 통합하고 싶을 수도 있다.

데이터를 어디서 찾는지, 어떻게 준비하며 어떻게 처리하는지 배우자. 데이터를 잘 정리해두면 실제 시각화 작업이 훨씬 수월해진다.

데이터 준비

시각화에 관심 있는 사람들은 흔히 시각적인 부분에만 집중한다. 도형, 색, 패턴 등이 그들의 시선을 사로잡는다. 그러나 가치 있는 시각화를 만들려면 가치 있는 데이터가 필요하다. 나쁜 데이터를 넣으면 나쁜 시각화가 나온다.

때로는 흥미로운 데이터 세트가 주어져서 즉시 활용할 수 있지만, 필요한 데이터가 아직 없거나 유용한 형식으로 처리되지 않은 경우가 더 많다. 이 면에는 데이터를 찾고 준비하는 과정이 있다. 이 과정이 있어야 데이터를 더 쉽게 시각화할 수 있다.

예전에 레스토랑 주방에서 일한 적이 있었다. 모든 재료를 준비하는 게 내 일이었다. 재료를 씻고, 다지고, 연육하고, 양념에 재워서 창고형 냉장고에 넣어두었다. 거기엔 잘게 썬 채소와 고기가 용기에 정리되어 층층이 쌓여 있었다. 주문이 들어오면 셰프는 준비된 재료를 챙겨서 요리만 하면 된다.

시각화 과정의 초기 단계는 주방에서의 재료 손질과 비슷하다. 나도 때론 따분하다고 느꼈지만 점차 이런 준비 작업도 즐길 수 있게 되었다. 뒤죽박죽 얽힌 자료를 깔끔하게 정리된 데이터 파일로 바꾸는 건 보람 있는 일이다. 차트를 만들어야 할 때 데이터를 챙겨서 바로 시각화에 들어갈 수 있다.

데이터 찾기

데이터는 모든 시각화의 기초다. 질문에 답하기 위한 데이터가 아직 없다면 찾아야 한다. 다행히 데이터를 얻을 수 있는 곳은 많고, 점점 찾기 쉬워지고 있다. 일반 검색 엔진이나 데이터 전용 애플리케이션, 데이터 카탈로그, 정부, 연구자들뿐만 아니라 데이터를 다루는 곳이라면 어디든 데이터를 찾을 수 있다. 요즘엔 그런 곳이 도처에 있다.

이번 절에서는 데이터를 찾을 수 있는 곳을 알려주려 한다. 온라인이 대부분 그렇듯, 온라인 자료도 시간이 지나면 사라지거나 더 좋은(혹은 나쁜) 것으로 대체된다. 그러니 현재 시점에서는 다음에 소개하는 곳들이 검색을 시작하기에 좋은 출발점이 될 것이다.

검색 엔진

일반 검색 엔진인 구글이나 빙을 사용하여 다른 정보를 검색하듯 데이터를 검색할 수 있다. 나는 덕덕고(DuckDuckGo)를 사용한다. 검색창에 주제와 '데이터'를 같이 넣고 검색하면 된다. 그러면 대개 올바른 방향을 잡을 수 있다.

범용 데이터 응용 프로그램

어떤 서비스는 데이터를 제공하거나 검색 가능하게 만드는 데 중점을 둔다.

일부 애플리케이션은 무료 또는 유료로 대용량 데이터 파일을 다운로드할 수 있게 제공한다. API를 통해 개발자가 데이터에 접근할 수 있게 만든 것도 있다. 다음은 몇 가지 추천 리소스이다.

- 울프람알파(WolframAlpha): 기본 통계를 찾는 데 유용한 '계산 검색 엔진'이다.[1]
- 캐글(Kaggle): 데이터 경연 대회로 유명하고, 공개 데이터 세트 목록을 제공한다.[2]
- 위키백과(Wikipedia): 온라인 백과사전을 데이터 소스로 생각하지 않을 수 있지만, 많은 글에 HTML 테이블이 포함되어 있다.[3]
- GitHub 선정 핵심 데이터 세트: GitHub는 많은 데이터 세트를 호스팅하는 개발자 플랫폼이다. 인기 있는 데이터 세트의 선정 목록을 제공한다.[4]
- 구글 데이터 세트 검색: 데이터 세트를 위한 검색 엔진이다. 베타 버전에서 벗어난 지 오래되었지만 아직 연구 프로젝트 수준이다.[5]
- Data.world: 다운로드 가능한 데이터 세트를 검색할 수 있게 모아놓은 목록이다.[6]
- 아마존 데이터 익스체인지(Amazon Data Exchange): 아마존이 제공하는 서비스로, 선별된 그룹이 공개한 대규모 데이터 세트를 얻을 수 있다.[7]
- 데이터허브(DataHub): 조직이 오픈 데이터를 제공하기 쉽게 도와주는 데 중점을 두고 있다. 자체 데이터 세트도 제공한다.[8]
- 데이터와 스토리 라이브러리: 교실에서 통계와 데이터 과학을 가르치는 데 사용하기 위한 데이터 파일 보관소이다.[9]

[1] https://wolframalpha.com
[2] https://kaggle.com
[3] https://wikipedia.org
[4] https://github.com/datasets
[5] https://datasetsearch.research.google.com
[6] https://data.world/search
[7] https://datafl.ws/7lp
[8] https://datahub.io
[9] https://dasl.datadescription.com

연구자

데이터 검색으로 유용한 정보를 찾지 못했다면, 관심 분야를 전공한 학자들을 찾아보자. 때때로 개인 사이트에 데이터를 올리기도 한다. 그렇지 않더라도 그들의 논문과 연구를 살펴보면 실마리를 찾을 수 있다.

직접 이메일을 보내는 것도 방법이다. 하지만 먼저 관련 연구를 했는지 확인해 봐야 한다. 그렇지 않으면 시간만 낭비하게 된다.

> 인터넷에서 데이터 사이트를 운영하다 보니 데이터 출처에 대한 갖가지 메일을 많이 받아봤다. 어떤 이들은 내가 다루지도 않은 데이터 세트를 요청하는 메일을 보내와서 당황스러웠다. 무작정 메일을 보내더라도 관련 있는 사람에게만 문의하자.

신뢰할 만한 뉴스 매체에서 발행한 그래픽에서도 출처를 찾을 수 있다. 보통 데이터 출처는 그래픽 어딘가에 작은 글씨로 적혀 있다. 그래픽에 없다면 관련 기사나 각주, 미주에 언급해 놓았을 것이다. 이 방법은 탐색해 보고 싶은 데이터를 사용한 뉴스 그래픽을 발견했을 때 유용하다. 검색 사이트를 이용해 출처를 찾으면 거기서 또 데이터를 구할 수 있는 사람을 찾을 수도 있다.[10]

10 구글 학술검색을 이용하면 관련 연구를 찾을 수 있다. https://scholar.google.com

정부 기관

정보 투명성 개선을 위한 노력으로 많은 정부에서 데이터를 제공하고 있다. 데이터 범위는 주제, 형식, 정확도, 그리고 공개 주기 면에서 다양하다. 데이터 가용성은 거주지와 제공자에 따라 다르다. 특정 집계는 법에 명시되어 있기도 하다. 예를 들어, 10년마다 실시되는 미국의 인구 조사는 일정 수준의 엄밀함을 요구한다.

정부 데이터를 얼마나 깊이 파고들지는 상황에 따라 다르다. Flowing Data에서 내가 사용하는 데이터 세트의 대부분은 미국 연방 정부에서 나온 것인데 장기간 축적되었고 일관성이 있어 선호한다.

정부에서 제공하는 데이터 검색 장소들은 다음과 같다.

- Data.gov: 미국 정부 기관이 제공하는 데이터 목록[11]
- Data.gov.uk: 영국 중앙 정부, 지방 자치 단체, 공공 기관이 발행한 데이터[12]
- 인구조사국(Census Bureau) 데이터: 다양한 지역, 시기, 주제에 대한 미국 인구조사국 데이터에 접근할 수 있다.[13]
- 종합사회조사(General Social Survey): 1972년부터 진행 중인, 미국인의 삶에 대한 태도와 생활 방식을 지속적으로 설문 조사해 왔다.[14]

11 https://data.gov
(옮긴이) 대한민국 공식 전자 정부 데이터와 서울시의 데이터는 다음에서 찾을 수 있다 공공데이터포털 https://www.data.go.kr, 서울 열린데이터 광장 https://data.seoul.go.kr
12 https://www.data.gov.uk
13 https://data.census.gov
14 https://gss.norc.org
(옮긴이) 한국에도 비슷한 한국종합사회조사가 있다. 2003년부터 매년 조사가 진행되어 변화를 확인하는 데 활용된다. https://kgss.skku.edu/kgss/index.do

- 통합 공공 사용 마이크로데이터 시리즈(IPUMS): 다양한 정부(연방 정부, 주 정부) 출처의 개인 수준 데이터 세트를 수집하고 통합해 제공한다.[15]

15 https://ipums.org

카탈로그와 리스트

인터넷에는 여러 데이터 세트들이 흩어져 있다. 고맙게도 일부 사람들이 자신이 찾은 목록을 계속 갱신하고 있다.

- 멋진 공공 데이터 세트(Awesome Public Datasets): 2014년 GitHub에서 시작된 커뮤니티 주도의 공공 데이터 출처 모음. 목록이 점점 늘어나고 있다.[16]
- 데이터는 복수형(Data Is Plural): 유용한 데이터 세트에 관심 있는 사람들을 위한 제레미 싱어-바인(Jeremy Singer-Vine)의 주간 뉴스레터[17]
- Corpora: 재미와 학습에 유용한 데이터 세트[18]
- FlowingData의 데이터 출처: 저자 블로그에 있는 재미있고 흥미로운 데이터 출처 목록[19]

16 https://datafl.ws/awe

17 https://data-is-plural.com

18 https://datafl.ws/7lv

19 https://datafl.ws/datasrc

주제별 참고 자료

일반적인 데이터 공급자와 애플리케이션 외에 주제별로 다운로드할 수 있는 데이터 세트를 제공하는 사이트도 많다.

다음은 다양한 주제에 대한 다운로드를 제공하는 사이트 목록이다. 무료로 공개된 출처만 포함했지만, 유료로 데이터를 제공하는 서비스들도 있다.

지리학

지도 제작 소프트웨어는 있지만 지리 데이터가 없다고? 다행히도 많은 셰이프파일(shapefile)[20]과 여러 지리 파일 유형들을 구할 수 있다.

- Natural Earth: 다양한 축척으로 제공되는 공용 지도 데이터 세트를 제공한다.[21]
- TIGER/Line Shapefiles: 미국 인구조사국의 자료로, 도로, 철도, 강, 그리고 미국의 우편번호에 대한 가장 상세한 데이터를 제공한다.[22]
- 오픈 스트리트 맵: 커뮤니티의 노력으로 만든 데이터 사이트 중 최고 사례다.[23]

20 (옮긴이) 셰이프파일이란 지리 정보 시스템(GIS) 소프트웨어를 위한 지리 공간 벡터 데이터 포맷을 말한다.

21 https://www.naturalearthdata.com

22 https://datafl.ws/tiger

23 https://openstreetmap.org

[24] https://datafl.ws/usgs

[25] https://hub.arcgis.com/search

- 미국 지질조사국: 다운로드 가능한 지형도 지도와 지리 데이터를 제공한다.[24]
- ArcGIS 허브: 다양한 지리 데이터 파일의 목록을 볼 수 있다.[25]

스포츠

사람들은 스포츠 통계를 좋아한다. 일관성 있게 정리한 수십 년간의 스포츠 데이터를 찾을 수 있다. ESPN이나 스포츠 리그 사이트에서도 얻을 수 있지만, 데이터 전문 사이트에서 더 완전한 데이터 세트를 찾을 수 있다.

[26] https://sports-reference.com

스포츠 레퍼런스(Sports Rerernce)[26]는 종합적인 스포츠 데이터를 찾는 가장 일반적인 곳이다. 이곳에서 프로 농구, 미식축구, 야구, 하키 종목의 팀, 선수, 경기, 플레이 데이터를 제공한다. 이전에는 각 스포츠 사이트가 별개로 존재했었는데, 시간이 지나면서 '레퍼런스(참고 자료)'라는 이름 아래 통합되었다.

국제

여러 국제 기구가 세계에 대한 데이터를 보유하고 있다, 주로 보건 및 발전 지표들이다. 때로는 빈약한 데이터를 걸러내는 노력이 필요하다. 국가마다 방식이 달라 표준화된 데이터를 얻기는 쉽지 않다. 다음에서 검색해 보자.

[27] https://data.worldbank.org

[28] https://data.un.org

[29] https://who.int/data

[30] https://stats.oecd.org

[31] https://ourworldindata.org

- 세계은행: 수백 개의 지표에 대한 데이터를 제공한다. 개발자 친화적이다.[27]
- UN 데이터: 다양한 출처의 세계 데이터를 모아놓았다.[28]
- 세계보건기구(WHO): 사망률과 기대 수명 등 다양한 건강 관련 데이터 세트를 찾을 수 있다.[29]
- OECD 통계: 주요 경제 지표의 출처가 바로 여기다.[30]
- Our World in Data: 데이터를 통해 세계를 바라볼 수 있다. 데이터 다운로드를 제공한다.[31]

정치

정치는 이해하기 어렵다. 그래서 단체들이 데이터를 통해 명확성을 제공하려고 노력해왔다. 이러한 단체들이 사용하는 일부 데이터 세트들은 공개적으로 이용 가능하다.

- OpenSecrets: 정부 지출과 로비 활동에 대한 세부 정보를 제공한다.[32]

32 https://opensecrets.org

- ProPublica Data Store: ProPublica는 수집한 일부 데이터를 무료로, 일부는 유료로 제공한다.[33]

33 https://propublica.org/datastore

- MIT 선거 연구실: 선거 연구에 사용되는 관련 데이터 세트를 얻을 수 있다.[34]

34 https://electionlab.mit.edu/data

- 퓨 리서치 센터(Pew Research Center): 미국 생활에 대한 설문 조사, 주로 정치에 중점을 둔다.[35]

35 https://datafl.ws/pew

- 인구 조사 통계를 통한 투표와 등록: 미국 유권자의 특성에 대한 데이터를 제공한다.[36]

36 https://datafl.ws/voting

데이터 수집

이렇게 많은 데이터 공급원이 있어도 필요한 데이터가 깔끔한 형식으로 정리되어 있지 않거나 필요한 범위를 다 포함하지 않을 때도 있다. 이런 경우 프로젝트를 포기할 수도 있지만 더 재미있는 방법이 있다. 직접 데이터를 수집하는 것이다.

복사 및 붙여 넣기

데이터 수집이라고 하면 거창하게 들리지만 꼭 그런 건 아니다. 웹 페이지에서 표를 복사해서 스프레드시트에 붙여 넣는 것도 데이터 수집이다. 예를 들어, 그림 3.1은 위키피디아에서 가져온 EGOT 수상자(에미, 그래미, 오스

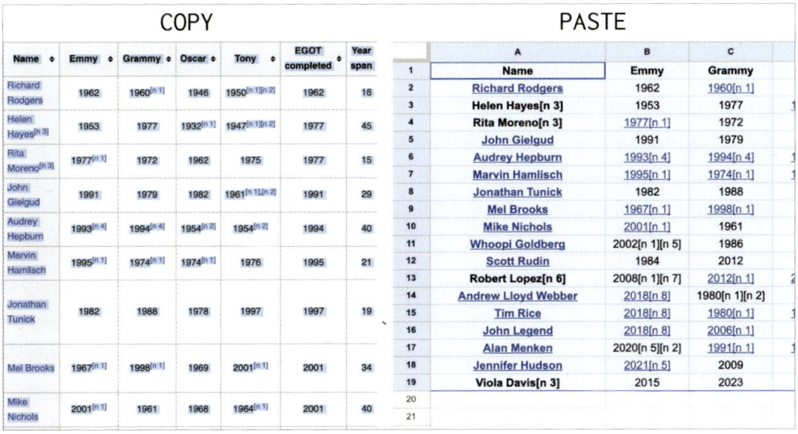

COPY

Name	Emmy	Grammy	Oscar	Tony	EGOT completed	Year span
Richard Rodgers	1962	1960[n 1]	1946	1950[n 1][n 2]	1962	16
Helen Hayes[n 3]	1953	1977	1932[n 1]	1947[n 1][n 2]	1977	45
Rita Moreno[n 3]	1977[n 1]	1972	1962	1975	1977	15
John Gielgud	1991	1979	1982	1961[n 1],[n 2]	1991	29
Audrey Hepburn	1993[n 4]	1994[n 4]	1954[n 2]	1954[n 2]	1994	40
Marvin Hamlisch	1995[n 1]	1974[n 1]	1974[n 1]	1976	1995	21
Jonathan Tunick	1982	1988	1978	1997	1997	19
Mel Brooks	1967[n 1]	1998[n 1]	1969	2001[n 1]	2001	34
Mike Nichols	2001[n 1]	1961	1968	1964[n 1]	2001	40

PASTE

	A	B	C
1	Name	Emmy	Grammy
2	Richard Rodgers	1962	1960[n 1]
3	Helen Hayes[n 3]	1953	1977
4	Rita Moreno[n 3]	1977[n 1]	1972
5	John Gielgud	1991	1979
6	Audrey Hepburn	1993[n 4]	1994[n 4]
7	Marvin Hamlisch	1995[n 1]	1974[n 1]
8	Jonathan Tunick	1982	1988
9	Mel Brooks	1967[n 1]	1998[n 1]
10	Mike Nichols	2001[n 1]	1961
11	Whoopi Goldberg	2002[n 1][n 5]	1986
12	Scott Rudin	1984	2012
13	Robert Lopez[n 6]	2008[n 1][n 7]	2012[n 1]
14	Andrew Lloyd Webber	2018[n 8]	1980[n 1][n 2]
15	Tim Rice	2018[n 8]	1980[n 1]
16	John Legend	2018[n 8]	2006[n 1]
17	Alan Menken	2020[n 5][n 2]	1991[n 1]
18	Jennifer Hudson	2021[n 5]	2009
19	Viola Davis[n 3]	2015	2023
20			
21			

그림 3.1 HTML 표를 스프레드시트에 복사하여 붙여 넣기

[37] 주의: 외부 출처에서 복사하여 붙여 넣을 때는 권한과 출처를 신경써야 한다. 온라인에 게시되어 있다고 마음대로 사용할 수 있는 건 아니다.

카, 토니상을 수상한 연예인들)의 표를 보여준다. 표를 선택해 복사한 후 스프레드시트에 붙여 넣으면 된다.[37]

또는 표가 크거나 복사 및 붙여 넣기를 하고 싶지 않다면, 구글 스프레드시트의 `IMPORTHTML` 기능을 사용할 수 있다. 그림 3.2를 보면 이 함수는 첫 번째 URL, 그 다음 가져올 것이 목록(list)인지 표(table)인지, 그리고 마지막으로 목록이나 표의 순번(index)를 인자로 받는다. 예를 들어, 마지막 순번 1은 페이지의 첫 번째 표를 나타낸다.

간단명료한 일이다. 우리는 간단명료한 걸 좋아한다.

그림 3.2 구글 시트에서 IMPORTHTML 사용하기

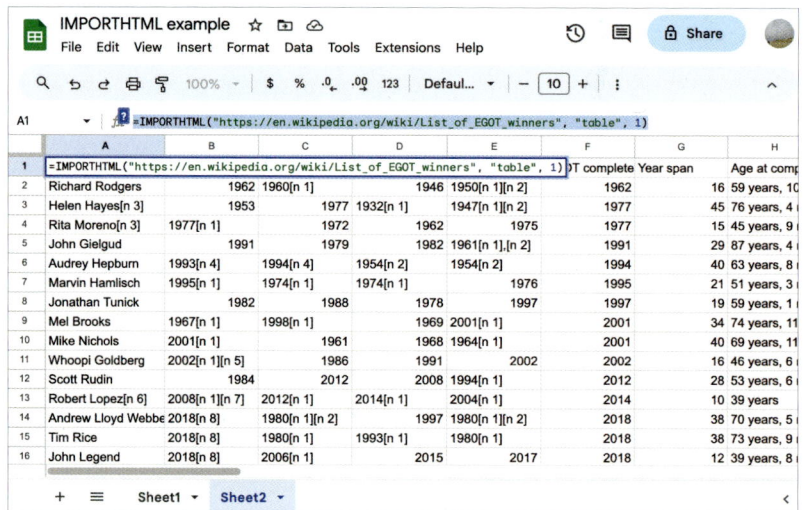

수동으로 수집하기

데이터가 어디에 있는지는 알지만, 서로 다른 사이트나 페이지에 있을 수도 있다. 여러 페이지를 로드하고 데이터를 스프레드시트에 입력하는 지루한 작업을 피하기 위해 자동화가 필요하다는 생각이 들 수 있다. 하지만 모으려는 데이터의 규모와 자동화 스크립트를 작성하는 데 걸리는 시간을 고려해 봐야 한다. 데이터가 아주 많지 않다면 빠르고 간단한 방법을 시도해 보는 게 낫다. 수작업으로 데이터를 수집하는 일이 재미있지는 않지만, 때론 생각보다 시간과 노력이 덜 들기도 한다.

스크래핑

손으로 하나하나 데이터를 수집하는 것이 어렵고 원하는 데이터가 여러 공개된 웹 페이지에 흩어져 있다면 과정을 자동화해야 할 필요가 있다. 이 과정을 데이터 스크래핑이라고 한다.

브라우저에서 각각의 페이지를 수동으로 로드하고, 페이지에서 데이터를 찾고, 데이터를 스프레드시트에 하나씩 입력하는 대신 코드를 사용해서 이 과정을 수행할 수 있다. 각 페이지가 같은 구조이고 데이터는 각 페이지에서 항상 같은 장소에 있다고 가정하자.

그림 3.3은 전 세계의 관측기에서 수집한 현재와 과거의 날씨를 제공하는 사이트인 Weather Underground의 페이지로, 2020년 8월 6일 뉴욕 주(州) 치크터와거의 기온 데이터를 보여준다. 여기엔 실제 기온, 평균 기온, 최고 기온, 최저 기온 등을 보여주는 표가 있다.

Temperature (°F)	Actual	Historic Avg.	Record
High Temp	78	79.9	94
Low Temp	58	62.9	47
Day Average Temp	68.33	71.4	-
Precipitation (in)	Actual	Historic Avg.	Record
Precipitation (past 24 hours from 04:54:00)	0.00	4.50	-
Dew Point (°F)	Actual	Historic Avg.	Record
Dew Point	51.21	-	-
High	54	-	-
Low	48	-	-
Average	51.21	-	-
Wind (mph)	Actual	Historic Avg.	Record
Max Wind Speed	9	-	-
Visibility	10	-	-
Sea Level Pressure (in)	Actual	Historic Avg.	Record

그림 3.3 Weather Underground의 날씨 데이터

다른 날짜의 페이지를 보면 표의 구조와 위치는 동일하다. 데이터 값은 날짜에 따라 달라진다.

페이지 전체 URL은 다음과 같다.

www.wunderground.com/history/daily/us/ny/cheektowaga/KBUF/date/2020-8-6

이 페이지는 2020년 8월 6일용이어서 URL 끝이 2020-8-6으로 지정되어 있다. 다음 날인 2020년 8월 7일의 URL은 2020-8-7로 끝난다. 정확히 1년 전 날짜를 보려면 URL의 날짜를 2019-8-7로 바꾸면 된다.

지난 1년간 매일의 최고 기온을 수작업으로 수집하려면 URL의 날짜를 바꿔서 브라우저에서 페이지를 로드하고, 온도 값이 있는 표까지 스크롤을 내려서 최고 기온 값을 복사한 후 데이터 파일이나 스프레드시트에 붙여 넣는다. 이걸 365번 반복하면 된다. 아니면 URL 구조와 페이지 구조를 활용해서 스크래핑할 수 있다.[38]

[38] 이 책의 예시는 다양한 도구들을 소개하고 데이터를 다루는 여러 방법이 있다는 것을 보여주기 위함이다. 예시에서 사용된 도구가 마음에 들지 않더라도, 과정과 논리에 주목하자. 선호하는 도구로 이 과정을 적용하면 된다.

사이트 스크래핑하기

사용 도구: 파이썬

코드로 웹 사이트를 스크래핑해보자. 이 예시에서는 파이썬을 사용하여 20페이지 정도 분량의 간단한 웹 사이트에서 표 형식의 데이터를 스크래핑한다(그림 3.4).

이 데이터는 2021년 미국 지역 사회 조사에서 얻은 200개의 관찰 표본이다. 각 행은 가족 단위로, 구분 번호, 설문 응답자의 나이, 총 가족 소득을

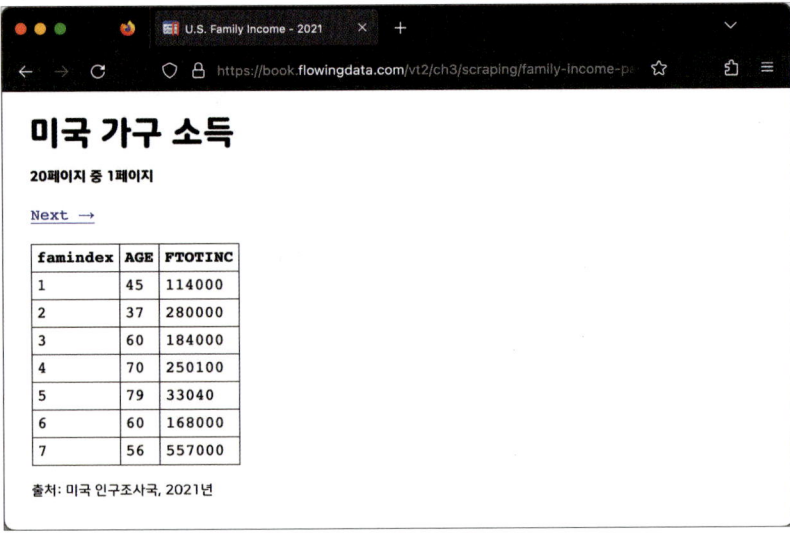

그림 3.4 웹 사이트의 표 형태 데이터, https://datafl.ws/7m6

포함한다. 20페이지의 모든 데이터를 쉼표로 구분한 하나의 파일로 얻고자
한다.

먼저, URL의 구조를 살펴보자. 첫 페이지의 전체 URL은 다음과 같다.

http://book.flowingdata.com/vt2/ch3/scraping/family-income-page1.html

두 번째 페이지의 URL은 다음과 같다.

http://book.flowingdata.com/vt2/ch3/scraping/family-income-page2.html

세 번째 페이지의 URL은 다음과 같다.

http://book.flowingdata.com/vt2/ch3/scraping/family-income-page3.html

20페이지 모두 앞의 주소는 동일하고 페이지 번호만 달라진다. 이 점을 기억하자.

각 페이지는 HTML 형식이고 동일한 구조를 따른다. 소스를 보면 알 수 있다. 그림 3.5와 같이 헤더는 <h1> 태그로, 페이지 번호는 <h4> 태그로, 네

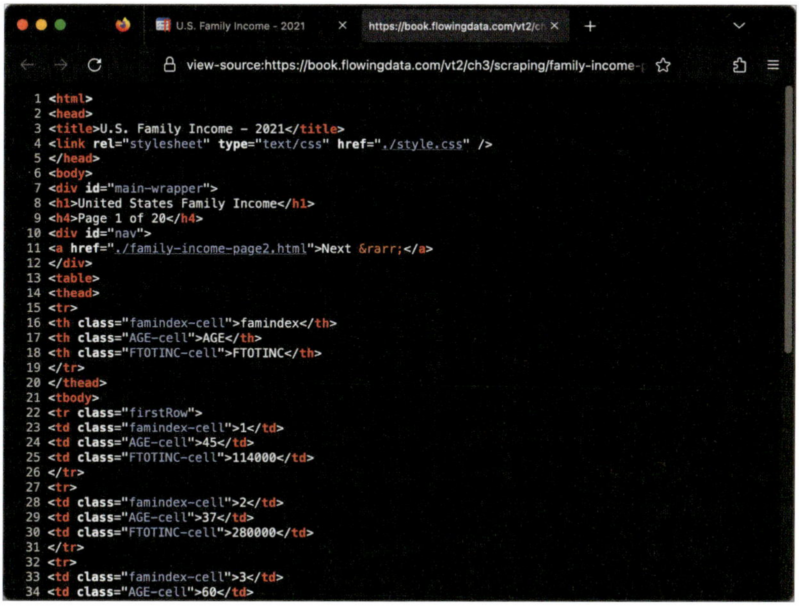

그림 3.5 HTML과 페이지 소스

데이터 수집   69

비게이션은 `<div>` 태그로 감쌌으며, 마지막으로 소득 데이터는 `<table>` 태그로 감쌌다. 각 `<tr>` 태그는 한 행을 나타내고, 각 `<td>` 태그는 테이블의 셀을 나타낸다. 테이블의 첫 번째 행은 헤더로, `<th>` 태그로 감쌌고 나머지 행들은 `<tbody>` 태그 안에 포함된다.[39]

예를 들어, `<tbody>`의 첫 번째 데이터 행은 첫 셀에 인덱스 번호 1, 세대주 나이 45, 가족 소득 114000을 나타낸다. 두 번째 행은 인덱스 번호 2, 나이 37, 가계 소득 280000을 나타낸다.

URL 구조와 페이지 구조를 알고 있으니 이제 다음을 수행하는 코드를 작성하자.

- 각 페이지를 불러온다
- 불러온 각 페이지에서 관심 있는 데이터를 추출한다
- 데이터를 쉼표로 구분한 텍스트 파일로 저장한다

> 파이썬을 다운로드하고 설치하려면 *Python.org*를 방문하면 된다. 주요 운영 체제에서 사용할 수 있다. 프로그래밍이 처음이라면 *https://datafl.ws/7m2*에 있는 '초보자를 위한 파이썬' 가이드를 확인하자. 다시 얘기하지만, 도구에 관심이 없어도 과정을 이해하기 위해 읽어 보도록 하자.

파이썬이 이미 설치되어 있다면 두 개의 라이브러리가 필요하다. 첫 번째는 Beautiful Soup으로, HTML과 XML을 파싱하는 라이브러리다. 기본적으로 문서를 조작하고 선택할 수 있는 요소로 분해한다.

> Beautiful Soup은 HTML 문서를 파싱하는 유연한 파이썬 라이브러리다. *https://datafl.ws/bsoup*에서 다운로드하고 설치 방법을 확인하자. 사이트에서 자세한 문서도 찾을 수 있다.

Beautiful Soup을 설치한 후 윈도우용 Notepad++나 macOS용 TextMate와 같은 텍스트, 또는 코드 편집기에서 빈 파일을 시작하고 파일명을 scrape-income.py로 저장한다. 책 소스 다운로드에서 완성된 파일을 열어 따라할 수도 있다.

---

39 주요 브라우저에서 HTML 소스를 보려면 페이지의 빈 공간을 마우스 오른쪽 버튼으로 클릭하고 팝업 메뉴에서 '페이지 소스 보기'를 선택한다 (브라우저에 따라 문구가 약간 다를 수 있다). HTML에 대해 더 알아보려면 *https://datafl.ws/7m4*를 참조하자.

Beautiful Soup 라이브러리와 파이썬을 처음 설치할 때 함께 제공되는 urllib.request 모듈을 임포트한다.

```
from bs4 import BeautifulSoup
import urllib.request
```

첫 번째 페이지의 데이터부터 시작한다. URL을 page_url에 넣는다.

```
page_url = 'http://book.flowingdata.com/vt2/ch3/scraping/familyincome-
           page1.html'
```

요청을 생성한다.

```
req = urllib.request.Request(page_url)
```

그 다음 요청을 연다.

```
response = urllib.request.urlopen(req)
```

페이지 내용을 가져온다.

```
the_page = response.read()
```

Beautiful Soup을 사용하여 내용을 파싱한다.

```
soup = BeautifulSoup(the*page, features="html.parser")
```

findall() 메서드를 사용해 테이블의 모든 행을 가져올 수 있다.

```
# 테이블 행 가져오기
rows = soup.find_all("tr")
```

첫 번째 페이지에는 헤더를 포함한 7개의 데이터 행이 있다. 헤더에 접근하려면 인덱스 번호 0을 사용하고 rows[0]을 입력한다. 첫 번째 데이터 행에 접근하려면 인덱스 번호 1을 사용하고 rows[1]을 입력한다. 데이터 행에서 세 개의 셀을 가져오려면 find_all()을 다시 사용하면 된다.

```
cells = rows[1].find_all('td')
```

첫 번째 행의 수입은 세 번째 셀에 있다. 다음처럼 가져올 수 있다.

```
inc = cells[2].string
```

이렇게 하면 114000이 출력된다.

페이지의 모든 행에서 값을 얻으려면 for 루프를 사용한다. print() 함수로 각 행의 값을 출력한다.

```
# 각 행의 데이터를 저장
for j in range(1, len(rows)):
    # 행의 셀들을 가져온다
    cells = rows[j].findAll("td")
    # 쉼표로 행 구분
    print(cells[0].string + "," + cells[1].string + "," + cells[2].string)
```

"1부터 행의 수만큼 j에 대해, 현재 행의 셀들을 가져와서 각 행의 내용을 쉼표로 구분된 문자열로 출력한다"라는 뜻이다.

> for 루프는 프로그래밍에서 코드를 여러 번 반복하거나 조건 또는 범위를 반복할 때 자주 사용된다. 이 예에서는 1부터 행 수까지 반복하여 각 행의 셀을 참조한다. 더 많은 내용은 *wikipedia.org/wiki/For_loop*를 참조하자.

다음은 스크래핑 스크립트 전체이다.

```
from bs4 import BeautifulSoup
import urllib.request

base_url = 'http://book.flowingdata.com/vt2/ch3/scraping/'

# 헤더
print("famindex,AGE,FTOTINC")

for i in range(1, 21):

    # 페이지 번호에 따른 페이지 URL
    pageurl = baseurl + 'family-income-page'+str(i)+'.html'

    # 페이지 열기
    req = urllib.request.Request(page_url)
    with urllib.request.urlopen(req) as response:
```

```
# 페이지 내용 저장.
the_page = response.read()

# 파싱.
soup = BeautifulSoup(the_page, features="html.parser")

# 표의 행을 가져온다
rows = soup.find_all("tr")

# 각 행의 데이터를 저장한다
for j in range(1, len(rows)):

    # 행의 셀 가져오기
    cells = rows[j].findAll("td")

    # 쉼표로 행 구분
    print(cells[0].string + "," + cells[1].string + "," +
        cells[2].string)
```

첫 번째 for 루프는 1부터 20까지 범위를 반복하며 각 데이터 페이지의 내용을 요청한다. 그림 3.6과 같이 스크립트를 실행하면 각 페이지가 요청되고, 각 페이지의 모든 행 데이터가 출력된다. 출력은 income-scraped.csv라는 CSV 파일로 저장된다. 그림은 macOS의 터미널에서 스크립트가 실행되는 모습이고, 윈도우에서는 명령 프롬프트에서 스크립트를 실행할 수 있다. 설정에 따라 python3 대신 python을 사용할 수도 있다.

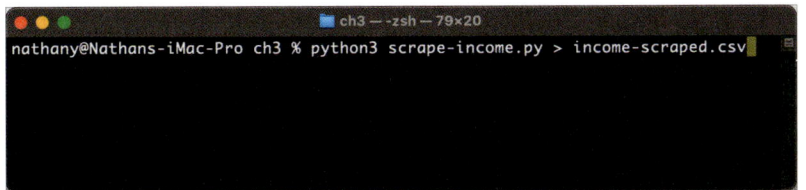

그림 3.6 macOS 터미널에서 파이썬 스크립트를 실행하여 데이터를 스크래핑할 수 있다.

저장된 파일의 값들이 HTML 테이블의 값들과 일치하고, 통합된 직사각형 모양의 CSV 파일이 된다. 이런 파일 형태가 원하는 소프트웨어에서 불러들여 분석하기 더 쉽다.[40]

실제로 스크래핑하는 웹 페이지는 이 예제보다 더 복잡할 수 있다. 하지만 페이지 로딩, 파싱, 데이터 저장 과정은 비슷하다. 페이지 구조와 각 페이지의 데이터 포인트에서 패턴을 찾는 것이 핵심이다.

[40] 또 다른 방법으로, 파이썬 스크립트에서 open()과 close() 함수를 사용해 파일을 직접 열고 저장할 수 있다.

데이터 불러오기

데이터를 얻었다면 이제 소프트웨어에 데이터 파일을 불러올 때이다. 보통 (이상적으로) 이건 간단한 과정이다. 대부분의 스프레드시트 소프트웨어는 자신의 파일 포맷을 쉽게 열 수 있고, 경쟁사의 파일 포맷도 가져올 수 있다. 코드를 사용한다면 대부분의 언어가 다양한 형식의 데이터를 가져올 수 있다(다음 절에서 다룬다).

데이터를 쉽게 불러온다고 해서 소프트웨어가 데이터를 올바르게 처리했다고 착각하면 안 된다. 값이 누락되어 자동으로 행이 제거되거나 문자 형식에서 숫자로 변환되거나 숫자가 너무 커서 잘릴 수도 있고, 외국어를 잘못 번역하거나 헤더가 누락되는 등 어떤 식으로든 잘못 될 수 있다. 불러온 데이터와 실제 데이터 파일을 처음 몇 행이라도 비교하여 제대로 일치하는지 확인하자.[41]

작업 초반의 확인 작업이 사소해 보여도, 오류가 가득한 데이터를 기반으로 차트를 만들어서 시간을 허비하는 일을 막을 수 있다.

> ### ☑ 계속 의심하라
>
> 데이터, 그리고 더 나아가 시각화는 추상적이고 모호한 것들에 구체성을 제공하는 느낌을 줄 수 있다. 그러나 데이터는 그 자체로 편향, 오류, 불확실성 문제를 가지고 있다. 데이터도 사람이 만들고 수집했기 때문이다. FlowingData에서는 잘못된 데이터 목록을 계속 기록해 두고 있다. 다음은 그중 일부다.
>
> - 잘못된 위치 정보로 모두들 당신이 휴대폰을 훔쳐갔다고 오해한 경우: 주소 범위를 한 지점의 주소로 사용한 경우.[42]
> - 알고리즘으로 인해 잘못된 사람을 체포한 경우: 이는 얼굴 인식 오류 때문이었다.[43]
> - 정직성 연구에서 데이터를 위조한 것으로 보이는 경우: 연구자들이 정직성을 연구했지만, 데이터가 조작되면 분석이 무의미해진다.[44]
> - 데이터 코딩[45] 오류가 발견되어 연구가 철회된 경우: 연구자들은 병원 프로그램으로 인해 입원이 줄어든 것을 발견했지만 단지 데이터가 제대로 코딩되지 않았을 뿐이었다.[46]
>
> 데이터 세트를 불러올 때는 항상 의심해 봐야 한다. 보이는 결과가 말이 되는지 항상 의문을 가지도록 하자.

[41] 시각화 프로젝트가 거의 끝났다고 생각했는데 초반에 잘못된 걸 발견해서 다시 시작해야 한다면 끔찍하다. 데이터를 미리 확인하자.

[42] https://datafl.ws/7m0 (옮긴이) 잃어버린 휴대폰 위치 찾기에서 오차 범위의 주변 반경이 아니라 한 지점을 특정해 보여줘서 그 집에 사는 사람이 휴대폰을 가지고 있다고 오해하게 만들었다.

[43] https://datafl.ws/7lz

[44] https://datafl.ws/7ly

[45] (옮긴이) 통계 분석에서 코딩은 분석을 쉽게 하기 위해 데이터를 숫자나 기호로 바꾸는 것을 말한다. 예를 들어 주민등록번호 뒷자리처럼 남자를 1, 여자를 2로 코딩한다.

[46] https://datafl.ws/7m1

데이터 포매팅

시각화 도구와 구현마다 다른 데이터 포맷을 사용한다(다음 절에서 살펴볼 것이다). 데이터 구조를 제약하지 않고 유연하게 할수록 가용성이 높아진다. 데이터 포매팅 프로그램을 활용하고 약간의 프로그래밍 지식만 있으면 원하는 포맷으로 데이터를 가공할 수 있다.

> ☑ **원시 데이터 다루기**
>
> 고등학교에서 처음 통계를 배울 때, 데이터는 항상 깔끔한 표 형식으로 제공되었다. 나는 그저 숫자를 엑셀 스프레드시트나 그래프 계산기(수업 시간에 공부하는 척하면서 실제로는 테트리스를 하는 최고의 도구였다)에 입력하기만 하면 됐다. 대학 졸업 때까지 그랬다. 분석 기법과 이론을 배우는 게 주목적이어서, 선생님들은 원시 데이터를 다루는 데 많은 시간을 쏟지 않았다.
>
> 수업에서는 시간 제약이 있으니 어쩔 수 없는 측면이 있다. 하지만 대학원과 회사에서는 데이터가 적합한 형식으로 주어진 적이 결코 없었다. 값이 누락되거나 레이블이 맞지 않았고, 오타도 있고 맥락 없이 주어진 값들도 있었다. 데이터가 한 테이블에 모여 있지 않고 여러 테이블에 나뉘어 있는 경우도 빈번했다.
>
> 요즘에는 시각화 프로젝트에서 시각적 부분 작업만큼이나 데이터를 포매팅하고 처리하는 데 많은 시간을 쓴다. 처음엔 이상하게 보일 수도 있지만, 고등학교 입문 수업처럼 깔끔하게 정리된 데이터가 있다면 시각화 디자인은 훨씬 더 쉬워질 것이다.
>
> 이 책의 많은 예제는 부분적으로 가공된 데이터를 사용해 차트 제작의 시각적 측면에 집중할 수 있게 했다. 실제 데이터를 사용할 때는 과정이 그리 순탄치 않을 수 있다는 걸 꼭 기억하자. 그게 정상적인 상황이다.

이제 다양한 데이터 포맷과 이를 다루는 도구들, 그리고 포맷 간 변환을 위한 코드 작성으로 넘어가자.

데이터 포맷

대부분의 사람들은 엑셀로 데이터를 다룬다. 분석부터 시각화까지 모두 엑셀로 하는 것도 괜찮다. 하지만 그 이상을 하고 싶다면 다른 데이터 포맷에 익숙해져야 한다. 데이터 포맷은 시각화 도구와 목적에 따라 달라질 수 있다. 대부분 다음과 같은 형식들이다.

스프레드시트

이 책을 읽고 있다면 스프레드시트 파일 형식은 당연히 알 것이다. 그림 3.7처럼 엑셀, 시트, 넘버스에서 파일을 열면 익숙한 격자 레이아웃으로 데이터를 볼 수 있고 직접 데이터를 수정할 수 있다.

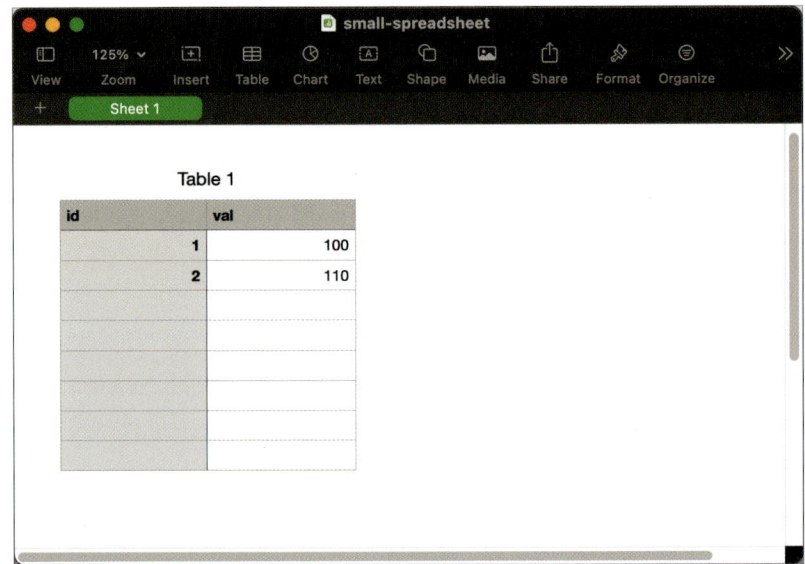

그림 3.7 두 개의 데이터 포인트가 있는 기본 스프레드시트

구분자로 분리된 텍스트

구분자로 분리된 텍스트도 친숙할 것이다. 데이터 세트를 행과 열로 생각하면, 구분자로 분리된 텍스트 파일은 구분자로 열을 나눈다. 쉼표 구분 파일 (CSV)에서는 쉼표가 구분자다. 탭(TSV)일 수도 있다. 공백, 세미콜론, 콜론, 슬래시 등 원하는 것을 사용할 수 있지만 쉼표와 탭이 가장 많이 쓰인다.

구분자로 분리된 텍스트는 널리 쓰인다. 엑셀이나 구글 시트 같은 대부분의 스프레드시트 프로그램에서 읽을 수 있다. 스프레드시트를 구분자로 분리된 텍스트로 내보낼 수도 있다. 통상 워크북에 여러 시트가 있으면 따로 지정하지 않는 한 여러 개의 구분자 파일이 생긴다.

이 형식은 특정 프로그램에 종속되지 않아서 다른 사람과 데이터를 공유하기도 좋다.

다음은 두 개의 데이터 포인트가 있는 작은 스프레드시트 예제를 쉼표로 구분된 텍스트로 나타낸 것이다

```
id,val
1,100
2,110
```

고정 너비 텍스트

구분자로 분리된 텍스트는 구분자로 데이터 열을 나누지만, 고정 너비 텍스트는 각 숫자나 문자의 위치로 열을 지정한다. 예를 들어, 고정 너비 데이터의 한 행이 문자 10개라고 정의했다고 하자. 1에서 4까지 문자는 첫 번째 열, 5에서 6까지 문자는 두 번째 열, 7에서 10까지 문자는 세 번째 열로 정의할 수 있다.

이런 파일 형식이 일반적이지는 않다. 파일 크기를 줄일 때나 표 형식, 구분자로 분리된 파일 형식이 해당 데이터에 적합하지 않을 때 사용된다.

위에서 본 두 데이터 포인트를 고정 폭 버전으로 표현하면 다음과 같다.

```
0001100
0002110
```

1~4번째 문자는 앞에 0을 채운 `id`를, 5~7번째 문자는 `val` 값을 나타낸다.

JSON

JSON(JavaScript Object Notation)은 웹에서 많이 쓰는 형식이다. 기계와 사람이 읽을 수 있게 설계되었지만, 너무 오래 들여다보면 눈이 빠질 것 같이 복잡하다. 자바스크립트 표기법을 기반으로 하지만 다른 언어에서도 많이 쓰인다. JSON에는 많은 사양이 있지만, 기본적인 것만으로도 충분히 사용할 수 있다. 대괄호와 키-값 쌍을 사용한다.[47]

```
[
    { "id": 1, "val": 100 },
    { "id": 2, "val": 110 }
]
```

47 JSON의 전체 사양은 https://json.org에서 확인할 수 있다. 형식의 모든 세부 사항을 알 필요는 없지만, JSON 데이터 출처를 이해하기 어려울 때 유용하다.

XML

XML은 웹에서 많이 사용되는 형식이다. XML에는 많은 종류와 사양이 있지만 기본적으로 '<'로 시작하고 '>'로 끝나는, 마크업으로 둘러싸인 텍스트 문서다. 예를 들어 시작 태그 <data>로 시작하고 슬래시가 포함된 태그 </data>로 끝낸다. 데이터 포인트는 보통 시작 태그와 끝 태그 사이에 들어간다. 우리의 두 데이터 포인트는 XML로 이렇게 포매팅할 수 있다.[48]

> [48] XML에 대한 자세한 설명과 사양은 *https://www.w3.org/XML*을 참고하면 된다.

```
<data>
    <row>
        <id>1</id>
        <val>100</val>
    </row>
    <row>
        <id>2</id>
        <val>110</val>
    </row>
</data>
```

셰이프파일

셰이프파일[49]은 지리 정보 데이터 전용이다. 지도 도구인 ArcGIS를 만든 Esri가 개발, 관리하고 있다. 사양을 공개하여, 위도와 경도 외의 공간 데이터 공유를 위한 사실상의 표준이 되었다.

> [49] 셰이프파일에 대해 더 알고 싶다면 Esri에서 제공하는 문서를 확인하자. *https://datafl.ws/7m5*

점, 선, 다각형을 부호화해 담고 있는 파일 형식이다. 실제 셰이프파일은 단일 파일이지만 실제로는 지리적, 기하학적 정보와 관련 데이터를 포함해 여러 파일이 담겨 있는 디렉터리다. 디렉터리와 디렉터리 내 파일들은 이름은 같고 확장자만 다르다.

그림 3.8을 보자. 미국 인구조사국이 제공한 주 경계에 대한 셰이프파일은 한 폴더 안에 이름이 같은 일곱 개 파일이 들어있다. 파일 확장자가 .dbf, .shp, .shx인 파일들은 각각 모양, 기하학적 정보 및 색인을 나타낸다. 나머지 파일들은 필수는 아니지만 기하학적 정보에 대한 메타데이터를 담고 있다.

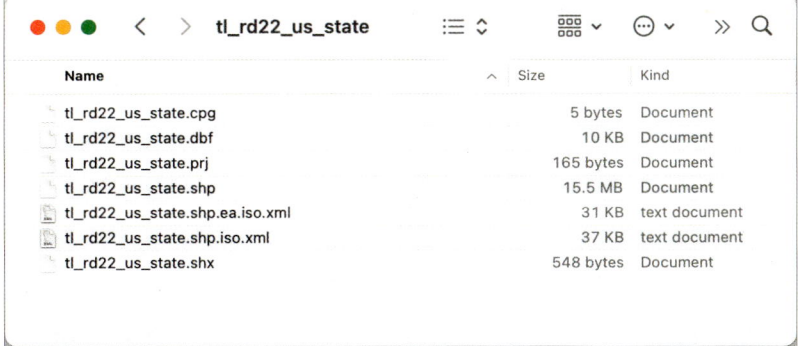

그림 3.8 미국 주 경계에 대한 셰이프파일

포매팅 도구

데이터 포맷을 만들 때 일회성 스크립트를 작성할 수도 있다. 그런 스크립트는 지워지거나 파일 보관함으로 사라진다. 스크립트를 몇 개 작성해 보면 논리의 패턴이 보이기 시작한다. 그래서 데이터 세트에 대한 스크립트를 새로 작성하는 게 어렵지는 않다. 하지만 시간은 걸린다. 상용구 루틴 처리 도구를 사용해서 시간을 절약하자.

스프레드시트 애플리케이션

간단한 정렬이나 소소한 개별 데이터 포인트 수정만 필요하다면 자주 쓰는 스프레드시트 소프트웨어를 사용하면 된다. 수작업으로 데이터를 편집해도 괜찮다면 이렇게 하는 것도 좋다. 아니면 다음에 소개하는 도구나 맞춤 코딩 솔루션을 사용해 보는 게 좋다. 특히 대용량의 복잡한 데이터 세트는 스프레드시트에서 엉킬 수 있으니 도구를 사용하자.

오픈리파인

오픈리파인(OpenRefine)은 데이터를 정리하고 형식을 맞추는 오픈 소스 도구다. 프리베이스 그리드웍스(Freebase Gridworks)에서 구글 리파인으로 바뀌었고, 그 이후 오픈리파인으로 진화했다. 겉보기에는 스프레드시트와 비슷하지만, 데이터 활용성 개선에 중점을 두고 있다. 데이터 불일치를 찾고, 여러 데이터 세트를 쉽게 합칠 수 있다. 스프레드시트보다 유연하게 데이터를 검색할 수 있다.

예를 들어, 주방 물품 목록이 있다고 하자. 리파인으로 데이터를 불러와 오타나 분류 불일치를 빠르게 찾을 수 있다. 'fork'가 'frk'로 잘못 입력되었거나, 포크, 숟가락, 칼을 모두 '식기'로 재분류하고 싶을 때 유용하다. 이런 것들을 쉽게 찾아 수정할 수 있고, 수정이 맘에 들지 않으면 간단히 실행을 취소해 원래 데이터 세트로 되돌릴 수 있다.

오픈리파인은 필요할 때 꺼내 쓸 수 있는 유용한 도구다. 무료로 다운로드해 컴퓨터에 설치해서 사용할 수 있다. [50]

50 오픈리파인을 다운로드하고 활용하는 법을 살펴보자. https://openrefine.org

타불라

PDF 파일은 읽기용이나 참고용 문서 공유에 적합하다. 하지만 시각화 소프트웨어에서 데이터를 불러오는 데는 적합하지 않다. 하지만 때로는 pdf로 데이터가 오기도 한다. 그럴 땐 그 데이터를 아예 쓰지 않거나, 수동으로 문서에서 스프레드시트로 데이터를 옮기거나, 타불라(Tabula)[51]를 사용해 데이터를 자동으로 뽑아오는 방법이 있다. 타불라가 이 중에서 가장 손쉬운 해결책일 것이다(그림 3.9).

51 Tabula Technology에서 타불라를 다운로드한다. 이 프로젝트는 깃허브에서도 제공한다. https://github.com/tabulapdf/tabula

타불라로 PDF를 열고, 테이블이 있는 페이지를 선택하면 소프트웨어가 데이터 파일을 내보내 준다. 과정이 완전 자동화는 아니고, PDF 파일의 테이블이 표준화되어 있지 않으면 소프트웨어가 가끔 멈추기도 하지만, 대부분의 단순 반복적인 작업을 자동으로 처리해 준다.

Mr. Data Converter

대부분은 데이터를 엑셀이나 CSV 파일로 받을 텐데, 필요에 맞게 다른 포맷으로 변환해야 하는 경우가 생긴다. 웹 시각화 작업을 할 때는 거의 항상 그렇다. Mr. Data Converter는 데이터를 복사 및 붙여 넣기하여 JSON이나 XML 같은 여러 포맷으로 빠르게 변환하게 해주는 무료 도구다(그림 3.10). 뉴욕 타임스의 그래픽 편집자였던 샨 카터(Shan Carter)가 만들었다.

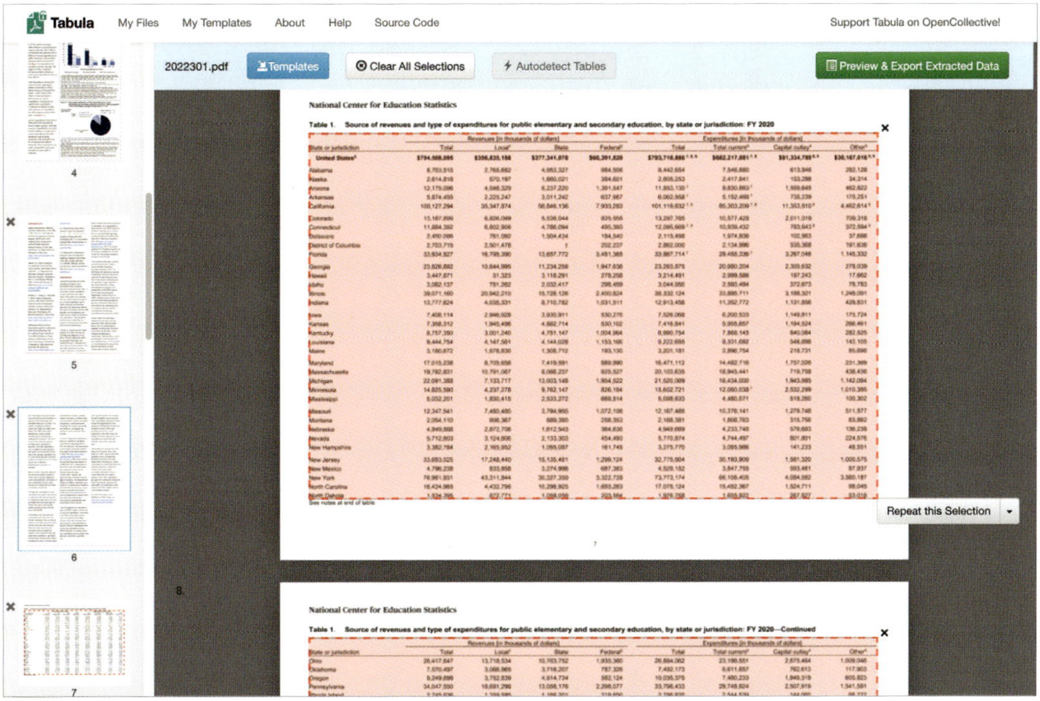

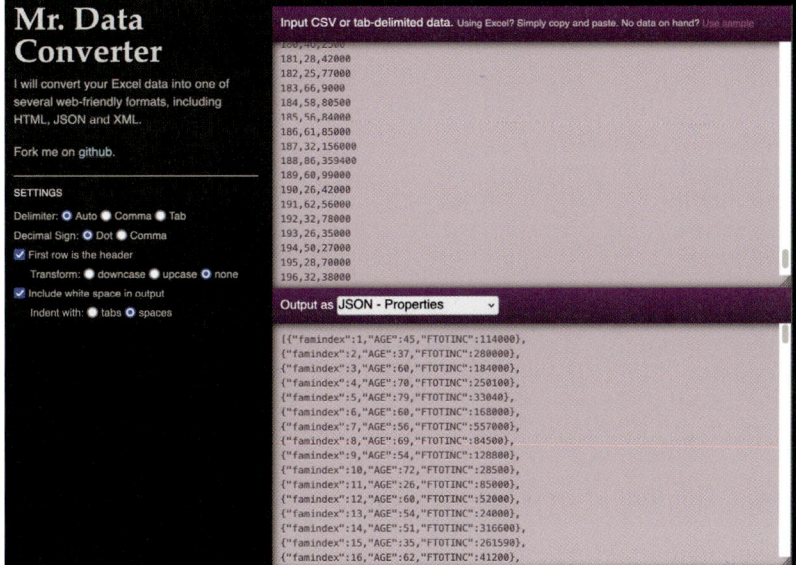

그림 3.9 타불라는 PDF 파일에서 데이터를 추출하는 데 도움을 준다.

그림 3.10 Mr. Data Converter로 데이터 포맷을 쉽게 변환할 수 있다.

데이터 포매팅   81

웹 사이트에서 직접 실행하거나 코드를 다운로드하여 컴퓨터에서 실행할 수 있다. 자신의 데이터 포맷에 맞게 프로그램을 확장할 수도 있다.[52]

코드로 포맷 바꾸기

클릭 기반 소프트웨어가 유용한 면이 있지만, 의도한 대로 작동하지 않을 때도 있다. 일부 소프트웨어는 대용량 데이터 파일을 잘 처리하지 못해 느려지거나 다운된다.

이럴 때는 어떻게 해야 하나? 포기하고 싶은 마음이 들 수 있지만 그러면 아무것도 얻지 못한다. 대신 코드를 작성해서 작업을 완료하도록 하자. 코드를 사용하면 유연성이 생기고, 데이터에 맞게 스크립트를 작성할 수 있다.

이제 간단한 스크립트로 데이터 포맷을 전환하는 예제를 바로 살펴보자.

데이터 포맷 간 전환

사용 도구: 파이썬[53]

스크래핑한 income-scraped.csv를 다시 보자. 각 행은 설문에 응답한 세대주의 나이와 가구 소득을 나타낸다. 첫 번째 행은 다음과 같다.

```
famindex,AGE,FTOTINC
1,45,114000
2,37,280000
3,60,184000
4,70,250100
5,79,33040
6,60,168000
7,56,557000
8,69,84500
9,54,128800
10,72,28500
```

다음과 같은 XML 데이터를 원한다고 하자.

---

[52] Mr. Data Converter를 사용해 보자. *https://shancarter.github.io/mr-data-converter/* 에서 이용하거나 GitHub에서 소스를 다운로드할 수 있다. *https://github.com/shancarter/Mr-Data-Converter* 에서 엑셀 스프레드시트를 웹 친화적인 형식으로 변환할 수 있다.

[53] 이 예제는 파이썬을 사용하지만, 스크래핑 예제와 마찬가지로 다른 언어로 작업할 때도 적용 가능하다. 파이썬이 아닌 다른 언어를 사용한다면 이 논리 논리 구조를 다른 도구에 어떻게 적용할지 생각해 보자.

```
<?xml version="1.0" encoding="UTF-8"?>
<rows>
    <row>
        <famindex>1</famindex>
        <AGE>45</AGE>
        <FTOTINC>114000</FTOTINC>
    </row>
    <row>
        <famindex>2</famindex>
        <AGE>37</AGE>
        <FTOTINC>280000</FTOTINC>
    </row>
    <row>
        <famindex>3</famindex>
        <AGE>60</AGE>
        <FTOTINC>184000</FTOTINC>
    </row>
    <row>
        <famindex>4</famindex>
        <AGE>70</AGE>
        <FTOTINC>250100</FTOTINC>
    </row>
...
</rows>
```

각 가족 단위는 <row> 태그로 묶여 있으며, CSV 파일의 필드와 일치하는 <famindex>, <AGE>, <FTOTINC>[54]를 포함한다.

[54] (옮긴이) FTOTINC는 가계총소득(Family Total Income)의 약자이다.

CSV를 앞서 언급한 XML 포맷으로 변환하려면 다음 코드를 사용할 수 있다.

```python
import csv

fields = None
with open('income-scraped.csv') as csvfile:

    reader = csv.reader(csvfile, delimiter=",")
    for row in reader:

        # 헤더 변수 저장
        if fields == None:
            fields = row
            print('<?xml version="1.0" encoding="UTF-8"?>')
            print("<rows>")
        else:
```

```
            # 가족 단위 추가
            famunit = '<row>'
            famunit += '<' + fields[0] + '>' + row[0] + '</' + fields[0]
                    + '>' # famindex
            famunit += '<' + fields[1] + '>' + row[1] + '</' + fields[1]
                    + '>' # AGE
            famunit += '<' + fields[2] + '>' + row[2] + '</' + fields[2]
                    + '>' # FTOTINC
            famunit += '</row>'

            # 가족 단위 출력
            print(famunit)
print("</rows>")
```

이전과 마찬가지로 필요한 모듈을 가져온다. income-scraped.csv를 읽기 위해 csv 모듈만 있으면 된다.

```
import csv
```

코드 2행에서 open() 함수로 income-scraped.csv 파일을 열고 csv.reader() 메서드로 내용을 읽는다.

```
with open('income-scraped.csv') as csvfile:
    reader = csv.reader(csvfile, delimiter=",")
```

구분자를 쉼표로 지정한 것에 주의하자. 탭으로 구분된 파일이라면 '\t'로 지정할 수 있다.

그 다음 코드 3행에서 XML 파일의 시작 부분을 출력할 수 있다.

```
print('<?xml version="1.0" encoding="UTF-8"?>')
print("<rows>")
```

코드의 핵심은 for 루프를 사용해 각 데이터 행을 원하는 XML 포맷으로 출력하는 것이다. 이 예에서 CSV 헤더의 각 행은 XML의 각 항목과 동일하다.

```
for row in reader:

        # 헤더 변수 저장
        if fields == None:
            fields = row
            print('<?xml version="1.0" encoding="UTF-8"?>')
```

```
            print("<rows>")
        else:

            # 가족 단위 추가
            famunit = '<row>'
            famunit += '<' + fields[0] + '>' + row[0] + '</' + fields[0]
                    + '>' # famindex
            famunit += '<' + fields[1] + '>' + row[1] + '</' + fields[1]
                    + '>' # AGE
            famunit += '<' + fields[2] + '>' + row[2] + '</' + fields[2]
                    + '>' # FTOTINC
            famunit += '</row>'

            # 가족 단위 출력
            print(famunit)
```

각 행에는 구분 번호, 세대주 나이, 가계 소득의 세 가지 값이 있다.

XML 변환을 종료할 때 닫는 태그를 사용한다.

```
print("<rows>")
```

여기에는 두 가지 주요 단계가 있다.

1. 데이터를 읽는다.
2. 데이터를 반복하며 행을 변경한다.

결과 XML을 다시 CSV로 변환할 때도 동일한 논리가 적용된다. 다음 코드에서 보듯이 차이점은 XML 파일을 파싱하는 데 다른 라이브러리를 사용한다는 것이다.

```
from bs4 import BeautifulSoup

fields = None
with open('income-scraped-to-xml.xml') as xmlfile:

    xmlread = xmlfile.read()

    soup = BeautifulSoup(xmlread, features='xml')

    # 파일 시작
    f = open('xml-back-to-csv.csv', 'w')
```

```
# 파일에 행 쓰기
f.write(",".join(['famindex', 'AGE', 'FTOTINC'])+'\n')
rows = soup.findAll('row')
for row in rows:
    f.write(','.join([row.famindex.string, row.AGE.string,
                    row.FTOTINC.string])+'\n')

# 파일 닫기
f.close()
```

csv 모듈 대신 BeautifulSoup 모듈을 가져온다. BeautifulSoup을 사용해 샘플 웹 페이지의 HTML을 파싱했던 것을 기억하자. 이번에는 BeautifulSoup()에 'xml'을 전달한다.

open()으로 XML 파일을 읽기 모드로 열고 내용을 xmlread 변수에 할당할 수 있다. 이 시점에서 내용은 문자열로 저장된다.

파싱을 위해 xmlread 문자열을 BeautifulSoup에 전달하여 XML 파일의 각 <row>를 반복한다. findAll()을 사용해 모든 행을 가져오고, CSV를 XML로 변환할 때처럼 각 행을 순회하며 원하는 포맷으로 값을 출력한다.

이전 코드에서는 파일 저장 방식에 작은 차이가 있다. 이전 코드에서는 print()를 사용했다. 이 코드에서는 새 파일 xml-back-tocsv.csv를 열고 write()로 파일에 쓴 다음, 마지막에 close()로 파일을 닫는다.

다시 처음으로 돌아가자. 다음은 출력 파일의 처음 10줄이다. 익숙해 보일 것이다.

```
famindex,AGE,FTOTINC
1,45,114000
2,37,280000
3,60,184000
4,70,250100
5,79,33040
6,60,168000
7,56,557000
8,69,84500
9,54,128800
10,72,28500
```

이해를 돕기 위해, CSV를 JSON 포맷으로 변환하는 코드는 다음과 같다.

```python
import csv

fields = None
with open('income-scraped.csv') as csvfile:

    reader = csv.reader(csvfile, delimiter=",")
    for row in reader:

        # 헤더 변수 저장
        if fields == None:
            fields = row

        else:

            # JSON 문자열 시작
            if row[0] == "1":
                famunit = '['
            else:
                famunit = ''

            # 가족 단위 추가
            famunit += '{'
            famunit += '"' + fields[0] + '":' + row[0] + ',' #famindex
            famunit += '"' + fields[1] + '":' + row[1] + ',' #AGE
            famunit += '"' + fields[2] + '":' + row[2] #FTOTINC
            famunit += '}'

            # 마지막에 집합을 닫는다
            if (row[0] == "200"):
                famunit += ']'
            else:
                famunit += ','

            # 가족 단위 출력
            print(famunit)
```

코드의 각 행을 살펴보면서 무엇을 하는지 파악해 보자. 다시 말하지만, 출력만 다를 뿐 논리는 같다. 앞의 코드를 실행하면 JSON은 다음과 같이 보인다.

```
[
    {"famindex":1,"AGE":45,"FTOTINC":114000},
    {"famindex":2,"AGE":37,"FTOTINC":280000},
    {"famindex":3,"AGE":60,"FTOTINC":184000},
    {"famindex":4,"AGE":70,"FTOTINC":250100},
    {"famindex":5,"AGE":79,"FTOTINC":33040},
```

```
    {"famindex":6,"AGE":60,"FTOTINC":168000},
    {"famindex":7,"AGE":56,"FTOTINC":557000},
    {"famindex":8,"AGE":69,"FTOTINC":84500},
    {"famindex":9,"AGE":54,"FTOTINC":128800},
    {"famindex":10,"AGE":72,"FTOTINC":28500},
...
]
```

동일한 데이터지만 포맷이 다르다. 컴퓨터는 다양성을 좋아한다.

데이터 처리하기

데이터를 찾고, 불러오고, 포맷을 맞추는 작업은 대부분 데이터를 이곳저곳으로 옮기는 것에 불과하다. 원하는 도구로 데이터를 사용해 작업하려면 지금부터 설명할 단계가 중요하다. 데이터 탐색과 분석을 통해 패턴을 찾기 위해서는 데이터를 집계하고 필터링하고 계산하는 처리 과정이 필요하다.

이는 분석의 초기 단계로, 매번 같은 과정이라기보다는 매번 다른 탐색적 과정에 가깝다. 하지만 자주 진행하는 작업은 있다.

데이터의 일부만 관심이 있다면 필터링이 필요하다. 이번 장에서 다루는 표본 소득 데이터는 미국의 대표 표본에서 나왔다. 사람들을 취업자와 소득 신고자로 한정했고, 200만의 전체 데이터 대신 간단히 200개만 보여주었다.

그룹별 비교에 관심이 있는데 데이터가 각 그룹 안의 개인을 나타낸다면, 그룹별로 집계하고 평균과 중앙값을 계산하는 방법을 취할 수 있다. 데이터가 대규모일 때는 적당히 다룰 수 있는 크기의 표본을 추출하면 유용하다. 확률값이 있다면 표본을 만들기거나 테스트를 돌리기 위해 시뮬레이션을 실행해 보는 것도 좋다.

이런 지점이 데이터로 작업할 때 재미있는 부분이다. 드디어 들여다보고 분석할 뭔가가 생겼으니까. 재미있는 데이터라면 거기엔 재미있는 이야기들이 숨어 있다. 하지만 각별히 조심해야 한다. 단순히 데이터를 옮기는 게 아니라 데이터를 합치고 나누는 작업을 하게 된다. 잘못된 소통을 피하고, 실수로 오해의 소지가 있는 차트를 내놓지 않으려면 수학과 해석에 주의를 기울여야 한다.

표본 데이터의 필터링과 집계

사용 도구: 파이썬[55]

이 예제에서는 기본적인 데이터 처리를 위해 다시 파이썬을 사용한다. 넘파이(NumPy) 라이브러리가 필요하다. 파이썬에서 데이터를 다루기 쉽게 해준다. 분석과 데이터 조작 기능을 제공하는 판다스(pandas) 라이브러리도 필요하다. 파이썬은 범용 프로그래밍 언어지만 이런 라이브러리를 사용하면 데이터에 특화된 작업을 할 수 있다.

[55] 나는 데이터 처리 단계에서 R로 전환하는 걸 선호한다. 데이터 처리와 분석이 거의 하나의 과정처럼 진행되기 때문이다. 하지만 이건 내 방식일 뿐이다. 다른 도구를 사용해도 같은 결과를 얻을 수 있다.

> 넘파이는 데이터를 다루는 데 유용한 파이썬 라이브러리다. *numpy.org*에서 다운로드한 다음 설치 안내를 따라하면 된다. 판다스 라이브러리는 데이터 분석과 처리를 더 쉽게 만들어준다. *pandas.pydata.org*에서 다운받아 설치하면 된다.

스크립트를 작성하는 대신 터미널이나 콘솔에서 python(또는 python3)을 입력하여 파이썬 인터프리터를 시작할 수 있다. 여기에 코드 라인을 하나씩 입력하면 바로 출력이 나온다. 인터프리터를 시작하면 >>>로 시작하는 프롬프트가 나타나는데 그곳에 코드를 입력할 수 있다.

넘파이와 판다스 라이브러리를 불러온다

```
import numpy as np
import pandas as pd
```

판다스 라이브러리의 read_csv() 함수로 데이터를 가져온다

```
people = pd.read_csv('income-scraped.csv')
```

데이터가 올바르게 로드되었는지 확인하기 위해 처음 몇 행을 보려면 head() 함수를 사용한다.

```
people.head()
```

결과는 다음과 같다.

```
   famindex  AGE  FTOTINC
0         1   45   114000
1         2   37   280000
2         3   60   184000
3         4   70   250100
4         5   79    33040
```

데이터가 로드되면, 부분 집합을 만드는 건 간단하다. 대괄호 표기법(bracket notation)을 이용해 나이가 40세 이상인 세대주 가족만 뽑아낼 수 있다.

`over40 = people[people.AGE > 40]`

head() 메서드를 사용하면 첫 몇 행을 볼 수 있고, 40세 이상 세대주의 가구만 표시된다.

```
   famindex  AGE  FTOTINC
0         1   45   114000
2         3   60   184000
3         4   70   250100
4         5   79    33040
5         8   60   168000
```

부분 집합으로 뽑는 대신 40세 이상인 세대주 행을 마킹해 놓을 수 있다. 'isover40'이라는 새 열을 만든다.

`people['isover40'] = people['AGE'] > 40`

그런 다음 그룹별 가족 소득 중앙값을 계산할 수 있다.

`people.groupby(['isover40'])['FTOTINC'].median()`

전체 중위 소득도 계산할 수 있다.

`people['FTOTINC'].median()`

10년 단위로 더 세분화된 연령 그룹을 원한다면 다음과 같이 계산하여 agegrp 열을 만들 수 있다.

`people['agegrp'] = (people['AGE'] / 10).apply(np.floor) * 10`

그런 다음 이전과 같이 groupby()를 사용하되 agegrp 열을 사용한다.

people.groupby(['agegrp'])['FTOTINC'].median()

10년 단위 연령 그룹별 중위값을 얻는다. 여기서 20은 20-29세, 30은 30-39세를 나타낸다.

```
agegrp
20.0      42000.0
30.0      88000.0
40.0      59000.0
50.0      94400.0
60.0      84500.0
70.0      43210.0
80.0      31400.0
90.0      16900.0
```

이 계산들은 작은 표본을 기반으로 한 것이니 해석에 너무 큰 의미를 두지 않아도 된다. 필터링과 집계가 어떻게 작동하는지 보여주기 위한 것이다. 데이터 중심 언어는 대부분 부분 집합을 뽑고 집계하는 데 유용한 함수를 제공한다. 분석에서 이런 기본 기능들은 빈번히 사용된다. 이런 함수를 제공하지 않는다면, 다른 언어를 찾아보는 편이 낫다.

마무리

이번 장에서는 필요한 데이터를 어디에서 찾을 수 있는지와 데이터를 얻은 후 어떻게 관리하는지를 다뤘다. 이건 시각화 과정에서 중요한 단계이다. 본질적으로 데이터가 재미있어야 시각화도 재미있다. 그래픽을 아무리 꾸며도 여전히 데이터(또는 데이터 분석 결과)가 본질이다. 이제 데이터를 어디서 어떻게 구할 수 있는지 알았으니 이미 남들보다 앞서나가고 있다.

또 프로그래밍을 처음 맛봤다. 웹 사이트에서 데이터를 스크래핑한 다음 포맷을 변환하고 재정렬해 보았다. 이어지는 장에서 유용하게 사용할 것이다. 핵심은 코드에 사용된 논리다. 파이썬을 썼지만 다른 언어를 써도 된다. 논리는 비슷하니까. 프로그래머라면 공감할 텐데 프로그래밍 언어 하나를 배우고 나면 다른 언어는 훨씬 쉽게 배울 수 있다. 마치 외국어를 하나 익히고 나면 다른 언어가 수월해지는 것과 같다.

항상 코드를 사용할 필요는 없다. 작업을 쉽게 도와 주는 클릭 기반의 애플리케이션으로 할 수 있으면 이를 활용해야 한다. 결국 쓸 수 있는 도구가 많을수록 과정에서 막히는 일이 줄어든다.

데이터를 처리하는 방법을 배웠으니 이제 시각화할 차례다. 다음 몇 장에 걸쳐 데이터에 대해 질문을 던지고, 그 질문에 답하기 위해 시각화를 만들고, 차트를 이용해 청중에게 인사이트를 전달하는 법을 배울 것이다.

4
시간 시각화

사업이 성장한다, 여론이 변한다. 인구가 이동한다. 공동체가 진화한다, 사용자 수가 정체된다, 체중이 늘었다 줄었다 한다. 이 과정에서 시간은 흐른다. 시계열 데이터가 있으면 어떻게 변하는지, 얼마나 변하는지를 볼 수 있다. 이번 장에서는 다양한 유형의 시계열 데이터 세트와 목적에 따른 차트들을 다룰 것이다. 우리는 매일 시간을 본다. 컴퓨터에도, 휴대폰에도, 손목에도 시계가 있다. 차 안에서도, 달력에서도 시간을 볼 수 있다. 시계가 없어도 깨어나고 잠들 때 시간을 느낀다. 해가 뜨고 진다. 시간은 흐르지만 때론 멈춘 듯하다. 운이 좋다면 우리는 나이 먹어 철이 들기도 한다. 그러니 시간에 따른 데이터를 보는 건 자연스러운 일이다.

    시계열 데이터는 추세나 사건, 주기에 따라 어떻게 변화하는지를 보여준다.

    추세는 일정 기간이나 특별한 일이 발생한 특정 시점의 증가/감소 같은 변화를 나타낸다. 이런 추세와 사건들이 반복되는 듯 보일 때, 우리는 반복되는 패턴이나 주기를 볼 수 있게 된다.

    이런 패턴을 더 잘 보여주는 차트들이 있다. 다음 절에서 그것들에 대해 배우게 된다. 또 R과 어도비 일러스트레이터(두 프로그램은 연동이 쉽다)를 이용해서 직접 만들어 볼 것이다.

추세

상황이 좋아지고 있나, 나빠지고 있나, 아니면 그대로인가? 성장하나, 쇠퇴하나? 데이터의 추세는 특정 방향으로의 패턴을 보여준다. 이런 패턴을 보려면 데이터 포인트 하나로는 부족하고 일정 기간의 데이터를 시각화해야 한다. 그래야 포인트 간 비교도 가능하고 전체적인 데이터도 볼 수 있다.

예를 들어, 그림 4.1은 1980년부터 2022년 사이 딩크족(DINKs: Dual Income and No Kids, 맞벌이 무자녀 부부)의 증가를 보여준다. 2000년대 초반에 살짝 감소했지만 전반적으로 상승 추세를 보인다. 연도별 점을 이어 선으로 그리면 증가 또는 감소가 강조된다. 다른 차트들은 여러 다른 가구 유형의 추세를 보여준다, 예를 들어 맞벌이 한 자녀 가구는 감소하고 있다.

그림 4.1 딩크족의 증가,
https://datafl.ws/dink

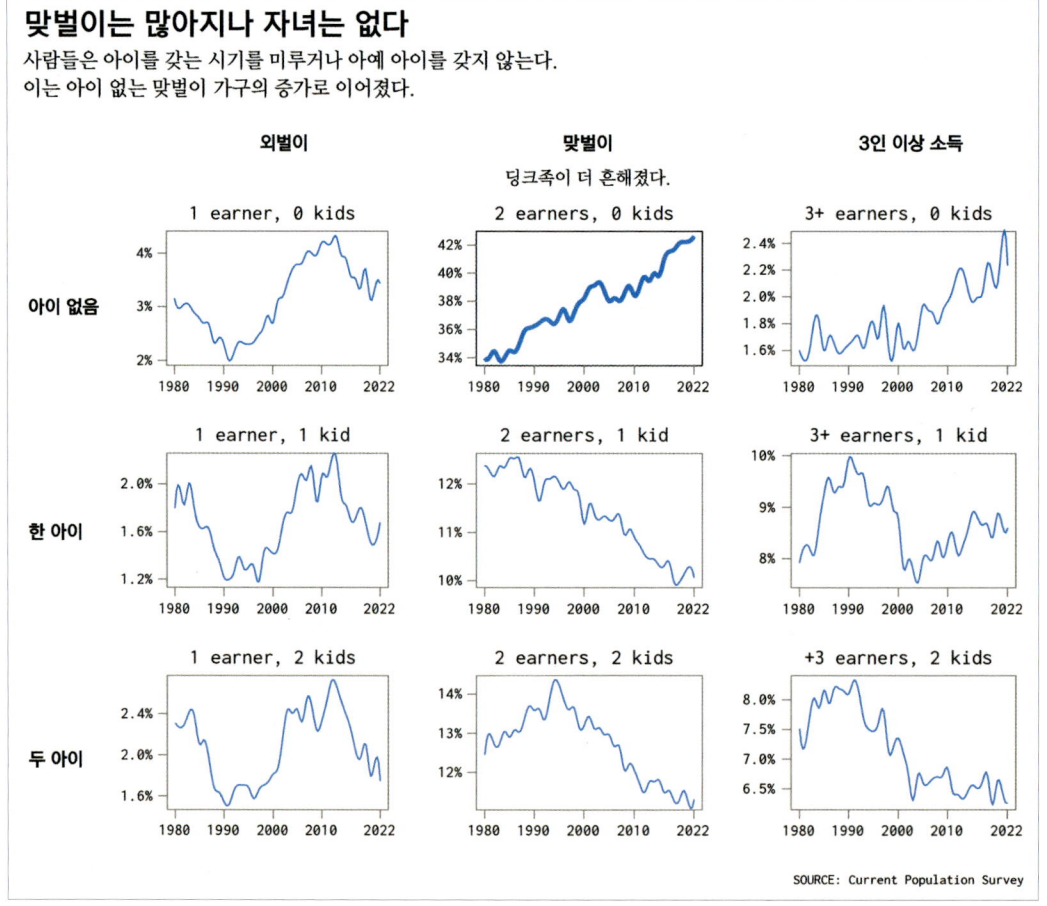

각 차트의 기간은 1980년부터 2022년까지로 동일하지만, y 축 척도는 다르다. 딩크족 차트는 기혼 부부 가구의 34%에서 42% 사이 범위이지만, 맞벌이 한 자녀 차트는 10%에서 12% 사이이다. 절대적인 수치의 변화보다는 추세를 강조하기 위해서 이렇게 했다.

그래프의 의도가 맞벌이 부부와 무자녀 가구의 증가가 아니라 가구 유형의 분포에 관한 것이었다면, 모든 차트에 같은 y 축 척도를 적용하는 게 나았을 것이다.

어느 쪽이든 2022년의 비율을 다른 해와 비교할 수 있다. 하지만 만약 파이 차트를 사용했다면 비교가 덜 직관적이었을 것이다. 파이 차트는 시간에 따른 변화보다는 전체 중에서의 부분에 초점을 맞추는 유형이기 때문이다.[1]

독자가 연결 고리를 찾게 하기보다는 당신의 인사이트를 부각시키는 차트 유형을 고르자.

[1] 보여주고 싶은 것과 답하려는 질문에 맞춰 척도를 선택하자. 정직하게 골라야 한다.

시간을 나타내는 막대그래프

막대그래프는 가장 흔한 차트 유형 중 하나다. 안정적이고 보편적이다. 아마 한 번쯤 만들어 봤을 것이다. 막대그래프는 다양한 유형의 데이터를 시각화하는 데 쓰이는데, 이제 시간의 맥락에서는 어떻게 활용되는지 살펴보자.

그림 4.2는 기본 구조를 보여준다. 가로축, 즉 x 축은 시간을 나타낸다. 왼쪽에서 오른쪽으로 점을 찍을 위치를 결정한다. 이 예시의 시간 구간은 1월부터 6월까지고, 한 달 간격이다. 축은 연도별, 일별, 시간별 또는 다른 시간 단

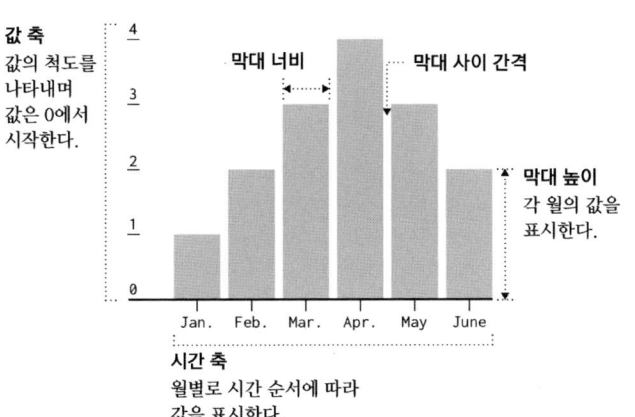

그림 4.2 막대그래프 구조

위가 될 수 있다. 이 예시에서 막대의 너비와 간격은 값을 나타내지 않는다.

세로축, 즉 y 축은 특정 시점의 값에 대한 척도를 나타낸다. 그림 4.2는 단위가 축의 범위 전체에 걸쳐 균등하게 배치된 선형 척도를 보여준다. y 축의 척도는 각 막대의 높이를 결정한다. 예를 들어, 첫 번째 막대는 1단위까지 올라가고, 가장 높은 막대는 4단위까지 올라간다.

이게 중요한 부분이다. 모든 차트는 시각적 인코딩을 사용한다. 크기, 모양, 위치, 각도, 길이, 방향, 색상이 데이터를 나타낸다. 막대그래프에서는 높이가 시각적 인코딩이다. 값이 작을수록 막대는 짧아지고, 값이 클수록 막대는 더 길어진다. 모든 막대 높이는 값에 비례해야 한다. 그래서 한 값이 다른 것의 두 배라면, 큰 값의 막대는 작은 값 막대 높이의 두 배여야 한다. 4월의 막대가 2월의 막대보다 두 배 높은 걸 볼 수 있다.[2]

많은 프로그램이 그림 4.3처럼 기본값으로 y 축의 최저값을 데이터 세트의 최소값으로 그린다. 이 경우 기준선을 1로 설정한다. 이렇게 하면 4월 막대는 2월 막대 높이의 두 배가 아니다. 2월 막대는 4월의 3분의 1이 됐고, 1월 막대는 아예 사라졌다. 꼭 기억하자. 막대그래프의 값 축은 항상 0에서 시작해야 한다. 그렇지 않으면 차트가 부정확한 비교를 보여주게 된다.

[2] 연구에 따르면 사람들은 특정 시각적 인코딩을 다른 것보다 더 효율적으로 인식한다. 이런 결과를 특정 인코딩 방식은 피하라는 신호로 해석하는 이들도 있지만, 실무자들은 대체로 그렇게 엄격하게 판단하지 않는다. 인코딩에 대한 더 자세한 정보는 *https://datafl.ws/percep*에서 찾을 수 있다.

그림 4.3 0에서 시작하지 않는 막대그래프[3]

[3] 모든 값이 양수일 때는 막대그래프의 값 축을 항상 0에서 시작해야 한다. 그렇지 않으면 시각적으로 오해를 불러일으킬 수 있다. 막대의 높이는 값에 비례해야 하기 때문이다.

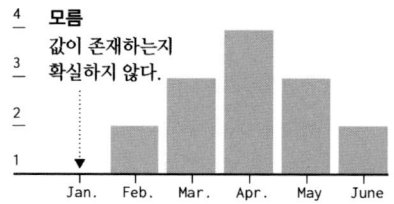

막대그래프 만들기

> **사용 도구:** R
> **데이터 세트:** 네이선 핫도그 먹기 대회 우승자들, *book.flowingdata.com/vt2/ch4/data/hot-dog-contest-winners.csv*

이제 실제 데이터로 차트를 만들어보자. 인류 역사의 중요한 부분이자 우리 존재의 핵심적인 데이터를 이용한다. 바로 지난 30년간의 네이선 핫도그 먹기 대회 결과다.

이 대회가 뭔지 잘 모르는 사람을 위해 설명하자면, 네이선 핫도그 먹기 대회는 매년 7월 4일, 미국 독립기념일에 열린다. 참가자들은 자유를 기념하며 10분 동안 핫도그를 최대한 많이 먹는다.

1990년대 후반까지 우승자들은 15분 동안 10~20개의 핫도그와 번을 먹었다. 하지만 2001년, 일본의 프로 먹방 선수 고바야시 다케루가 50개를 먹어 치우며 다른 경쟁자들을 압도했다. 이전 기록의 두 배가 넘는 양이었다. 2007년에는 미국의 조이 체스트넛이 66개로 세계 기록을 깼다. 체스트넛의 전설이 시작됐다. 매트 스토니가 2015년에 한 번 우승한 걸 제외하고, 체스트넛이 매년 우승을 차지했다.[4]

핫도그와 번의 개수가 해마다 얼마나 늘었을까?

R에서 read.csv() 함수로 1980년부터 2023년까지의 대회 우승자 데이터를 불러온다. 파일 위치는 현재 작업 디렉터리 기준의 상대 경로라는 점에 유의하자.

```
# 데이터 불러오기
winners <-read.csv("data/hot-dog-contest-winners.csv")
```

아니면 read.csv()에 URL을 넘겨도 파일을 읽을 수 있다.

```
winners <-read.csv("https://book.flowingdata.com/vt2/ch4/data/hot-dog-
            contest-winners.csv")
```

head()를 쓰면 불러온 데이터의 앞부분 몇 행을 확인할 수 있다. 제대로 불러왔는지 확인한다.

```
# 데이터 세트의 첫 행들
head(winners)
```

다음과 같은 데이터가 보여야 한다. 연도, 해당 연도 우승자(들), 먹은 핫도그 개수, 선수의 국적, 그리고 우승자가 기록을 세웠는지 여부. 이렇게 다섯 개의 열이 있다.

4 (옮긴이) 2024년에는 조이 체스트넛이 후원사 계약 문제로 대회에 참가하지 않아서 패트릭 베르톨레티가 우승했다. 베르톨레티의 기록은 58개였다.

```
> head(winners)
   Year                       winner  hotdogs       country  record
1  1980  Paul Siederman & Joe Baldini    9.75  United States       0
2  1981                Thomas DeBerry   11.00  United States       1
3  1982                 Steven Abrams   11.10  United States       1
4  1983                    Emil Gomez   10.50         Mexico       0
5  1984                 Birgit Felden    9.50        Germany       0
6  1985               Oscar Rodriguez   11.75  United States       1
```

이 데이터는 R에 데이터 프레임으로 저장돼 있다. 달러 기호($) 연산자로 각 열에 접근할 수 있다. 예를 들어, winners 데이터 프레임의 hotdogs 열 값에 접근하려면 이렇게 입력하면 된다.

```
# 달러 기호 연산자 사용하기
winners$hotdogs
```

이렇게 하면 9.75, 11.00 등으로 시작하는 열의 값들이 반환된다. 달러 기호를 다른 열 이름에도 붙여 써보고 어떤 결과가 나오는지 확인해 보자.

barplot() 함수를 사용해 핫도그 값들을 보여주는 막대그래프를 만들어 보자.

```
# 기본 막대그래프
barplot(winners$hotdogs)
```

그림 4.4는 기본 막대그래프를 보여준다. 막대들이 상승 추세를 보이고 있다.

기본 차트엔 x 축 레이블이 없다. 이 예시에선 year 열의 연도를 표시해 보자. barplot() 함수의 names.arg 인자에 값을 전달하면 된다.

```
# 연도 레이블
barplot(winners$hotdogs, names.arg=winners$year)
```

공간이 있다면 막대그래프의 x 축에 연도 레이블이 나타난다(그림 4.5).

barplot()으로 뭘 할 수 있는지 도움말을 확인하려면 물음표 연산자 ?를 사용한다.

```
# barplot()의 도움말 문서
?barplot
```

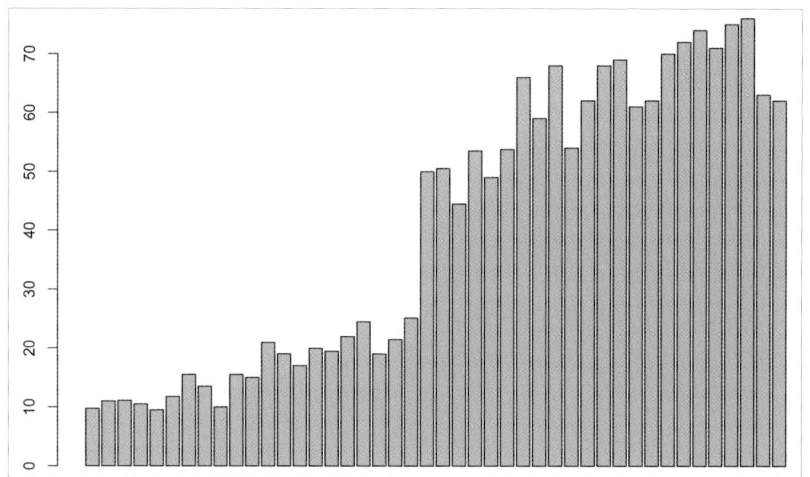

그림 4.4 R의 barplot()을 사용하여 만든 먹은 핫도그와 번의 개수 그래프, 기본 차트로 작업

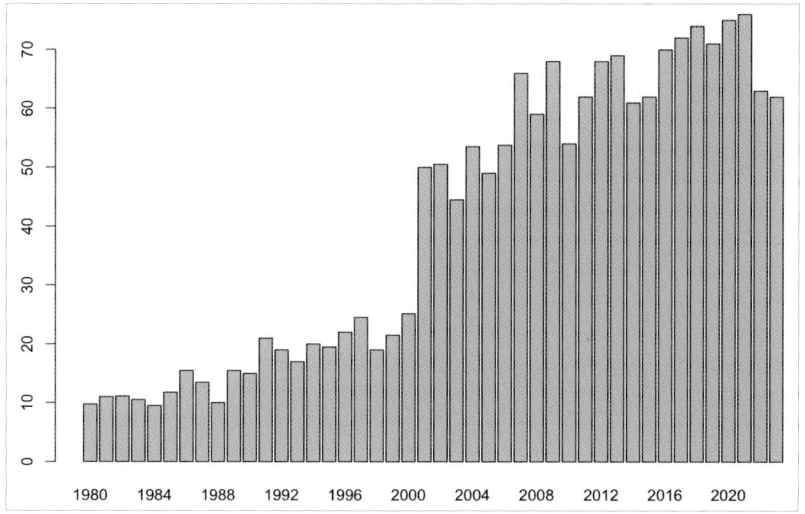

그림 4.5 연도 레이블이 있는 막대그래프

막대 주변의 테두리를 없애려면 border 인수를 NA로 설정한다. 막대 사이의 간격을 조절하려면 space를 0에서 1 사이의 값으로 설정한다. x 축과 y 축 제목을 추가하려면 각각 xlab과 ylab을 사용한다. 상단에 제목을 넣으려면 main을 쓴다.

```
# 축 레이블
barplot(winners$hotdogs,
        names.arg=winners$year,
```

```
border=NA,
space=.1,
xlab="Year",
ylab="Hot dogs and buns (HDB) eaten",
main="Contest Winners")
```

그림 4.6은 제목과 막대 간격이 기본 설정과 다른 막대그래프를 보여준다.

그림 4.6 제목이 있는 막대그래프

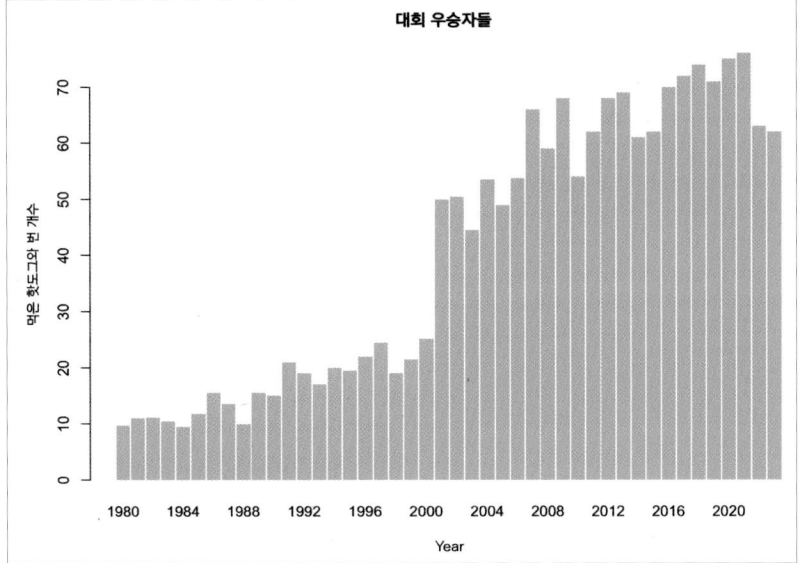

이 예제를 또 사용할 예정이다. 지금은 R에 데이터를 전달할 수 있는 함수가 있다는 점만 기억해 두자. 함수 인자의 값을 바꿔주면 레이블을 붙이거나 보기 좋게 꾸밀 수 있다. 도움말 문서를 보면서 무엇을 어떻게 바꿀 수 있는지 확인하자.

선 차트

선 차트도 익숙할 것이다. 이름에서 알 수 있듯이, 선 차트는 시간순으로 정렬된 점들을 선으로 연결한다. 보통 x 축은 시간을, y 축은 값을 나타낸다. 즉, 하나의 좌표는 특정 시점의 값을 의미한다. 그림 4.7에서 그 구조를 볼 수 있다.

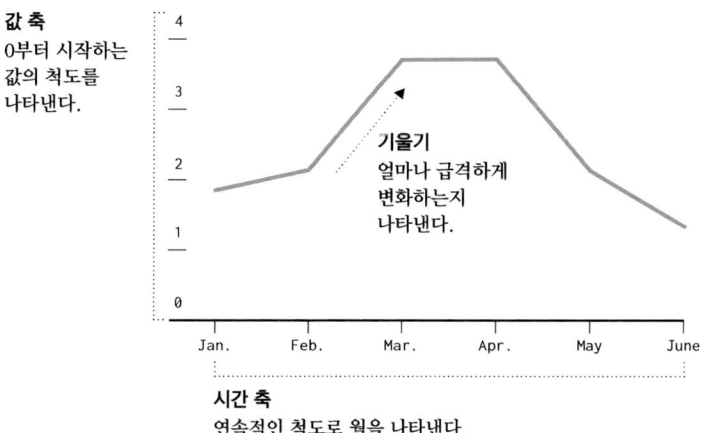

그림 4.7 선 차트의 기본 구조

선의 기울기는 변화를 나타낸다. 값이 증가하면 선은 올라가고, 값이 감소하면 선은 내려간다. 변화가 없으면 선은 평평하게 유지된다.

막대그래프와 달리 선 차트는 시각적 인코딩에 기울기를 사용하기 때문에 반드시 0을 기준선으로 삼을 필요가 없다. 한 위치와 다른 위치를 비교해 얼마나 변했는지 볼 수 있다.

하지만 이는 척도를 얼마나 늘이거나 줄일지 주의해야 한다는 뜻이기도 하다. 그림 4.8에서 보듯, y 축을 잡아 늘여 값의 범위가 줄면 변화가 훨씬 극적으로 보이고, 축을 압축하면 변화가 별로 없어 보인다.

그림 4.8 동일한 범위에 다른 척도를 적용한 예

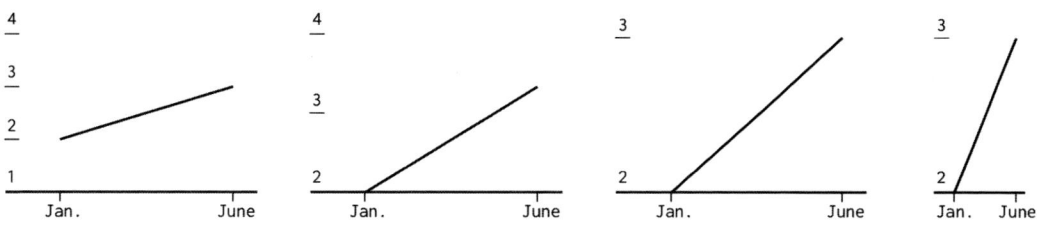

어떤 이는 최대 45도 각도를 유지하라고 제안하기도 하지만, 절대적인 규칙은 아니다. 상황에 맞게 선택해야 한다. 데이터의 맥락에서 변화가 중요하다면 더 가파른 기울기가 좋을 수 있지만, 작은 변화라면 그 중요도에 맞게 스케일을 조정해야 한다.[5]

5 때로는 시각화 디자인이 체크리스트 규칙을 따라야 하는 것처럼 보일 수 있다. 하지만 대부분의 선택은 보여주고자 하는 데이터에 따라야 한다. 맥락 속에서 주목할 만한 패턴을 강조하기 위해 디자인을 사용하자.

추세

선 차트 만들기

> **사용 도구:** R
> **데이터 세트:** 네이선 핫도그 먹기 대회 우승자들, *book.flowingdata.com/vt2/ch4/data/hot-dog-contest-winners.csv*

R에서 선 차트를 만드는 건 막대그래프를 만들 때와 비슷하다. 단, barplot() 함수 대신 plot() 함수를 쓴다. 새 R 세션으로 시작한다면, read.csv()로 핫도그 데이터를 다시 불러와 데이터 프레임을 winners에 할당한다.

```
# 데이터 불러오기
winners <-read.csv("data/hot-dog-contest-winners.csv")
```

선 차트를 그리기 전에 par()[6] 함수로 그래픽 파라미터 las를 1로 설정한다. 이렇게 하면 축 레이블이 수평으로 표시된다. 이전 R 차트들은 y 축 레이블이 90도 회전되어 있었다는 걸 기억하자.

```
# 축 레이블을 수평으로 만드는 그래픽 매개 변수
par(las=1)
```

par()를 사용하여 배경색, 여백, 글꼴 및 축 유형과 같은 다른 그래픽 매개 변수를 설정할 수 있다. 그러나 지금은 단순하게 하자. 도움말을 보려면 ?par를 입력한다.

plot()을 쓸 때는 x 축에 연도, y 축에 핫도그 수를 넣는다. 유형은 l로 설정하는데, 이건 '선(line)'을 뜻한다. xlab, ylab, main으로 축 제목과 메인 제목을 정한다.

```
# plot()으로 그린 선 차트
plot(winners$year, winners$hotdogs,
     type="l",
     xlab="",
     ylab="먹은 핫도그와 번 개수",
     main="네이선 핫도그 먹기 대회 우승 결과(1980-2023)")
```

그림 4.9와 같은 선 차트가 나온다. 그림 4.6의 막대그래프와 같은 추세를 보여준다.

---

[6] (옮긴이) par()는 parameter의 약자로 매개 변수를 전달하는 함수이고, las는 label axis style 매개 변수의 약자이다. R에서 사용하는 함수 이름이나 매개 변수 이름이 축약된 경우가 많아서 원래 의미를 유추하기 어렵다.

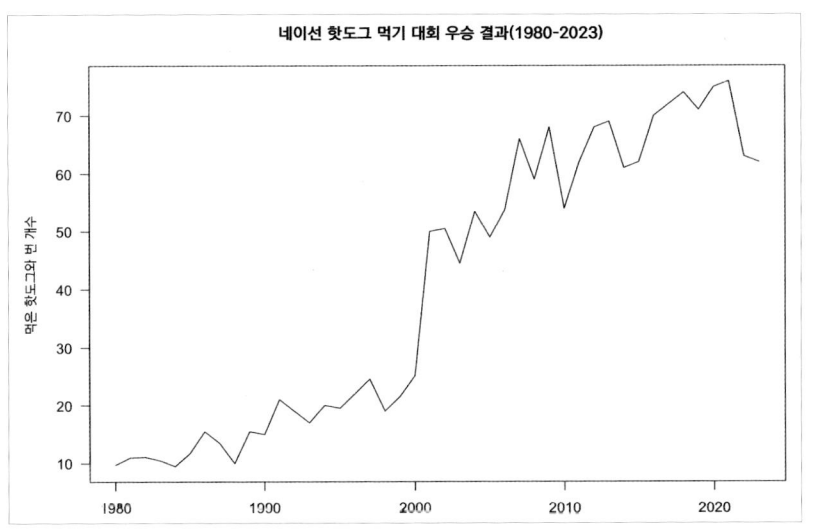

그림 4.9 상승 추세를 보여주는 선 차트

plot() 함수에 전달할 수 있는 다른 유형을 확인해 보자. 그림 4.10처럼 다양한 차트 유형을 만들 수 있다.

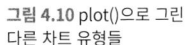

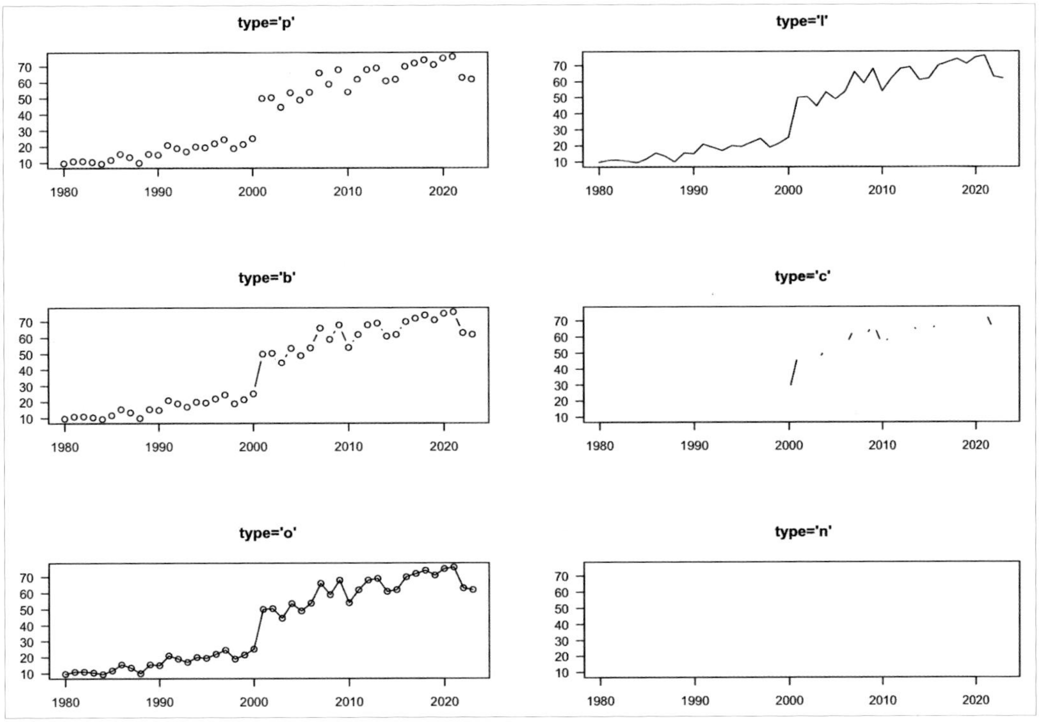

그림 4.10 plot()으로 그린 다른 차트 유형들

선 차트로 돌아가자. 중요한 부분을 짚어줄 주석을 추가할 수 있다. 가령 고바야시가 세운 2001년의 갑작스런 급등 같은 거 말이다. text() 함수로 차트에 글자를 넣을 수 있다. 다음 코드는 2000년과 핫도그 50개를 나타내는 x-y 좌표 (2001, 50)에 레이블을 붙인다. pos 인자는 텍스트 정렬을 지정한다. 여기선 2로 설정해 텍스트가 좌표 왼쪽에 오게 했다.

```
# Text
text(2001, 50,
    "2001년, 타케루 고바야시는 50개의 핫도그를 먹어 치워 이전 기록의 거의 두 배를 기록했다.",
    pos=2)
```

그림 4.11과 같이 텍스트가 급격한 상승 지점 옆에 나타난다.

그림 4.11 선 차트에 주석 달기

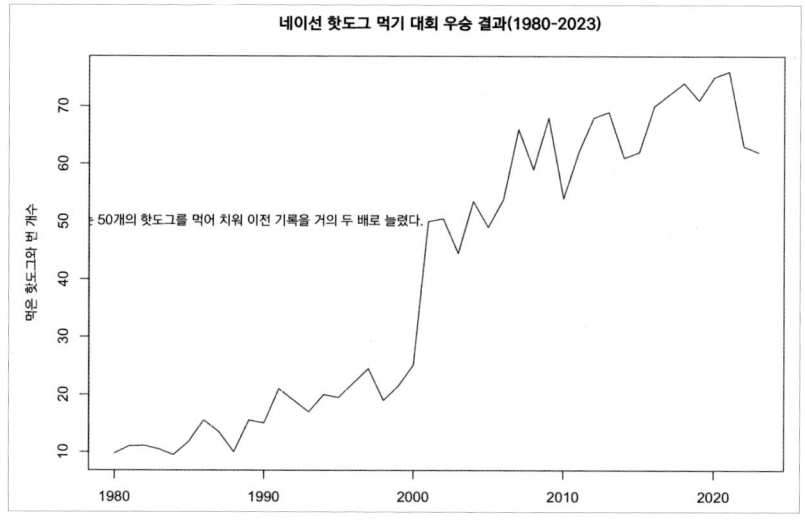

텍스트가 너무 길어서 한 줄에 다 들어가지 않는다. 그래서 단어들이 왼쪽에서 잘렸다. plot()으로 선 차트를 다시 그리고 text()로 원하는 곳에 줄바꿈을 넣어 보자.

```
# plot() 함수로 선 차트 그리기
plot(winners$year, winners$hotdogs,
    type="l",
    xlab="",
    ylab="먹은 핫도그와 번 개수",
```

```
           main="네이션 핫도그 먹기 대회 우승 결과(1980-2023)")

# 줄바꿈이 있는 텍스트
text(2001, 48,
     "2001년, 타케루 고바야시는
      50개의 핫도그를 먹어 치워
      이전 기록의 거의 두 배를 기록했다.",
     pos=2)
```

이렇게 하면 차트에 전체 텍스트가 들어간다(그림 4.12). 이번엔 y 좌표가 50이 아니라 48이다. text() 함수는 모서리를 기준으로 단어를 배치한다(어느 모서리인지는 pos에 따라 다르다). y 좌표를 낮추면 차트에서 단어들이 아래로 내려가 텍스트 본문 중간이 2001년 스파이크와 일치하게 된다.

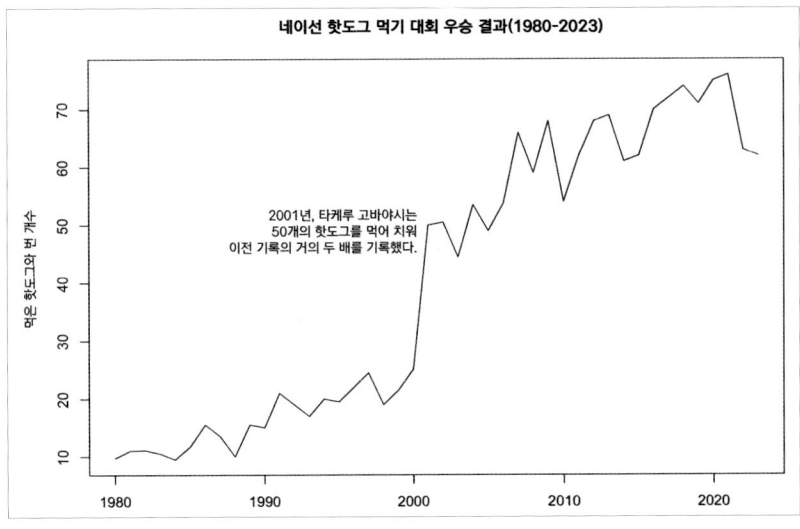

그림 4.12 주석에 줄바꿈 적용

마찬가지로 text() 함수에 대해 더 알고 싶다면 도움말 문서를 참고하자.[7]

```
# 문서 찾기
?text
```

차트에 주석을 많이 달아야 할 때 매번 수작업으로 줄바꿈을 하고 싶지 않을 것이다. 이럴 때 strwrap() 함수가 유용하다. 이 함수는 글자 수에 따라 단어를 나눠 벡터로 만든다. 벡터는 R에서 숫자나 문자 같은 동일한 타입의 값을 담는 자료 구조다. paste() 함수로 단어들을 다시 이어 붙이되 줄바꿈

[7] R의 장점 중 하나는 콘솔에서 언제든 쉽게 도움말 문서를 볼 수 있다는 점이다. 물음표(?)와 함수 이름을 입력하면 도움말 페이지가 뜬다. 함수 설명, 사용법과 기본값, 세부 사항, 실행 가능한 예제를 보여준다. R에서 새로운 함수를 배우거나 오류를 만났을 때 해결책을 찾는 데 유용하다.

문자인 \n을 넣으면 된다. 이렇게 하면 아까와 같은 결과를 얻을 수 있다.

```
# 줄바꿈된 텍스트
anno <-"2001년, 타케루 고바야시는 50개의 핫도그를 먹어 치워 이전 기록의 거의 두 배를 기록했다."
text(2001, 48,
     paste(strwrap(anno, 30), collapse="\n"),
     pos=2)
```

barplot()과 plot()은 서로 다른 종류의 차트를 만들지만, 접근 방식은 비슷하다. 함수에 데이터를 넘기고 인자를 통해 레이블을 설정한다. 자세한 내용은 문서를 참고하면 된다. par()로 전체적인 그래픽 매개 변수를 설정하고, text()로 차트 위에 글자를 얹는다.

계단형 차트

일반적인 선 차트는 한 점에서 다른 점을 직선으로 그어 연결한다. 이는 두 점 사이에 꾸준한 변화가 있음을 암시하는데, 세계 인구처럼 계속 변화하는 것을 나타낼 때 적합하다. 두 시점 사이의 선 기울기를 보고 변화를 시각적으로 추정할 수 있다.

하지만 어떤 데이터는 일정 기간 값을 유지하다가 갑자기 오르거나 떨어진다. 예를 들어 금리는 몇 달 동안 같은 수준을 유지하다가 발표 직후 오르거나 내릴 수 있다. 이런 유형의 데이터는 그림 4.13처럼 계단형 차트를 사용한다.

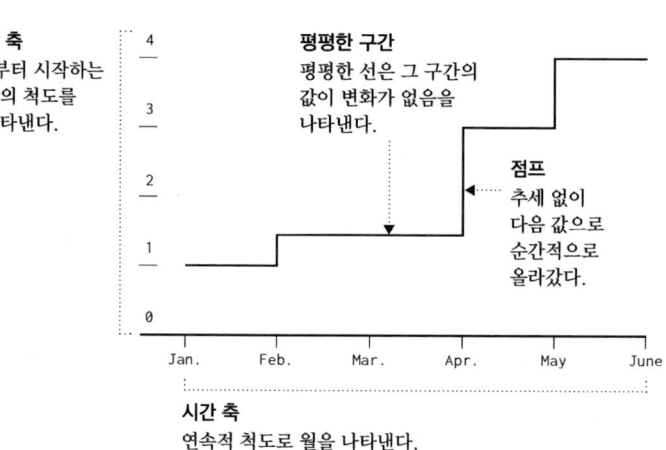

그림 4.13 계단형 차트의 기본 구조

점들을 직접 연결하는 대신, 변화가 있을 때까지 같은 값을 유지하다가 수직 선분으로 다음 값으로 뛰어오르거나 떨어진다. 결과적으로 계단 모양이 된다. 이해했나요?

계단형 차트 만들기

> **사용 도구:** R
> **데이터 세트:** 미국의 우편 요금, *book.flowingdata.com/vt2/ch4/data/us-postage.csv*

편지를 우편함에 넣으면 어찌저찌 목적지에 도착한다는 게 나는 여전히 놀랍다. 하지만 미국에서 편지를 보내는 비용은 해가 갈수록 올랐다. 아직도 실제 우편을 이용한다면 인상을 눈치챘을 거다. 가격이 언제, 얼마나 올랐을까?

R에서 read.csv() 함수로 데이터를 불러온다. 이전 예시처럼 컴퓨터에 데이터를 저장하지 않았다면 함수에 URL을 넘겨줘도 된다.

```
# 데이터 불러오기
postage <-read.csv("data/us-postage.csv")
```

head() 함수로 처음 몇 행을 확인해 데이터가 제대로 로드됐는지, 예상한 대로인지 살펴본다.

```
# 처음 몇 행
head(postage)
```

다음과 같은 결과가 나온다. 각 행은 가격 변동을 나타낸다. 두 개의 열이 있다. 연도와 온스당 우편 요금이다.

```
> head(postage)
    Year  Price
1   1863   0.06
2   1883   0.04
3   1885   0.02
4   1917   0.03
5   1919   0.02
6   1932   0.03
```

summary() 함수를 쓰면 각 열의 범위, 평균, 중앙값을 확인할 수 있다. postage 데이터 프레임을 이 함수에 넘겨주면 된다.

```
# 요약
summary(postage)
```

각 열의 요약 통계를 얻는다. 연도의 최소값은 1863년, 최대값은 2023년이고 중앙값은 1995년이다. 가격의 최소값은 2센트, 최대값은 66센트다. summary는 데이터의 대략적인 모습을 파악하고 데이터가 예상대로 로드됐는지 확인하는 데 유용하다.

```
> summary(postage)
      Year          Price
Min.   :1863   Min.   :0.0200
1st Qu.:1970   1st Qu.:0.0700
Median :1995   Median :0.3200
Mean   :1981   Mean   :0.2869
3rd Qu.:2012   3rd Qu.:0.4550
Max.   :2023   Max.   :0.6600
```

이전 예제에서 plot()으로 선 차트를 그리는 방법을 이미 배웠다. 이 우편 요금 데이터에도 적용해 보자.

```
# 일반 시계열로 그리기
par(las=1)
plot(postage$Year, postage$Price, type="l",
     xlab="Year", ylab="Postage Rate (Dollars)",
     main="미국 우편 요금(1863-2023)")
```

그림 4.14를 보자. 1온스 당 우편 요금은 초기 수십 년간 그다지 변하지 않았다. 초반에는 오히려 가격이 내렸다. 그러다 1970년대부터 꽤 빠르게 오르기 시작했다.

하지만 선 차트는 매년 꾸준히 증가한 것처럼 보이게 한다. 실제로는 요금이 유지되다가 인상 시점에 바뀌어야 한다. plot() 함수에서 type을 l(선)이 아닌 s(계단형)로 바꾸면 된다.

```
# 레이블이 있는 계단형 차트
par(las=1)
```

```
plot(postage$Year, postage$Price, type="s",
    xlab="Year", ylab="Postage Rate (Dollars)",
    main="미국 우편 요금(1863-2023)")
```

그림 4.15는 우편 요금 상승을 더 정확하게 보여준다.

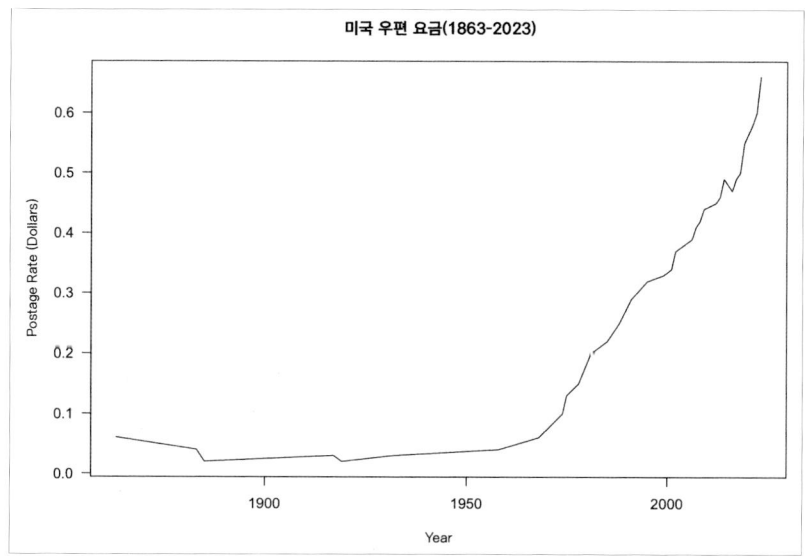

그림 4.14 시간에 따른 우편 요금 변화를 보여주는 선 차트

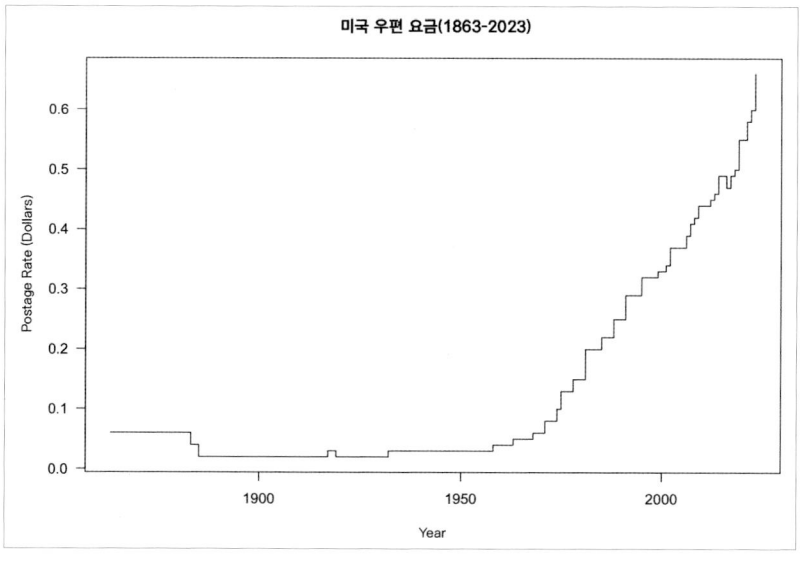

그림 4.15 우편 요금 계단형 차트

1991년 이후 같이 좁은 시간대에 집중하고 싶을 수도 있다. 다음과 같이 R의 대괄호 표기법으로 데이터를 한정하면 된다.[8]

8 데이터 프레임은 2차원이다. 대괄호 표기법으로 행과 열을 지정한다. 예를 들어 postage[1,1]을 입력하면 postage 데이터 프레임의 첫 번째 행과 열의 값을 얻는다. 대괄호 첫 부분에 TRUE와 FALSE 값의 벡터(불이라고도 함)를 전달하면 TRUE인 행만 부분 집합으로 추출한다.

```
# 범위 변경 ("확대")
postagesub <-postage[postage$Year >= 1991,]
```

1991년 이후의 가격을 나타내는 행들을 postagesub에 할당한다. head() 함수로 처음 몇 행을 살펴보자. 첫 번째 Year 관측값이 1991년이다.

```
> head(postagesub)
   Year Price
17 1991  0.29
18 1995  0.32
19 1999  0.33
20 2001  0.34
21 2002  0.37
22 2006  0.39
```

시계열을 확대해서 보기 위해 plot()에 postagesub를 전달한다.

```
Par(las=1)
plot(postagesub$Year, postagesub$Price, type="s",
    xlab="Year", ylab="Postage Rate (Dollars)",
    main="미국 우편 요금(1863-2023)")
```

확대하면 선택한 범위를 더 자세히 보여줄 수 있다(그림 4.16).

작고 잦은 계단은 가격 변동이 빠르다는 뜻이다. 긴 수평선은 변화 없는 시기를 나타낸다. 경우에 따라 계단이 더 흥미로울 때도, 연속선의 추세가 더 재미있을 수도 있다. 데이터의 맥락에 맞게 선택해야 한다.

평활화

데이터에 패턴이 있어도 너무 시끄럽고 들쭉날쭉할 때가 있다. 이럴 땐 데이터를 평활화(smoothing)해서 잡음 속의 추세를 드러내는 게 좋다.

방법은 여러 가지인데 데이터 형식에 따라 다르다. 우선 더 큰 구간으로 묶어볼 수 있다. 예를 들어 일 단위 대신 월 단위로, 분 단위 대신 시간 단위로 집계하는 식이다. 또는 일정 시간 간격의 평균을 구하는 이동 평균을 쓸

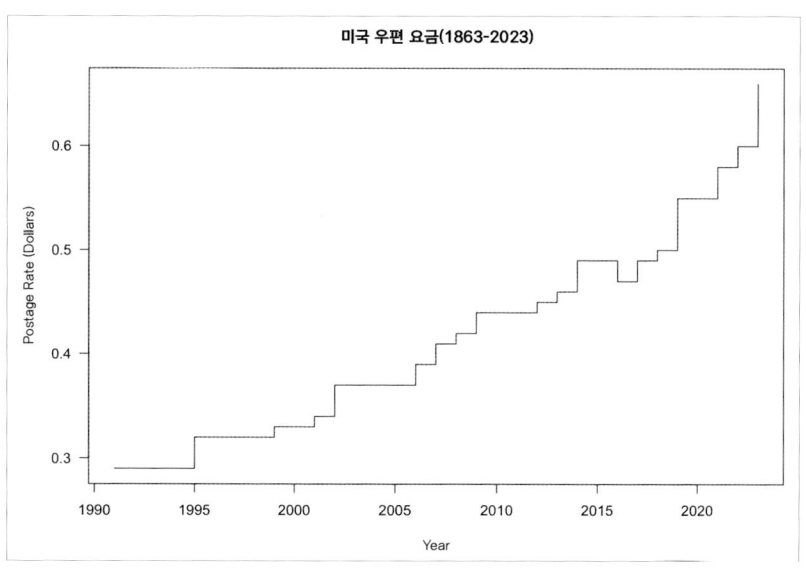

그림 4.16 범위를 좁힌 계단형 차트

수 있다. 시간 간격이 불규칙하면 국소 회귀를 써볼 수도 있다. 이는 여러 개의 선을 이어 연속 곡선을 만드는 방식이다. 이미 선이 있고 가장자리만 부드럽게 하고 싶다면 스플라인을 써보자. 데이터 점들의 범위를 따라 함수를 맞추는 방식이다. 이 책에서 각 방법을 다 다루긴 어렵다. 하지만 검색해 보면 쓸만한 설명을 찾을 수 있다. 그리고 R에는 이런 방법을 쉽게 쓸 수 있는 패키지들이 있다. 다음 예제에서는 스플라인 적용법을 배운다.

스플라인 사용하기

사용 도구: R
데이터 세트: 아기 이름, *book.flowingdata.com/vt2/ch4/data/nathan-beatrice.tsv*

사회보장국(Social Security Administration)에서 매년 아기 이름 데이터를 공개한다. 1880년부터 축적되어 거의 10만 개의 이름이 있는, 재미있는 시계열 데이터 세트다.

> FlowingData 프로젝트에서 아기 이름 데이터 세트를 여러 번 사용했다. 질리지 않고 재미있는 데이터다.

추세   111

> - 미국 역사상 가장 유행한 이름들, *https://datafl.ws/7m8*
> - 미국 역사상 가장 인기 있는 남녀공용 이름들, *https://datafl.ws/7m9*
> - 첫 글자로 이름 추측하기, *https://datafl.ws/7ma*
>
> 힐러리 파커(Hilary Parker)가 미국 역사상 가장 저주받은 이름을 찾아봤는데. 그게 바로 자기 이름이었다. 내 호기심은 그 글을 읽으면서 시작되었다. [9]

9 *https://datafl.ws/7mb*
(옮긴이) 힐러리 파커라는 데이터 과학자의 글이다. 힐러리는 오랫동안 꾸준히 사랑 받던 이름인데 빌 클린턴의 영부인 힐러리 클린턴이 대중에게 미움 받을 발언을 한 이후 힐러리라는 이름의 사용이 급락했다.

10 *https://datafl.ws/7mc*

아기 이름 데이터는 사회보장국 웹 사이트[10]에서 직접 다운로드할 수 있다. 다만 연도별로 파일이 나뉘어 있다. 더 쉽게 다운로드하려면 R의 babynames 패키지로 데이터를 불러오면 된다. 패키지 관리자로 설치하거나 콘솔에서 install.packages()를 쓰면 된다.

```
# 패키지 설치
install.packages("babynames")
```

설치가 끝나면 library() 함수로 패키지를 불러온다.

```
# 패키지 불러오기
Library(babynames)
```

데이터의 각 행은 연도, 성별, 이름, 그 이름을 가진 아기 수(n), 그리고 해당 연도의 비율(prop)을 보여준다.

```
    year  sex  name       n     prop
1   1880  F    Mary       7065  0.0724
2   1880  F    Anna       2604  0.0267
3   1880  F    Emma       2003  0.0205
4   1880  F    Elizabeth  1939  0.0199
5   1880  F    Minnie     1746  0.0179
6   1880  F    Margaret   1578  0.0162
7   1880  F    Ida        1472  0.0151
8   1880  F    Alice      1414  0.0145
9   1880  F    Bertha     1320  0.0135
10  1880  F    Sarah      1288  0.0132
```

데이터 세트에서 완전히 무작위로 두 개의 이름을 뽑아낸다.

```
nathan <-babynames[babynames$name == "Nathan" & babynames$sex == "M", ]
beatrice <-babynames[babynames$name == "Beatrice" & babynames$sex == "F",]
```

각 이름의 시계열을 보여주는 선 차트를 그린다.

```
# 선 차트, 평활화 없음
par(las=1, mar=c(4,5,3,2))
plot(nathan$year, nathan$prop,
     type="l",
     xlab="", ylab="Proportion")
lines(beatrice$year, beatrice$prop,
      lwd=2)
```

그림 4.17에서 이 차트를 볼 수 있다. 1900년대 초에 정점을 찍은 선이 비아트리스(Beatrice)고, 네이선(Nathan)은 다른 선이다.

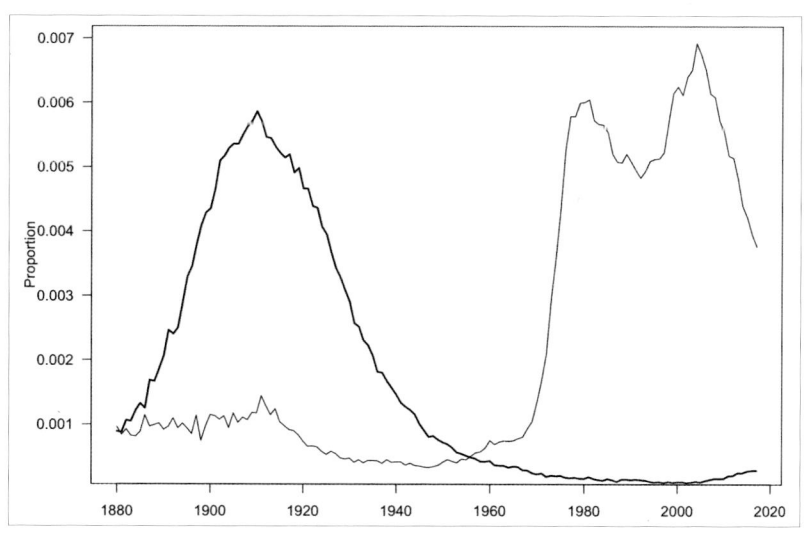

그림 4.17 두 이름에 대한 선 차트

두 선 모두 뾰족한 부분이 있어 스플라인으로 부드럽게 만들면 좋을 것 같다. 네이선과 비아트리스의 좌표에 spline() 함수를 써보자.

```
natcoords <-spline(nathan$year, nathan$prop)
beacoords <-spline(beatrice$year, beatrice$prop)
```

새 좌표를 plot()과 lines()에 전달한다. 그림 4.18에서 더 매끄러운 선을 볼 수 있다. col 인수로 색상도 추가했다.

그림 4.18 스플라인을 적용한 선 차트

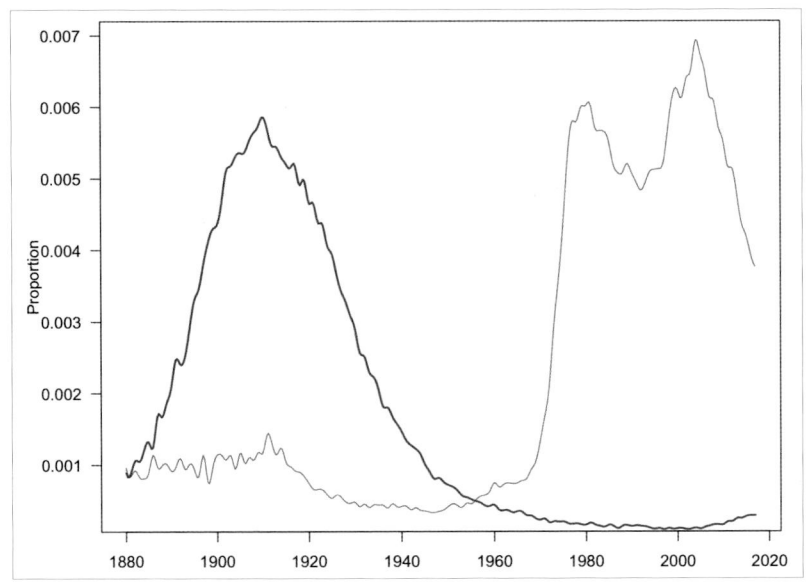

```
par(las=1, mar=c(4,5,3,2))
plot(natcoords,
     col="#ac5c5a",
     type="l",
     xlab="", ylab="Proportion")
lines(beacoords, lwd=2, col="#176572")
```

시계열 데이터를 항상 평활화할 필요는 없다. 하지만 추세나 패턴을 강조하고 노이즈와 작은 변동을 줄이는 데 도움이 된다. 이 경우 매끄러운 선이 시각적으로 더 보기 좋아 내겐 가치 있는 트레이드오프였다. 자신의 데이터로 판단해 보자. 함수 하나만 호출하면 바로 확인할 수 있으니 어렵지 않다.[11]

11 spline()의 n 값을 바꿔보면 선이 더 넓어지거나 좁아지는 걸 볼 수 있다.

이벤트

시계열 데이터에서 항상 추세를 찾는 것은 아니다. 증가와 감소를 강조하는 대신 개별 사건에 초점을 맞출 수 있다. 마지막으로 뭔가 일어난 게 언제인가? 얼마나 자주 일어나는가? 드문 일인가, 아니면 생각보다 자주 일어나는가?

2023년 3월 10일, 실리콘 밸리 은행(Silicon Valley Bank)이 지급을 이행하지 못해 연방 예금 보험 공사(FDIC)에 인수됐다. 그림 4.19는 이 은행의 사례를 이전 은행 파산 사례와 함께 도표로 나타낸 것이다.

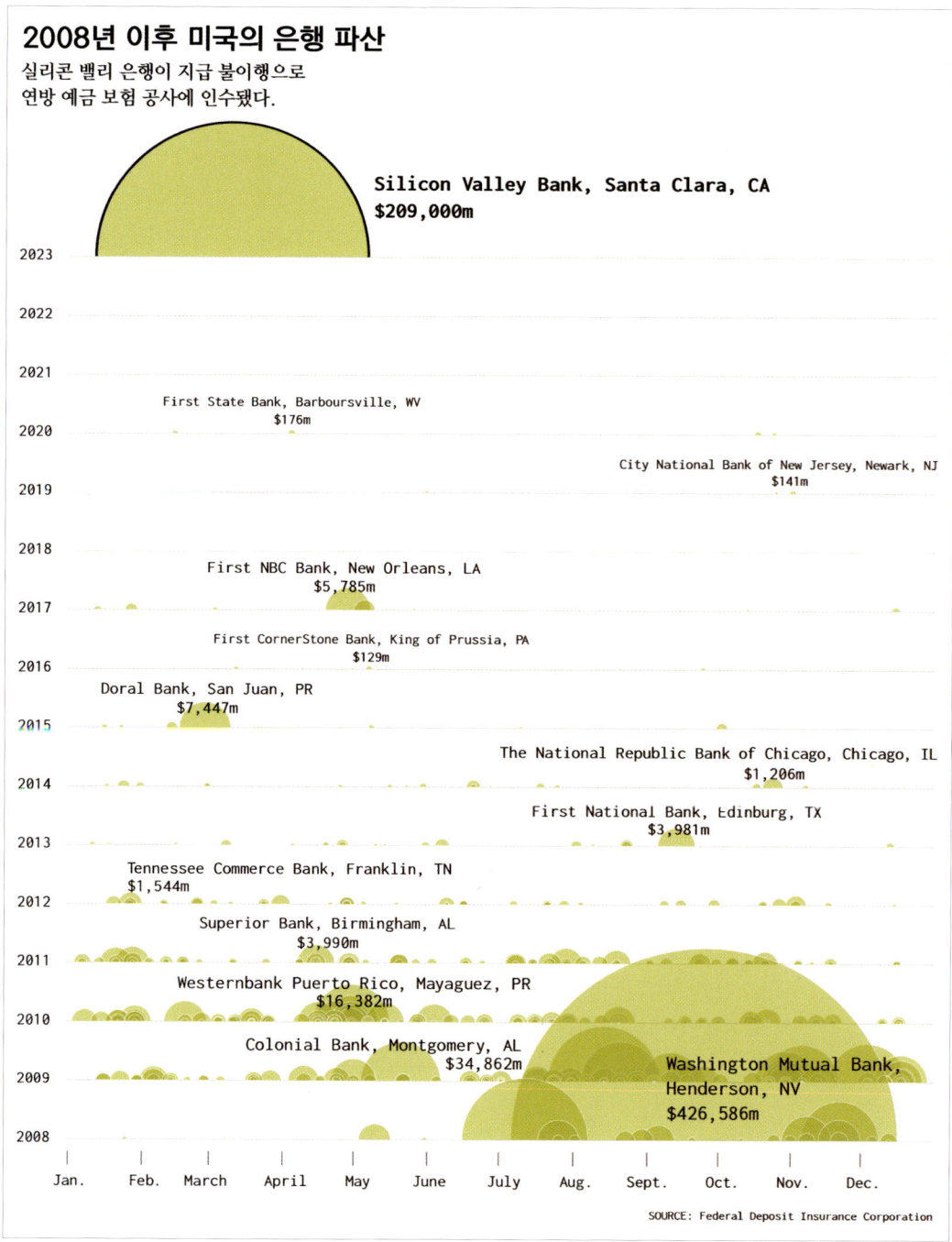

그림 4.19 2008년 이후 미국의 은행 파산, https://datafl.ws/banks

은행 파산 추세를 강조하기보다 개별 사건에 초점을 맞췄다. 도형들이 서로 떨어져 있는 차트는 각 지점에 주목하게 만든다.

타임라인

타임라인은 사건의 발생 시점을 보여준다. 가장 단순한 형태로는 그림 4.20처럼 시간축 하나만 있고, 그 축을 따라 기호를 배치한 형태가 있다. 사건이 많으면 기호도 많아지고, 사건이 적으면 기호도 적어진다.

개별 지점에 초점을 맞추다 보면 표시할 사건이 많을 때 차트가 복잡해질 수 있다. 이럴 땐 타임라인을 늘려 공간을 확보하거나 다른 형태의 뷰를 선택해야 한다.

그림 4.20 타임라인 구조

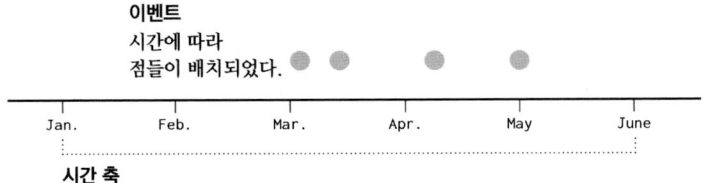

타임라인 만들기

사용 도구: R
데이터 세트: EGOT 수상자들, *book.flowingdata.com/vt2/ch4/data/EGOT-winners.csv*

EGOT는 에미상(Emmy), 그래미상(Grammy), 오스카상(Oscar), 토니상(Oscar)의 약자다. 각각 TV, 음악, 영화, 연극 분야에서 뛰어난 성과를 얻은 사람에게 주어진다. EGOT 수상자는 네 부문을 모두 석권한 사람이다. 몇 명이나 될까? 언제 달성했을까?

read.csv()로 EGOT 데이터 세트를 불러온다. 로컬 파일이나 앞서 언급한 URL을 넣어도 불러올 수 있다. 여기선 데이터 폴더의 로컬 파일을 가정한다. 데이터 다운로드 위치를 R의 작업 디렉터리로 설정해야 한다.

```
# 데이터 불러오기
egots <-read.csv("data/EGOT-winners.csv")
```

데이터 세트의 각 행은 수상자, 수상 시기, 수상 내역을 나타낸다. dim() 함수로 egots 데이터 프레임의 차원을 확인해 보자.

```
# 열 이름
dim(egots)
```

이 함수는 행의 수와 열의 수 두 값을 반환한다.

```
[1] 18 15
```

18개의 행과 15개의 열이 있다. 이는 지금까지 18명의 EGOT 수상자가 있었다는 뜻이다.

열 이름을 보려면 이전 예시처럼 head()로 처음 몇 행을 확인하면 된다. colnames()를 써서 열 이름만 볼 수도 있다.

```
# 열 이름
colnames(egots)
```

이 코드는 데이터 프레임에 나타나는 순서대로 열 이름을 반환한다. 첫 열은 각 인물의 이름이다. Emmy_year는 에미상 수상 연도, emmy_title은 수상 부문, emmy_desc는 수상작이다. 다른 상에 대해서도 비슷한 열이 있다. 마지막 두 열인 completion_year와 category는 각각 EGOT 달성 연도와 배우, 작곡가 감독 같은 업계 내 역할을 나타낸다.

```
 [1] "name"            "emmy_year"        "emmy_title"      "emmy_desc"
 [5] "grammy_year"     "grammy_title"     "grammy_desc"     "oscar_year"
 [9] "oscar_title"     "oscar_desc"       "tony_year"       "tony_title"
[13] "tony_desc"       "completion_year"  "category"
```

이 예시에서는 주로 completion_year(완성 연도)에 관심이 있다. range() 함수와 달러 연산자를 사용해 해당 열의 범위를 확인한다.

```
# 완성 년도의 범위
range(egots$completion_year)
```

두 개의 값을 얻는다. 최솟값과 최댓값. 1962년과 2023년이다.

[1] 1962 2023

이전 R 예제에서는 내장된 차트 유형으로 그래프를 만들었다. 하지만 데이터를 하나하나 시각화할 수도 있다. 이렇게 하면 자신의 의도에 맞게 유연하게 만들 수 있다. plot()으로 빈 도표를 만들고 type을 n으로 설정한다. 이는 '그리지 않음'을 뜻한다. 또한 yaxt와 bty를 n으로 설정해 y 축과 테두리 상자를 없앤다.

```
# 빈 도표
plot(NA,
     xlim=range(egots$completion_year), ylim=c(0,2),
     xlab="Completion Year", ylab="",
     yaxt="n", bty="n", type="n")
```

그림 4.21처럼, 1962년부터 2023년까지의 x 축과 축 레이블만 있는 빈 도표가 나온다. y 축은 0에서 2까지 범위를 가진다. 아직은 아무것도 없지만, 대개 이렇게 사용자 정의 도표를 시작한다.

그림 4.21 x 축만 있는 빈 도표

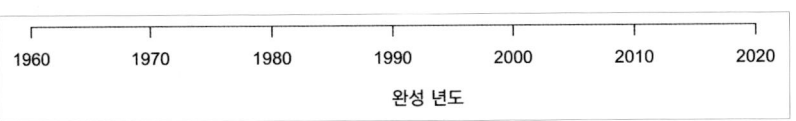

abline() 함수로 y 좌표 1에 수평선을 그린다.

```
# 기준선
abline(h=1)
```

points() 함수로 x 축에 EGOT 달성 연도를 넣고, y 축의 값은 모두 1로 점을 찍는다. rep() 함수는 첫 번째 값을 두 번째 값만큼 반복하는 벡터를 만든다. 다음 코드는 1을 18번 반복한 벡터를 points()에 전달한다.

```
# Points
points(egots$completion_year,
       rep(1, dim(egots)[1]))
```

그림 4.22와 같이 그래프에 점과 선이 그려졌다.

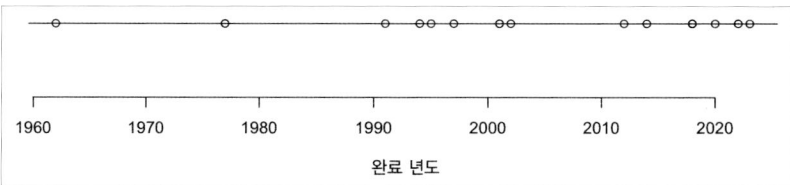

그림 4.22 abline()으로 그린 수평선과 points()로 찍은 점들

그런데 문제가 있다. 어떤 해에는 여러 명이 EGOT 지위를 얻었는데, 타임라인에서는 여러 점이 하나로 보인다. 예를 들어 2001년 데이터 포인트를 보자.

```
egots[egots$completionyear == 2001, c("completionyear", "name")]
```

멜 브룩스(Mel Brooks)와 마이크 니콜스(Mike Nichols)가 그 해 EGOT 지위를 얻었다.

```
   completion_year        name
10            2001  Mel Brooks
11            2001 Mike Nichols
```

빠른 해결책 하나는 jitter()를 쓰는 거다. 데이터에 작은 노이즈를 더해 점들이 같은 자리에 있지 않게 한다. 다음은 x와 y 좌표 모두에 jitter()를 쓴다. 수정하는 김에 pch로 점 모양을 바꾸고, bg로 채움색을 바꾸고, cex로 각 점의 크기를 키운다.[12]

[12] 점들이 같은 영역에 찍히면 서로 겹치면서 패턴을 가리고 데이터를 읽을 수 없게 만든다. 이를 오버플로팅이라 한다.

```
# 지터(Jitter)
points(jitter(egots$completion_year),
       jitter(rep(1, dim(egots)[1]), factor=2),
       pch=21, bg="#efe2aa", cex=2)
```

그림 4.23과 같이 여러 수상자가 있는 연도가 더 확실하게 보인다.

그림 4.23 지터를 적용한 점

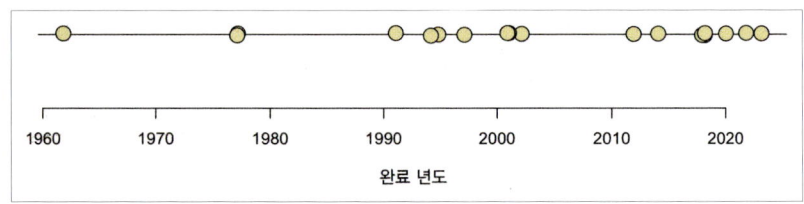

그래프 타임라인에 주석이 필요하다. 첫 EGOT 수상자인 리처드 로저스에 대한 메모를 넣는다. 그의 정보를 찾으려면 tail()로 egots 데이터 프레임의 마지막 몇 행을 살펴본다.

```
# 데이터 프레임의 마지막 행들
tail(egots)
```

paste0()로 주석을 만든다. paste()와 비슷하지만 텍스트 조각 사이에 공백이 없다. 그 다음 text()로 로저스의 주석을 배치한다.

```
# 주석
anntext <-paste0(egots$name[18], "가\n",egots$completion_year[18],
        "년에 최초로\nEGOT을 달성했다.")
text(egots$completion_year[18]-1,
     1.5,
     anntext,
     pos=4)
```

텍스트 위치는 글자 크기와 차트 크기에 따라 상대적이라 실제로 나타나는 위치를 지정하기 까다롭다. 원하는 위치에 텍스트를 배치하려면 좌표를 조정해야 할 수도 있다. 앞선 코드에서 x 좌표는 연도에서 1을 뺀 값이고, y 좌표는 1.5로 지정했다. 그림 4.24는 주석을 추가한 차트를 보여준다.

   plot() 함수를 호출하고 type을 p(점)로 설정해도 이 타임라인을 만들 수 있다. 하지만 이 방법은 구성 요소를 따로 추가할 수 있다는 걸 보여준다. 이렇게 하면 기본값에 얽매이지 않고 의도에 맞게 유연하게 차트를 만들 수 있다.

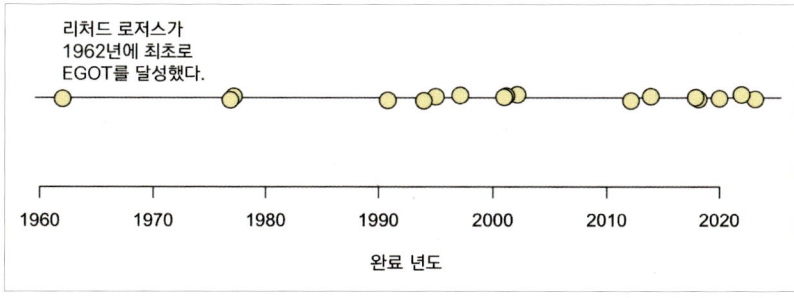

그림 4.24 주석이 달린 타임라인

점 도표

막대그래프처럼 점 도표도 여러 종류의 데이터에 쓸 수 있는 범용 차트다. 시간과 관련해서는 한 축이 시간을, 다른 축이 값을 나타낸다(그림 4.25).

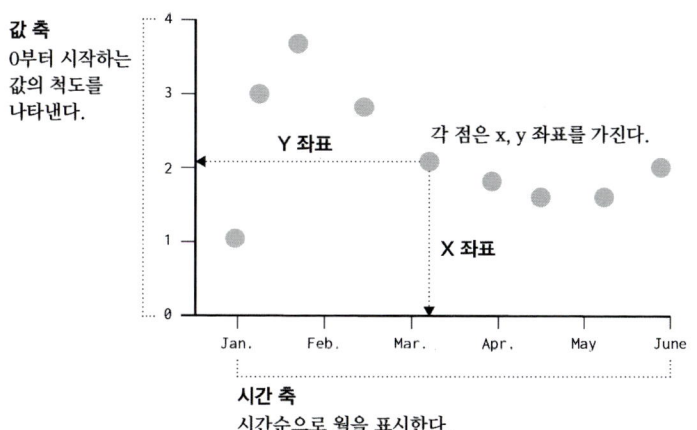

그림 4.25 점 도표 구조

각 점으로 사건을 표시하면 타임라인과 비슷한 모양이 된다. 다만 여러 범주나 그룹을 다룰 수 있다.

점 도표 만들기

사용 도구: R, 일러스트레이터
데이터 세트: EGOT 수상자, *book.flowingdata.com/vt2/ch4/data/EGOT-winners.csv*

EGOT 달성 시점만 보지 말고 각자 상을 언제 받았는지 살펴보자. EGOT까지 가는 길은 어땠을까? 아직 안 했다면 read.csv()로 데이터 세트를 불러오자.

```
# 데이터 불러오기
egots <-read.csv("data/EGOT-winners.csv")
```

목표는 각 행이 수상자의 타임라인을 나타내는 점 도표를 만드는 것이다. 각 수상 시점마다 점을 찍고, 상마다 다른 색상을 부여한다. 각 인물의 수상 시기를 나타내는 열들의 벡터를 만들고, 상의 종류별로 색상을 지정한다. 웹 개발에서 자주 쓰이는 16진수 형식으로 색상을 나타낸다. 2장 "데이터 시각화 도구 선택"에서 다룬 대부분의 색상 도구들은 자동으로 16진수 형식으로 색상을 변환해 준다.

```
# 상별로 색상 지정
year_cols <-c("emmy_year", "grammy_year", "oscar_year", "tony_year")
award_colors <-c("#3F78E7", "#cb84cc", "#BDB63B", "#83c4b3")
```

레이블을 비우고 type을 n으로 설정해 빈 그래프를 만든다.

```
# 빈 그래프
par(las=1)
plot(NA, xlim=c(1930, 2023),
     ylim=c(0, dim(egots)[1]),
     type="n", xlab="", ylab="")
```

현재는 아무것도 없지만, 빈 캔버스라고 생각하자(그림 4.26).

for 루프로 year_cols에 지정된 각 상 종류의 점을 찍는다. 중괄호 {} 안의 코드가 주어진 범위에서 여러 번 실행된다. 이 예시에서는 year_cols를 반복하고 i는 벡터의 길이만큼 증가한다.

```
# 점
for (i in 1:length(year_cols)) {
    points(egots[,year_cols[i]], 1:dim(egots)[1], pch=19)
}
```

그림 4.27처럼 각 상과 수상자에 대한 점을 그린다.

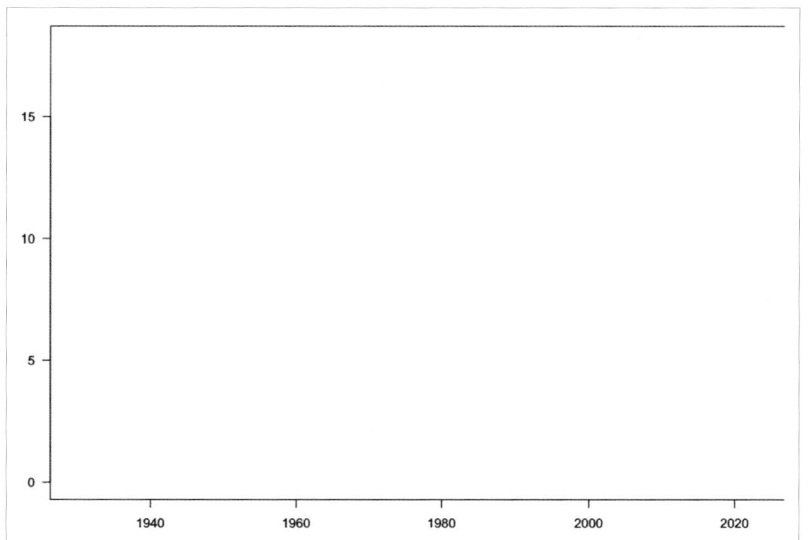

그림 4.26 여러 개의 타임라인을 만들기 위해 빈 도표를 만든다.

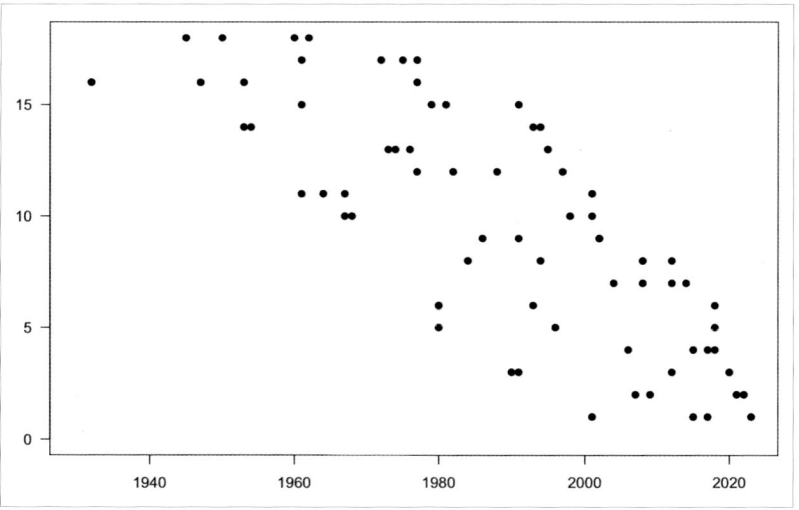

그림 4.27 모든 상에 대한 점

색깔을 넣으면 좋겠다. for 루프에서 award_colors의 색상을 적용한다.

```
# 색상 사용
plot(NA, xlim=c(1930, 2023),
     ylim=c(0, dim(egots)[1]),
     type="n", xlab="", ylab="")
```

이벤트

```
for (i in 1:length(year_cols)) {
    points(egots[,year_cols[i]], 1:dim(egots)[1],
           pch=21, cex=1.5,
           col="black",
           bg=award_colors[i])
}
```

그림 4.28에서 보듯이 각 점은 검은 해당 상을 나타내는 색으로 칠하고 검은 테두리를 그렸다.

그림 4.28 점에 색 적용하기

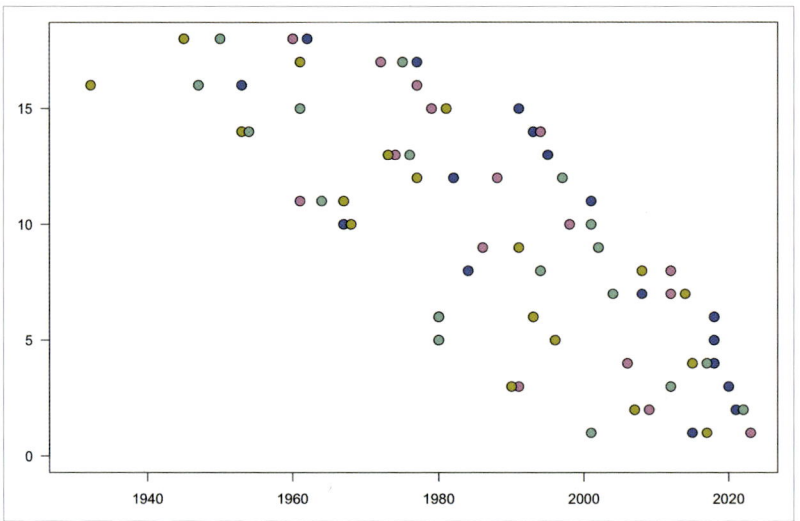

연결선을 추가하려면 points() 호출 전에 또 다른 for 루프를 만든다. 그러면 선이 점 아래에 그려진다. R은 코드를 제공한 순서대로 실행한다. 마치 그림에 붓질로 층을 더하듯, 각 코드 조각으로 차트 위에 층을 쌓는다고 생각하면 된다.

```
# 연결
plot(NA, xlim=c(1930, 2023),
     ylim=c(0, dim(egots)[1]),
     type="n", xlab="", ylab="")
for (j in 1:dim(egots)[1]) {
    endyrs <-range(egots[j, year_cols])
    lines(endyrs, c(j, j))
}
```

```
for (i in 1:length(year_cols)) {
    points(egots[,year_cols[i]], 1:dim(egots)[1],
           pch=21, cex=1.5,
           col="black",
           bg=award_colors[i])
}
```

그림 4.29에서 선을 그림으로써 가로선상의 점들이 연결되어 있는 게 명확하게 보인다.

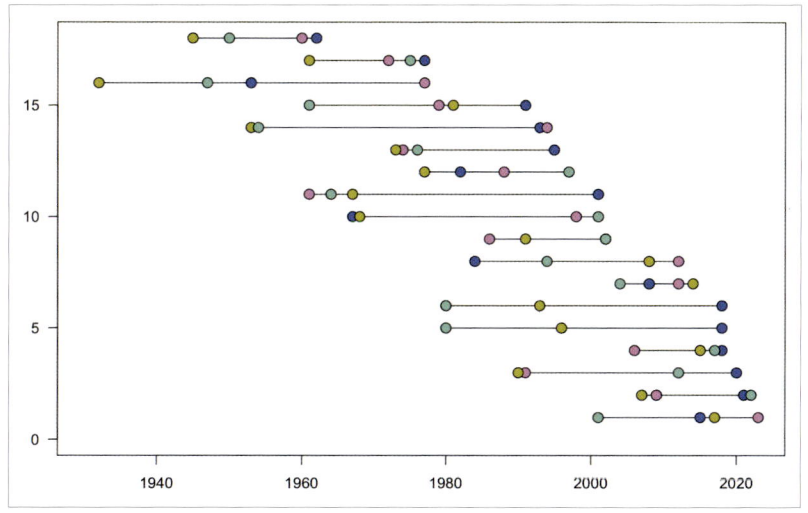

그림 4.29 점들을 선으로 연결하기

지금 y 축은 거의 쓸모가 없다. 그냥 기본 숫자뿐이다. 연예인 이름이 있으면 좋겠다. par()의 mar 인수로 왼쪽 여백을 넓혀 빈 그래프를 다시 그린다. plot()에서 y 축 유형(yaxt)을 n으로 설정한다.

```
# 빈 그래프, 여백
par(las=1, mar=c(4,12,2,2))
plot(NA, xlim=c(1930, 2023),
     ylim=c(0, dim(egots)[1]),
     yaxt="n", bty="n",
     type="n", xlab="", ylab="")
```

axis() 함수를 사용하여 y 축의 눈금 레이블을 이름 열로 지정한다. 그리고 세로 격자선을 추가한다.

```
# 축과 격자
axis(side=2, at=1:dim(egots)[1], labels = egots$name, tick=FALSE)
grid(NULL, 0, lty=1, lwd=.5)
```

이 코드는 왼쪽에 이름이 있는 빈 도표를 만들어준다(그림 4.30). par()로 왼쪽 여백을 넓게 설정하지 않으면 이름이 화면을 벗어나게 된다.

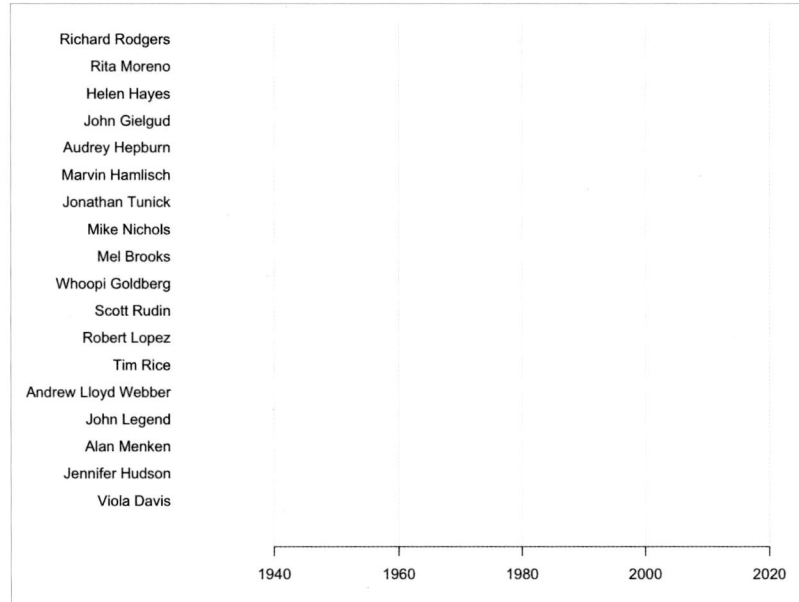

그림 4.30 사용자 지정 축과 격자선

이전처럼 선과 점을 추가한다.

```
# 선과 점
for (j in 1:dim(egots)[1]) {
    endyrs <-range(egots[j, year_cols])
    lines(endyrs, c(j, j))
}
for (i in 1:length(year_cols)) {
    points(egots[,year_cols[i]], 1:dim(egots)[1],
           pch=21, cex=1.5,
           col="black",
           bg=award_colors[i])
}
```

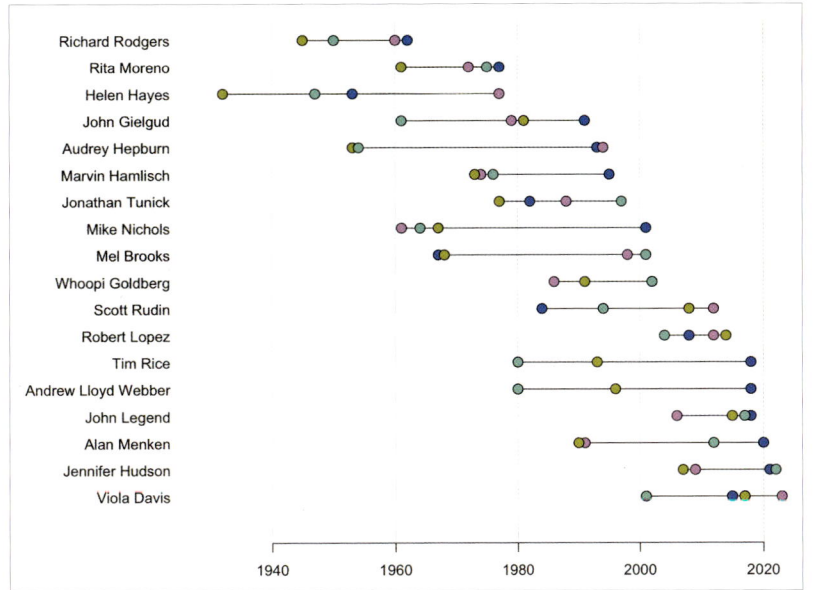

그림 4.31 점과 선 추가

그림 4.31은 각 연예인의 타임라인을 보여준다.

함수가 낯설다면 R 콘솔에 물음표 뒤에 함수 이름을 입력해 도움말 문서를 확인하자.

차트를 PDF로 저장한다. R GUI에서는 [파일]-[다른 이름으로 저장]을, RStudio에서는 [내보내기]-[PDF로 저장]을 선택한다. pdf() 함수를 써도 되지만, 크기를 빠르게 확인해보기 위해서 메뉴를 선호한다.

차트 편집하기

어도비 일러스트레이터로 간단한 편집을 해보자. 각 색상이 무엇을 나타내는지 표시하고, 글꼴을 바꾸고, 텍스트를 정렬하는 정도다.[13]

저장한 PDF 파일을 일러스트레이터에서 연다. R에서 내보내지 않았다면 이번 장의 소스 다운로드에 있는 egot-winners-raw-dots.pdf를 사용해도 된다. 그림 4.32와 같은 화면이 보일 것이다.

[13] 어도비 일러스트레이터를 처음 써본다면 빠른 시작 가이드로 기본 사용법을 확인하자. https://datafl.ws/7o2

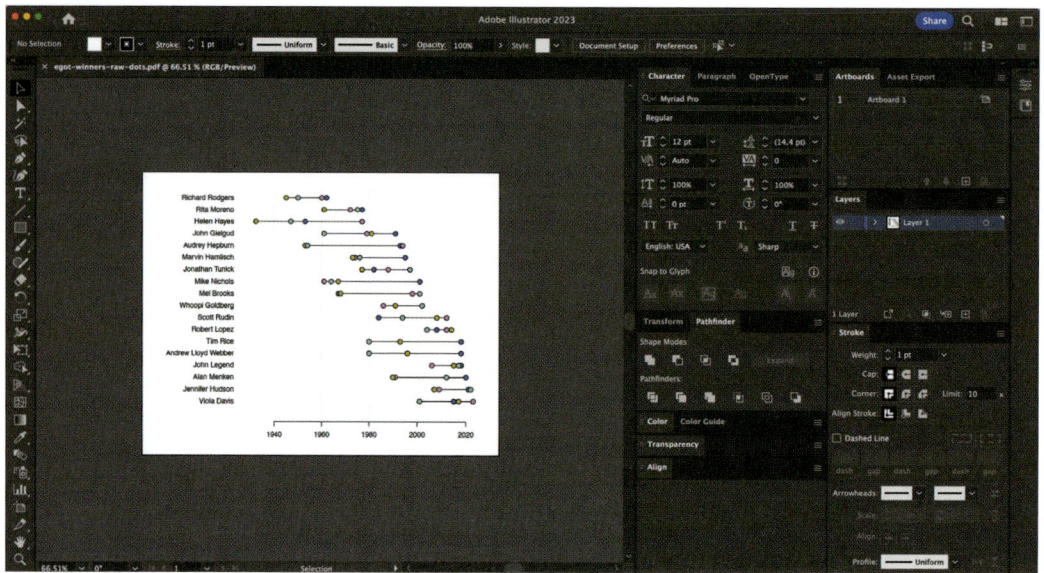

그림 4.32 일러스트레이터에서 PDF 열기

PDF를 일러스트레이터 파일(.ai 확장자)로 저장한다. 그래야 편집 내용을 잃지 않는다.

도구 메뉴에서 직접 선택 도구(▶)를 선택한다. 그림 4.33처럼 차트 전체를 드래그해 선택한다. 직사각형 모양의 클리핑 마스크로 영역 내 객체를 감싸고 마스크 경계 밖 객체를 숨긴다. [Delete]나 [Backspace]를 눌러 제거한다. 이 예제에서는 마스크로 숨겨진 것이 없지만, 마스크를 삭제하면 차트의 객체를 선택하기가 더 쉬워진다.

직접 선택 도구로 왼쪽 이름들을 선택한다. 그림 4.34를 보면 각 이름 레이블 왼쪽에 파란 점이 보인다. 이것은 앵커로, 텍스트가 왼쪽 정렬됐음을 나타낸다. 지금은 오른쪽 정렬처럼 보이지만, 텍스트 크기나 폰트를 바꾸면 달라진다.

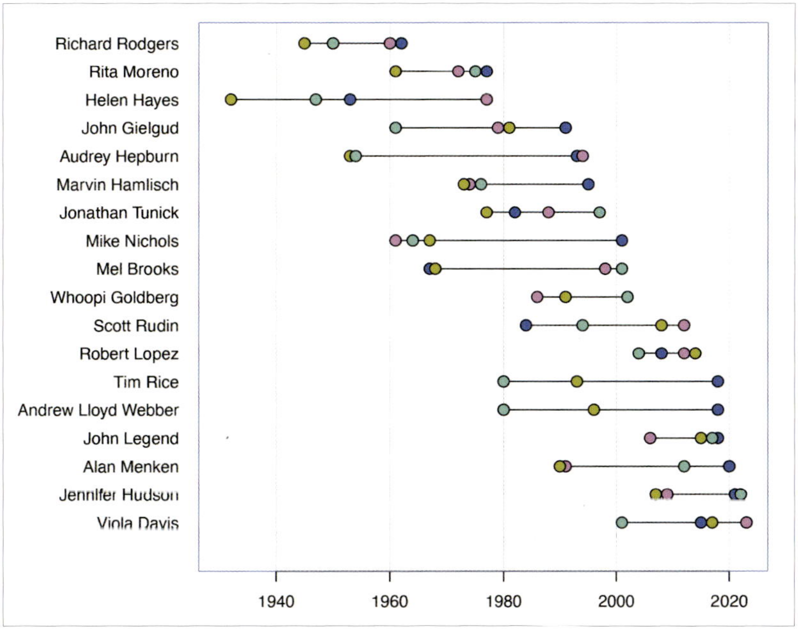

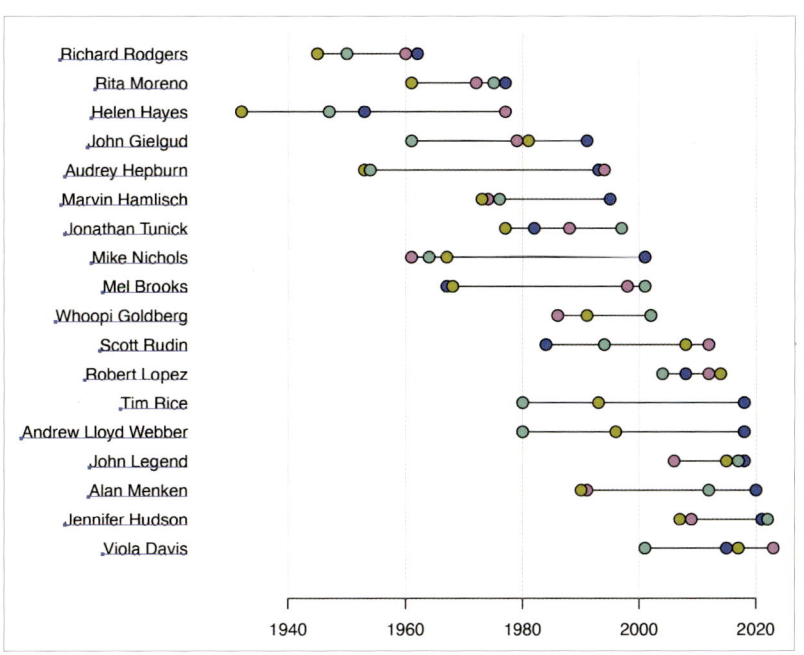

그림 4.33 삭제할 클리핑 마스크 선택

그림 4.34 왼쪽에 있는 앵커

이벤트

그림 4.35에서 정렬 옵션을 볼 수 있다. 이름 레이블을 선택한 채로 오른쪽 정렬 아이콘을 클릭한다. 이제 파란 점이 레이블 오른쪽에 보이게 될 것이다.

새로운 앵커를 기준으로 레이블을 정렬하려면, 그림 4.36의 [Align] 창에서 왼쪽에 막대가 있고 오른쪽에 수직선이 있는 아이콘을 클릭한다. 그러면 객체들이 오른쪽에 정렬된다.

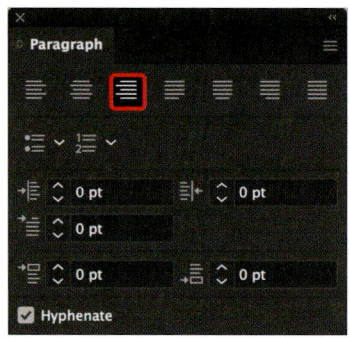

그림 4.35 텍스트 정렬 옵션

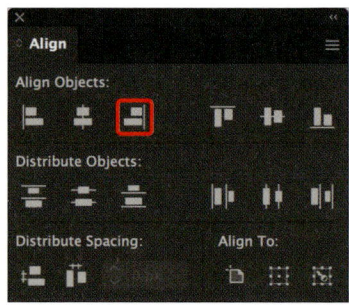

그림 4.36 객체 정렬 옵션

[Character] 창(그림 4.37)의 메뉴로 폰트를 바꾼다. 컴퓨터에 설치된 폰트에 따라 선택 가능한 옵션이 다르다.

그림 4.37 폰트 옵션

그림 4.38은 Inconsolata 폰트를 적용한 레이블을 보여준다.

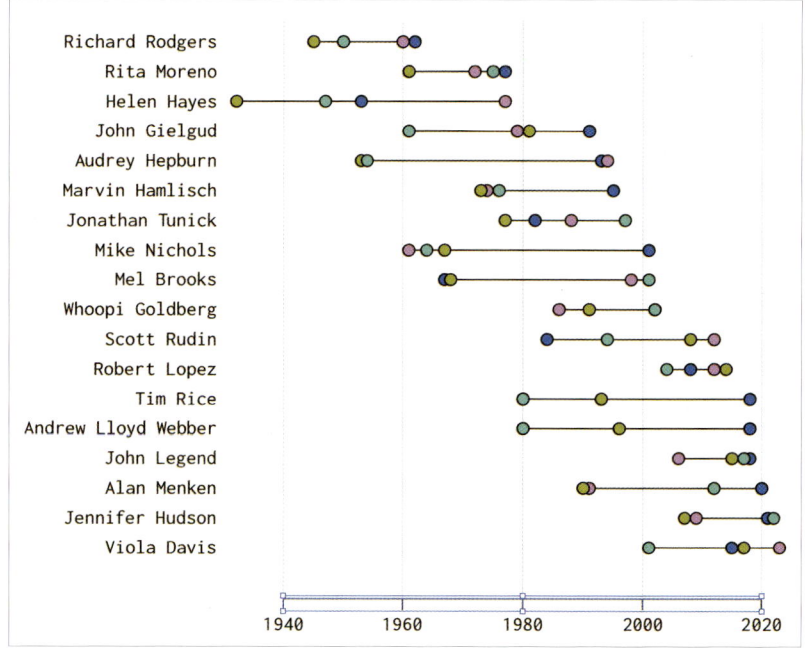

그림 4.38 변경된 폰트와 정렬

그림 4.39는 선 굵기 변경 등의 옵션을, 그림 4.40은 색상 옵션을 보여준다.

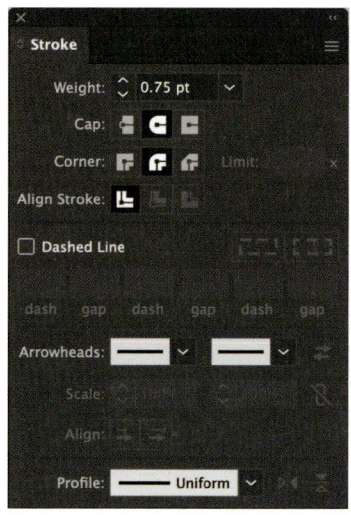

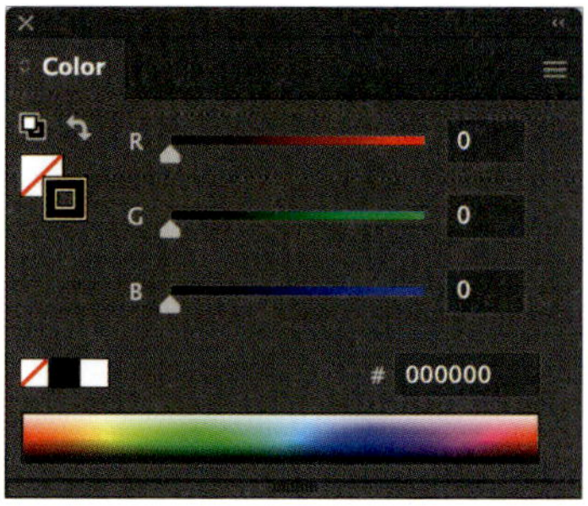

그림 4.40 색상 옵션

그림 4.39 선 관련 옵션

차트 편집의 기본 원리는 객체를 선택해 속성을 바꾸는 것이다. 선, 색상, 크기, 정렬 등을 클릭으로 조정한다. 객체를 제거하거나 추가할 수 있다. 변경 사항이 즉시 반영되어 확인할 수 있으니 필요에 따라 조정할 수 있다.

그림 4.41은 점 도표에 몇 가지 간단한 수정을 더한 것이다. 주로 각 색상의 의미를 명시하는 레이블과 하단의 출처를 추가했다. 문자 도구로 차트에 주석을 달아보자. 문자 도구를 선택한 후 아트보드를 클릭해 텍스트를 입력하거나, 클릭 후 드래그해 자동 줄바꿈 기능이 있는 텍스트 상자를 추가할 수 있다.

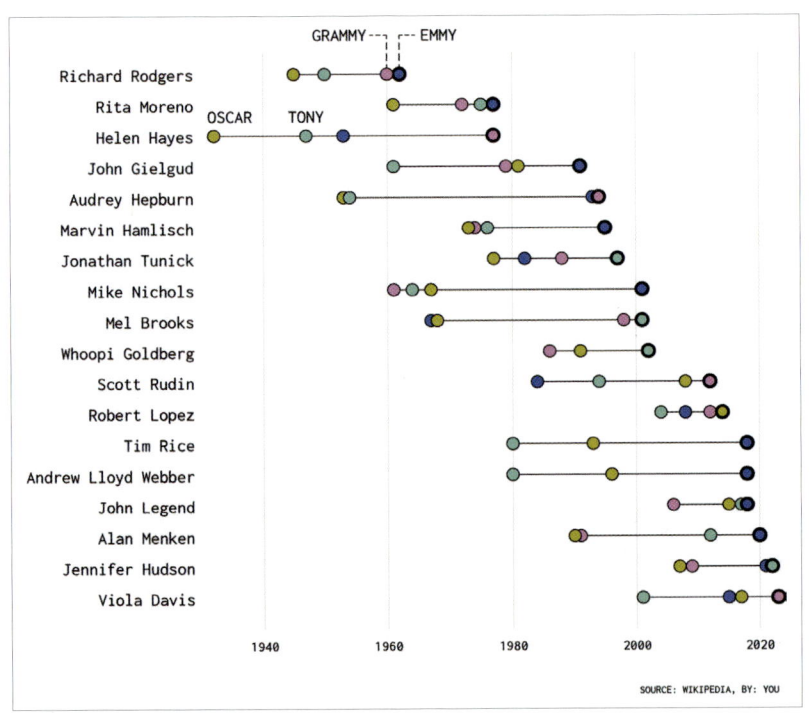

그림 4.41 문자 도구로 레이블 추가

일러스트레이션 소프트웨어가 처음이라면 버튼이 너무 많아 보일 수 있다. 익숙해지는 데 시간이 걸리지만, 모든 도구를 다 배울 필요는 없다. 언급한 도구만으로도 충분히 차트를 편집할 수 있고, 연습하다 보면 자주 쓰는 옵션을 파악하게 된다. 너무 많아 보여도 걱정하지 말자. 앞으로 나올 예시들을 통해 더 배울 수 있다.

> ☑ 시각적 위계

시각화의 측면에서 볼 때 소프트웨어는 보통 단조로운 차트를 기본값으로 제공한다. 모든 요소의 시각적 무게가 같다. 축이 데이터만큼 도드라지고, 배경 데이터 요소가 주목해야 할 데이터와 똑같아 보인다.

예를 들어, 그림 4.42는 1880년부터 2018년까지 연도별로 배포된 사회 보장 카드의 수를 나타낸 선 차트를 보여준다. 모든 요소들(데이터 선, 격자, 축, 레이블)이 시각적으로 동일한 수준으로 보인다.

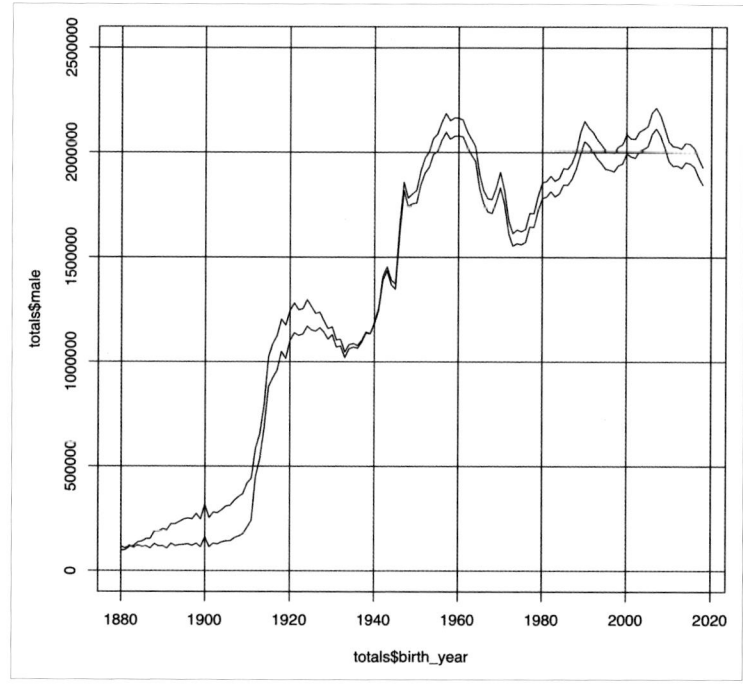

그림 4.42 평면 선 차트

차트의 보조 요소들보다 데이터를 더 돋보이게 하려면 시각적 위계를 염두에 두고 디자인해야 한다. 더 중요한 요소가 더 눈에 띄도록 해야 한다. 이를 통해 독자가 어디를 보고 차트를 어떻게 해석해야 할지 안내할 수 있다.

그림 4.43의 개선된 차트는 추세선에 다른 색상을 사용해 데이터를 제대로 강조한다. 레이블은 더 작고, 격자선은 더 희미하고, 선에는 레이블을 붙였다. 전달하고자 하는 인사이트의 중요도에 따라 시각적 비중을 조절했다.

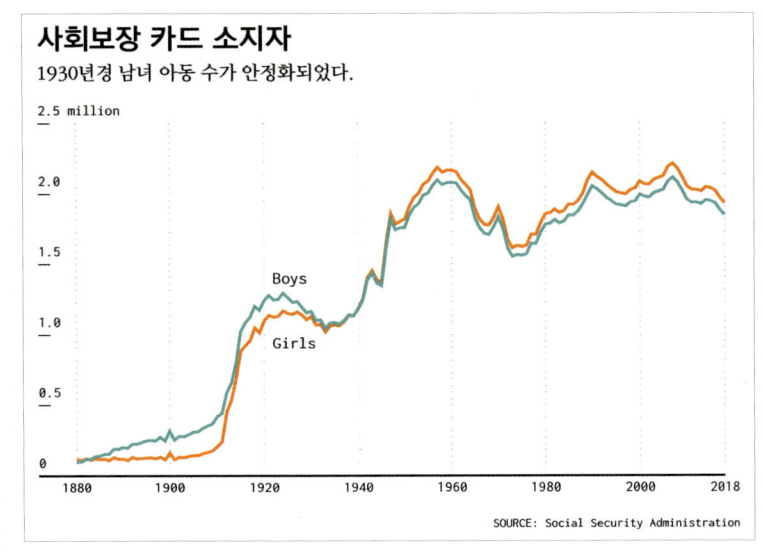

그림 4.43 시각적 비중을 다르게 한 선 차트

주기

일주일은 평일 5일과 주말로 반복된다. 일 년은 열두 달로 반복된다. 사계절은 매년 반복된다. 이런 반복에 연결된 패턴이 있나? 있다면 전체 패턴이 변하고 있을까, 아니면 매 주기마다 똑같을까?

그림 4.44는 24시간 동안 혼자 있는 사람들의 비율을 연령대별로 보여준다. 아침에 급증하고 오후에 감소하는 반복 패턴이 있다. 전체적인 비율은 나이가 들수록 높아진다.

주기를 시각화할 때는 지금까지 써온 비슷한 형태를 쓰되, 반복에 초점을 맞춰 데이터를 잘라낸다. 그리고 비교하기 좋게 조각들을 배치한다.

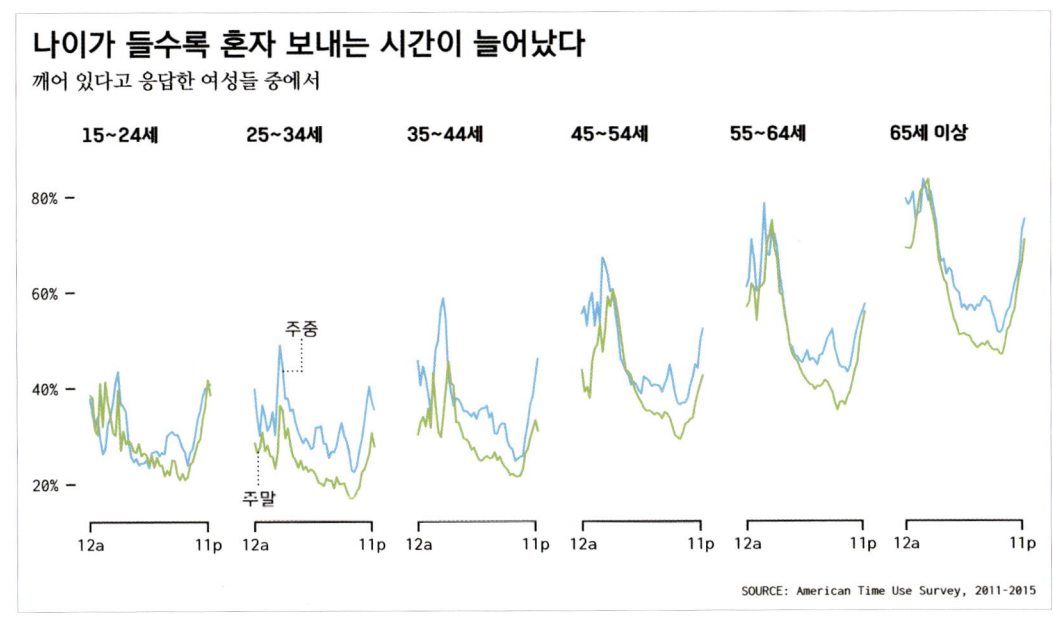

그림 4.44 혼자 있는 시간, https://datafl.ws/alone

다중 선 차트

다중 선 차트의 구조는 한 줄짜리 일반 선 차트와 같다. 다만 같은 척도에 선이 여러 개 있을 뿐이다. 각 선은 범주나 그룹, 혹은 다음 예시처럼 시간대를 나타낼 수 있다.

선이 많아지면 문제가 생긴다. 차트가 금세 복잡해져서 스파게티처럼 복잡하게 얽혀 보인다. 각 선이 무엇을 의미하는지 구분할 수 있게 하는 게 핵심이다. 그래도 효과가 없다면 데이터를 여러 개의 차트로 나누는 것을 고려해볼 수 있다.

다중 선 차트 만들기

> **사용 도구:** R, 일러스트레이터
> **데이터 세트:** 연령별 혼인 상태, https://book.flowingdata.com/vt2/ch4/data/mar_w_age_all.tsv

요즘 사람들은 결혼을 늦게 한다. 1940년대엔 보통 20대 초반에 결혼했지만, 지금은 20대 후반에서 30대 초반에 결혼한다. 물론 결혼하는 경우에 그렇다. 30대가 넘어서도 미혼인 사람들이 많다. 결혼한 사람들의 비율은 얼마나 되고, 나이에 따라 어떻게 달라질까? 세월이 흐르면서 결혼의 보편성은 얼마나 변했을까?

1900년부터 2021년까지의 연령별 혼인 상태 데이터 세트를 read.csv()로 불러온다.

```
# 데이터 불러오기
marstat <-read.csv("data/marwage_all.tsv", sep="\t")
```

head() 함수로 데이터의 첫 행들을 보고 제대로 로드됐는지 확인한다. 행마다 연도, 나이, 결혼 상태가 하나씩 있어야 한다. n 열은 사람 수, prop 열은 특정 연도에 특정 나이(AGE)의 인구 중 특정 결혼 상태(MARST: MARtial STatus)인 사람들의 비율이다.

```
  YEAR AGE MARST       n prop
1 1900   0     6 1916975    1
2 1900   1     6 1750946    1
3 1900   2     6 1825203    1
4 1900   3     6 1825021    1
5 1900   4     6 1826842    1
6 1900   5     6 1804255    1
```

이 데이터 세트에서 결혼 상태는 숫자로 인코딩돼 있다. 미국 10년 주기 인구 조사에서 나온 자료다. MARST 열에 unique() 함수를 써서 값들을 확인해 보자.

```
unique(marstat$MARST)
```

1부터 6까지의 값을 가진 벡터를 얻는다.

```
[1] 6 1 2 4 5 3
```

MARST가 1이면 배우자와 동거 중인 기혼 상태다. 이 예제에선 이 상태만 필요하다. 대괄호 표기법으로 부분 집합을 만든다.

```
# 기혼자 부분 집합
married <-marstat[marstat$MARST == 1,]
```

지금은 2021년 데이터만 필요하니, 기혼자 부분 집합에 대괄호 표기법을 다시 쓴다.

```
married2021 <-married[married$YEAR == 2021,]
```

married2021 부분 집합은 2021년 기혼자들의 연령별 비율을 보여준다.

```
     YEAR AGE MARST     n        prop
5800 2021  15    1    4514 0.001041716
5805 2021  16    1    5579 0.001283682
5811 2021  17    1    6648 0.001556808
5817 2021  18    1   15756 0.003486387
5823 2021  19    1   40502 0.009453335
5829 2021  20    1   98929 0.022342840
```

이전 예제처럼 plot()으로 빈 차트를 시작하자. 타입을 n으로 설정하면 된다. ylim을 c(0, 100)으로 입력해서 y 축 범위를 0에서 100으로 지정한다. xaxt와 yaxt도 n으로 설정해 놓고 다음 단계에서 축을 원하는 방식으로 수정할 것이다.

```
par(las=1)
plot(married2021$AGE, married2021$prop*100,
     ylim=c(0, 100),
     type="n",
     bty="n", xaxt="n", yaxt="n",
     xlab="", ylab="",
     main="연령별 기혼 인구 비율")
```

axis()로 축을 추가한다. 먼저 눈금 없는 x 축, 그 다음 0부터 100까지 20 단위로 레이블이 붙은 y 축을 그린다.

```
axis(1, tick=FALSE)
axis(2,
     at=seq(0, 100, by=20),
     labels=paste0(seq(0, 100, by=20), "%"),
     tick=FALSE)
```

그다음 grid()로 기본 설정의 격자를 추가한다.

```
grid()
```

이렇게 하면 그림 4.45와 같이 빈 차트가 나온다. 이제 몇 번 해봤으니 알 것이다. 기본적으로 plot()으로 전체 차트를 그리는 대신 데이터를 그리기 위한 캔버스를 준비한다.

그림 4.45 축과 격자가 있는 빈 차트

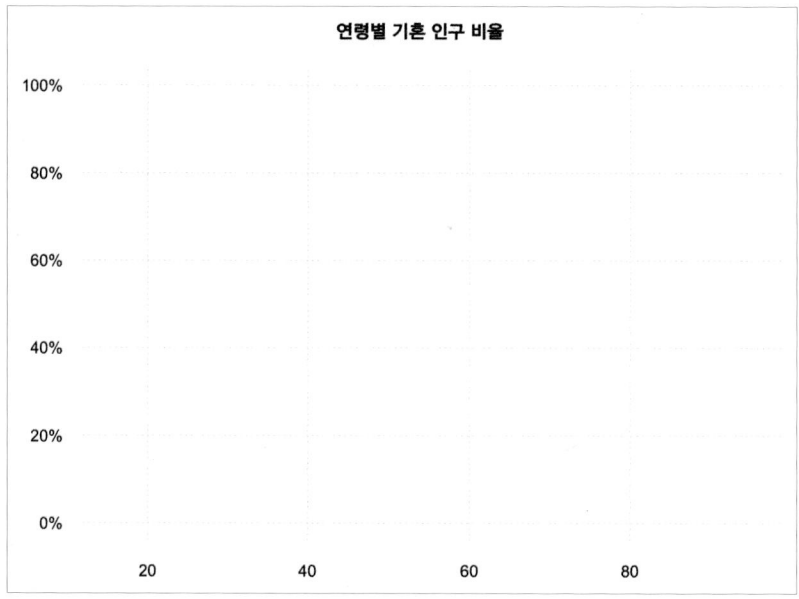

lines() 함수로 연령별 기혼자 비율을 선으로 그린다.

```
lines(married2021$AGE, married2021$prop*100,
      lwd=2,
      col="#b31dc2")
```

이제 그림 4.46과 같은 선 차트를 볼 수 있다.
여러 선이 있는 차트를 그리려면 plot(), axis(), grid()를 사용해 빈 차트로 시작한다.

```
# 사용 가능한 모든 연도
plot(married2021$AGE, married2021$prop*100,
     ylim=c(0, 100),
     type="n",
     bty="n", xaxt="n", yaxt="n",
     xlab="", ylab="")
```

```
axis(1, tick=FALSE)
axis(2,
     at=seq(0, 100, by=20),
     labels=paste0(seq(0, 100, by=20), "%"),
     tick=FALSE)
grid()
```

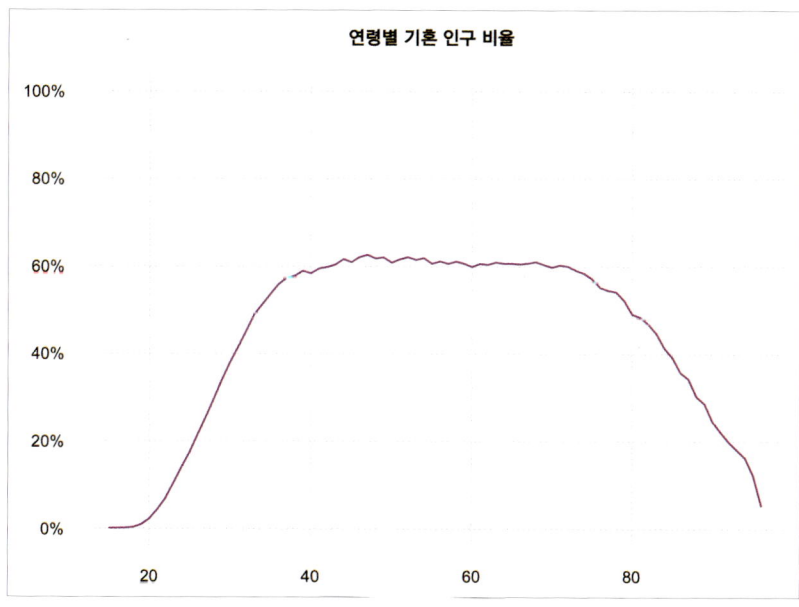

그림 4.46 단일 연도의 선 차트

디테일을 더하려면 abline()으로 0에 기준선을 그린다.

```
abline(h=0, lwd=2)
```

2021년 부분 집합 대신 모든 연도의 선을 그린다. unique()로 married 데이터 프레임의 YEAR 열에서 각 연도를 찾는다.

```
years <-unique(married$YEAR)
```

이는 years에 1900년부터 2010년까지 10년 단위로, 마지막으로 2021년을 포함하는 값들의 벡터를 할당한다.

```
[1] 1900 1910 1920 1930 1940 1950 1960 1970 1980 1990 2000 2010 2021
```

for 루프를 사용해 years 값을 반복한다. 각 반복에서 현재 연도를 추출하고 추출한 데이터로 선을 그린다.

```
for (yr in years) {
    curr <-married[married$YEAR == yr,]
    lines(curr$AGE, curr$prop*100,
        col="#b31dc2")
}
```

그림 4.47의 차트에 각 연도별로 선을 추가했다. 선 굵기가 모두 같아서 어느 선이 최근 연도를 나타내는지, 분포가 어느 방향으로 가는지 알기 어렵다.

그림 4.47 다중 선 차트

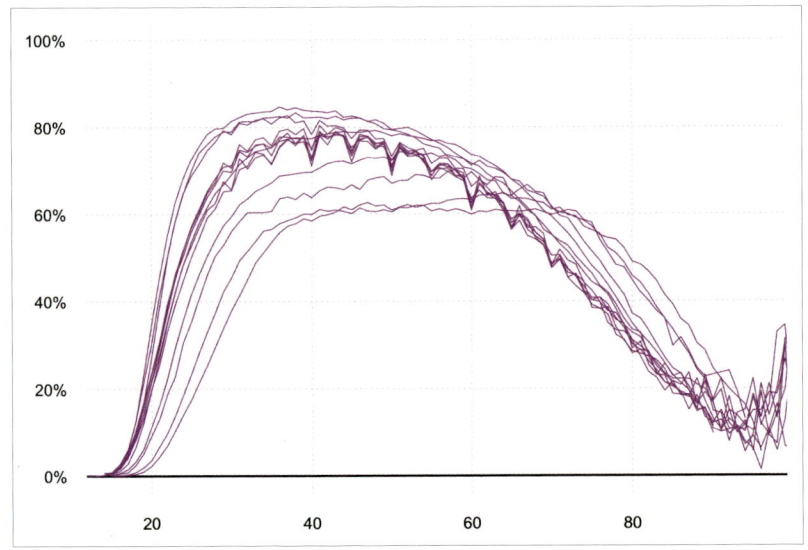

움직임을 표현하려면 최근 연도일수록 선을 굵게, 오래된 연도일수록 가늘게 그린다. 이전처럼 빈 그래프를 만들고 for 루프로 각 연도의 선을 그린다. 이번엔 lines() 함수에서 2021년과의 거리에 따라 선 굵기(lwd)를 조절한다. 2021년 선이 가장 굵고, min() 함수를 써서 최대 굵기를 3으로 제한한다.

여기까지 오기 위해 여러 실험을 거쳤다. 여러분도 시각화할 때 흔히 겪게 될 것이다.

```
# 각 연도별 선 굵기 변경
for (yr in years) {
    curr <-married[married$YEAR == yr,]
    lines(curr$AGE, curr$prop*100,
        lwd=min(c(3, 15*1/(2021-yr+.5))),
        col="#b31dc2")
}
```

그림 4.48을 보면 시간이 지남에 따라 백분율이 감소하고 분포가 넓어지는 걸 볼 수 있다. 정적인 선들인데도 움직임이 느껴진다. 각 10년마다 별도의 선 차트를 만드는 게 낫다고 주장할 수도 있겠지만, 다중 선 보기에서 살짝 이동된 반복 패턴을 보는 편이 더 쉽다.

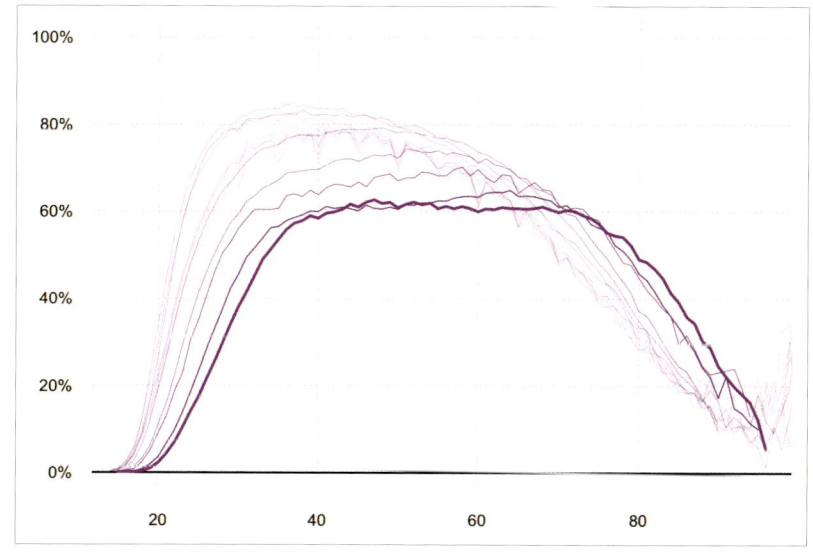

그림 4.48 시간 경과에 따라 선 두께를 다르게 했다.

차트 편집하기

여기서 png()나 pdf() 같은 함수로 차트를 내보낼 수 있다. 개인이 보기 위한 용도의 차트라면 다음 차트로 넘어가 데이터를 더 탐색할 수도 있다. 그림 4.49는 이전 차트를 약간 수정하고 명확성을 더하기 위해 주석을 달았다.[14]

내 취향에 맞춰 간격, 정렬, 폰트를 선택했다. 자신의 용도에 가장 잘 맞는 걸 찾아야 한다.

[14] https://datafl.ws/7m7 에서 다양한 혼인 상태별 다중 선 차트의 애니메이션 버전을 볼 수 있다.

그림 4.49 수정한 다중 선 차트

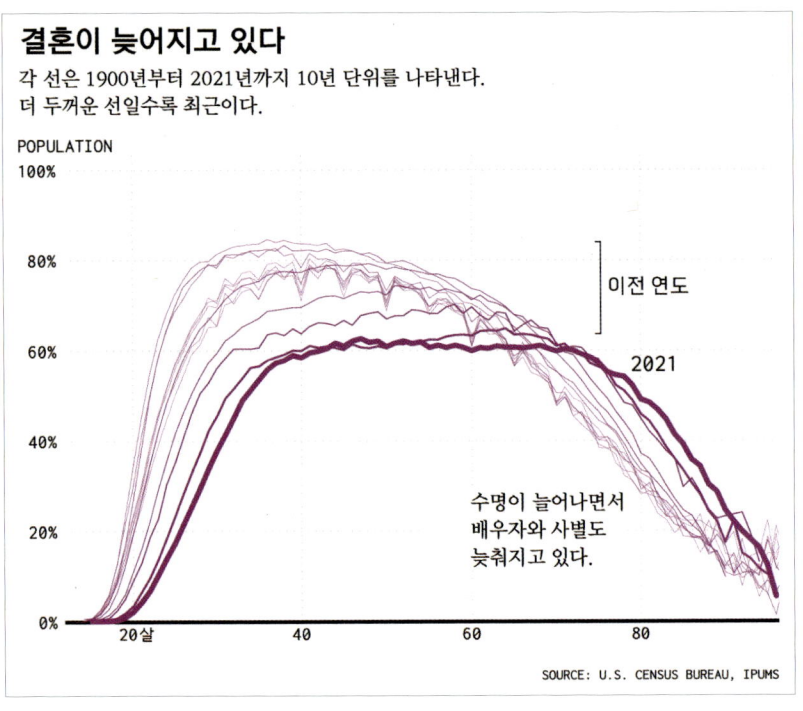

히트맵

히트맵은 데이터 테이블을 직접 변환한 것이다. 그림 4.50처럼 숫자 대신 색상으로 값을 표현한다.

원본 데이터 표와 같은 크기의 격자가 만들어지고, 색상으로 높고 낮은 값을 찾는다. 보통 어둡거나 채도가 높은 색은 큰 값을, 밝거나 채도가 낮은 색은 작은 값을 나타낸다. 하지만 목적에 따라 다를 수 있다.[15]

15 2장에서 소개한 색상 선택 도구를 특히 유용하게 쓸 수 있다. 히트맵은 색상에 크게 의존하므로 데이터 주제에 맞는 색상을 고르고, 독자들이 차이를 구분할 수 있게 해야 한다.

히트맵 만들기

사용 도구: 파이썬, R, 일러스트레이터
데이터 세트: 음주 관련 치명적 자동차 사고, https://book.flowingdata.com/vt2/ch4/data/month_hour_pct_matrix.csv
편집용 이미지: https://book.flowingdata.com/vt2/ch4/pmat-heatmap.pdf

국립 고속 도로 교통 안전국(National Highway Traffic Safety Administration) 데이터에 따르면 2015년 교통 사망 사고는 31,917건, 사망자는 35,092명이라고 한

다. 많은 경우가 음주 사고였지만, 시간대별로 차이가 있었다. 2장의 그림 2.12는 월별 시간 분포를 히트맵으로 보여준다.

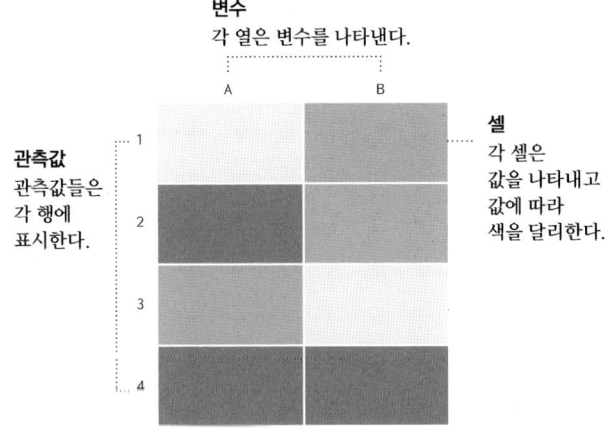

그림 4.50 히트맵 구조

이 차트는 파이썬으로 만들었다. R처럼 그림을 PDF로 저장할 수 있어 일러스트레이터로 편집이 가능하다. 특정 프로그래밍 언어에 국한된 건 아니다. PDF로 저장하거나 내보낼 수 있다면 일러스트레이터로 불러와 직접 편집할 수 있다.[16]

16 히트맵을 만드는 파이썬과 R 스크립트를 다음에서 다운로드힐 수 있다.
http://datafl.ws/heatmaps

차트 편집하기

이번엔 편집에 집중한다. 히트맵을 직접 만들고 싶다면 스크립트를 내려받으면 된다. 파이썬 버전은 씨본 라이브러리로, R 버전은 symbols() 함수로 사각형 여러 개를 그린다. 편집만 하고 싶다면 예제 시작 부분의 PDF 링크를 받아서 시작하자.

일러스트레이터에서 pmat-heatmap.pdf 파일을 연다. [파일]-[다른 이름으로 저장]을 선택하고 PDF를 일러스트레이터 파일(확장자를 .ai로 선택)로 저장하자. 그래야 다음 번 파일을 열 때 수정본이 올바른 형식으로 저장되었음을 확인할 수 있다.

클리핑 마스크를 제거한다. 이전에 한 것처럼 직접 선택 도구를 사용해 클릭하고 드래그한 후 삭제한다. 텍스트를 선택해 폰트를 변경해 보자. 그

그림 4.51 레이블 폰트 변경

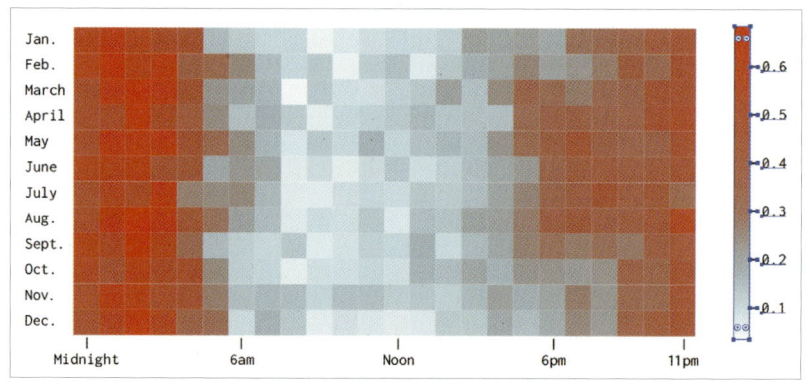

그림 4.51은 레이블에 Inconsolata 폰트를 사용했다. 본인이 원하는 폰트를 선택하면 된다.

그림 4.52 [Select] - [Same]의 세부 옵션 메뉴

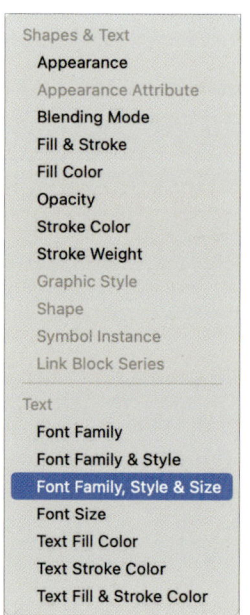

클릭으로 각 레이블을 선택할 수 있지만, 다른 객체 때문에 텍스트 선택이 어려울 때가 있다. 한 가지 해결책은 텍스트 객체 하나를 선택한 뒤 [Select] - [Same]을 써서 일치하는 다른 객체들을 자동 선택하는 방법이 있다. 그림 4.52에서 메뉴 옵션을 볼 수 있다.

그림 4.51의 시간 눈금 표시를 주목하자. 펜 도구(✎)를 사용해 직선 구간을 그릴 수 있다.

범례를 세로가 아닌 가로로 돌리고 싶다면, 선택 도구를 사용해 범례를 클릭하고 드래그하자. 모퉁이 중 하나로 커서를 이동하면 곡선 화살표가 나타난다. 원하는 만큼 회전하자. Shift 키를 누르고 회전하면 45도씩 회전된다.

색상 스케일과 숫자가 있는 전체 범례를 선택해 90도 회전하면 그림 4.53처럼 된다. 레이블을 가로로 읽히게 하려면 각

그림 4.53 범례를 회전시킨 모습

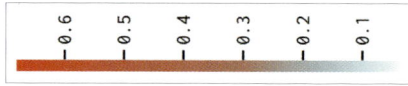

각 개별 선택해 회전시킬 수 있다.

이 경우는 레이블이 6개뿐이라 간단하다. 하지만 많을 때는 모든 레이블을 선택한 뒤 메뉴에서 [Object] - [Transform] - [Transform Each]를 선택하면 그림 4.54와 같은 옵션이 나온다.

[Rotate]에 '-90'을 입력해 레이블이 가로가 되게 한다. 음수를 넣으면 시계 방향으로, 양수를 넣으면 반시계 방향으로 회전한다. 이 단계에서 요소들을 원하는 방식으로 옮기고 배치할 수 있다. 문자 도구(T)로 제목이나 다른 주석을 추가해보자. 그림 4.55는 제목을 추가하고 하단의 범례 크기를 조정한 히트맵이다.

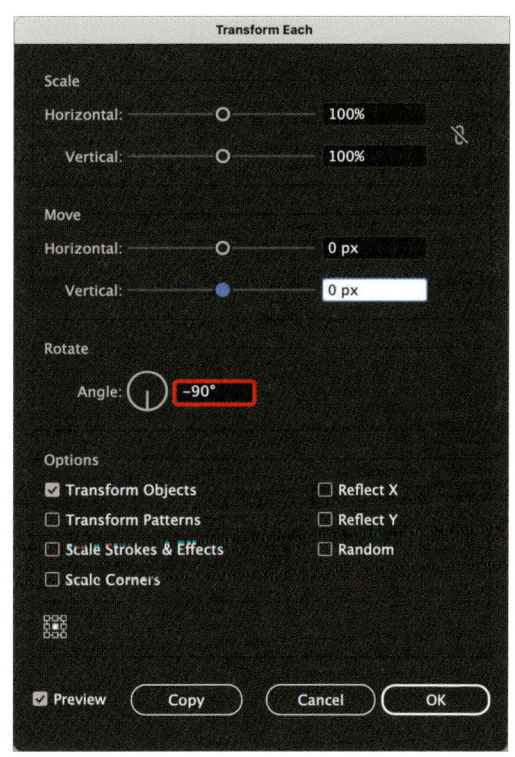

그림 4.54 [Transform Each] 옵션

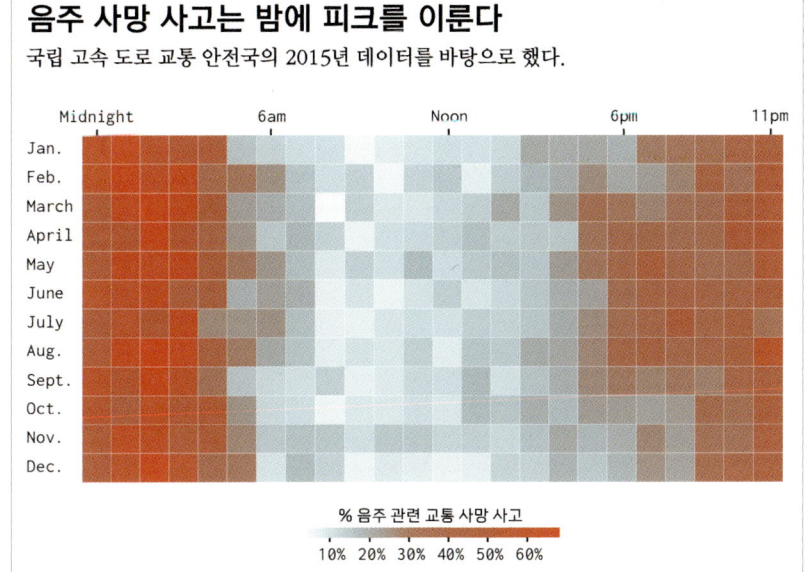

그림 4.55 수정 편집한 히트맵

주기   145

마무리

시간에 따른 패턴을 탐구하는 작업은 재미있다. 시간은 일상에 깊이 뿌리박혀 있어서 시계열 데이터를 시각화하는 많은 부분이 직관적이다. 변화와 진화를 이해하는 건 쉽다. 어려운 건 변화의 정도를 파악하고 차트에서 어떤 점들에 주목해야 할지 배우는 것이다. 추세, 사건, 주기에 대한 질문으로 시작하자. 답변을 통해 더 많은 질문을 하고 이를 반복한다.

이 그래프는 R과 일러스트레이터로 만들었다. R로 기본을 만들고, 일러스트레이터로 독자의 시선을 끄는 시각적 위계를 발전시킨다.

다음 장에서 범주를 시각화할 때 이번 장에서 본 기술과 도구 들을 다른 것들과 함께 쓸 것이다. 다른 유형의 데이터를 다루지만, 비슷한 차트를 작성하고 디자인 과정을 따르게 된다.

5
범주 시각화

어떤 게 최고이고 어떤 게 최악인가? 선택한 것들을 어떻게 서로 비교하나? 전제는 범주별로 어떻게 분포되어 있나? 우리가 범주 데이터를 이용해 이야기하는 것은 비교에 기반한다. 이번 장에서는 이러한 비교를 쉽게 만드는 차트를 설명한다.

범주형 데이터를 분석할 때는 보통 규모와 크기를 파악하려고 양을 본다. 범주들을 모두 합치면 전체가 되고, 그 전체가 어떻게 나뉘어 있는지 알고 싶어 한다. 그다음 데이터 세트와 목적에 맞게 범주의 순위를 매기고 순서를 정한다. 그러면 높은 순위부터 주목하도록 만들 수 있다.

여론 조사에서는 어떤 문제에 대해 찬성, 반대, 혹은 모름을 묻는다. 각 범주는 답변을 나타내고, 각 범주를 모두 더하면 전체 응답자를 나타낸다. 우리는 나이, 성별, 인종 같은 인구 통계학적 지표들을 비교한다. 식품도 그룹으로 나눈다. 백화점은 여러 종류의 매장으로 나뉘어 있고, 우리는 여러 형태의 엔터테인먼트를 보고 듣는다.

이어지는 절에서는 범주형 데이터의 차이점/유사점을 강조하는 법을 배운다. 이전 장에서 배운 걸 활용해 파이썬으로 차트를 만들어 볼 것이다. 그다음 코드에서 한 발 물러나 간단한 클릭 기반 도구를 몇 개 사용해 볼 것이다. 어떻게 코드와 클릭 도구를 함께 쓰는지도 알아본다.

양

얼마나 큰가? 얼마나 많은가? 이런 질문들이 숫자와 데이터가 존재하는 이유일 것이다. 당연히 답을 시각화하는 방법도 있다. 언제나 믿음직한 막대 그래프가 있다. 직사각형의 길이로 데이터를 보여준다. 이를 확장해 다른 도형으로도 표현할 수 있다. 큰 도형은 큰 값을, 작은 도형은 작은 값을 나타낸다.

그림 5.1은 수학자와 통계학자가 다른 직업을 가진 사람과 결혼하는 빈도를 원의 상대적 크기로 보여준다. 수학자나 통계학자라면 일반인보다 같은 분야의 사람과 결혼할 가능성이 훨씬 높다.

그림 5.1 직업 매치메이커,
https://flowingdata.com/2017/08/28/occupation-matchmaker

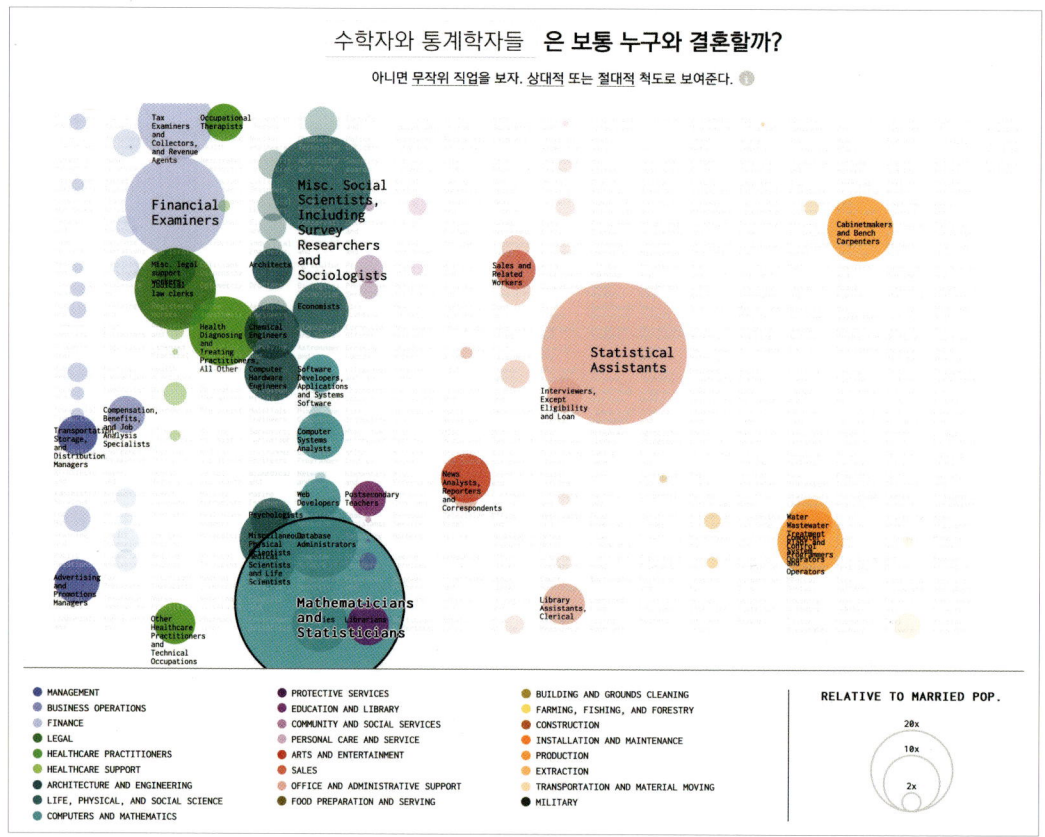

이는 미국 지역 사회 조사를 바탕으로 수백 개의 직업 간 매칭을 보여주는 인터랙티브 그래픽의 일부다. '직업 매치메이커'라고 이름을 붙였다. 원의 크기는 가능성을 나타내며, 원의 크기가 클수록 결혼 가능성이 높다. 색상으로 직업 카테고리를 구분한다.

결국 얼마나 큰지, 얼마나 많은지가 중요하다. 시각화는 규모, 최소값부터 최대값까지의 데이터 범위, 그 사이에서의 분포를 빠르게 보여준다.

범주형 막대 차트

범주형 막대 차트는 4장 "시간 시각화"의 시계열 막대 차트와 같은 시각적 인코딩을 쓴다. 막대 길이가 데이터 값을 나타낸다. 긴 막대는 큰 값, 짧은 막대는 작은 값, 막대가 없으면 0이니 데이터 부재를 뜻한다. 차이가 있다면 그림 5.2처럼 축이 시간 대신 범주를 나타낸다는 점이다.

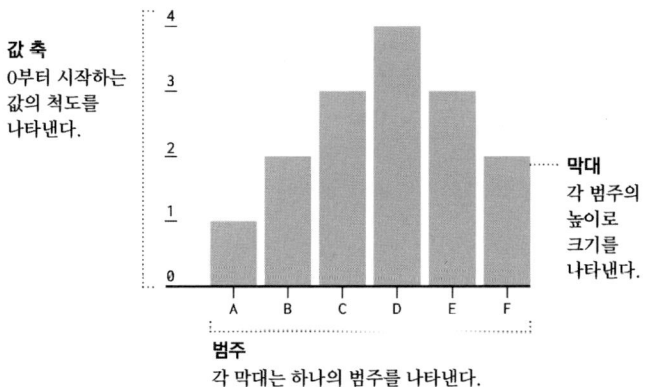

그림 5.2 범주형 막대 차트 구조

범주형 막대 차트는 시계열 차트와 마찬가지로 항상 값 축을 0에서 시작해야 한다. 가끔 예외를 생각해 내려는 사람이 있는데, 그런 예외는 억지스럽고 항상 잘못된 것이다.

범주형 막대 차트 만들기

사용 도구: 파이썬, 일러스트레이터
데이터 세트: 의사와 결혼한 직업군, *book.flowingdata.com/vt2/ch5/data/physician-marry.tsv*

이전 장에서 R로 막대 차트를 만들어 보았다. 여기서도 같은 코드를 쓸 수 있다. 연습으로 좋을 것이다. 하지만 데이터 탐색에서는 여러 언어를 쓸 줄 알면 좋다. 그러니 이번엔 파이썬으로 막대 차트를 만들어 보자.

미국 인구 조사국이 연중 실시하는 미국 지역 사회 조사에서는 사람들의 직업을 묻는다. 특정 직업을 가진 사람들이 다른 특정 직업군의 사람들과 결혼할 가능성이 더 높은지 궁금했다. 소프트웨어 엔지니어는 다른 소프트웨어 엔지니어와 결혼할 가능성이 더 높을까? 교사와 경제학자의 결혼은 얼마나 흔할까? 그림 5.1보다 더 명확한 시각화를 위해 가장 흔한 직업을 보여주는 인터랙티브 막대 차트를 만들었다.

이 데이터 세트는 일부만 제공한다. 2018-2019년에 의사와 결혼한 배우자들의 직업을 나타낸다. 어느 직업군이 의사와 가장 많이 결혼했는지 보여주는 막대 차트를 만들어 보자.[1]

[1] *https://datafl.ws/occmar* 에서 어느 직업군끼리 가장 많이 결혼했는지 확인해 보자.

파이썬으로 막대 차트를 만드는 방법은 여러 가지다. 이 예제에서는 맷플롯립, 씨본, 판다스 세 라이브러리를 사용한다. 맷플롯립은 범용 시각화 라이브러리고, 씨본은 차트 작성을 더 쉽게 만들어 주며, 판다스는 파이썬에서 데이터 처리를 쉽게 해준다. 다음과 같이 라이브러리를 임포트한다.

```
import matplotlib.pyplot as plt
import seaborn as sns
import pandas as pd
```

판다스 라이브러리에서 탭으로 구분된 physician-marry.tsv 파일을 `read_csv()` 함수로 가져온다. 파일 경로는 현재 디렉터리의 상대 경로로 나타낸다.

```
# 데이터 불러오기
marjobs = pd.read_csv("data/physician-marry.tsv",
delimiter="\t")
```

marjobs에 DataFrame을 할당한다. DataFrame은 파이썬의 2차원 데이터 구조로, R의 데이터 프레임과 비슷하다. 아래는 불러온 값을 보여준다. TSV 파일과 일치해야 한다.

```
code                                occname        p      n
 440                         Other managers  0.030421  31477
4850         Sales representatives, wholesale...  0.006934   7175
9130      Driver/sales workers and truck drivers  0.004522   4679
5730         Medical secretaries and administ...  0.000637    659
 820                        Budget analysts  0.000648    671
 ...                                    ...       ...    ...
4530            Baggage porters, bellhops...  0.000184    190
2700                                 Actors  0.000468    484
8450                            Upholsterers  0.000156    161
2723       Umpires, referees, and other sp...  0.000080     83
8850       Adhesive bonding machine operato...  0.000262    271
[441 rows x 4 columns]
```

한 행당 직업 하나씩 나온다. 네 개의 열이 있는데, 직업 코드(인구 조사국이 정한 code), 직업명(occname), 해당 직업의 의사 배우자 비율(p), 그리고 추정 인원수(n)를 보여준다.

`sort_values()` 함수를 사용해 비율 p로 열을 정렬한다.

```
# 가장 많은 순으로 정렬
marsorted = marjobs.sort_values(by=['p'], ascending=False)
```

데이터가 준비되면 차트의 크기 등 여러 매개 변수를 설정할 수 있다.

```
# 그림 크기와 여백 설정
sns.set(rc={'figure.figsize':(8,8), 'pdf.fonttype': 42 })
```

위 코드는 씨본의 `set()`으로 rcParams를 설정한다. R에서 `par()`로 그래픽 매개 변수를 설정하는 것과 비슷하다. rc는 유닉스에서 온 '실행 명령'이다. 그림은 8×8인치가 되고, `pdf.fonttype`을 42로 설정하면 PDF로 내보낸 후 일러스트레이터에서 편집할 때 텍스트를 선택할 수 있다.[2]

[2] 매개 변수를 더 많이 설정할 수 있다. 맷플롯립으로도 설정이 가능하다. 자세한 내용은 https://datafl.ws/7mi에서 확인하자.

subplots()로 그림과 축을 초기화하고 subplots_adjust()로 왼쪽 여백을 넓힌다.

```
fig, axes = plt.subplots(1, 1)
plt.subplots_adjust(left=.5)
```

subplots() 메서드로 한 그림에 격자 형식의 다중 차트를 그릴 수 있다. 하지만 이 코드에선 1×1 격자를 만들어 왼쪽 여백을 설정한다.

의사와 결혼한 사람들 중 가장 흔한 30개 직업에 대해 막대 차트를 만든다. barplot()을 써서 x에 p, y에 occname을 넣고, 가로 막대를 그리기 위해 방향(orient)에 h를 넣는다.

```
P1 = sns.barplot(data=marsorted[0:30],
    x="p", y="occname", orient="h")
```

그림을 가져온다.

```
fig = p1.get_figure()
```

도표를 PDF 파일로 저장한다.

```
# PDF로 저장
fig.savefig("bar-mar.pdf")
```

그림 5.3처럼 30개의 막대로 직업을 나타내는 가로 막대 차트가 나온다. 의사는 다섯 명 중 한 명꼴로 의사와 결혼한다.

이전 예시처럼 이 차트도 여러 방향으로 발전시킬 수 있다. 질문에 답을 찾는 분석용이라면 이대로도 충분하다. 하지만 소통용이라면 아직 미흡하다. 레이블이 잘리고 설명도 없다. 기본 색상과 회색 배경도 별로다. 매개변수를 조정해 요소들을 움직이거나, 일러스트레이션 소프트웨어에서 직접 움직여 수정할 수 있다.

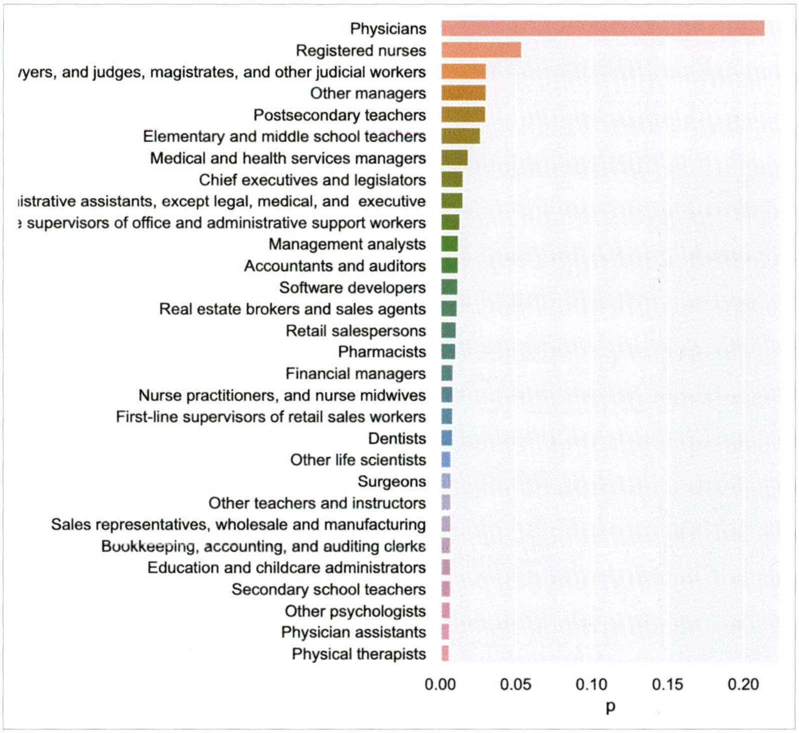

그림 5.3 직업별 가로 막대 차트

차트 편집하기

이전처럼 일러스트레이터에서 PDF 파일을 연다. 파이썬 스크립트를 실행하지 않았다면 이 책의 예제 파일을 다운로드 받아 5장의 bar-mar.pdf를 열면 된다.

선택 도구로 차트 바깥쪽 테두리를 선택한 뒤 오른쪽 클릭하면 그림 5.4의 메뉴가 나온다. [Release Clipping Mask]를 선택한다.

그림 5.4 클리핑 마스크 해제

클리핑 마스크는 경계 밖의 모든 것을 숨긴다. 원본 PDF의 레이블이 잘린 이유다. 그림 5.5는 클리핑 마스크 없는 차트를 보여준다. 모든 직업 레이블과 축 레이블이 보인다.

그림 5.5 클리핑 마스크가 없으면 레이블이 보인다.

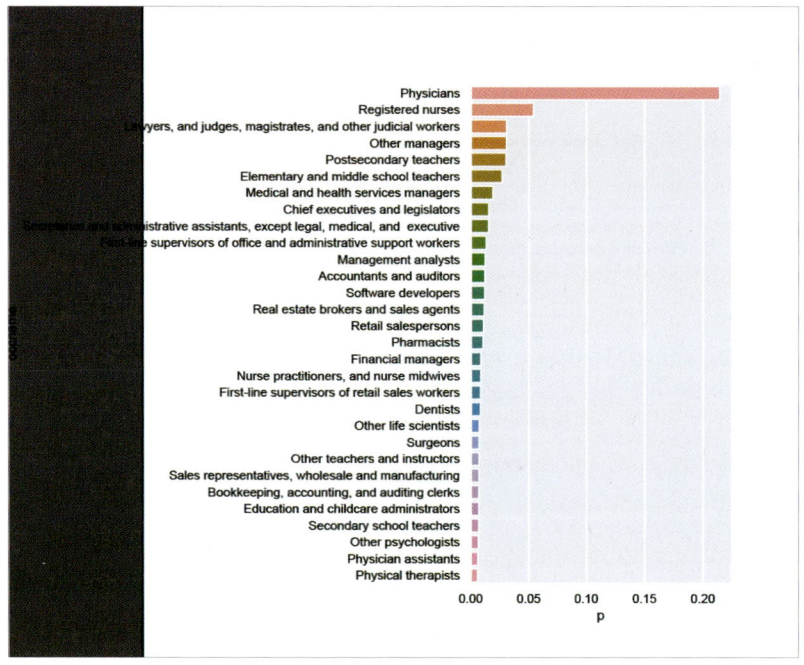

보이는 모든 것은 선택 도구로 객체를 선택하고 편집할 수 있다. 글꼴을 바꾸고, 크기도 바꿔 보고, 색상을 수정하고, 주석을 달아본다. 그림 5.6은 레이블을 줄이고, 배경 격자를 바꾸고, p를 백분율로 바꾸고, 0 기준선을 추가하고, 간단한 설명을 넣은 수정본이다.

이런 수정은 개인적 취향에 따른다. 내 취향도 시간에 따라 변했다. 많은 차트를 만들다 보면 자신만의 스타일을 개발할 기회를 얻게 되는 것 같다. 연습을 통해 나만의 스타일을 찾도록 하자.

수동 편집 시 실수로 척도, 도형, 시각적 인코딩을 망치지 않도록 주의해야 한다. 편집하지 않을 객체를 선택하고 [Object] - [Lock] - [Selection]을 눌러 변경되지 않게 하는 것도 한 가지 방법이다. 편집이 끝나면 [Object] - [Unlock All]을 선택한다. 레이어 창에서 레이어를 잠글 수도 있다.[3]

3 편집 소프트웨어는 피해야 한다는 주장도 있다. 수동으로 시각화를 망치기 쉽다는 이유에서다. 하지만 이는 코드나 클릭 기반 소프트웨어도 마찬가지다.

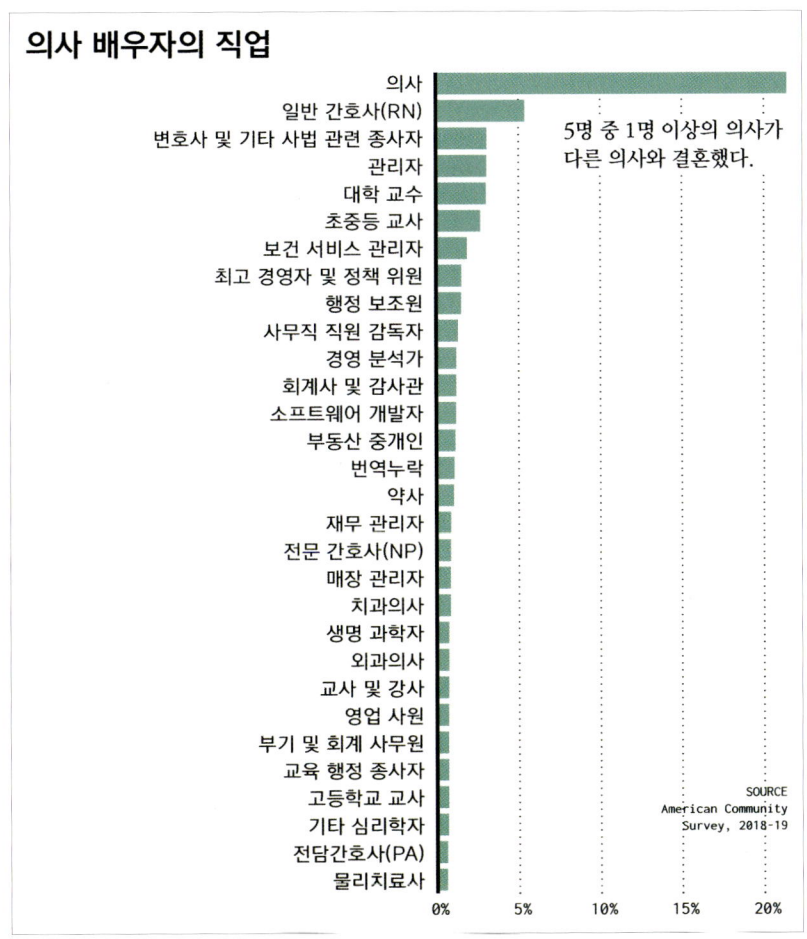

그림 5.6 편집한 범주형 막대 차트

크기 조절 도형

막대 차트는 길이로 값을 나타내는 1차원이다. 크기 조절 도형은 그림 5.7처럼 2차원의 면적을 사용한다. 사각형, 삼각형, 아이콘 등 다양한 기호와 도형을 쓸 수 있지만, 원을 가장 흔하게 쓴다.

범주형 데이터에서 각 도형은 하나의 범주를 나타내며, 해당 범주의 값에 따라 크기가 정해진다. 의사 결혼 예시에서 다른 의사를 나타내는 원이 가장 크고, 막대 차트에서 그 막대가 가장 길다. 다음 예시에서 확인할 수 있다.

그림 5.7 크기 조절 도형의 프레임워크

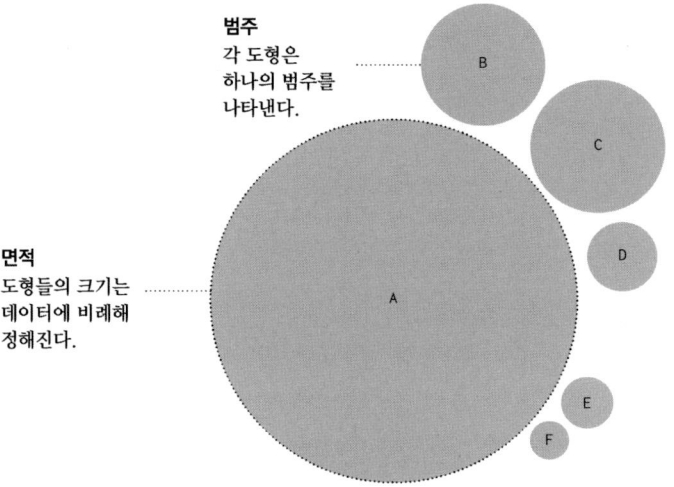

주의할 점은 도형의 크기를 면적으로 조절해야 한다는 것이다. 시각화 소프트웨어로 도형 크기를 조절할 수 있지만, 크기 지정 방식은 제각각이다.

어떤 것은 반지름을 입력으로 받고, 어떤 것은 면적에 맞춰 크기를 조정한다. 그림 5.8에서 보듯, 반지름을 데이터에 맞춰 직접 조절하면 면적이 기하급수적으로 늘어난다. 원의 면적은 반지름 제곱에 파이를 곱한 값이니까. 이런 건 피해야 한다. 한 값이 다른 값의 3배라면, 해당 기호의 면적도 3배여야 한다.

그림 5.8 면적 또는 반경으로 크기 조절

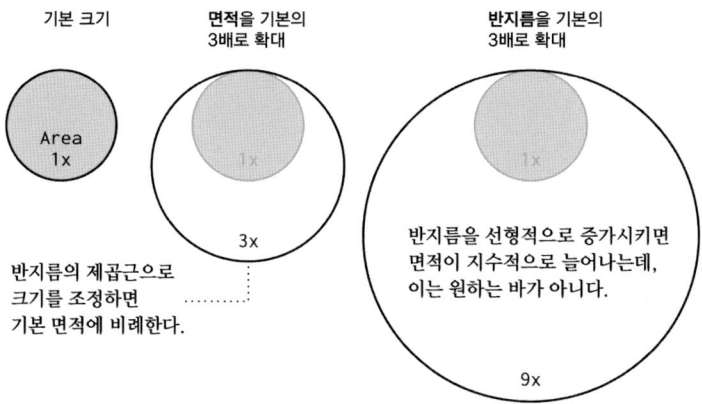

크기 조절 도형은 많은 카테고리를 한 번에 보여주는 데 유용하다. 막대 차트처럼 x-y 좌표 공간에 제한되지 않기 때문이다. 원하는 방식으로 원을 배치할 수 있다. 그러나 면적 기반 인코딩은 단점이 있다. 막대 차트처럼 카테고리 간의 차이를 쉽게 볼 수는 없다. 카테고리 간의 작은 차이에 집중하고 싶다면 다른 차트 유형을 시도해 보는 것이 좋다.[4]

4 좀 더 실용적인 측면에서, 큰 피자와 작은 피자의 크기를 비교해 보자. *https://datafl.ws/pizza*. 이건 매우 중요한 문제다.

크기 조절 도형 사용하기

> **사용 도구:** 파이썬, 일러스트레이터
> **데이터 세트:** 의사와 결혼한 직업군, *book.flowingdata.com/vt2/ch5/data/physician-marry.tsv*

의사 결혼 데이터로 돌아오자. 이번엔 막대 차트 대신 크기 조절 도형을 쓴다. 맷플롯립의 scatter()로 할 수 있다. 이번에는 씨본 없이 필요한 라이브러리를 불러와 시작한다.

```
import matplotlib.pyplot as plt
import pandas as pd
```

데이터를 불러오고 p로 정렬한다. 일단 상위 10개만 다룬다.

```
# 데이터 불러오기
marjobs = pd.read_csv("data/physician-marry.tsv", delimiter="\t")
marsorted = marjobs.sort_values(by=['p'],
            ascending=False)[0:10] # Top 10.
```

다음 부분은 다르다. 10개의 원을 세로로 정렬한다. 가장 큰 것은 위에, 가장 작은 것은 아래에 둔다. 각 원의 좌표를 DataFrame에 지정한다.

```
# 버블 차트용 원 데이터 준비
mardf = pd.DataFrame({
    "x": [1, 1, 1, 1, 1, 1, 1, 1, 1, 1],
    "y": [10, 9, 8, 7, 6, 5, 4, 3, 2, 1],
    "r": list(marsorted.p * 50000)
})
```

이렇게 하면 x, y, r(반지름) 세 열로 이루어진 데이터 프레임이 생긴다. 행의 첫 번째 숫자는 인덱스다.

```
     x   y           r
0    1  10  10705.998328
1    1   9   2692.506560
2    1   8   1526.473729
3    1   7   1521.061559
4    1   6   1503.278712
5    1   5   1330.330867
6    1   4    927.607386
7    1   3    757.510595
8    1   2    750.020537
9    1   1    648.928922
```

그림 크기와 글꼴 크기를 위해 rcParams를 설정한다. 첫 번째 예시에서는 씨본 라이브러리의 set()로 매개 변수를 설정했지만, 이번엔 맷플롯립을 통해 매개 변수를 설정한다.

```
# 그림 크기
plt.rcParams['figure.figsize'] = (7, 10)
plt.rcParams['pdf.fonttype'] = 42
```

mardf 데이터 프레임의 좌표를 이용해 scatter()로 크기 조절 도형을 그린다.

```
# 그래프 그리기
plt.scatter("x", "y", s="r", data=mardf)
```

text()를 사용해서 각 원에 비율과 직업명을 레이블로 붙인다.

```
# 텍스트
for i in range(0, len(marsorted)):
    thelabel = str(round(100*marsorted.iloc[i].p)) + "%, "
    thelabel += marsorted.iloc[i].occname
    plt.text(1, 10-i, thelabel)
```

그림을 PDF 파일로 저장한다.

```
# PDF로 저장
plt.savefig("symbols-chart-mar.pdf")
```

그림 5.9처럼 수직선상에 원 10개가 생긴다.

    아직은 별 볼 일 없지만, 약간 손보고 세로 공간을 줄이면 쓸만해질 것 같

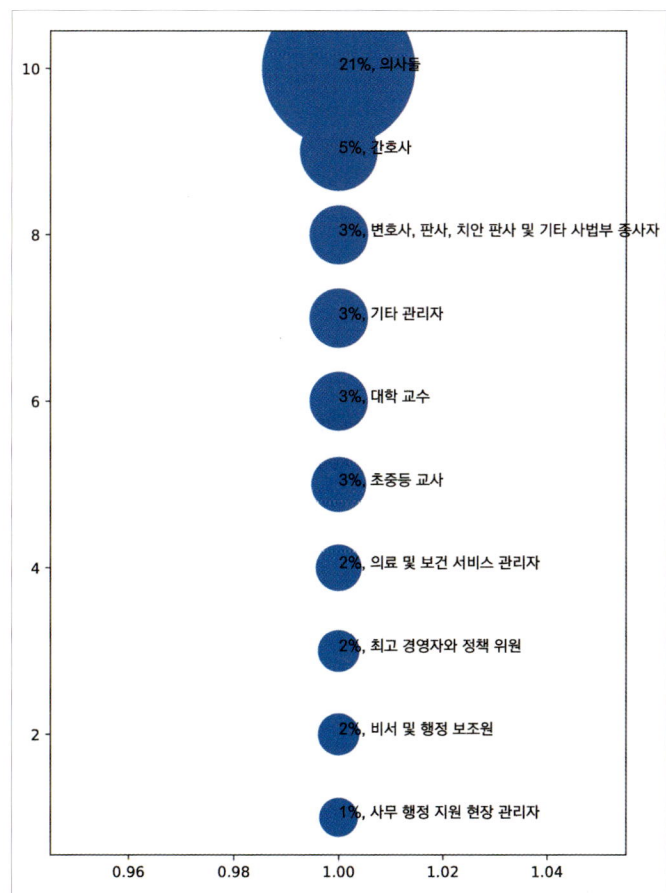

그림 5.9 한 줄로 배치된 크기 조절 도형

다. 하지만 더 많은 직업을 한 페이지나 화면에 담을 수 있게 더 넓은 격자를 시도해 보자.

라이브러리를 불러온다.

```
import matplotlib.pyplot as plt
import numpy as np
import pandas as pd
```

이번엔 수치 처리와 수학 연산을 쉽게 해주는 넘파이 라이브러리도 불러온다. physician-marry.tsv 파일을 전과 같은 방식으로 불러온다. 정렬 후 상위 49개 직업을 추출한다.

```
# 데이터 불러오기
marjobs = pd.read_csv("data/physician-marry.tsv", delimiter="\t")
marsorted = marjobs.sort_values(by=['p'], ascending=False)[0:49]
```

7×7 격자를 떠올려 보자. 왼쪽 위 모서리에서 시작해 오른쪽으로 한 칸 이동한다. x 좌표는 1 증가하고, y 좌표는 같은 행이니 그대로다. 다시 오른쪽으로 가면 x 좌표가 또 1 늘어난다. y 좌표는 다음 행으로 내려갈 때까지 변함없다. 그때 x 좌표는 처음으로 돌아가고 y 좌표가 1 증가한다. 이를 오른쪽 아래 구석까지 반복한다. 다음 코드는 이 x, y 좌표를 계산한다. for 루프로 행을, repeat()으로 열을 반복해 계산한다.

```
# 7x7 격자의 좌표
x = []
for i in range(0, 7):
    x = x + list(range(0, 7))
y = list(reversed(np.repeat(np.arange(0,7), 7)))
```

좌표, 결혼 비율에 따른 반경 크기, 직업명, 비율을 DataFrame에 저장한다.

```
# 버블 차트용 원 데이터 준비
mardf = pd.DataFrame({
    "x" : x,
    "y" : y,
    "r" : list(marsorted.p * 50000),
    "occname" : list(marsorted.occname),
    "p" : list(marsorted.p * 100)
})
```

이렇게 하면 mardf에 5개 열이 있는 DataFrame이 생긴다.

rcParams를 설정한다. 이전보다 크게 13인치×13인치로 만들고, 이후의 텍스트 편집을 위해 PDF 폰트 타입을 42로 설정한다.

```
# 그림 크기
plt.rcParams['figure.figsize'] = (13, 13)
lt.rcParams['pdf.fonttype'] = 42
```

데이터를 scatter()에 전달한다.

```
# 도표
plt.scatter("x", "y", s="r", data=mardf)
```

이번엔 mardf의 각 직업에 대해 반복하며 텍스트를 추가한다

```
# 텍스트
plt.rcParams['font.size'] = 8
plt.rcParams['pdf.fonttype'] = 42
for i in range(0, len(mardf)):
    thelabel = str(round(mardf.p[i], 2)) + "%\n "
    thelabel += mardf.occname[i]
    plt.text(mardf.x[i], mardf.y[i], thelabel,
        horizontalalignment="center")
```

그림을 PDF로 저장한다.

```
# PDF로 저장
plt.savefig("symbols-grid-mar.pdf")
```

그림 5.10에서 결과를 볼 수 있다. 7×7 격자 배치로, 각 원이 직업을 나타낸다. 가장 많은 직업인 의사가 왼쪽 상단에 있고, 왼쪽에서 오른쪽, 위에서 아래 순으로 배열되어 있다.

그림 5.10 격자 형태로 배치된 크기 조절 도형

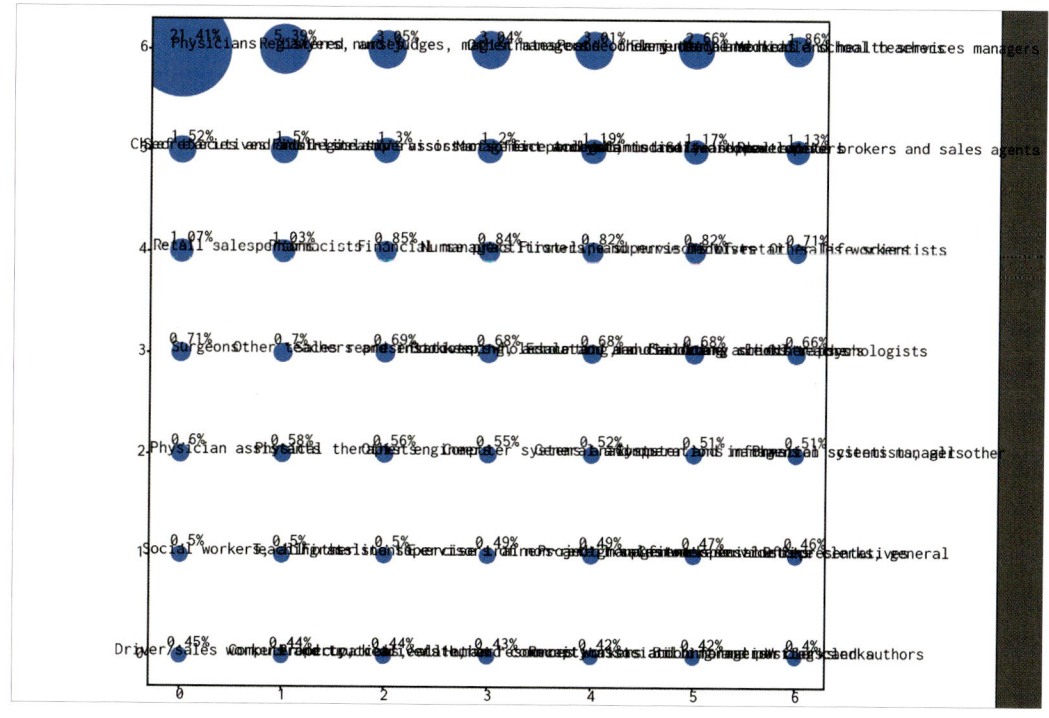

예상대로 격자는 가장 읽기 쉬운 차트는 아니지만, 적절한 기하학적 구조를 갖췄다. 나머지는 후속 작업으로 고칠 수 있다.

차트 편집하기

그림 5.9의 상위 10개 직업 목록부터 시작한다. 예제 파일에서 symbols-chartmar.pdf를 찾아 사용하자. 일러스트레이터에서 직접 선택 도구(▶)로 클리핑 마스크, 바깥 상자, 축을 선택하고 [Delete] 키로 삭제한다. 레이블을 선택해 폰트 종류와 크기를 바꾼다. 그림 5.11은 Inconsolata 폰트에 글자 크기를 더 줄였다.

그림 5.11 축은 없애고 크기를 조절한 원만 남긴 상태

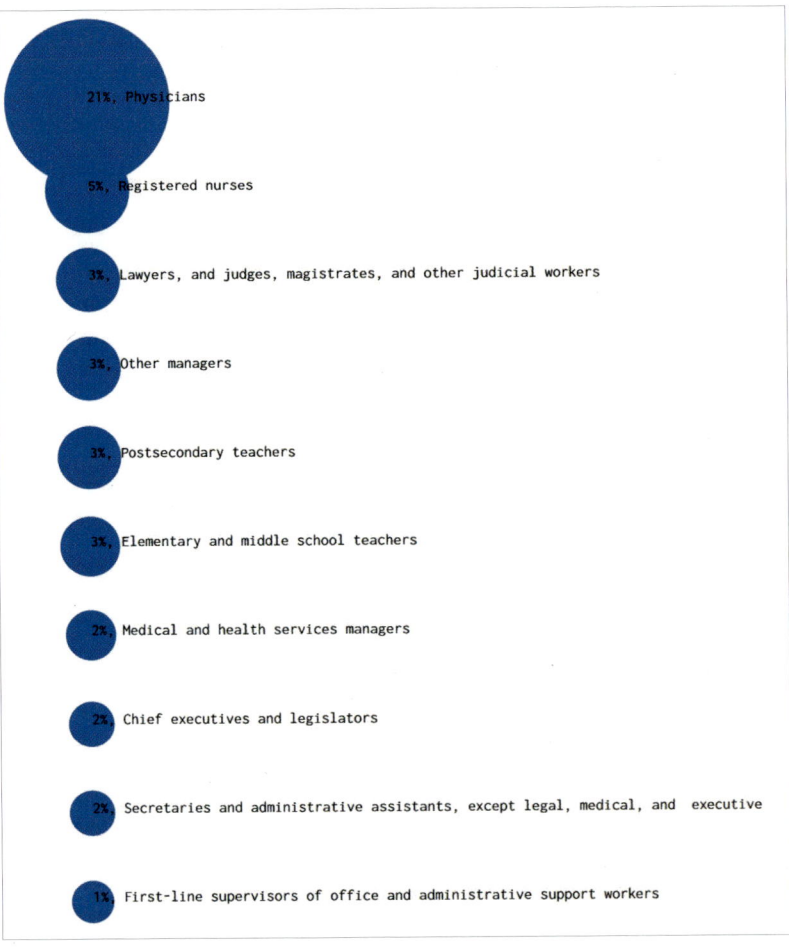

선택 도구(▶)로 원들을 선택한다. 마우스 오른쪽 버튼을 클릭해 원들의 그룹을 해제한다 (그림 5.12). 그 상태로 [Object] - [Transform] - [Transform Each]를 선택한다. 그림 5.13의 메뉴에서 가로세로 크기를 120%로 늘린다. 이렇게 하면 원들의 위치는 변하지 않고 크기만 20% 커진다. 그룹을 해제하지 않고 변형하면 원들이 한꺼번에 커져버리니 주의하자.

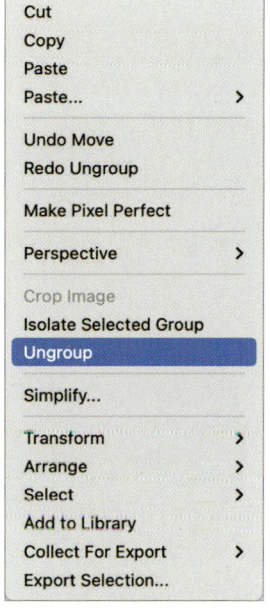

그림 5.12 그룹 해제 메뉴

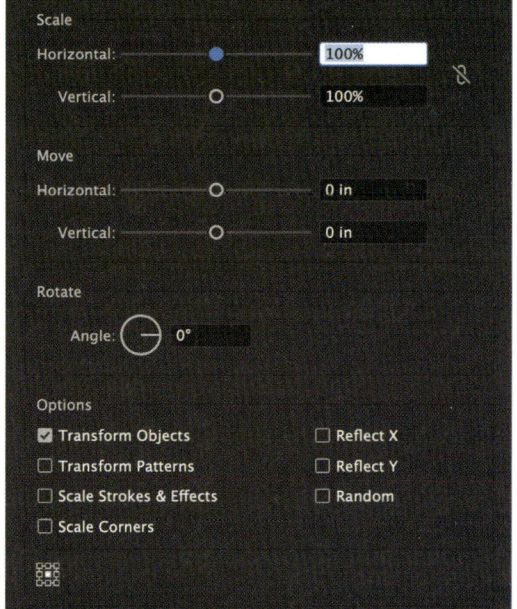

그림 5.13 변환 메뉴

그림 5.14처럼 되도록 원의 색을 바꾸고 타입 도구(T)로 레이블을 정리해 보자.

차트 격자도 비슷하게 편집한다. 원본은 symbols-grid-mar.pdf로 저장했다. 크기를 조정하고 레이블을 정리하고 축과 테두리 같은 요소들을 없앤다. 그림 5.15는 투명도를 써서 원 테두리를 없앤 깔끔한 버전이다. 그림 5.14처럼 원을 한줄로 세운 것보다 더 많은 원을 배치했다.

그림 5.14 선을 수정한 크기 조절 도형

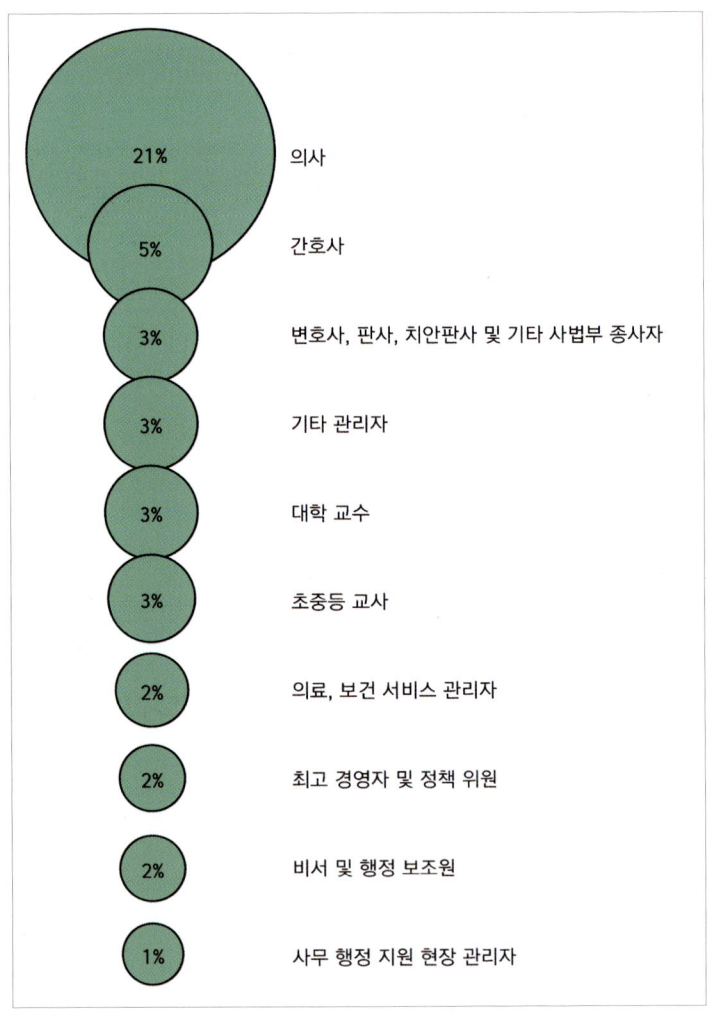

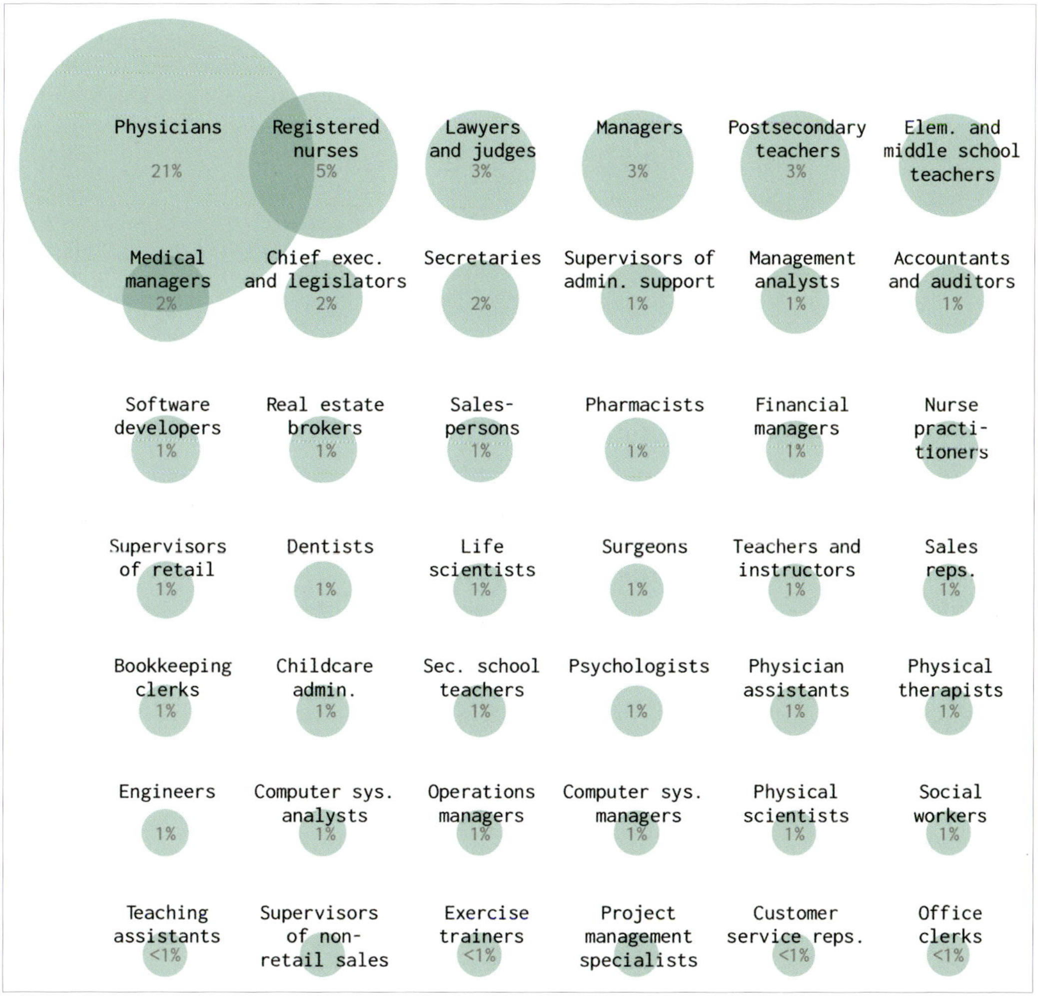

Physicians 21%	Registered nurses 5%	Lawyers and judges 3%	Managers 3%	Postsecondary teachers 3%	Elem. and middle school teachers 3%
Medical managers 2%	Chief exec. and legislators 2%	Secretaries 2%	Supervisors of admin. support 1%	Management analysts 1%	Accountants and auditors 1%
Software developers 1%	Real estate brokers 1%	Sales-persons 1%	Pharmacists 1%	Financial managers 1%	Nurse practitioners 1%
Supervisors of retail 1%	Dentists 1%	Life scientists 1%	Surgeons 1%	Teachers and instructors 1%	Sales reps. 1%
Bookkeeping clerks 1%	Childcare admin. 1%	Sec. school teachers 1%	Psychologists 1%	Physician assistants 1%	Physical therapists 1%
Engineers 1%	Computer sys. analysts 1%	Operations managers 1%	Computer sys. managers 1%	Physical scientists 1%	Social workers 1%
Teaching assistants <1%	Supervisors of non-retail sales	Exercise trainers <1%	Project management specialists	Customer service reps. <1%	Office clerks <1%

그림 5.15 격자 형태로 배치한 크기 조절 도형 수정본

차트를 원하는 방식으로 편집해 보자. 기본 설정으로만 차트를 그려왔다면 선택지가 너무 많은 것이 오히려 어려울 수 있다. 선택의 부담이 클 때는 먼저 원하는 결과를 생각하고 그 목표에 맞춰 디자인한다. 이렇게 하면 선택의 부담이 줄어 디자인 과정이 더 효율적이다.

전체에서의 부분

범주형 데이터는 보통 전체의 일부다. 인구 통계학적으로 나눈 집단은 전체 인구에 속한다. 총수입은 세금, 은퇴 자금, 입출금 계좌로 나뉘어 나간다. 하루 24시간은 여러 활동으로 쪼개진다. 이렇게 부분들이 모여 전체를 이룬다.

어느 부분이 가장 큰 비율을 차지하는가? 전체 수에서 무시할 만한 부분은 어디인가? 전체 중 유용한 부분은 무엇인가? 전체는 모든 범주에 어떻게 분포되어 있나?

그림 5.16은 인구 통계에 관한 인터랙티브 그래픽이다. 성별, 나이, 인종 같은 광범위한 인구 통계로 나누면 당신과 비슷한 사람이 수백만 명 있다는 게 전제다. 하지만 당신과 다른 집단에서도 공통점을 발견할 수 있다.

그림 **5.16** 나와 다른 사람들의 인구 통계, https://flowingdata.com/2018/01/23/the-demographics-of-others

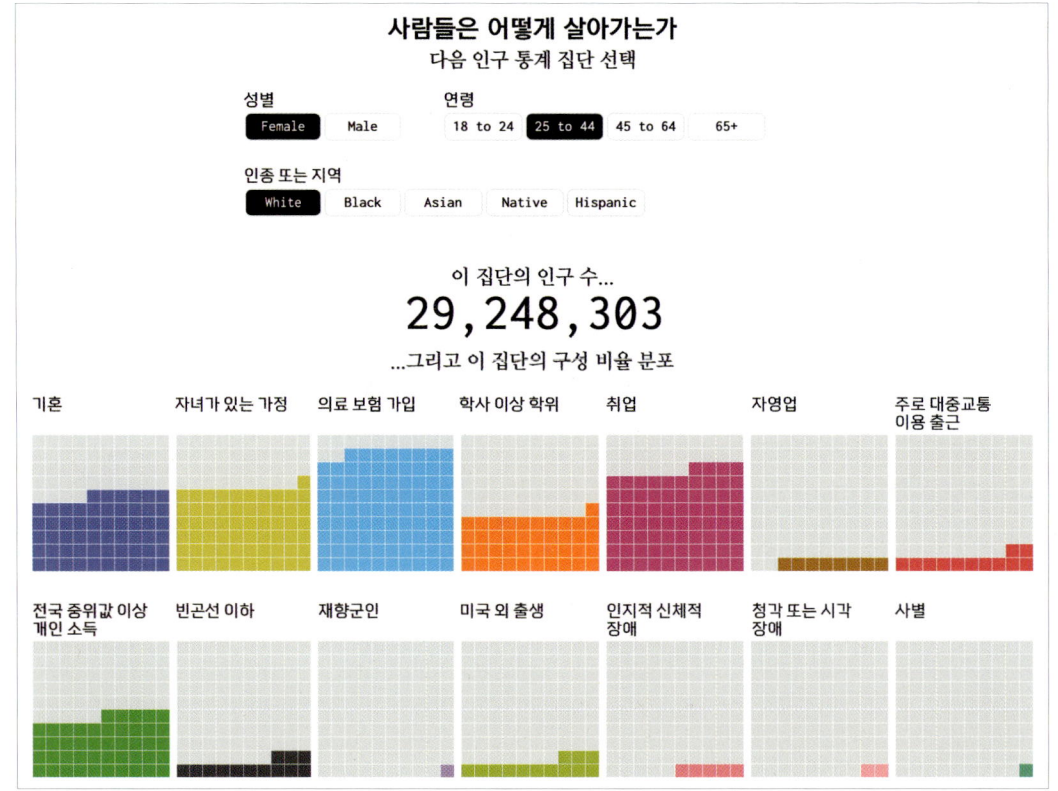

다른 인구 통계 그룹을 선택하면 전체 개수와 정사각형 파이 차트 세트가 업데이트된다. 각 정사각형 그룹은 전체, 즉 100%를 나타낸다. 강조된 부분은 전체에서의 비율을 나타낸다.

이전 차트 유형에서도 백분율을 따로 보여줄 순 있지만, 이 방식은 부분들이 어떻게 구성되는지 강조하여 보여준다.

파이 차트

파이 차트는 19세기 초 윌리엄 플레이페어(William Playfair)가 만들었다. 전체에 대한 부분을 보여주는 게 목적이었다. 하지만 최근에는 한동안 많은 사람들이 이 음식 모양의 데이터 조각을 싫어했다. 막대 차트는 길이로 값을 나티내지만, 파이 차트는 각도를 쓴다. 각도는 빠르고 정확하게 읽기가 더 어렵다. 읽을 순 있지만, 각 소각의 정확한 값을 파악하기가 더 힘들다.

싫어하는 사람이 많아도 파이 차트는 살아남았다. 이제 파이 차트를 무조건 피해야 한다는 입장은 완화한 것 같다. 사람들은 여전히 파이 차트를 쓴다. 많은 사람들에게 익숙하고, 큰 불평 없이 파이 조각들을 읽는다. 이것만으로도 파이 차트를 계속 쓸 이유가 충분해 보인다.

모든 차트가 그렇듯 파이 차트도 한계가 있다. 그 한계 내에서 쓰면 문제없다. 그림 5.17은 기본 구조를 보여준다. 원은 전체를 나타내고, 파이를 자르듯 쐐기 모양으로 나눈다. 각 쐐기는 전체의 부분을 나타낸다.

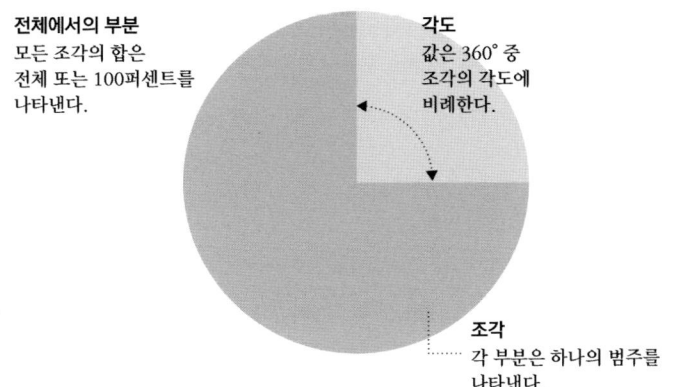

그림 5.17 파이 차트 구조

모든 조각의 비율을 합하면 100%여야 한다. 대부분의 소프트웨어가 부분의 합이 맞든 안 맞든 원형 차트를 그려주기 때문에 주의해야 한다. 소프트웨어는 데이터를 개수로 간주해 그냥 정규화한다. 따라서 부분의 합이 100%가 아니라면 뭔가 잘못된 거다.

한 파이 차트에 쓰는 조각 수도 제한해야 한다. 그림 5.18에서 보듯 원은 360도로 공간이 한정돼 있다. 조각 수가 늘면 범주 비교가 어려워진다. 특히 값이 작으면 더 어렵다.

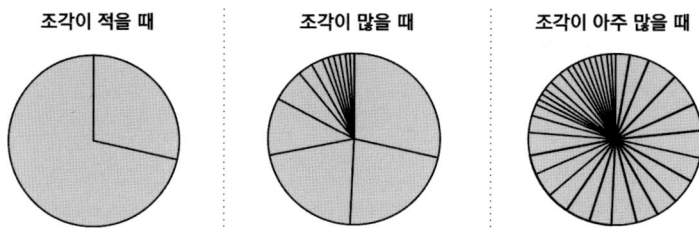

그림 5.18 조각 수 제한

작은 범주들을 '기타' 범주로 묶거나, 범주를 논리적으로 나눠 여러 개의 파이 차트를 만들어 보자. 그래도 안 되면 다른 형식의 차트가 필요할지도 모른다.

파이 차트 만들기

> **사용 도구:** 데이터래퍼(Datawrapper), *datawrapper.de*
> **데이터 세트:** 온라인 만남, book.flowingdata.com/vt2/ch5/data/met-online-2010s.txt

파이 차트를 만드는 방법은 여러 가지다. 2장 "데이터 시각화 도구 선택"에서 소개한 모든 시각화 도구로 쉽게 만들 수 있다. 지금까지 R, 파이썬, 일러스트레이터로 차트를 만들어 봤는데, 모두 파이 차트 기능이 있다. 결과를 얻는 방법은 여러 가지다.[5]

이번 예시에서는 웹 기반 도구인 데이터래퍼로 작업해 본다. 개인이 무료로 쓸 수 있고, 모든 기기에서 작동하는 웹용 차트를 만들기 좋다. 요즘엔 드물게 계정 없이도 바로 시작할 수 있다.

[5] 사람들은 흔히 데이터 시각화 도구에 집착한다. 하지만 독자 입장에서 차트 제작 방법에 관심을 갖는 경우는 거의 없다. 그저 차트가 보고 싶을 뿐이다. 이런 사실은 어떤 점에서 차트 만드는 사람에게 해방감을 준다.

스탠퍼드 대학 연구진은 2009년부터 '커플의 만남과 지속'이라는 설문으로 미국 커플들의 만남을 조사해왔다. 데이터를 공개해 다른 사람들도 이 설문에서 배울 수 있도록 했다. 여기서는 다음의 간단한 질문에 답하기 위해 소규모로 가공한 데이터를 사용한다. 2010년대에 온라인으로 만난 사람들이 얼마나 될까?

데이터는 두 행 두 열뿐이다. 첫 열(waymet)은 만난 방법, 둘째 열(p)은 온라인 또는 오프라인으로 만났다고 답한 사람들의 비율이다.[6]

6 HCMST 전체 데이터 세트는 https://data.stanford.edu/hcmst2017에서 찾을 수 있다.

```
waymet,p
"Met Online",18.9
"Met Offline",81.1
```

브라우저에서 데이터래퍼로 간다. 계정이 없다면 [Start creating] 버튼을 누른다. 계정이 있다면 대시보드에서 [Create New]-[Chart]를 선택한다. 어느 쪽이든 그림 5.19처럼 데이터를 복사해서 붙여 넣을 곳이 보일 것이다.

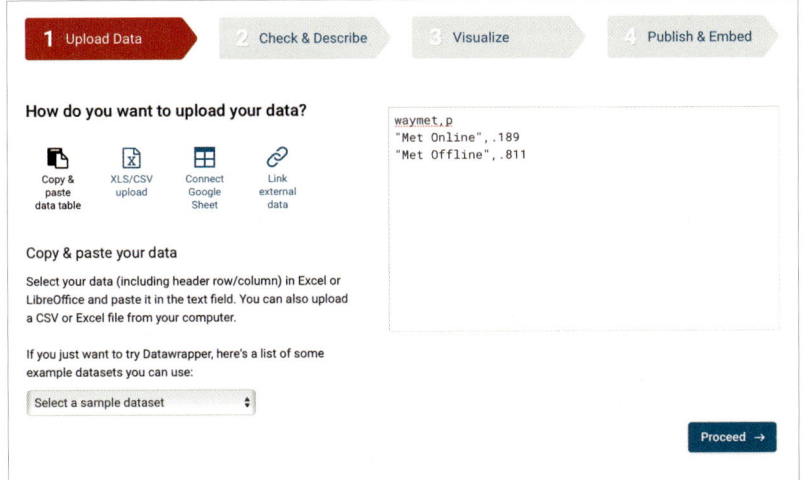

그림 **5.19** 데이터래퍼에 데이터 추가하기

두 행의 데이터를 텍스트 영역에 복사해 붙인다. [Proceed]를 클릭한다. 데이터래퍼가 데이터 차트 유형을 보여주는 격자가 나온다(그림 5.20).

그림 5.20 데이터 형식 지정하기

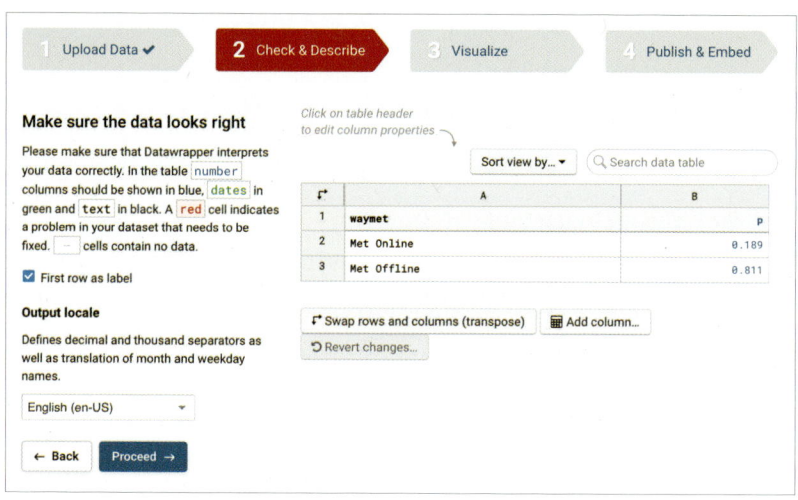

원형 차트를 선택하면 그림 5.21과 같이 차트가 생성된다.

그림 5.21 파이 차트

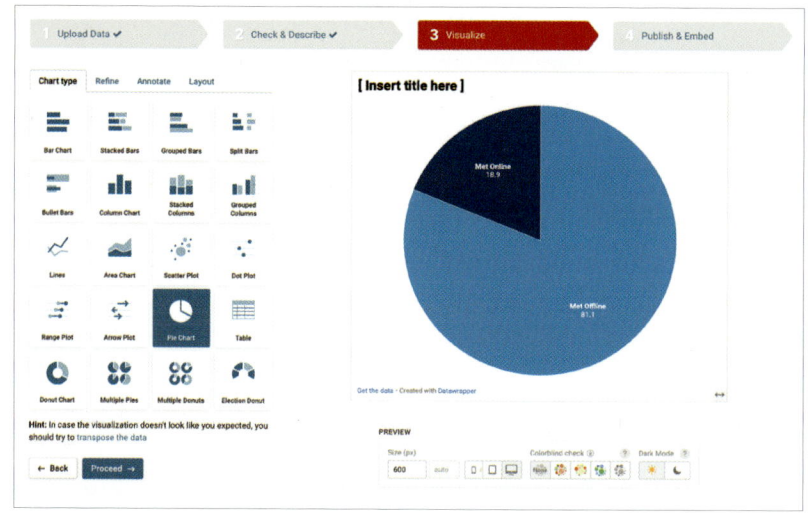

2010년대에 만난 커플 중 약 5쌍 중 1쌍이 온라인에서 만났다. 수수께끼가 풀렸다.

　차트 유형 옆에는 차트를 필요에 맞게 조정할 수 있는 [Refine] 탭이 있다. 메뉴를 통해 '오프라인 만남' 부분의 색상을 연한 회색으로 변경해서 '온라인 만남' 부분을 강조한다. 그림 5.22와 같이 숫자 형식을 변경하여 퍼센트 기호를 표시한다.

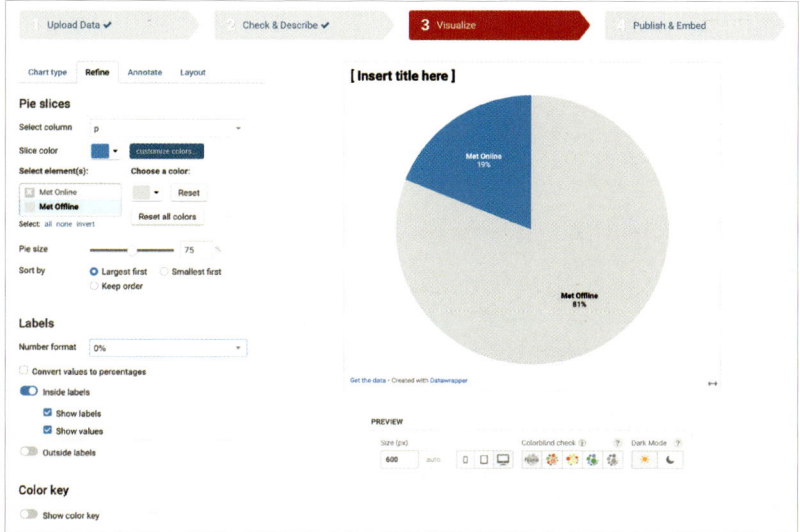

그림 5.22 파이 차트 세부 조정

[Annotate] 탭으로 이동해 제목, 설명, 데이터 출처 등의 정보를 주석으로 넣고(그림 5.23) [Proceed]를 클릭한다.

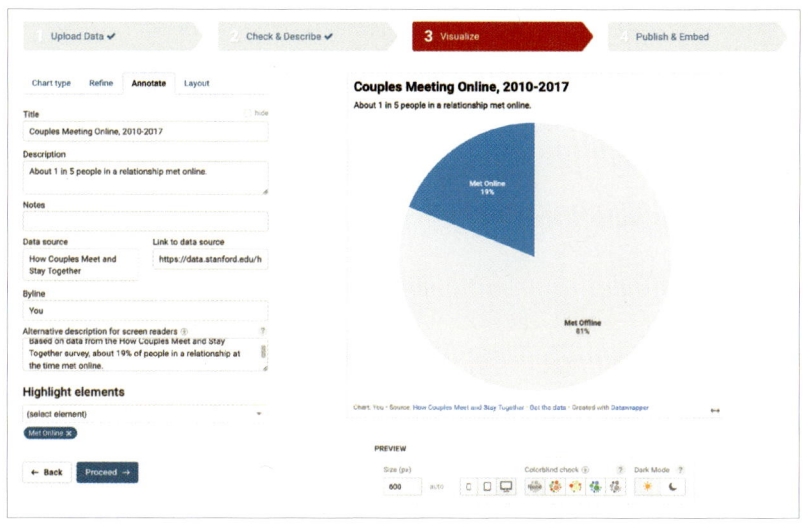

그림 5.23 파이 차트에 주석 달기

4단계 과정을 마치면 차트를 게시하거나 내보내서 온라인에 올리거나 인쇄용으로 준비할 수 있다. 이게 끝이다. 계정이 있으면 차트와 데이터를 저장해 나중에도 사용할 수 있다. 더 많은 맞춤 옵션을 사용하려면 유료 플랜으로 업그레이드해야 하지만, 무료 플랜도 충분히 쓸 만하다.

도넛 차트

파이 차트의 사촌격인 도넛 차트가 있다. 파이 차트와 비슷하지만 그림 5.24처럼 가운데가 뚫려 있어 도넛처럼 보인다.

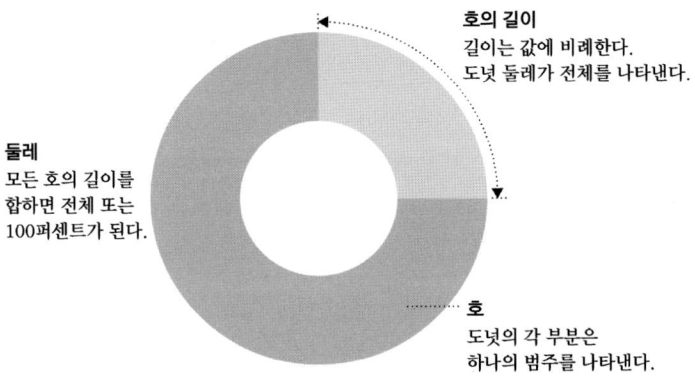

그림 5.24 도넛 차트 구조

가운데에 구멍이 있어서, 각도로 값을 알기 어렵다. 대신에 호의 길이를 사용한다. 파이 차트와 마찬가지로 공간과 범주 개수의 문제가 있다.

 나는 도넛 차트를 가급적 사용하지 않으려고 한다. 프로젝트에서 도넛 차트를 사용한 적이 없다. 내 눈에는 파이 차트가 더 낫다. 가운데 구멍이 데이터를 배경으로 밀어내는데, 난 데이터가 전면에 드러나야 한다고 생각한다. 물론 선택은 본인 몫이다.

도넛 차트 만들기

사용 도구: 데이터래퍼, *datawrapper.de*
데이터 세트: 온라인 만남, *book.flowingdata.com/vt2/ch5/data/met-online-2010s.txt*

데이터래퍼와 HCMST 데이터 세트를 그대로 사용하면서 원형 차트에서 도넛 차트로 쉽게 바꿀 수 있다. 그림 5.25와 같이, 과정의 3단계로 돌아가

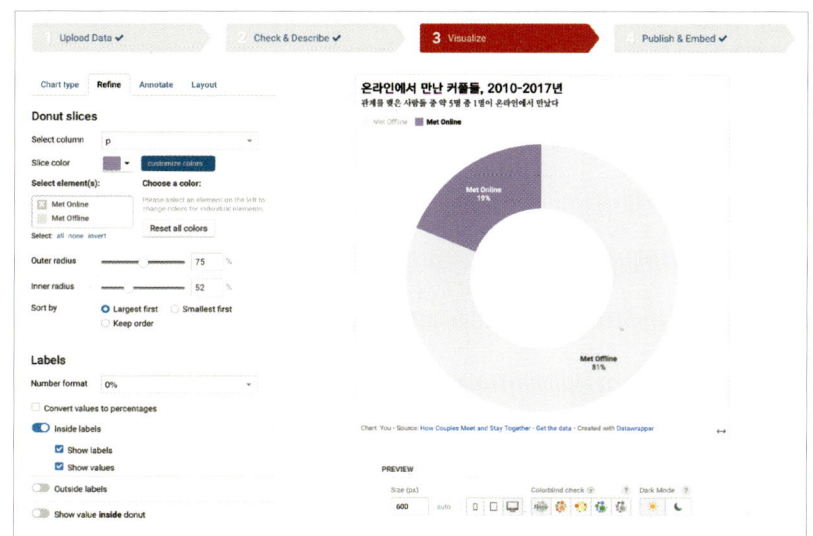

그림 5.25 데이터래퍼의 도넛 차트

[Chart type] 탭을 선택하고 도넛 차트를 클릭한다. 원형 차트의 설정은 그대로 유지된다.

이전처럼 좀 더 다듬고, 주석을 달고, 레이아웃을 조정할 수 있다. 다 끝나면 발행하거나 내보내면 된다.

데이터래퍼가 제공하는 모든 차트는 데이터 불러오기, 데이터 확인, 시각화, 발행이라는 비슷한 과정을 따른다. 직관적인 인터페이스로 간단하게 할 수 있어서 많은 언론사들이 이 애플리케이션을 쓴다.[7]

대신 제공되는 차트 유형이 제한적이고, 유료 서비스를 이용하지 않으면 맞춤 설정도 제한적이라는 단점이 있다. 유료 서비스는 주로 기업을 대상으로 가격이 책정되어 있다.

7 FlowingData에서는 변형된 차트를 많이 만들어서 데이터래퍼는 내게 맞지 않았다. 하지만 커스터마이징이 많이 필요치 않고 웹에서 공유할 만한 괜찮은 차트나 지도를 만들 거라면 데이터래퍼를 써보는 것도 좋다.

사각 파이 차트

파이와 도넛 차트를 좋아하지 않는 사람도 있다. 때론 더 정확한 시각화가 필요하면서도 전체에 대한 부분의 분포를 보여주고 싶을 때가 있다. 이때 사각 파이 차트, 일명 와플 차트를 쓴다. 보통 10×10 격자로 총 100개의 정사각형을 만들고, 각 칸이 1퍼센트를 나타낸다(그림 5.26).

그림 5.26 사각 파이 차트 구조

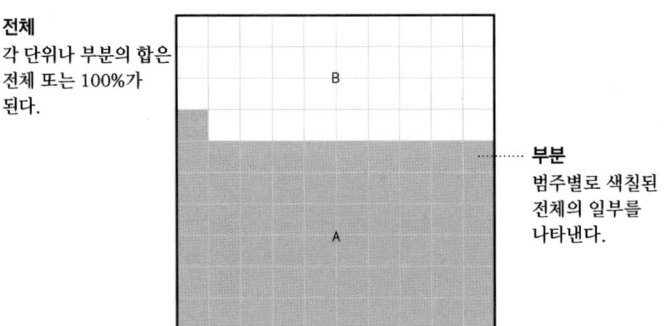

몇 퍼센트인지 직접 볼 수 있어서 어떤 도형이 어떤 값을 나타내는지 파악하는 데 문제가 없다. 그냥 세기만 하면 된다.

사각 파이 차트는 비교적 새로운 유형이라 대부분의 소프트웨어에서 기본으로 제공하지 않는다. 하지만 사각형을 그리고 색을 채울 수만 있다면 사각 파이 차트를 직접 만들 수 있다.

사각 파이 차트 만들기

사용 도구: 일러스트레이터
데이터 세트: 온라인 만남, *book.flowingdata.com/vt2/ch5/data/met-online.tsv*

HCMST 데이터를 바탕으로 90년대에 만난 커플과 2010년대에 만난 커플을 비교할 수 있다. 들어봤겠지만, 인터넷이라는 게 등장해서 연인 만나기를 포함한 많은 것들을 바꿔놓았다.

데이터 세트 파일에는 전체 HCMST 데이터를 간단하게 처리해 놓은 버전이 있다. 각 10년마다 온라인과 오프라인에서 만난 커플의 비율을 보여주는 행이 있다.

```
"year"   "ponline"   "poffline"
1960     0.0042      0.9958
1970     0.0032      0.9968
1980     0.0002      0.9998
1990     0.0153      0.9847
2000     0.0949      0.9051
2010     0.189       0.811
```

1990년대와 2010년대에 집중해 보자. 90년대엔 1.5%만이 온라인에서 만났다고 했다. 2010년대엔 18.9%로 늘었다. 사각 파이 차트에는 반올림한 퍼센트가 필요하니 2%와 19%로 하자. 온라인 만남이 훨씬 흔해졌다. 2020년대엔 더 많아졌을 것이다. 온라인 만남이 이상하게 여겨지던 때를 생각하면 재미있는 변화다.

일러스트레이터에서 새 문서를 연다. 첫 단계로는 격자를 만든다.

펜 도구( )로 수평선을 그린다. 한 점을 찍고 [Shift] 키를 누른 채 끝점을 클릭하면 반듯한 수평 직선을 그릴 수 있다. 이걸 10번 더 해서 총 11개의 수평선을 그린다. 그림 5.27처럼 차곡차곡 쌓이게 그린다. 같은 방법으로 11개의 수직선도 그린다.

세로신을 선택해 정렬 창에서 기로로 균등 배치( )한다. 가로선도 세로로 균등 배치( )한다. 그림 5.27의 2번과 비슷하게 보이도록 한다.[8]

세로선을 선택하고 가로선 위로 옮겨 격자를 만든다.

드래그해서 선을 선택한다. 라이브 페인트 통 도구( )를 선택한다. 색상 창에서 테두리(stroke)와 채우기 색을 고른 뒤 선택한 격자 위에 마우스를 올린다. 클릭하면 그림 5.27의 4번처럼 선택한 사각형의 색이 바뀐다.

[8] 참고: 정사각형을 만들려면 선의 길이를 조정해야 할 수 있다. 그럴 땐 선택한 다음 클릭하고 드래그해 가로세로 길이를 같게 만든다. 또는 화면 상단의 속성 패널에서 폭(W)과 높이(H)를 직접 입력할 수도 있다.

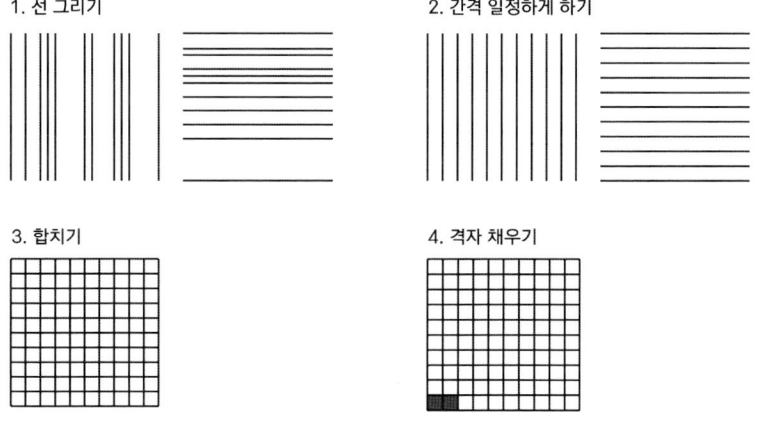

그림 5.27 일러스트레이터에서 격자 만들기

이걸로 백분율을 나타내는 정사각형 파이 하나가 나왔다. 복사해서 더 만들면 된다. 그림 5.28은 1990년대와 2010년대를 비교해 보여준다.

그림 5.28 정사각형 파이 비교

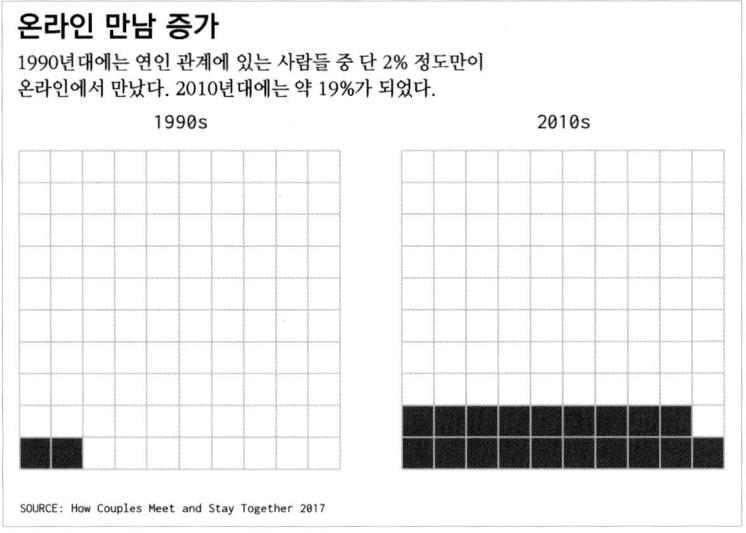

일러스트레이터를 처음 사용한다면 도구도 이것저것 쓰고 마구잡이로 클릭하고 끌어다 놓는 것처럼 보일 수 있다. 차트를 처음부터 만드는 건 있는 걸 고치는 것보다 훨씬 어렵다. 버튼이랑 메뉴가 많아 익숙해지는 데 꽤 시간이 걸릴 수 있다.

정사각형 격자를 그릴 수 있다면 정사각형 파이 차트도 만들 수 있다. R이나 파이썬, 엑셀, 아니면 종이와 펜으로도 그릴 수 있다.

트리맵

1990년, 벤 슈나이더만(Ben Shneiderman)은 항상 꽉 차있는 하드 드라이브를 시각화하고 싶었다. 디렉터리와 파일의 계층 구조를 고려해 처음엔 트리 다이어그램[9]을 써봤다. 하지만 금세 너무 커져서 쓸모가 없었다. 트리맵이 그의 해결책이었다.[10]

그림 5.29에서 볼 수 있듯, 트리맵은 면적 기반 시각화다. 각 사각형의 크기가 지표를 나타낸다. 바깥쪽 사각형은 상위 범주를, 그 안의 사각형들은 하위 범주를 보여준다.

9 (옮긴이) 나뭇가지처럼 현재 항목의 하위 항목을 가지처럼 나열하고, 그 밑에 또 하위 항목을 나열하는 걸 계층적으로 반복하는 도표이다.

10 트리맵의 전체 역사와 창시자 벤 슈나이더만이 설명한 추가 예시는 *https://datafl.ws/11m*에서 확인할 수 있다.

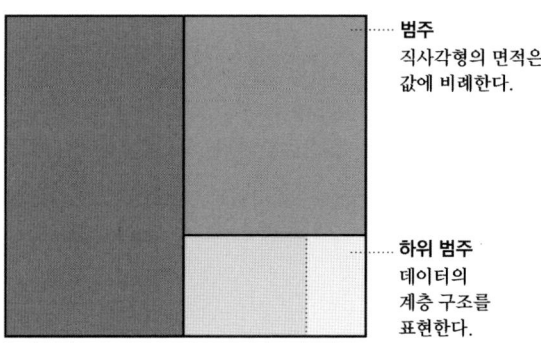

그림 5.29 트리맵 구조

전체
모든 직사각형 면적의 합은 전체 또는 100퍼센트를 나타낸다.

범주
직사각형의 면적은 값에 비례한다.

하위 범주
데이터의 계층 구조를 표현한다.

트리맵 만들기

> **사용 도구:** R, 일러스트레이터
> **데이터 세트:** 2010년대 사람들의 만남 방식 *book.flowingdata.com/vt2/ch5/data/how-met-2010s.tsv*

일러스트레이터에는 트리맵 도구가 없지만, R 패키지에는 있다. 이름도 딱 맞게 treemap이다. R을 열고 install.packages()로 패키지를 설치한다.

```
# 패키지 설치
install.packages("treemap")
```

library() 함수로 패키지를 불러온다.

```
# 패키지 불러오기
library(treemap)
```

이전 R 예제에서처럼 read.csv() 함수로 데이터를 불러온다.

```
# 데이터 불러오기
howmet2010 <-read.csv("data/how-met-2010s.tsv", sep="\t")
```

데이터 세트가 제대로 로드됐는지 확인한다.

```
> head(howmet2010)
                waymet          category year      p
1      Met Through Family Friends and Family 2010 0.0638
2      Met Through Friend Friends and Family 2010 0.1722
3   Met Through Neighbors Friends and Family 2010 0.0304
```

전체에서의 부분   177

```
4         Met Through Coworker              Work    2010   0.0853
5                   Met Online              Online  2010   0.1890
6    Primary or Secondary School            School  2010   0.0461
```

네 개의 열이 있다. 커플이 만난 방법을 적은 waymet, 만남의 방식을 분류한 category, 10년 단위로 표시한 year, 그리고 각 10년간 해당 방식으로 만난 사람들의 비율을 나타낸 p다.

howmet2010 데이터 프레임으로 treemap() 함수를 호출한다.

```
# 트리맵 그리기
treemap(howmet2010,
        index = c("category", "waymet"),
        vSize = "p",
        algorithm = "squarified",
        title = "How People Met, 2010s")
```

index 인자는 데이터의 계층 구조를 지정한다. 최상위 레벨부터 시작해 아래로 내려간다. 이 경우 category가 최상위이고 그 다음이 waymet이다. vSize 인자는 사각형 크기에 쓸 변수를 지정한다. 사각형 배치엔 squarified 트리맵 알고리즘을 쓴다. title은 트리맵 상단의 주제목을 뜻한다. 그림 5.30이 그 결과다.

그림 5.30 사람들이 어떻게 만났는지 보여주는 트리맵

2010년대엔 주로 모임을 통해 만나거나 가족이나 친구의 소개로 만났다. 다른 범주들이 그 뒤를 잇는다.

차트 편집하기

R의 메뉴나 `pdf()` 함수로 차트를 PDF로 내보낸다. 후자의 경우 `?pdf`로 도움말을 보자. 간단히 말해 `treemap()` 전에 `pdf()`를 호출하고 후에 `dev.off()`로 장치를 닫는다. 하지만 여러 PDF를 한번에 내보내거나 메모리를 많이 쓰는 그래픽이 아니라면 메뉴에서 하면 된다.

다른 예시와 동일하니 일러스트레이터의 모든 단계를 설명하지는 않겠다. 선택 도구로 객체를 고르고, 직접 선택 도구로 개별 객체를 선택한다. 객체를 선택하면 선 두께와 색상을 선과 색상 창에서 각각 바꿀 수 있다.

그림 5.31을 보면 범주의 테두리를 두껍게 하고, 각 범주 색상을 `treemap()` 함수가 쓴 여러 변형 색상 대신 단일 색상으로 바꿨다.

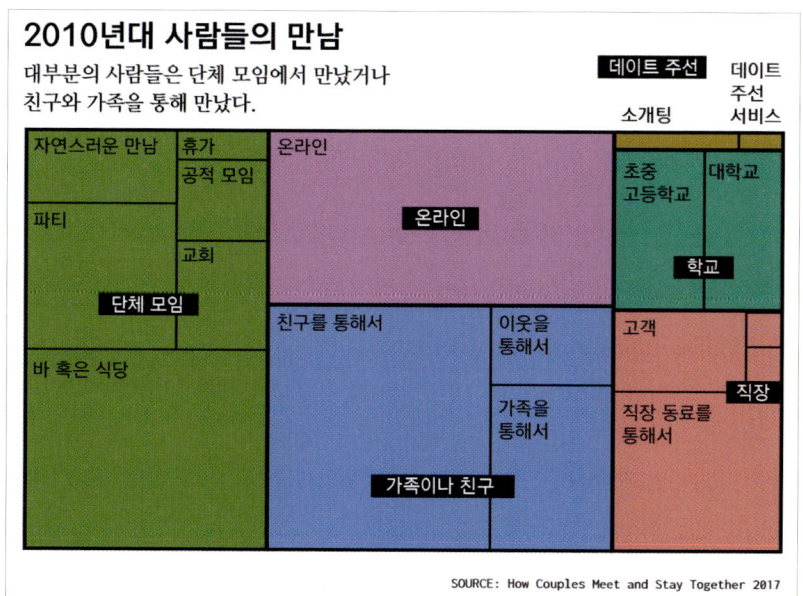

그림 5.31 편집한 트리맵

만남의 방식 레이블도 가능한 한 각 사각형의 왼쪽 위로 옮기고, 범주 레이블은 어두운 배경으로 강조했다. 제목, 도입 텍스트, 출처도 넣었다.

R의 기본 트리맵은 장별 소스 다운로드에 있다. 스크립트 부분을 건너뛰려면 이걸 사용하면 된다. 일러스트레이터에서 뭘 추가하거나 빼고 수정할지 생각해 보자. 어떤 걸 바꿀까? 디자인으로 트리맵에서 주목할 부분을 바꿀 수 있을까? 현재 보고서 형식에 맞게 차트를 바꿀 수 있을까? 물론 할 수 있다! 좋고 싫음의 취향은 연습할수록 발전한다.

순위와 순서

시계열 데이터는 오래된 것에서 최신 데이터로 자연스럽게 진행된다. 시간 순서로 정렬하는 게 보통 가장 직관적이다. 범주형 데이터는 주로 양을 기준으로 정렬한다.

범주를 비교할 때는 범위를 파악하고 싶다. 가장 많은 건 뭐지? 가장 적은 건? 전체 범주에 걸쳐 어떻게 분포돼 있나?

이런 질문을 염두에 두고 데이터를 정렬하면 독자가 데이터의 순위와 순서를 더 쉽게 파악할 수 있다.

지금까지의 예시에서는 범주를 적은 순이나 많은 순으로 정렬했다. 그림 5.6은 의사 배우자의 직업을 보여준다. 맨 위부터 가장 흔한 직업, 아래로 갈수록 덜 흔한 직업이다. 그림 5.32처럼 무작위로 정렬하면 눈에 띄는 직업은 빨리 찾겠지만, 나머지는 자세히 봐야 알 수 있다.

정렬하면 카테고리 간 차이가 쉽게 드러난다. 이리저리 시선을 옮기며 크기를 비교할 필요가 없다.

그림 5.33은 미국 가구 유형의 비율을 보여주는 두 개의 파이 차트다. 하나는 정렬하지 않았고, 다른 하나는 정렬했다. 정렬하지 않은 차트는 읽는 순서가 불분명하다. 그냥 보는 수밖에 없다. 정렬한 차트는 가장 많은 1인 가구에서 시작해 시계 방향으로 시선이 움직인다.

그림 5.32 무작위 순서의 막대 차트

의사 배우자들의 직업

직업	
소프트웨어 개발자	
경영 분석가	
변호사 및 기타 사법 관련 종사자	
부기 및 회계 사무원	
고등학교 교사	
초중등 교사	
보건 서비스 관리자	
행정 보조원	
최고 경영자 및 정책 위원	
사무직 직원 감독자	
교사 및 강사	
회계사 및 감사관	
일반 간호사(RN)	
부동산 중개인	
물리치료사	
약사	
재무 관리자	
전문 간호사(NP)	
의사	
치과 의사	
생명 과학자	
외과 의사	
관리자	
영업 사원	
매장 판매원	
교육 행정 종사자	
대학 교수	
기타 심리학자	
전담간호사(PA)	
매장 관리자	

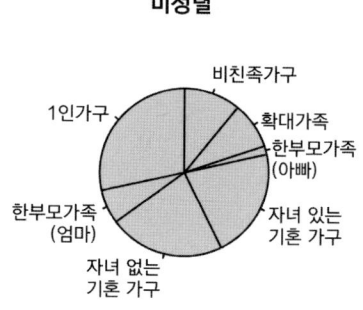

미정렬

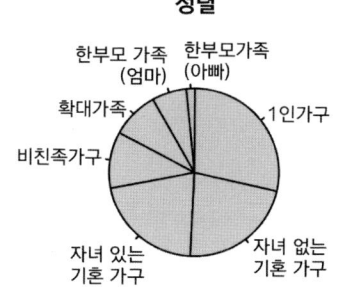

정렬

그림 5.33 미정렬 파이 차트와 정렬 파이 차트

순위와 순서 181

그림 5.34는 같은 값을 막대 차트로 표현한 것으로, 정렬하지 않은 쪽과 정렬한 쪽의 가독성 차이는 그림 3.33과 동일하다.

그림 5.34 미정렬 막대 차트와 정렬 막대 차트

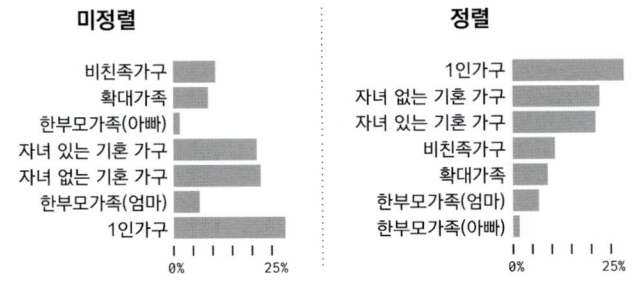

이건 데이터 포인트가 많지 않은 기본 예시다. 하지만 차이가 보인다. 복잡도가 높아질수록 정렬의 중요성도 커진다.

부모로서 긴 하루를 보내고 나니 아이가 있을 때와 없을 때의 삶이 얼마나 다른지 생각하게 됐다. 새로운 책임에 시간을 써야 하니 다른 일에 쓸 시간은 줄어든다. 그림 5.35는 ATUS(American Time User Survey, 미국 시간 사용 조사) 데이터를 바탕으로, 시간 사용이 가장 크게 줄어든 활동들을 보여준다.

그림 5.35 아이가 생기면 일상이 얼마나 바뀌는가, *https://flowingdata.com/2019/06/14/kids-nokids*

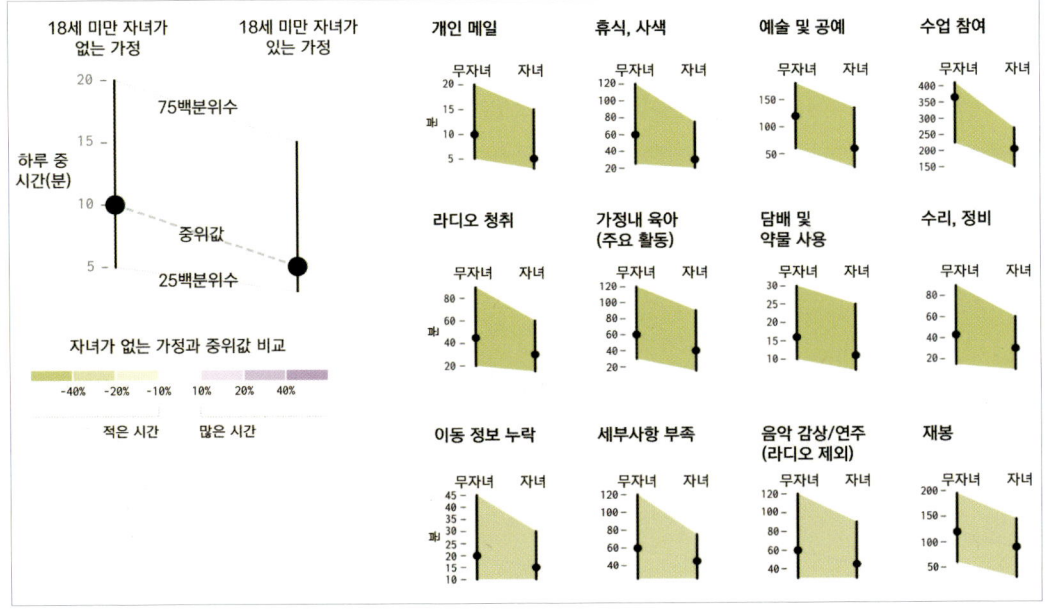

182 5 | 범주 시각화

이건 활동의 일부만 보여준다. 현재 ATUS는 605개의 활동 분류를 사용한다. 감소를 보인 활동들 중에서 감소가 가장 큰 것부터 가장 작은 것 순으로 정렬했다. 정렬하지 않았다면 그래프는 엉망이 됐을 것이다. 특히 분석 단계에서 정렬하지 않고 수백 개의 활동을 보여줬다고 생각하면 끔찍하다.

사용하는 데이터와 답하고 싶은 질문에 따라 정렬 방식과 대상이 달라진다. 최대값, 최소값, 평균, 중앙값으로 정렬할 수 있다. 보통 오름차순이나 내림차순으로 정렬한다. 차트가 찾아보기용이라면 알파벳순으로 정렬해 독자가 원하는 데이터를 빨리 찾게 할 수 있다.

시각화는 대체로 데이터 속에서 규칙성을 찾아내는 작업이다. 질서가 더 분명히 드러나도록 데이터를 정렬하도록 한다.

범주와 시간

범주를 시각화하는 방법도 살펴보았고 시간을 시각화하는 방법도 보았다. 이제 두 가지를 함께 묶어 범주가 시간이 지남에 따라 어떻게 변화하는지 살펴보자. 삶은 너무 복잡하고 흥미로워서 두 가지를 따로 떼어내기 어렵다.

그림 5.36은 2020년의 어느 평일 하루를 나타낸다. ATUS 데이터를 바탕으로 하루 동안 사람들이 다양한 활동으로 옮겨가는 모습을 보여준다. 점이 많을수록 24시간 동안 더 많은 사람이 활동했다는 의미이다.

각 색상은 하나의 범주를 나타낸다. 시간은 시계 방향으로 흐른다. 데이터의 두 측면을 따로 시각화할 수도 있지만(실제로 많이 해봤다), 그렇게 하면 재미가 덜 할 것이다.[11]

[11] ATUS가 내가 가장 좋아하는 데이터 세트라고 말했던가? 더 자세한 내용은 *https://datafl.ws/timeuse*에서 확인할 수 있다.

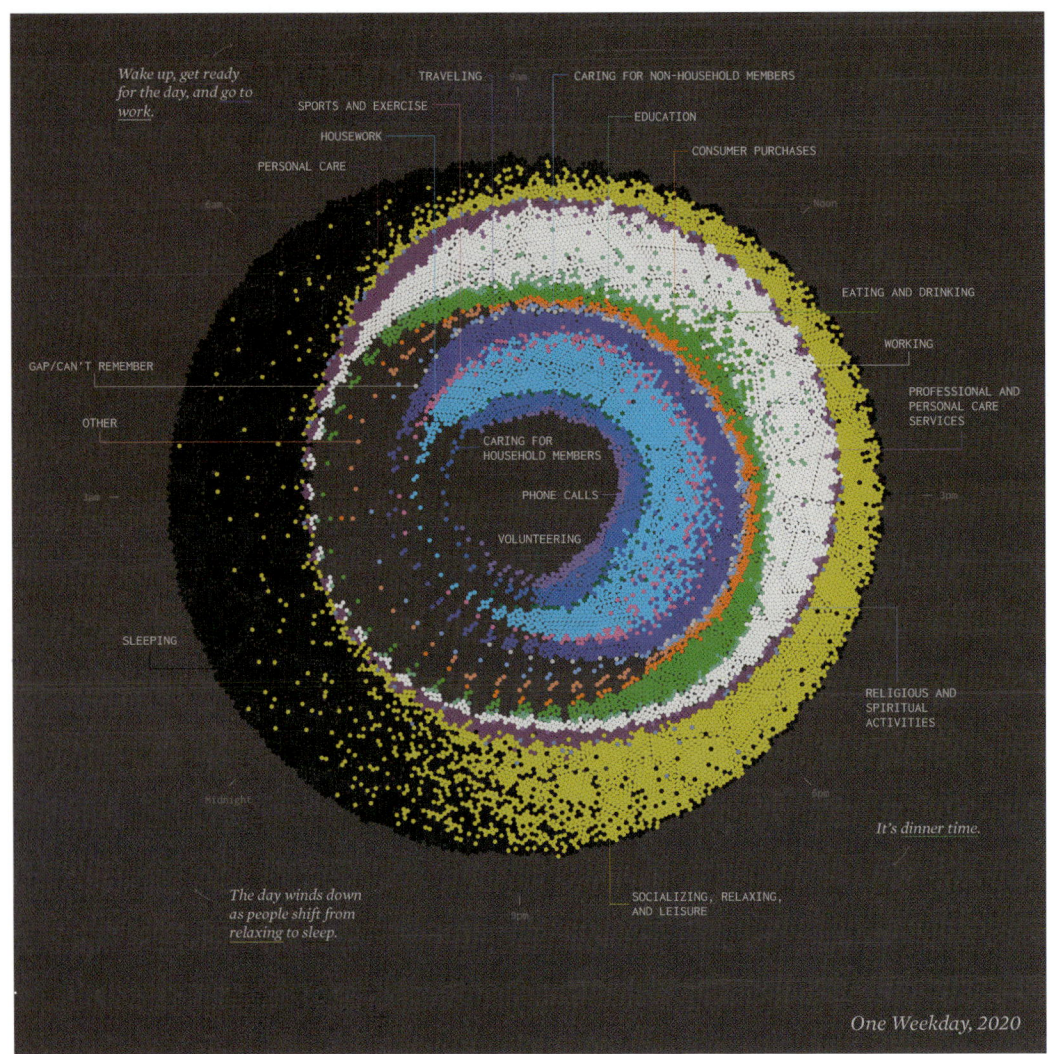

그림 5.36 수많은 사람들의 생활 주기: 미국인의 24시간 스냅샷, https://flowingdata.com/2021/08/25/cycle-of-many

누적 막대 차트

그림 5.37을 보면 누적 막대 차트의 구조는 일반 막대 차트와 비슷하다. 차이점은 하위 범주를 표현하기 위해 색이 다른 사각형들을 쌓았다는 점이다.

막대 차트처럼 범주별 또는 시간에 따른 데이터를 보여줄 수 있다. 백분율이나 개수를 표시하는 데에도 사용한다. 강조하고 싶은 점과 데이터의 맥락에 따라 달리 사용한다.

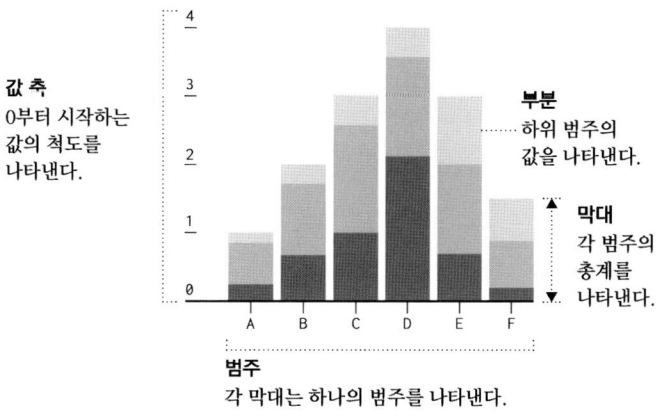

그림 5.37 누적 막대 차트 구조

보통 하위 범주의 수를 제한하는 게 좋다. 너무 많으면 막대가 얇아서 잘 보이지도 않고 지저분해질 수 있다. 하위 범주가 많다면 작은 것들을 '기타' 범주로 묶거나 데이터를 별도의 차트로 나누도록 한다.

누적 막대 차트 만들기

> **사용 도구:** R, RAWGraphs, rawgraphs.io
> **데이터 세트:** 가구 유형(1976-2021), book.flowingdata.com/vt2/ch5/data/household-types.tsv

자녀가 있는 부부 가구는 얼마나 많은가? 1인 가구는? 가구 유형 비율은 시간이 흐르면서 어떻게 변했나? 미국 노동통계국을 위해 인구조사국이 실시하는 현재인구조사(CPS)는 이런 질문에 답할 수 있는 가구 데이터를 발표한다.

시간에 따른 가구 유형별 비율 변화를 보여주기 위해 누적 막대 차트를 쓰려 한다. 오픈 소스 웹 기반 도구인 RAWGraphs를 사용할 예정이다. 먼저 R로 데이터를 정리하고 준비한다.

데이터 포매팅

시각화하려는 데이터가 원하는 포맷이나 구조와 다른 경우는 흔하다. 분야에 따라 항상 이럴 수도 있다.

가구 데이터 세트를 내려받는다. R을 열고 작업 디렉터리를 데이터 위치로 설정한 뒤 read.csv()로 탭 구분 파일을 불러온다.

```
# 데이터 불러오기
htypes <- read.csv("household-types.tsv", sep="\t")
```

head() 함수로 처음 몇 줄을 불러와서 데이터가 맞는지 확인한다.

```
> head(htypes)
  year                    htype          n          p
1 1976                composite  2628779.6 0.035917149
2 1976                 extended  5395372.8 0.073717252
3 1976           nuclear-father   617377.9 0.008435266
4 1976  nuclear-married-children 27239504.1 0.372174729
5 1976 nuclear-married-nochildren  6911072.9 0.231056848
6 1976           nuclear-mother  5147660.4 0.070332745
```

네 개의 열이 있다. 연도(year), 가구 유형(htype), 추정 수(n), 가구 비율(p)이다. 각 행은 특정 연도의 가구 유형 비율을 나타낸다. 예를 들어 1976년에 자녀가 있는 부부 가구(nuclear-married-children)는 전체 가구의 0.37, 즉 37%를 차지했다.

RAWGraphs에서 이 데이터를 사용하려면, 각 열이 연도와 각각의 가구 유형을 나타내는 행을 가지도록 데이터를 재구성해야 한다. unique()를 사용해 고유한 연도와 가구 유형을 가져온다.

```
# 고유한 연도와 가구 유형
years <-unique(htypes$year)
uhtypes <-unique(htypes$htype)
```

새 데이터 프레임을 만든다.

```
# 데이터 프레임 시작
htypes_new <-data.frame(year = years)
```

htypes_new 데이터 프레임에 각 가구 유형별 열을 추가한다.

```
# 열 추가
for (uht in uhtypes) {
    curr <-htypes[htypes$htype == uht,]
    curr_name <-paste0("p_", qsub("-","_", uht))
    htypes_new[, curr_name] <-
        curr$p[match(htypes_new$year, curr$year)]
}
```

for 루프가 각 가구 유형을 순회하며 원본 htypes 데이터 프레임에서 데이터를 추출해 curr에 할당한다. 현재 가구 유형 uht를 기반으로 열 이름을 설정한다. R은 열 이름에 하이픈을 허용하지 않으니 밑줄로 대체한다. 그 다음 curr 부분 집합의 비율을 새 데이터 프레임의 연도와 매칭해 새 열을 만든다.[12]

[12] 함수 사용법을 정확히 알고 싶다면 물음표(?)와 함수 이름을 붙여 문서를 꼭 확인하자.

새 데이터 프레임 htypes_new의 처음 두 행과 첫 네 열이다. 1976년에는 가구의 3.6%가 복합 가구, 7%가 확대 가족, 1% 미만이 편부 가구였다.

```
> htypes_new[1:2,1:4]
  year p_composite p_extended p_nuclear_father
1 1976  0.03591715 0.07371725      0.008435266
2 1977  0.03993042 0.07273152      0.008507778
```

필요한 형식으로 데이터를 준비했다면 write.table()을 써서 데이터 프레임을 탭으로 구분된 파일로 저장한다.

```
# 형식을 갖춘 데이터 저장
write.table(htypes_new,
            file="data/htypes_rectangular.tsv",
            sep="\t",
            row.names=FALSE)
```

차트 만들기

웹 브라우저에서 RAWGraphs로 이동한다. [Use It Now] 버튼을 클릭하고 단계별로 진행한다. R에서 저장한 데이터를 붙여 넣는다. 형식 변환 단계를 건너뛰었다면 이번 장의 소스 다운로드에서 파일을 사용하면 된다. 데이터를 붙여 넣으면 그림 5.38처럼 도구가 포맷을 추정한다. 제대로 보이는지 확인한다.

그림 5.38 RAWGraphs에서 데이터 불러오기

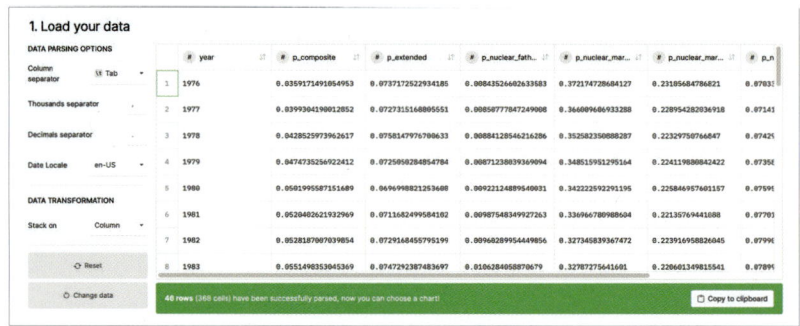

차트를 고르려면 화면을 아래로 스크롤하자. 그림 5.39처럼 여러 옵션이 있다(지금은 32개). 누적 막대 차트를 선택한다.

그림 5.39 차트 선택하기

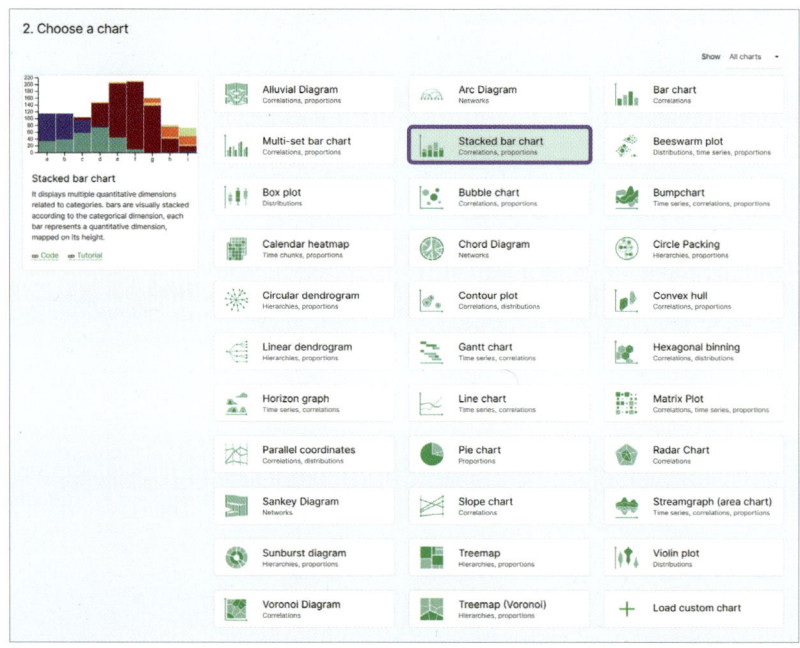

아래로 더 스크롤해서 세 번째 단계인 매핑으로 가자. 여기에서 x 축과 각 스택의 막대 크기를 정의할 변수를 지정한다. 이 예에서는 x 축이 연도이고, 가구 유형 비율이 막대 크기를 정의한다. 그림 5.40처럼 [DIMENSIONS]에 표시된 변수를 클릭하여 드래그한다.

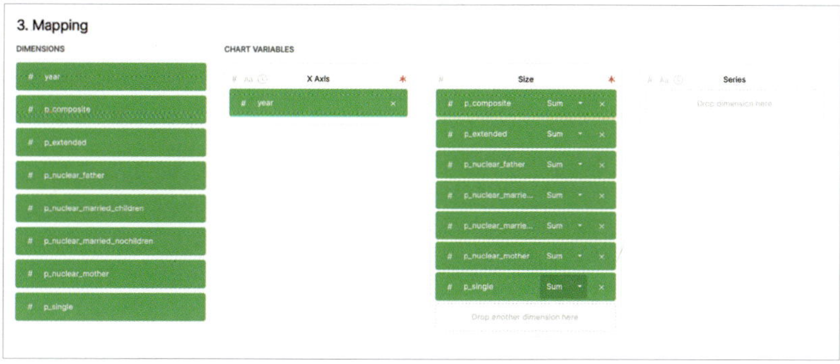

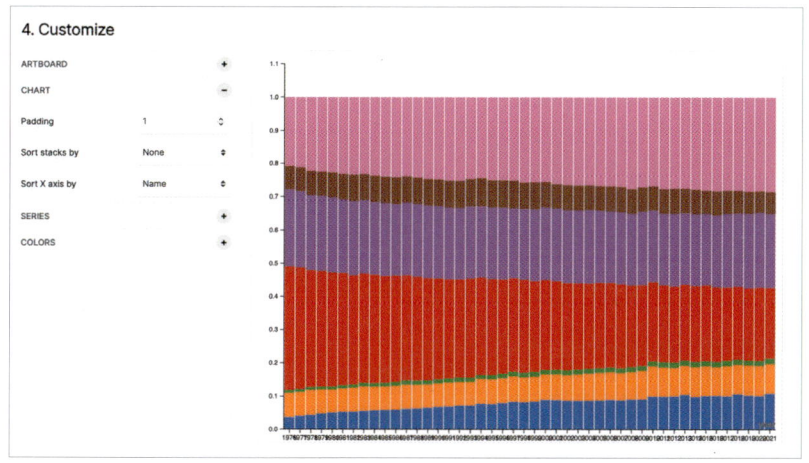

그림 5.40 데이터 컬럼을 차트 변수에 매핑하기

아래로 스크롤해 누적 막대 차트를 확인한다. 그림 5.41은 여백, 정렬, 색상 등의 사용자 지정 옵션을 보여준다.

그림 5.41 누적 막대 차트 사용자 지정 옵션

맨 아래로 스크롤하면 차트를 SVG, PNG, JPG, RAWGraphs 포맷으로 내보낼 수 있다. 이대로 그래픽을 쓸 수도 있지만, 이 도구의 목적은 차트 제작 소프트웨어와 그래픽 편집기를 연결하는 것이다. 보통 시각적 인코딩을 마치면 다음 단계로 다른 프로그램에서 편집한다.

누적 영역 차트

누적 영역 차트는 누적 막대 차트의 연속 버전이다. 누적 막대 차트는 각 스택(범주 층)이 분리되어 있는 반면 누적 영역 차트는 각 점이 연결되어 있다

(그림 5.42). 그래서 누적 영역 차트는 시간에 따른 범주 변화를 보여주는 데 특화되어 있다.

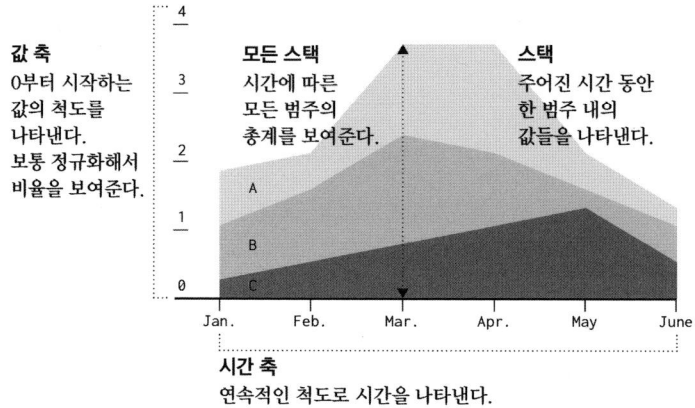

그림 5.42 누적 영역 차트 구조

스택이 하나뿐이면 영역 차트가 된다. 스트림 그래프라는 차트 유형도 있다. 이는 누적 영역 차트의 변형으로, 기준선을 중앙으로 옮기고 안쪽에서 바깥쪽으로 스택을 크기 순으로 정렬한다.[13]

13 https://datafl.ws/area 에서 영역 차트의 더 많은 예시와 변형을 볼 수 있다.

누적 영역 차트 만들기

> **사용 도구:** RAWGraphs
> **데이터 세트:** 가구 유형(1976-2021), book.flowingdata.com/vt5/ch5/data/household-types.tsv

RAWGraphs로 가구 형태 데이터를 사용해 누적 영역 차트를 만들어 보려 한다. 막대 차트 예제에 사용한 같은 데이터 형식을 사용할 것이라고 예상할 수 있지만, 누적 영역 차트는 시간에 특화되어 있어 다른 형식을 사용한다. 바로 원래 파일의 형식이다.

RAWGraphs로 가서 데이터를 복사해 붙여 넣는다. 연도, 가구 유형, 수, 비율의 네 열이 보일 것이다. 다음 단계에서 스트림 그래프(면적 차트)를 고른다. 그리고 매핑 단계에서 [X Axis]에 year를, [Size]에 p를, [Streams]에 htype을 넣는다(그림 5.43).[14]

14 일부 차트 유형, 특히 새로운 것들은 누구에게 물어보느냐에 따라 이름이 다르다. RAWGraphs에는 누적 영역 차트의 일종인 스트림 그래프 옵션이 있다.

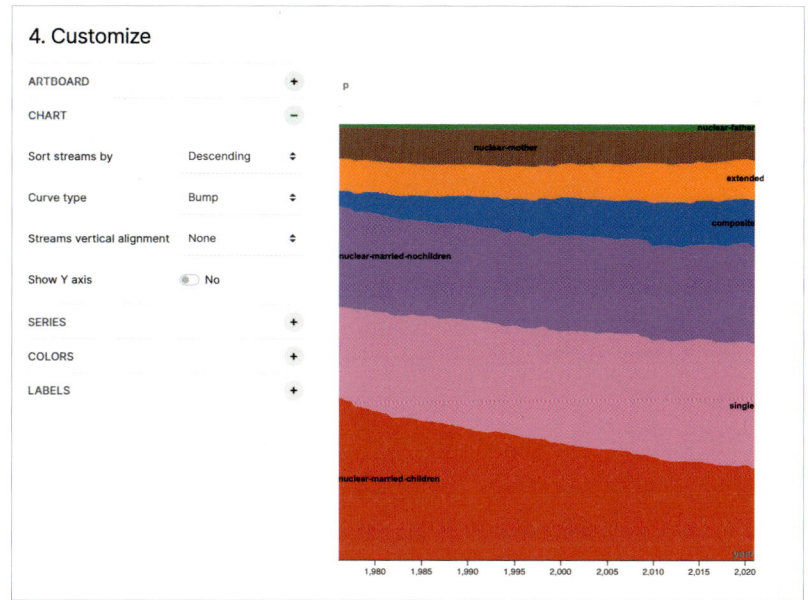

그림 5.43 누적 영역 차트를 위한 데이터 선택

이렇게 하면 그림 5.44와 같은 차트를 얻을 수 있다. 선택한 차트 유형에 맞는 옵션들이 제공된다. 순서, 곡선 유형(각 점을 연결하는 방식), 정렬 등을 지정할 수 있다.

그림 5.44 누적 영역 차트

차트를 여러 파일 형식으로 내보내고 원하는 방식으로 편집할 수 있다. 하지만 편집은 나중으로 미루자.

　누적 영역과 막대의 문제는 위쪽 부분의 위치가 아래쪽 부분에 따라 달라진다는 점이다. 예를 들어 아래쪽에 있는 자녀가 있는 기혼 가구 영역이 급증하면 그 급증은 물결처럼 각 영역에 영향을 미친다. 같은 수직 오프셋으로 인해 작은 차이를 보기 어려워질 수 있어, 나는 주로 다음 차트 유형을 사용한다.

충적 다이어그램

누적 영역 차트에서는 영역이나 스트림의 순서가 처음부터 끝까지 같다. 한 영역이 맨 아래에서 시작하면 계속 맨 아래에 있는 상태로 유지된다. 그림 5.45의 충적 다이어그램은 값에 따라 흐름의 순서를 바꾼다. 이 다이어그램은 자연 발생적인 충적선상지와 모양이 비슷해 그 이름이 붙었다.

그림 5.45 충적 다이어그램 구조

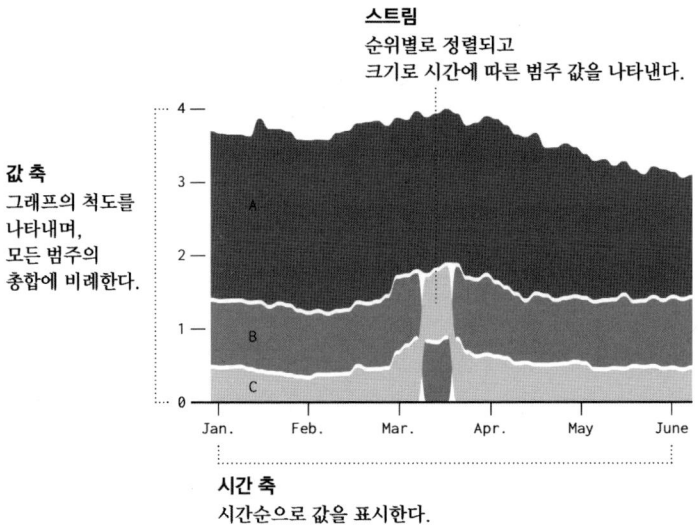

순서가 바뀌면 시간에 따른 양, 전체에서의 비중, 순위를 보여줄 수 있다. 적절한 데이터라면 충적 다이어그램은 직관적이고 정보가 풍부하면서 보기도 좋다. 다만 여러 범주에 걸쳐 순위 변동이 크다면 흐름이 오르락내리락 겹치면서 지저분해져 쓸모없는 스파게티 차트가 될 수 있다. 상황에 따라 판단하자.[15]

15 충적 다이어그램은 한 그룹과 다른 그룹 사이의 흐름을 보여주어 변수 간의 상관관계를 살펴보는 데도 사용할 수 있다. 그러나 이 형식에서는 유용한 관계를 도출해 내기 어려워, 나는 시간 흐름에 따른 범주를 보여주는 데 주로 사용한다.

충적 다이어그램 만들기

사용 도구: RAWGraphs, 일러스트레이터
데이터 세트: 가구 유형(1976-2021), book.flowingdata.com/vt2/ch5/data/household-types.tsv

RAWGraphs를 한 번 더 사용하여 1976년부터 2021년까지의 가구 유형 변화를 보여주려 한다. 이 책 초판 때는 없던 최신 클릭 기반 도구들의 좋은 점은 되돌아가거나 중단한 곳에서 다시 시작하기가 훨씬 쉽다는 점이다.

RAWGraphs의 충적 다이어그램은 시간에 따른 변화를 제공하지 않는다. 대신 카테고리 간 변화를 보여준다. 대신 범프 차트가 이 예시에서 원하는 레이아웃으로 시간에 따른 변화를 나타낸다.

RAWGraphs에서는 충적 다이어그램을 그리려면 범프 차트([Bump Chart])를 선택해야 한다. 다음 절에서 다룰 범프 차트는 순위를 선으로 보여준다. 차트 간 기능이 겹치는 부분이 있어서 서로 의미적으로 혼동될 수 있다. 하지만 명칭이 뭐가 됐든 원하는 걸 만들 수 있다는 점이 중요하다.

누적 영역 차트에 썼던 데이터를 그대로 복사해 붙여 넣는다. 2단계의 옵션에서 [Bumpchart]를 선택하고, 그림 5.46처럼 [X Axis]에 year를, [Size]에 p를, [Streams]에 htype을 매핑한다.

그림 5.46 RAWGraphs에서 충적 다이어그램 변수 매핑하기

1인 가구가 늘어나면서 1위가 되고 자녀 있는 기혼 가구는 감소하는 충적 다이어그램이 그려진다(그림 5.47). 자녀 없는 기혼 가구는 2위로 올라섰다.

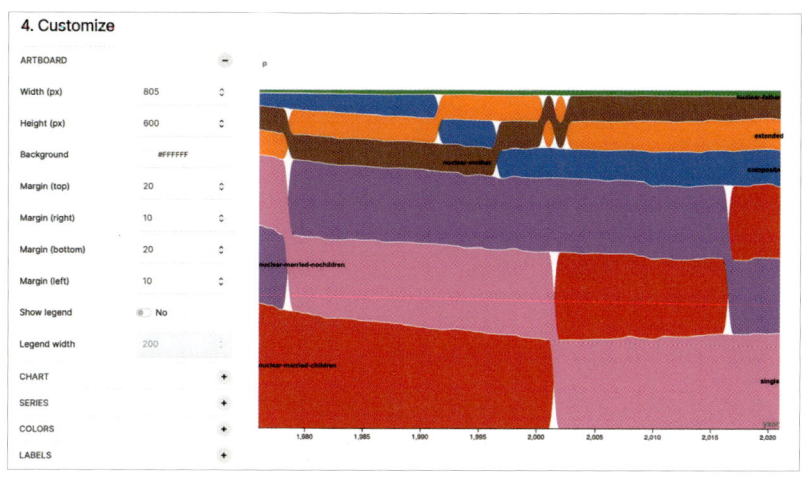

그림 5.47 RAWGraphs의 충직 다이어그램

이름에서 알 수 있듯 RAWGraphs는 완성된 차트를 만들어 주는 곳이 아닙니다. 데이터를 시각적 인코딩으로 변환할 뿐이다. 결과물을 청중과 목적에 맞게 디자인을 매만져야 한다.

그림 5.48은 그림 5.47의 편집본이다. 데이터를 자주 보지 않는 사람도 쉽게 트렌드를 파악할 수 있게 하는 것이 목표였다.

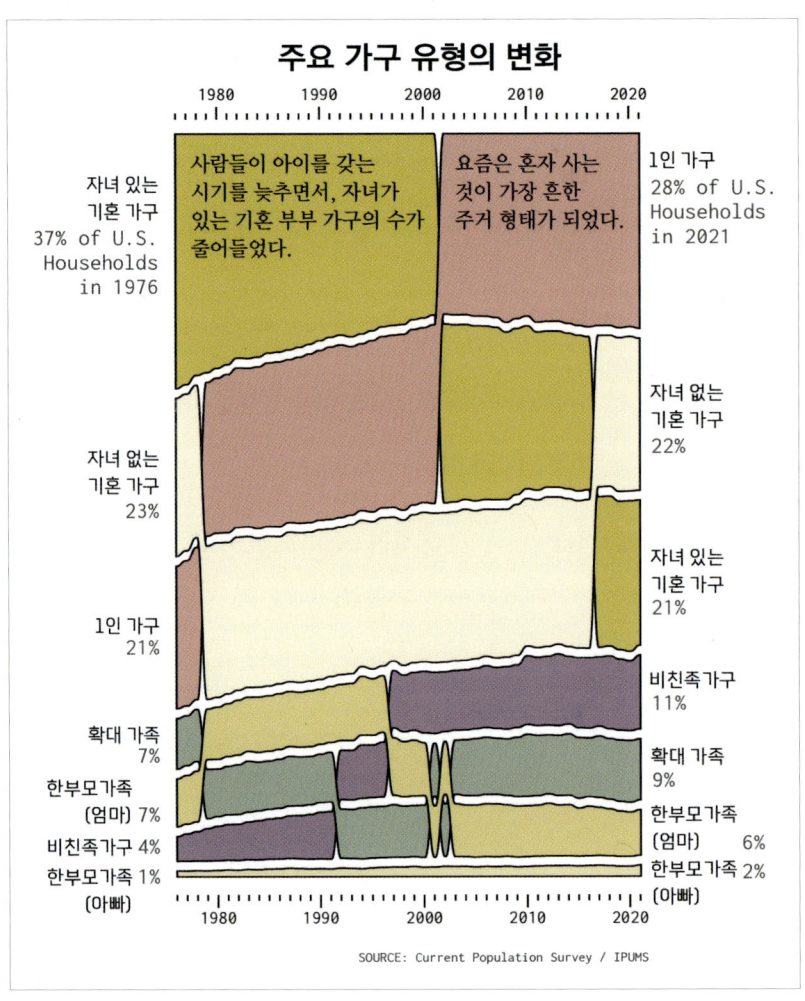

그림 5.48 명확성을 높이도록 편집된 충적 다이어그램

색조합을 바꿨다. 요즘 채도가 낮은 색을 선호해서 내 취향대로 색을 선택했다. 가로축은 연도를 나타내니 천 단위 쉼표를 사용하지 않도록 했다. 위

아래 양쪽에 축 레이블을 넣어서 연도를 확인할 때 시선을 옮기지 않아도 된다. 가구 유형 이름은 덜 모호하게 바꾸고, 시작과 끝 백분율도 추가했다. 맥락을 더하기 위해 영역 위에 주석을 얹었다.

대상이 누구인지, 무엇을 위해, 무엇을 보여주려 차트를 만드는지 생각해야 한다. 그것을 바탕으로 어떤 편집이 필요한지 판단하도록 한다.

범프 차트

시간에 따른 범주를 보여주는 충적 다이어그램은 순서가 바뀌는 누적 영역 차트와 비슷하다. 범프 차트는 충적 다이어그램와 비슷하지만 크기 변화가 없다. 그림 5.49처럼 각 범주의 시간에 따른 순위만 보여준다.

그림 5.49 범프 차트 구조

순서에만 관심 있고 양은 크게 중요치 않다면 범프 차트가 좋다. 하지만 모든 범주가 동일한 시각적 비중을 갖기 때문에 충적 다이어그램보다 선들이 더 빨리 스파게티처럼 꼬여버린다.

RAWGraphs로 범프 차트와 유사하게 만들려면 이전 충적 다이어그램 예시를 따르되, 데이터 매핑 단계에서 [Size]의 p를 제거한다. 아니면 범프 차트를 (4장에서 살펴본) 순위를 가진 다중 선 차트라고 생각해도 된다.

마무리

범주 시각화는 양, 전체에 걸친 분포, 그리고 규모를 파악하기 위해 데이터 범위를 살펴보는 것이다.

여기에 더해 범주와 시간을 함께 보면 특정 시점의 상태가 아니라 변화를 보여줄 수 있다.

일반적으로 데이터 유형을 범주형, 시계열, 공간 데이터 등으로 구분해 말하지만, 실제로는 서로 얽혀 있어 동시에 여러 의미를 지닌다. 데이터를 표현하는 시각화는 이런 관계를 보여줄 수 있어야 한다. 대개 그런 곳에 재미가 숨어 있다. 그 흥미로운 부분을 찾아내야 한다.

이제 다양한 시각화 도구를 함께 사용하면 더 효율적으로 차트를 만들 수 있다는 것을 배웠다. R이나 파이썬, 일러스트레이터만 고집할 필요는 없다. 코드 기반 도구로 데이터를 분석하고 처리하고, 클릭 방식 도구로 복잡한 차트를 다루고, 또 다른 도구로 편집하고 주석을 달 수 있다. 기술과 시각화 용도가 계속해서 변하는 만큼, 사용할 수 있는 도구들을 계속 늘려가는 것이 좋다.

다음 장에서는 도구 상자에 추가할 만한 도구들을 더 시험해 볼 것이다. 여러 변수와 데이터 세트 간의 관계, 그리고 사람과 장소, 사물이 어떻게 연관되는지 살펴보는 데 이 도구들을 사용해 보자.

6
관계 시각화

그룹 간의 유사점은 무엇인가? 그룹 내에서는? 하위 그룹 내에서는? 어떻게 연결되는가? 대부분의 사람들이 통계적으로 익숙한 관계는 상관관계이다. 한 변수가 변할 때 다른 변수도 예상된 방식으로 따라 변하는 성향이 있다. 하지만 더 많은 요소를 고려하거나 1:1이 아닌 패턴을 찾으면 관계가 더 복잡해진다. 이번 장에서는 그런 관계를 찾기 위해 시각화를 사용하고, 관계를 강조하여 스토리텔링에 활용하는 방법을 다룬다.

지금까지 시계열 데이터와 범주의 기본적인 관계를 살펴봤다. 시간에 따른 추세를 배우고 비율과 백분율을 비교해 최소값과 최대값, 그 사이의 모든 것을 봤다. 이제 변수 간의 관계를 살펴볼 차례다.

상관관계는 두 변수가 서로 어떻게 변하는지를 나타낸다. 데이터에서 흔히 찾는 관계지만 이게 유일한 관계는 아니다. 두 가지를 비교할 때는 차이에 주목하는 게 좋다. 보통 시간이나 범주에 따른 차이다. 여러 변수 간의 관계를 볼 수도 있는데, 이는 복잡성을 더하지만 때로는 좋은 점도 있다. 관계는 또한 연결에 관한 것이다. 데이터 포인트들은 어떻게 서로 연결되어 있는가?

사람, 장소, 사물을 가까이서 보면 모두가 독립적으로 기능하는 것 같다. 하지만 한 발짝 물러서서 보면 세상은 다양한 방식으로 연결되어 있음을 알 수 있다. 이번 장에서는 이런 관계에 초점을 맞춘다. HTML, CSS, 자바스크립트를 사용해 웹용 차트를 만들어 보자. 그리고 R을 이용해 시각화의 데이터 탐색 단계로 넘어간다.

상관관계

데이터의 관계라는 말을 들으면 가장 먼저 생각나는 것이 상관관계이다. 변수 간 관계를 숫자로 나타내는 상관계수를 들어봤거나 계산해본 적이 있을 것이다. 쉽게 말해, 상관관계는 어떤 것이 변할 때 다른 것도 예측 가능한 방식으로 따라 변하는 성질이다. 그 관계가 강할 수도, 약할 수도 있다. 왜 그런 상관관계가 있는지를 항상 알 수 있는 건 아니지만 상관관계는 존재한다.

예를 들어, 미국의 직업별 급여 중앙값과 이혼율을 그래프로 그리면 급여가 올라갈수록 이혼율이 낮아지는 것처럼 보인다. 그림 6.1을 보면 둘 사이에는 음의 상관관계가 있다.

그림 6.1 이혼과 직업의 상관관계, *https://flowingdata.com/2017/07/25/divorce-and-occupation*

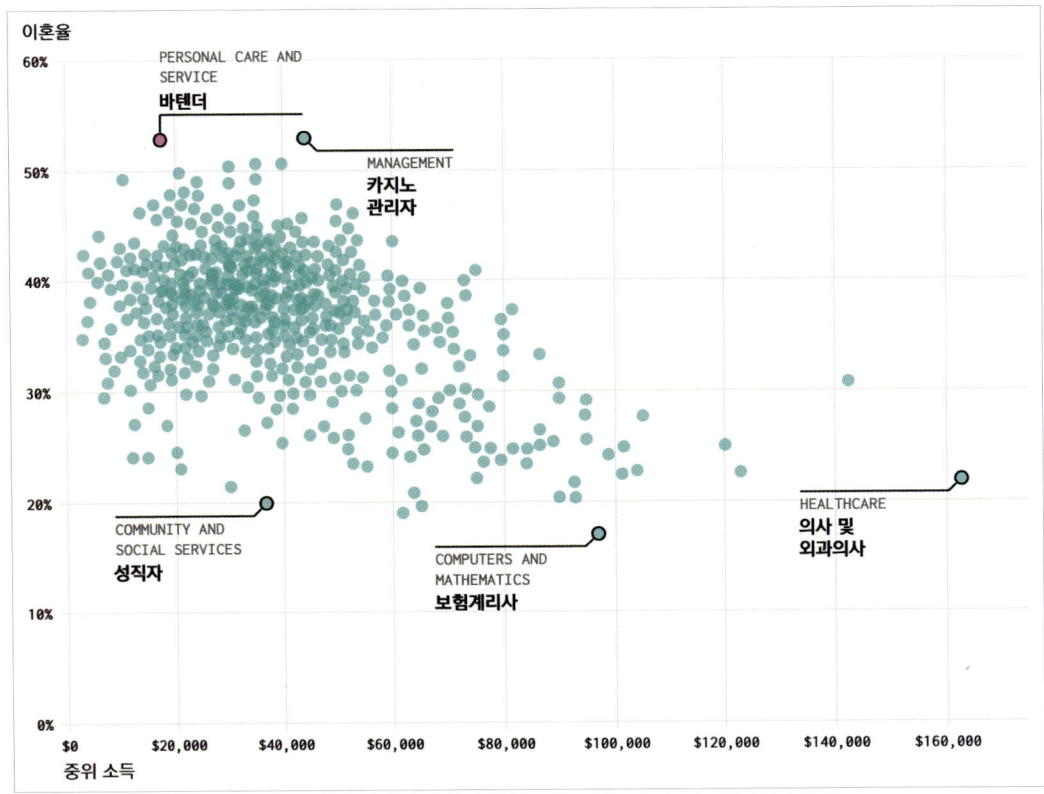

하지만 높은 급여가 낮은 이혼율의 원인일까? 모든 직장인의 급여를 올려주면 전국의 이혼율이 낮아질까? 특정 직업의 사람들이 이혼율이 낮은 이유가 그런 직업을 가진 사람의 기질이나 결혼 성향을 말해주기 때문일까? 모든 사람에게 결혼 생활을 유지하라고 하면 소득이 올라갈까?[1]

모든 외부 요인이나 교란 변수를 고려하기는 어렵다. 이로 인한 인과 관계를 입증하는 건 까다로운 문제다. 하지만 상관관계가 항상 인과 관계를 의미하진 않아도, 사물 간의 관계를 파악하고 필요 시 변화를 줄 방법을 찾는 데 좋은 지표가 될 수 있다. 대개는 상관관계를 찾는 게 우리가 할 수 있는 전부다. 그래서 우리가 가진 자료로 최선을 다하고, 계산 결과와 관련된 여러 증거들을 종합적으로 검토한다.[2]

[1] 타일러 비겐(Tyler Vigen)의 '허무맹랑한 상관관계' 사이트는 전혀 무관한 변수들이 높은 상관관계를 보이는 그래프를 통해 상관관계와 인과 관계의 차이를 재치 있게 꼬집는다.
https://datafl.ws/spurious

[2] 만화 xkcd는 이렇게 말했다. "상관관계가 인과 관계를 의미하진 않지만, 눈썹을 장난스레 움직이며 '저기 봐'라고 속삭이는 것과 같다."
https://xkcd.com/552

산점도

4장 "시간 시각화"에서 시간에 따른 패턴을 보여주는 점 도표를 배웠다. 이름 그대로 변수를 나타내는 축 위에 점을 놓아 데이터를 표시하는 범용적인 차트 유형이다. 점들은 단일 타임라인에 배치되거나, 서로 위에 쌓이거나, 격자 레이아웃으로 정렬될 수 있다. 산점도는 그림 6.2와 같이 x 축과 y 축 모두 값을 나타내는 점 도표의 특정 유형이다.

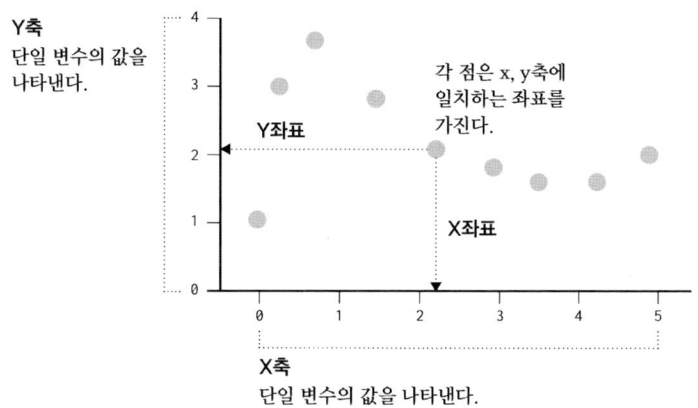

그림 6.2 산점도 구조

그림 6.3 산점도로 보는 상관관계

양의 상관관계
점들이 오른쪽 위를 향한다.

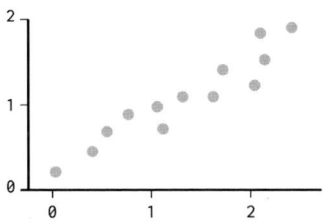

음의 상관관계
점들이 오른쪽 아래를 향한다.

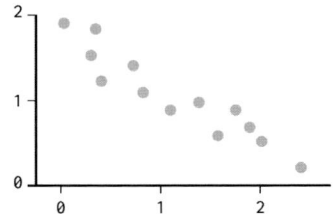

약한 상관관계
연관이 느슨해 보인다.

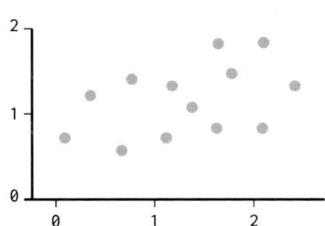

상관관계 없음
점들이 어떤 패턴도 보이지 않는다.

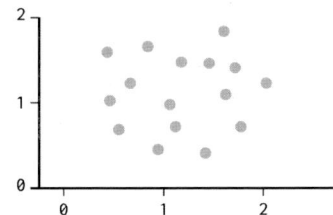

산점도의 목적은 x 축과 y 축의 두 변수 간 관계를 파악하는 것이다. 그림 6.3처럼 상관관계가 주로 알고 싶은 관계이다.

두 변수 간 관계는 주로 양의 상관관계이거나 음의 상관관계이지만 그보다 복잡한 것도 있다. 하지만 소통과 스토리텔링 목적으로는 이 두 가지면 대부분 충분하다.

산점도 만들기

> **사용 도구:** HTML, CSS, 자바스크립트, D3.js
> **데이터 세트:** 삶의 의미와 행복, book.flowingdata.com/vt2/ch6/data/act_means.tsv

지금까지는 주로 개별 도구로 데이터를 시각화했다. 파이썬, R, 그리고 클릭 기반 앱으로 차트를 만들었다. 일부 예시에서는 일러스트레이터로 편집하기도 했지만, 그 전 단계까지만 하거나 현재 도구의 기능 안에서 작업할 수도 있었다.

웹용 시각화는 일반적으로 더 많은 구성 요소들을 필요로 한다. 최소한 HTML, CSS, 자바스크립트 정도는 조합해야 한다. 이 조합 과정은 설정에 따라 더 복잡해질 수 있다. 그래서 데이터래퍼(Datawrapper)와 같은 클릭 기반 도구를 사용하는 게 유용하다. 빠르게 차트를 만들고 코드 조각을 복사해서 사용할 수 있기 때문이다.

하지만 복잡하더라도 데이터 세트에 딱 맞는 차트를 직접 만드는 것도 재미있다. 프로젝트마다, 또는 차트를 만드는 사람마다의 작은 차이와 소소한 매력이 시각화를 더욱 흥미롭고 설득력 있게 만든다.

다음 예제에서는 D3를 사용한다. D3는 자바스크립트 시각화 라이브러리로, 특정 차트 유형을 바로 그려주는 함수를 제공하지는 않는다. 대신 축, 스케일, 데이터 변환, 도형 등 시각화 구성 요소를 위한 함수를 제공한다.

이 장에서는 산점도를 포함한 여러 표준 차트를 만드는 방법을 배우지만, 구성 요소가 어떻게 조화를 이루는지와 여러 차트 간의 유사점을 눈여겨 보자. 다른 차트의 예제들이라도 제작 과정은 동일하게 반복된다.[3]

2022년 ATUS의 웰빙 모듈을 다시 살펴보자. 사람들은 일상 활동의 의미와 행복을 점수로 매겼다. 의미와 행복은 어떤 관계일까?[4]

선호하는 코드 에디터로 이번 장의 예제 다운로드 소스에 있는 산점도 폴더를 열어 따라해 보자. 서브라임텍스트(Sublime Text) 같은 것도 좋다. 이 앱은 macOS, 윈도우, 리눅스에서 다 쓸 수 있다. 세 가지 주요 부분을 따로 살펴보려 한다.

- index.html: 구조를 위한 HTML
- js/scatterplot.js: 데이터 처리, 상호작용 추가, 데이터 기반 요소 동적 추가를 위한 자바스크립트
- style/style.css: 스타일링을 위한 CSS

페이지 로드 시 자바스크립트가 실행되려면 웹 서버에서 돌려야 한다. 시스템에 개발 환경을 꼭 세팅해 두자.[5]

[3] 기본 차트 유형을 만드는 내장 함수가 있는 자바스크립트 라이브러리는 2장 "데이터 시각화 도구 선택"을 참고하자.

[4] D3나 웹 제작이 처음이라면, *https://datafl.ws/d3intro*에서 입문자용 설명을 훑어보자. 라이브러리 작동 방식에 익숙해지는 데 도움이 된다. *https://datafl.ws/d3start*에도 초보자 튜토리얼이 있다.

[5] 윈도우 사용자는 *https://datafl.ws/windev*에서 개발 환경 설정 방법을 확인하고. macOS 사용자는 *https://datafl.ws/macdev*를 참고하자.

HTML로 구조 만들기

index.html이라는 HTML 파일은 그다지 복잡하지 않다. 머리말에는 `<title>` 태그로 페이지 제목을 정하고, `<link>` 태그로 style.css 파일을 불러온다. CSS 부분은 나중에 다시 살펴볼 것이다.

```
<head>
<meta charset="utf-8">
<title>활동, 행복 그리그 의미</title>
<link rel="stylesheet" href="style/style.css" type="text/css"
      media="screen" />
</head>
```

몇 개의 `<div>` 태그가 D3로 추가할 요소들을 담는 그릇 역할을 한다.

```
<div id="main-wrapper">
    <h1>삶의 의미와 행복</h1>
    <div id="chart"></div>
</div>
```

`<script>` 태그로 D3와 scatterplot.js라는 자바스크립트 파일을 불러온다. 아니면 src로 호스팅된 버전(*https://cdn.jsdelivr.net/npm/d3@7*)을 불러와도 된다.

```
<script src="js/d3.v7.min.js"></script>
<script src="js/scatterplot.js"></script>
```

HTML은 이게 끝이다. 지금 페이지를 불러오면 '삶의 의미와 행복'이라는 제목만 보일 뿐 다른 건 없다.

JavaScript로 구현하기

이제 실제 차트를 만든다. D3 기능으로 페이지에 불러올 SVG 객체를 구성한다. js/scatterplot.js를 열고 여백, 너비, 높이를 설정하여 차트의 크기를 정한다.[6]

[6] SVG는 XML 기반 이미지 포맷이다. SVG 전체 관련 정보는 *https://datafl.ws/7mr* 에서 확인할 수 있다. 이 포맷으로 선, 도형, 텍스트 등 시각 요소를 그릴 수 있다.

```
// 차트의 범위
let margin = { top: 20, right: 10, bottom: 50, left: 45 },
    width = 600 -margin.left -margin.right,
    height = 750 -margin.top -margin.bottom;
```

상단 여백은 20px, 우측 여백은 10px 등이다. 차트의 전체 너비는 600px, 높이는 750px로 너비보다 약간 더 넓다.

index.html에서 ID가 chart인 <div>를 선택해 SVG를 시작한다. append()로 svg 태그를 추가한다.

```
// SVG 시작
let svg = d3.select("#chart").append("svg")
    .attr("width", width + margin.left + margin.right)
    .attr("height", height + margin.top + margin.bottom)
  .append("g")
    .attr("transform", "translate(" + margin.left + ","
        + margin.top + ")");
```

지금 페이지를 로드하면 제목만 보인다. 페이지 위에서 마우스 오른쪽 버튼을 클릭한 다음 브라우저에 따라 [검사] 또는 [요소 검사]를 선택한다. 그러면 그림 6.4처럼 개발자 도구가 뜨고 페이지의 요소들이 보인다. 자바스크립트로 추가한 요소도 같이 보인다. 디버깅과 코드가 의도내로 동작하는지 확인하는 데 유용하다.

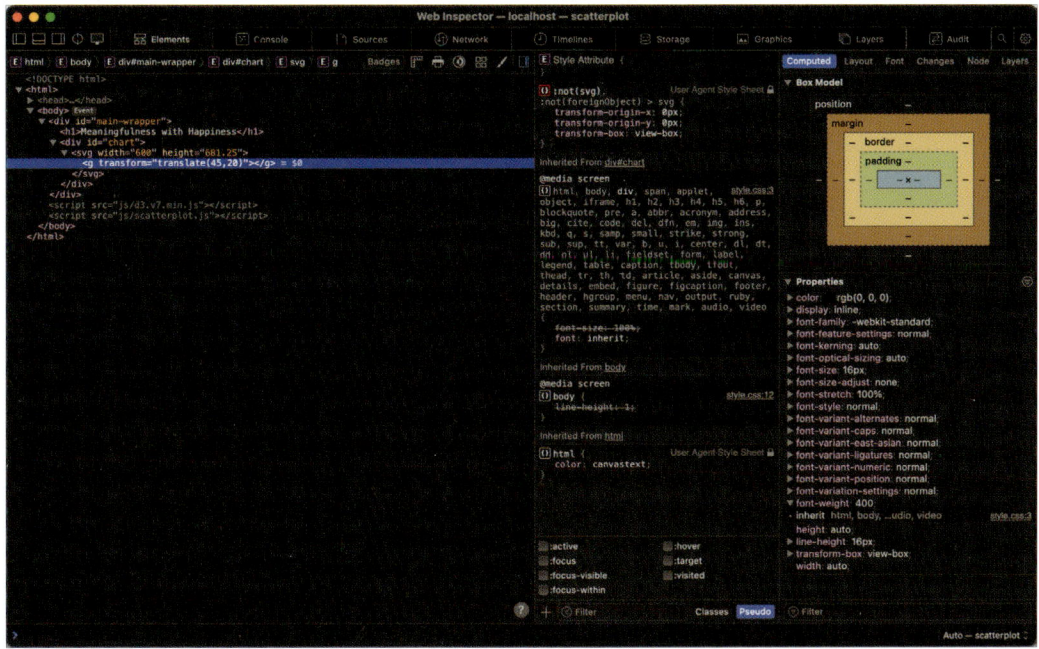

그림 6.4 개발자 도구

d3.scaleLinear()로 의미 점수의 x 축 스케일을 정의한다. 도메인은 데이터의 평균 의미 점수 범위인 3에서 6으로 설정한다. 범위는 0에서 width까지로 정한다. 이는 3에서 6 사이 값이 페이지 공간에 어떻게 매핑되는지를 나타낸다. 예를 들어 의미 3은 픽셀값 0에, 6은 너비에 해당하는 픽셀값에 매핑된다.[7]

7 D3는 로그와 범주형 스케일 등 다양한 스케일을 제공한다. 전체 목록은 다음 문서에서 확인할 수 있다. *https://d3js.org/d3-scale*. 하지만 지금은 선형 스케일만 사용할 것이다.

```
// x 스케일
let x = d3.scaleLinear()
    .domain([3, 6])
    .range([0, width]);
```

y 축도 비슷하게 정의하되, 도메인은 2에서 6으로, 범위는 height부터 0으로 설정한다. 왜 0에서 height로 가지 않을까? 보통 (0,0)이 아래에 있고 y 값이 위로 갈수록 커지는 일반적인 차트와 달리, SVG 좌표계는 (0,0)이 왼쪽 상단에 있다. x 좌표는 대부분의 차트처럼 왼쪽에서 오른쪽으로 커지지만, y 좌표는 위에서 아래로 커져서 위아래가 뒤집힌다. 순위처럼 낮은 값이 위에 오는 차트를 만들 때는 0부터 높이로 설정하면 된다.

```
// y 스케일
let y = d3.scaleLinear()
    .domain([2, 6])
    .range([height, 0]);
```

이제 d3.axisBottom()을 사용해 x 축을 만든다. 차트 높이에 8을 더한 길이의 눈금 4개를 그리고, 눈금 표시와 레이블 사이에 5의 간격을 둔다.

```
// x 축
let xAxis = d3.axisBottom(x)
    .ticks(4)
    .tickSize(-height-8)
    .tickPadding(5);
```

append()로 x 축을 SVG에 추가한다. 다음과 같이 속성을 설정한다.

```
// x 축 요소
let xAxisEl = svg.append("g")
    .attr("class", "x axis bottom")
    .attr("transform", "translate(0,"+(height+8)+")");
```

x 축 요소에 텍스트 레이블을 추가한다.

```
xAxisEl.append("text")
    .attr("class", "axistitle")
    .attr("text-anchor", "start")
    .attr("x", 0).attr("y", 0)
    .attr("dx", -1) .attr("dy", "2.5em")
    .text("Meaningfulness Score Average");
xAxisEl.call(xAxis);
```

페이지를 로드하면 그림 6.5처럼 차트 높이만큼 격자선이 뻗은 x 축이 나타난다.

그림 6.5 x 축을 추가한 상태

자바스크립트를 처음 접한다면 지금까지 본 코드가 뭔소린가 싶겠지만, 반복적으로 연습하다 보면 차츰 코드를 직관적으로 이해하게 될 것이다. 핵심은 각 단계마다 요소를 정의하고 그것을 객체에 추가하는 것이다. 그러고 나서 속성을 설정해 준다.

d3.axisLeft()로 축을 정의하고, append()로 요소를 추가하고, 다시 append()로 축 레이블을 추가한 다음 call()로 정의된 yAxis를 요소에 적용해 y 축을 추가한다.

```
// y 축
let yAxis = d3.axisLeft(y)
    .ticks(5)
    .tickSize(-width-8)
    .tickPadding(5);
let yAxisEl = svg.append("g")
    .attr("class", "y axis left")
    .attr("transform", "translate("+(-8)+", 0)");
yAxisEl.append("text")
    .attr("class", "axistitle")
    .attr("x", 0).attr("y", 0)
    .attr("dx", "4px")
    .attr("dy", "-1.5em")
    .style("text-anchor", "end")
    .attr("transform", "rotate(-90)")
    .text("Happiness Score Average");
yAxisEl.call(yAxis);
```

그림 6.6은 격자가 설정된 차트를 보여준다.

좌표계와 축을 정의하고 나면 이제 데이터를 나타내는 점을 그릴 수 있다. activities와 circle 두 변수를 만든다. 전자는 데이터 할당용이고, 후자는 각 점을 위한 것이다.

```
let activities;
let circle;
```

다운 받은 act_means.tsv 파일에서 샘플을 가져왔다. 각 행은 하나의 활동을 나타내고, 열에는 행복 평균 점수인 schappy_mean과 의미 평균 점수인 meaning_mean이 있다.

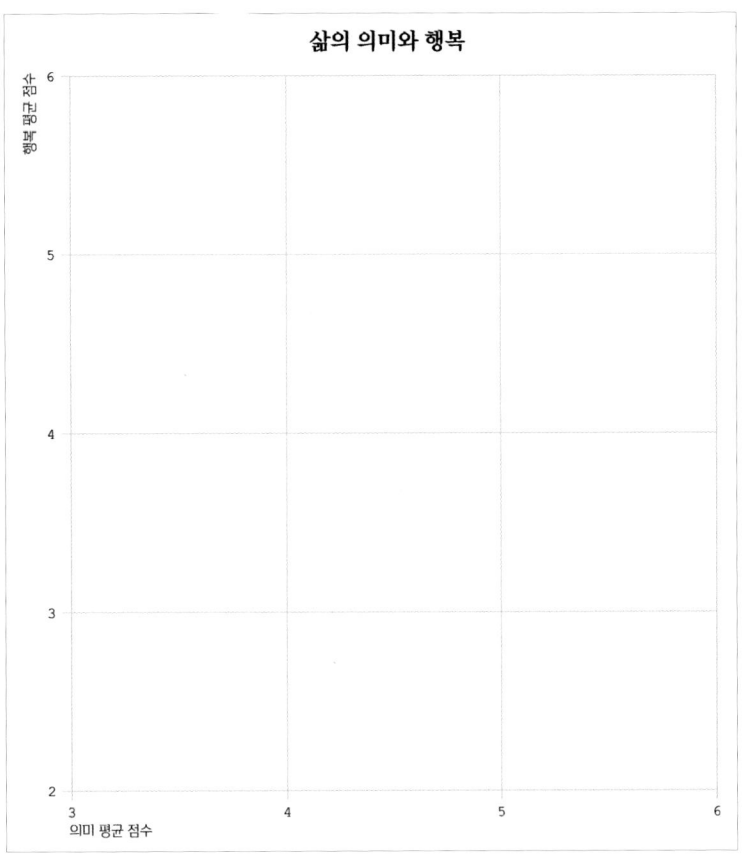

그림 6.6 격자를 설정한 빈 차트

```
"activity"      "schappy_mean"    "meaning_mean"           "descrip"
"010301"        3.65    5.2875    "Health-related self care"
"010399"        0.4441  4.332     "Self care, misc."
"020101"        4.3016  5.0383    "Interior cleaning"
"020102"        4.1979  4.866     "Laundry"
```

다음과 같이 데이터를 불러올 준비를 한다. 자바스크립트에서 Promise 객체를 만든다. 다른 코드 실행 전에 데이터가 확실하게 로드되도록 하기 위해서다. 다른 소프트웨어처럼 d3.tsv()의 파일 경로는 index.html 기준 상대 경로다.

상관관계   207

```
// 데이터 불러오기
const activitiesData = Promise.all([
    d3.tsv("data/actmeans.tsv", d3.autoType)_
]);
```

데이터가 로드되면 다음 단계에서 정의할 initChart() 함수를 Promise 객체의 then() 메서드로 실행한다.[8]

<small>8 자바스크립트의 Promise 객체에 대한 자세한 내용은 https://datafl.ws/promise 에서 확인할 수 있다.</small>

```
activitiesData.then(function(data) {
    activities = data[0];
    // console.log(activities);

    // 데이터가 로드되어서 차트를 초기화한다.
    initChart();
});
```

initChart() 함수는 각 활동마다 원을 추가한다. x 축에는 의미 평균값, y 축에는 행복 평균값을 표시한다. D3 표준 문법으로 selectAll()을 사용해 원 요소들을 선택하고(현재는 없음), activity 데이터를 바인딩한 뒤, join()으로 각 값을 원에 지정한다. 이때 id, 원 중심 좌표(cx와 cy), 채우기 색상 속성(fill)을 지정한다.

```
function initChart() {
    // 각 노드마다 원을 그린다.
    circle = svg.append("g")
        .selectAll("circle")
        .data(activities)
        .join("circle")
        .attr("id", d => "circle"+d.activity)
        .attr("cx", d => x(d.meaning_mean))
        .attr("cy", d => y(d.schappy_mean))
        .attr("fill", "#5a8171")
        .attr("r", 3);
}
```

그림 6.7과 같이 삶의 의미와 행복에 관한 산점도가 그려졌다.

다시 한번 강조하지만, 이 부분이 혼란스럽더라도 걱정하지 말자. D3는 학습 곡선이 가파르고 배우기 까다롭기로 유명하다. 이번 장에는 자세한 내용을 다루는 몇 가지 예시가 더 있다. D3의 유연성은 수년간 큰 장점으로

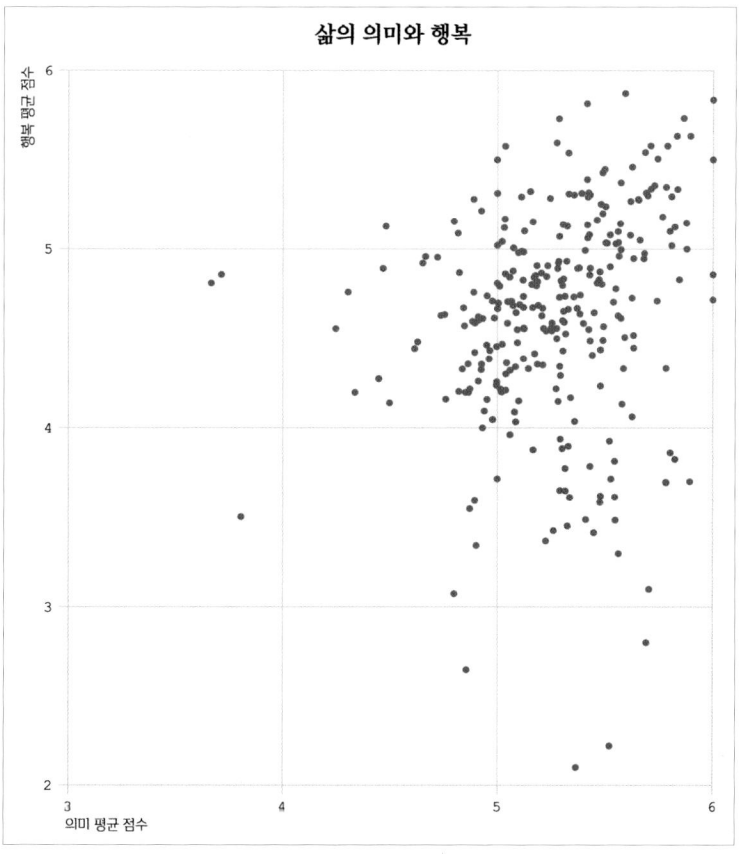

그림 6.7 D3로 만든 산점도

입증되었다. 하지만 당신의 작업에서 그러한 유연성이 필요하지 않다면, 앞에서 언급한 차트를 바로 그려주는 함수가 있는 자바스크립트 라이브러리를 사용해도 된다.[9]

CSS로 스타일 만들기

이 차트는 자바스크립트에서 `.class()`로 설정한 클래스명과 일치하는 스타일을 style.css에 이미 정의했다고 가정한다. 여기에는 페이지에서의 위치(SVG 내부만이 아닌), 글꼴 스타일, 색상, 선 굵기를 설정할 수 있다. 차트 `<div>`의 위치 지정부터 시작하자.

[9] D3의 Join은 처음엔 어렵지만 반복해서 사용하다 보면 직관적으로 느껴진다. D3 창시자인 마이크 보스톡(Mike Bostock)이 Join에 대한 가이드를 제공한다. *https://datafl.ws/d3join*

```
# chart {
    margin: 0 auto;
}
```

`<div>`를 중앙에 배치하기 위해 너비를 기준으로 좌우 여백을 자동으로 설정한다. 다음으로 축 텍스트의 글꼴 스타일을 지정한다.

```
.axis text {
    font-family: "Courier New", Courier, monospace;
    font-size: .8rem;
}
```

축 제목에 별도의 속성을 설정한다. 축 선 색상을 연한 회색으로 설정하고 선의 굵기를 1픽셀로 지정한다.

```
.axis .axistitle {
    text-transform: uppercase;
    fill: #333;
    font-size: .8rem;
}
.axis path,
.axis line {
    fill: none;
    stroke: #ccc;
    stroke-width: 1px;
    shape-rendering: crispEdges;
}
```

여기서 계속 속성을 추가할 수 있다. 파일의 값을 바꾸고 페이지를 다시 불러와 무엇이 바뀌었는지 확인하자. 브라우저 스타일시트가 다시 로드되도록 캐시를 지워야 할 수도 있다.[10]

버블 차트

버블 차트(Bubble Plot)는 산점도와 기하학적 구조가 비슷하다. x와 y 좌표로 위치를 나타내고 두 변수 간의 관계를 보여준다. 하지만 그림 6.8과 같이 크기가 다른 원이나 버블을 사용해 세 번째 변수를 표현할 수 있다.

> 10 참조: 지금까지는 시각화를 특정 차트 유형의 관점에서 봤다. 막대 그래프나 선 차트를 만드는 함수나 가이드 인터페이스가 있었다. 이것만으로도 대부분의 기본적인 건 만들 수 있다. 하지만 최대한 유연하게 만들고 조정하고 싶다면 시각화를 좌표계, 척도, 시각적 인코딩, 맥락 같은 구성 요소로 나눠 생각하는 게 좋다. 앞으로는 이런 관점으로 접근해 보자. 9장 "목적을 담은 디자인"에서 이 부분을 더 자세히 다룰 것이다.

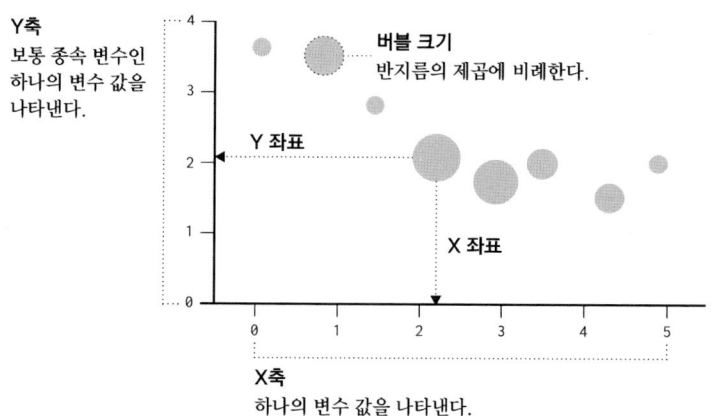

그림 6.8 버블 차트 구조

5장 "범주 시각화"에서 논의한 크기 조절 기호와 마찬가지로, 버블은 전체 면적으로 크기를 나타낸다. 다시 한번, 소프트웨어가 원의 크기를 어떻게 조절하는지 확인해서 범주 간 차이를 실수로 과장하거나 축소하지 않도록 해야 한다.

버블 차트는 일반적으로 비율, 백분율, 평균과 같은 정규화된 두 변수가 있고, 여기에 대해 보통 양의 값을 나타내는 세 번째 변수가 있을 때 사용한다. 정규화된 변수는 위치를 결정하고, 양의 값은 크기를 결정한다.

예를 들어, 한스 로슬링의 그 유명한 움직이는 버블 차트(1장에서 언급했다)에서는 x 축에 출산율, y 축에 기대 수명을 놓고, 각국을 나타내는 버블의 크기를 인구로 정했다. 이렇게 하면 인구가 많은 곳에 시각적 주목도가 높아진다.[11]

버블 차트는 세 변수 간의 관계를 볼 수 있게 해준다. 5장에서 설명한 크기 조절 기호와 비슷한 장단점이 있다. 길이나 위치보다 면적 쪽이 차이를 구분하기 더 어렵다. 크기 조절된 원은 산점도의 점보다 더 많은 공간을 차지해서, 플롯 크기에 비해 큰 원을 사용하면 금방 복잡하게 엉킬 수 있다. 이런 장단점을 고려해 결정해야 한다. 다행히 산점도를 이미 만들었다면 버블 차트로 바꾸는 건 대체로 간단해서, 바꿀 만한 가치가 있는지 쉽게 확인할 수 있다.

11 https://datafl.ws/bubble 에서 버블 차트 예시를 확인할 수 있다.

버블 차트 만들기

사용 도구: HTML, CSS, 자바스크립트, D3.js
데이터 세트: 삶의 의미와 행복, book.flowingdata.com/vt2/ch6/data/act_means.tsv

산점도 예제의 의미와 행복 평균 점수로 돌아가보자. 처음부터 시작할 필요는 없다. 데이터를 불러오고, 축을 만들고, 점(작은 원)을 배치하는 방식은 같다. 차이는 원의 크기다. 산점도에서는 initChart()에서 모든 원의 반지름을 3으로 설정했다. 6장 다운로드 파일에 있는 bubbleplot.js에서는 x와 y 스케일 다음에 반지름 r을 위한 세 번째 스케일을 정의한다.

```
// 반지름 크기
let r = d3.scaleSqrt()
    .domain([0, 10])
    .range([0, 25]);
```

act_means.tsv 데이터 파일에는 relwt 열이 있다. 이는 설문 당일 활동에 참여한 사람 수를 기준으로 계산됐다. 변수는 0부터 10까지의 척도로, 0은 아무도 참여하지 않았음을, 10은 많은 사람이 참여했음을 뜻한다. 반지름 스케일은 d3.scaleSqrt()를 사용해 domain을 0에서 10(데이터의 범위)으로, range를 0에서 25(화면의 픽셀 범위)로 설정한다.

그 다음 initChart()에서 원을 추가하고 .attr() 메서드로 r 속성을 3 대신 relwt 기준으로 설정한다.

```
// 각 노드마다 원을 그린다.
circle = svg.append("g")
    .selectAll("circle")
    .data(activities)
    .join("circle")
    .attr("id", d => "circle"+d.activity)
    .attr("cx", d => x(d.meaning_mean))
    .attr("cy", d => y(d.schappy_mean))
    .attr("fill", "#5a8171")
    .attr("r", d => r(d.relwt));
```

Join 후에 .attr()이 여러 번 호출돼 원의 속성을 설정한다. 대부분의 속성(id, 중심 x 좌표(cx), 중심 y 좌표(cy), 반지름(r))은 함수가 제공된다. 이 함수들은 각 데이터 포인트에 적용된다. 하지만 채우기 색은 16진수 #5a8171 로 설정돼 모든 원에 동일하게 적용된다.

이렇게 하면 그림 6.9과 같은 버블 차트가 생성되며, 마치 잉크 얼룩처럼 보인다.

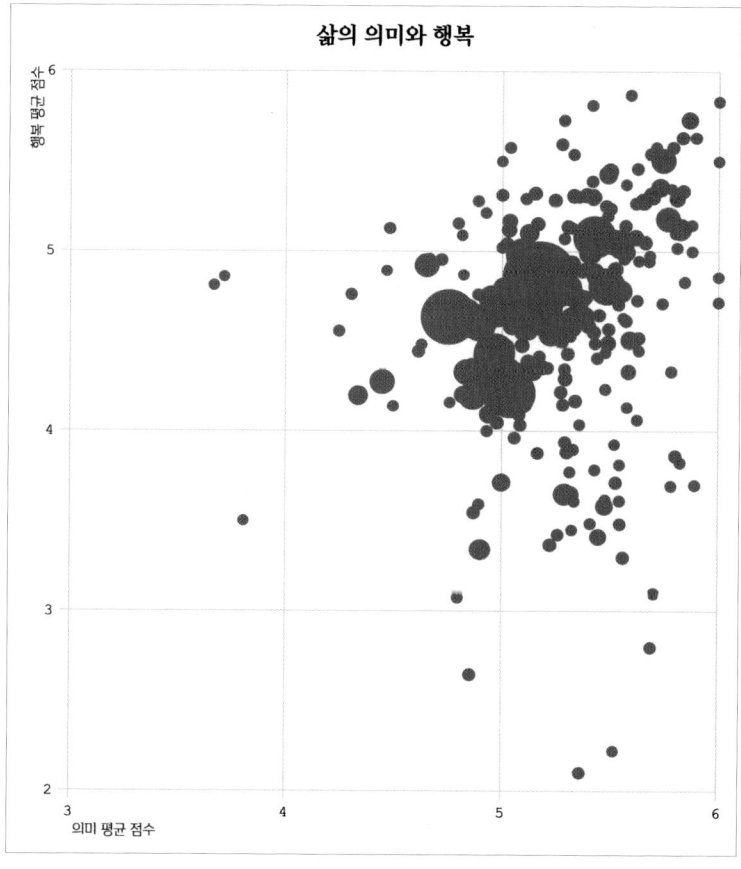

그림 **6.9** 산점도 버전에서 버블 크기를 조정한 차트

조정이 필요하긴 하지만, 반지름이 다르니 차트의 역동성이 달라진 것을 확인할 수 있다. 산점도가 두 변수 x-y의 관계에 초점을 맞췄다면, 버블 차트는 그 관계와 함께 각 활동의 빈도를 보여준다. 흔하지 않은 활동은 덜 두드러진다.

더 빈번한 활동에 집중하려면 x와 y 척도의 입력 범위(domain)를 조정해 관련 영역을 확대할 수 있다. x의 domain은 4에서 6으로, y의 domain은 3에서 6으로 설정하면 된다.

```
let x = d3.scaleLinear()
    .domain([4, 6])
    .range([0, width]);
let y = d3.scaleLinear()
    .domain([3, 6])
    .range([height, 0]);
```

원 도형의 fill-opacity 속성을 0.75로 바꿔 뒤에 있는 원들이 비치게 하고, stroke와 stroke-width 속성으로 흰 테두리를 추가해 잘 구분되도록 한다.

```
// 각 노드마다 원을 그린다.
circle = svg.append("g")
    .selectAll("circle")
    .data(activities)
    .join("circle")
    .attr("id", d => "circle"+d.activity)
    .attr("cx", d => x(d.meaning_mean))
    .attr("cy", d => y(d.schappy_mean))
    .attr("fill", "#5a8171")
    .attr("fill-opacity", .75)
    .attr("r", d => r(d.relwt))
    .attr("stroke", "#fff")
    .attr("stroke-width", ".5px");
```

차트의 높이와 너비를 같게 하면 그림 6.10과 같은 차트가 나온다. 잉크 얼룩 같던 모양이 더 동그랗고 버블 모양 같이 보인다.

첫 번째 버전보다 읽기 쉽다. 모든 원이 보인다. 하지만 각 원이 무엇을 나타내는지 알면 좋겠다. 그래야 독자가 이상점(異常點, outlier)을 쉽게 찾거나 흥미로운 부분을 살펴볼 수 있다. 모든 원에 레이블을 붙일 수도 있지만, 공간이 넉넉치 않으면 금세 지저분해지고 읽기 힘들어질 것이다.

원 위에 마우스를 올리거나 클릭했을 때 레이블이 나타나게 하면 어떨까? D3로 이런 이벤트가 발생할 때 실행할 함수를 정의할 수 있다. bubbleplot.js의 setInteraction() 함수에서 'mouseover' 이벤트를 감지해 마우스가 올라간 원의 레이블을 표시한다. 이 함수는 initChart() 끝에서 호출된다. 다음 내용을 원에 적용하려면 이 함수를 호출해야 한다.

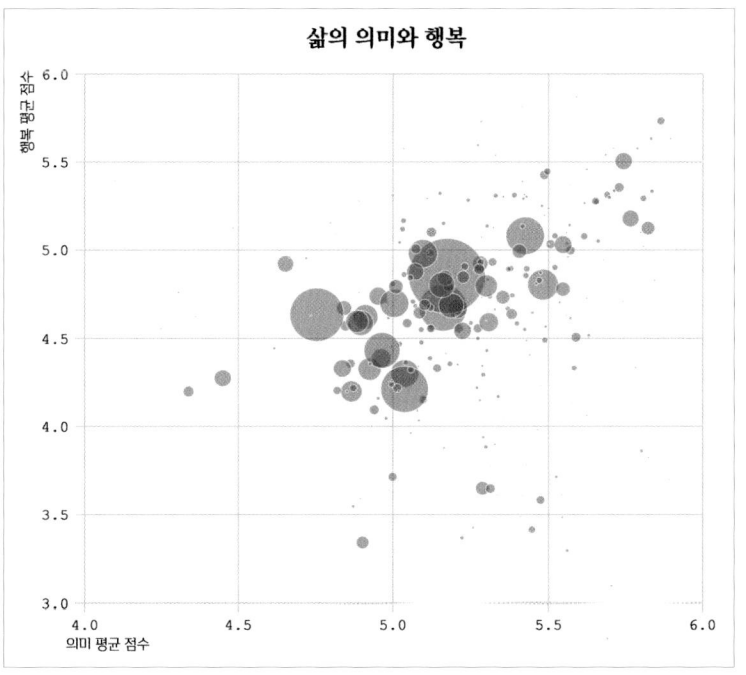

그림 6.10 가시성이 개선된 버블 차트

```
function setInteraction() {

    // 레이블 생성
    labeltext = svg.append("text")
        .attr("text-anchor", "middle");

    // 마우스 호버 이벤트
    circle.on("mouseover", function(e,d) {
        d3.selectAll(".current").classed("current", false);
        d3.select(this).classed("current", true);

        let curract = d3.select(this).datum();

        labeltext.text(curract.descrip)
            .attr("x", x(curract.meaning_mean))
            .attr("y", y(curract.schappy_mean)-r(curract.relwt)-5);
    })
    .on('mouseout', function(d) {
        d3.select(this).classed('current', false);
        labeltext.text('');
    }); // @end mouseover
}
```

상관관계

SVG에 빈 텍스트 요소를 추가한다. 마우스 커서를 올리면 선택된 원에 current CSS 클래스를 부여하고, 이전에 current로 분류된 요소들은 false로 설정한다. 이 클래스는 style/style.css에 정의해 놓았고, 원의 테두리를 검은색으로 만든다.

원에 연결된 데이터는 curract에 할당된다. 이 데이터로 레이블 텍스트를 설정하고, x와 y 속성을 지정해 텍스트를 현재 원 바로 위에 배치한다(그림 6.11).

커서가 원에서 벗어나면 CSS 클래스가 제거되고 텍스트는 빈칸으로 설정된다.[12]

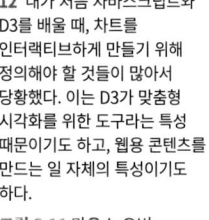

12 내가 처음 자바스크립트와 D3를 배울 때, 차트를 인터랙티브하게 만들기 위해 정의해야 할 것들이 많아서 당황했다. 이는 D3가 맞춤형 시각화를 위한 도구라는 특성 때문이기도 하고, 웹용 콘텐츠를 만드는 일 자체의 특성이기도 하다.

그림 6.11 마우스 오버 텍스트가 있는 버블 차트

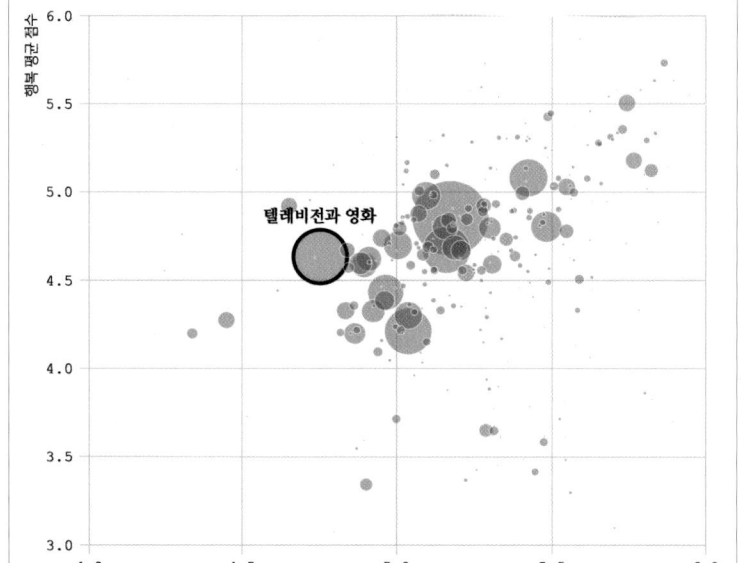

차이점

서로 얼마나 다른가? 똑같은가? 시간이 지남에 따라 차이가 달라졌는가? 우리는 필연적으로 자신과 자신의 상황을 다른 사람의 그것과 비교하면서 그 차이를 찾게 된다. 불균형을 찾는다. 내 어린 아이들은 특히 누가 무엇을 얻었는지, 무엇이 공평한지에 민감하다. 그럴 때마다 나는 공평함은 나이 차이에 따라 다를 수 있다고 설명해 준다.

어른들의 세계에서는 남성과 여성의 차이를 종종 강조한다. 기대, 책임, 동기는 시간이 지남에 따라 나뉘기도 하고 비슷해지기도 한다. 예를 들어, 그림 6.12는 남성 중심이었다가 여성이 다수가 된 직업의 남성과 여성의 비율을 보여준다. 이런 변화는 대부분 여성의 노동 시장 진출이 늘어난 데서 비롯됐고, 일부는 문화적 변화에서 비롯됐다.

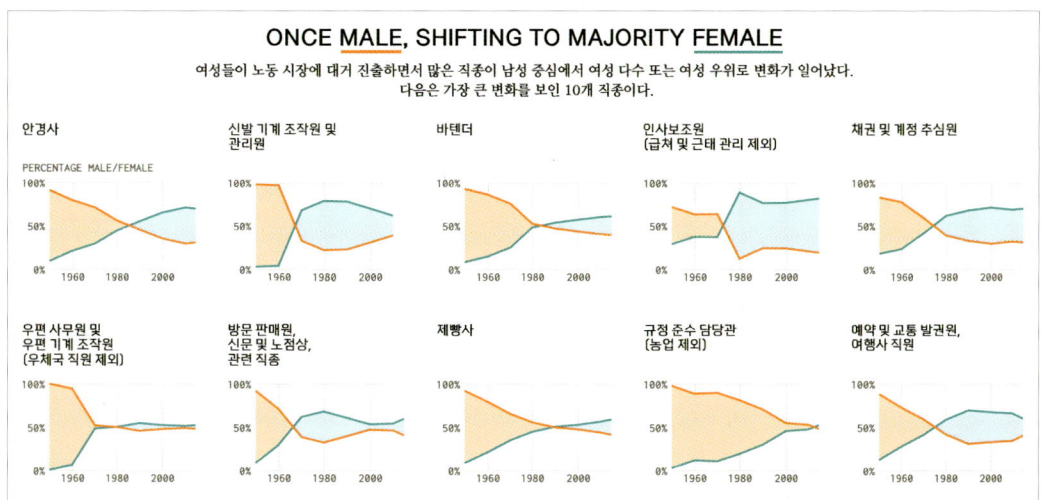

그림 6.12 1950년 이후 가장 여성적인/남성적인 직업 (2007-현재), https://flowingdata.com/2017/09/11/most-female-and-male-occupations-since-1950

이 예시는 차이 차트(Difference Chart)를 사용했다. 이제 자세히 살펴보겠지만, 시간에 따른 남녀 비율의 차이를 강조해서 보여준다. 두 개의 선으로 된 선 차트나 누적 막대 차트로도 같은 비율을 보여줄 수 있다. 하지만 차이 차트는 특정 시점에 어느 쪽이 더 큰지에 초점을 맞춘다. 데이터로 이야기를 들려준다는 건 관심 있는 인사이트에 주목하게 만드는 일이다.

덤벨 차트

덤벨 차트는 여러 그룹에서 두 범주 간의 차이에 초점을 맞춘 점 도표와 비슷하다. 시각화하는 사람들은 실제 사물에서 이름을 따 차트 유형 이름 붙이기를 좋아한다. 그림 6.13에서 보듯 비교 모양이 덤벨과 비슷하다. 내 설명보다 더 기억에 남는 이름인 것 같다.

그림 6.13 덤벨 차트 구조

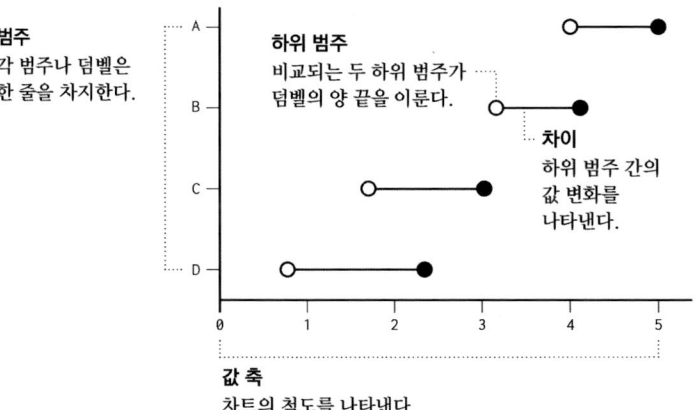

이 차트는 인구 통계 집단 같은 두 범주를 직접 비교할 때 유용하다. 연령대, 성별, 인종 등을 떠올려 보자. 점은 각 범주의 위치를 보여주고, 그 사이 선은 차이를 강조한다. 그래서 주로 성별 간 격차를 보여주는 데 많이 쓰인다. 다음 예시에서 살펴볼 것이다.

덤벨 차트 만들기

사용 도구: HTML, CSS, 자바스크립트, D3.js
데이터 세트: 아이 돌보기, 남녀 비교, book.flowingdata.com/vt2/ch6/data/hh-activities-withkids.tsv

D3를 계속 사용한다. 동일하게 HTML, CSS, 자바스크립트 세 부분으로 나뉘어 있다. 6장의 다운로드 소스 중 [web]-[barbell] 폴더에서 볼 수 있다. HTML과 CSS는 이전 예시와 비슷하다. 주된 차이는 자바스크립트([js] 폴더의 barbell.js)에 있다. 하지만 익숙한 부분도 있을 것이다.

이 예시에서는 2013년부터 2017년까지의 ATUS 응답을 바탕으로 어머니와 아버지가 육아 관련 활동에 쓴 시간을 비교한다. 육아와 관련해 남성들이 이전보다 더 많은 책임을 지는 쪽으로 변화했지만, 여전히 더 많이 육아를 맡는 여성들과는 눈에 띄는 차이가 있다. 얼마나 다른가? 그리고 어떤 점에서 차이가 나는가?

이전과 같이 차원을 설정하고 SVG를 동일하게 시작한다. 레이블 공간을 더 많이 확보하기 위해 왼쪽 여백을 산점도 및 버블 차트의 여백보다 넓게 주었다.

```
// 차트 크기 정의
let margin = { top: 20, right: 20, bottom: 50, left: 290 },
    width = 650 -margin.left -margin.right,
    height = 550 -margin.top -margin.bottom;
// SVG 만들기
let svg = d3.select("#chart").append("svg")
    .attr("width", width + margin.left + margin.right)
    .attr("height", height + margin.top + margin.bottom)
  .append("g")
    .attr("transform",
          "translate(" + margin.left + "," + margin.top + ")");
```

x 축과 y 축 스케일을 정의한다. 이번에는 y 축에 d3.scaleBand()를 쓴다. 이는 축에 카테고리를 표시할 때 유용하다. 도메인은 데이터를 불러온 뒤 설정한다.

```
// 스케일: x와 y
let x = d3.scaleLinear()
    .domain([0, 80])
    .range([0, width]);
let y = d3.scaleBand()
    .range([height, 0]);
```

데이터 세트를 불러온다(TSV 파일). 각 행은 활동을 나타내며, 여성 참여율, 남성 참여율, 활동 코드와 설명 열이 있다. 다음 코드는 여성 참여율을 기준으로 행을 오름차순 정렬한다. 데이터를 다 불러들이면 initChart() 함수가 호출된다.

```
// 데이터 불러오기
const activitiesData = Promise.all([
    d3.tsv("data/hh-activities-withkids.tsv", d3.autoType)
]);
activitiesData.then(function(data) {
    activities = data[0].sort((a, b) => a.pctkidsf -b.pctkidsf);

    // 데이터를 불러오고 차트를 초기화한다.
    initChart();
});
```

불러온 데이터를 기반으로 initChart() 함수에서 y 축 스케일의 도메인을 설정한다. 도메인, 즉 데이터의 범위는 각각의 활동 설명이 될 것이다. 예를 들면 신체 돌봄, 숙제, 행사 참석 등이다. 이전 예제에서 y 축 스케일이 .scaleLinear()로 정의된 선형이었던 반면, 여기서는 .scaleBand()로 정의해 범위(이 경우 height부터 0까지)를 균등하게 나누는 범주형 스케일임을 나타낸다.[13]

13 참고: 중복을 피하기 위해 이전 예제와 다른 부분 코드만 설명한다. 장별 다운로드에서 제공되는 소스 코드를 꼭 따라가며 확인하길 바란다.

```
// y 스케일 입력 범위
y.domain(activities.map(d => d.desc));
```

정의한 축은 initChart()로 추가된다. 그림 6.14는 지금까지 코딩한 차트의 모습을 보여준다.

그림 6.14 덤벨 차트에 축을 추가한 모습

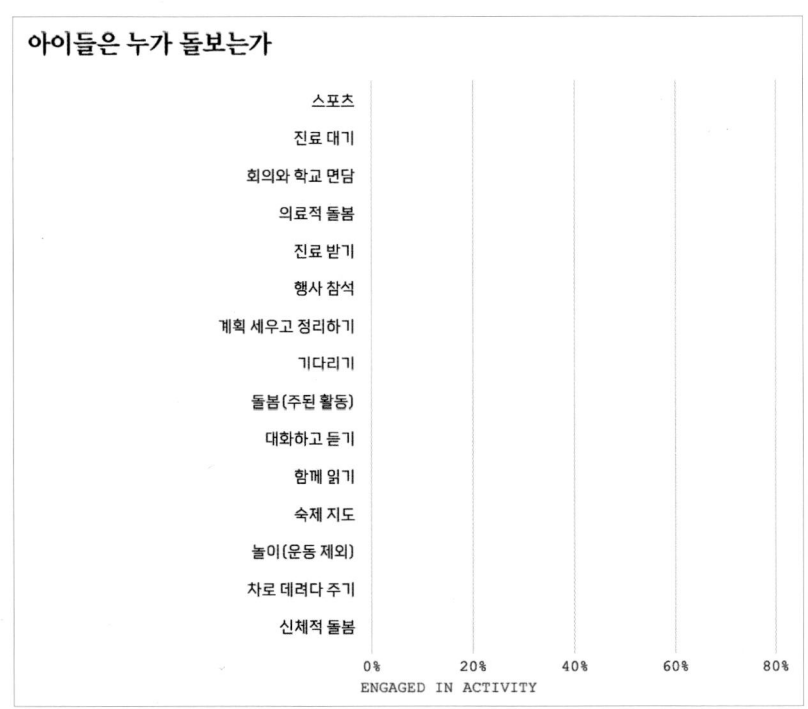

각 활동마다 SVG 그룹 요소를 추가하고, y 축상의 해당 위치로 수직 이동시킨다.

```
// 덤벨 만들기
barbell = svg.selectAll(".barbell")
    .data(activities)
    .join("g")
    .attr("class", "barbell")
    .attr("transform", d =>
      "translate(0,"+(y(d.desc)+(y.bandwidth()/2))+")")
    .attr("id", d => "act"+d.code);
```

각 그룹 요소에 대해 x 축상의 남성 비율에서 여성 비율로 연결선을 그린다.

```
// 선 연결하기
barbell.append("line")
    .attr("x1", d => x(d.pctkidsm))
    .attr("x2", d => x(d.pctkidsf))
    .attr("y1", 0).attr("y2", 0)
    .attr("stroke", "#000000");
```

남성 비율을 나타내는 원을 추가한다. cx 속성은 원의 x 위치를 설정한다. cy 속성은 0으로 설정하는데, 원이 추가되는 그룹 요소가 이미 이동되었기 때문이다. 일반적으로 요소 내 자식 요소의 위치는 부모 요소를 기준으로 한다. 반지름을 나타내는 r 속성은 6으로 설정한다.

```
barbell.append("circle")
    .attr("class", "men")
    .attr("cx", d => x(d.pctkidsm))
    .attr("cy", 0)
    .attr("r", 6);
```

pctkidsf를 사용하는 것은 제외한다.

```
barbell.append("circle")
    .attr("class", "women")
    .attr("cx", d => x(d.pctkidsf))
    .attr("cy", 0)
    .attr("r", 6);
```

마지막으로, 원에 레이블을 요소로 추가해 독자가 어떤 색이 남성과 여성을 나타내는지 알 수 있게 한다.

```
// 레이블 추가
svg.append("text")
    .attr("x", x(activities[14].pctkidsm))
    .attr("y", y(activities[14].desc))
    .attr("text-anchor", "middle")
    .text("MEN");
svg.append("text")
    .attr("x", x(activities[14].pctkidsf))
    .attr("y", y(activities[14].desc))
    .attr("text-anchor", "middle")
    .text("WOMEN");
```

그림 6.15의 덤벨 차트는 모든 활동에서 남성보다 여성의 참여율이 높음을 보여준다. 가장 큰 차이는 '신체적 돌봄'과 '차로 데려다주기'에서 나타난다.

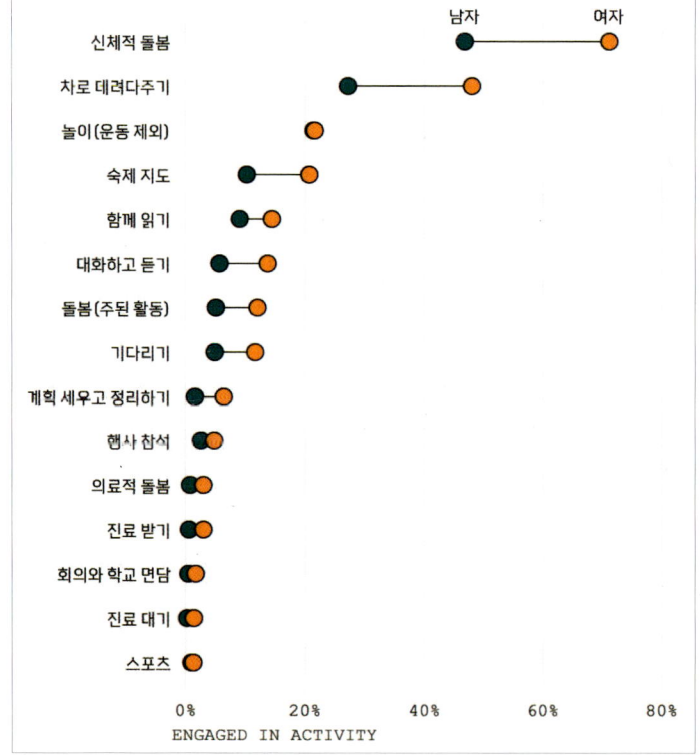

그림 6.15 덤벨 차트 범주 비교

차이 차트

선이 두 개 있는 선 차트를 상상해 보자. 각 선은 범주를 나타내고, 시간에 따라 어느 범주가 더 큰지 강조하고 싶다. 그래서 두 선 사이의 영역을 더 큰 범주에 따라 채운다. 이것이 그림 6.16에 나온 차이 차트(Difference Chart)다.

선 차트처럼 시간에 따른 추세를 볼 수 있지만, 두 범주 간의 차이에 초점을 맞춘다. 시간이 흐르면서 간격이 커졌다 작아졌다 하고, 색상으로 어느 쪽이 더 큰지 나타낸다.

이 차트의 가장 큰 단점은 선 차트만큼 널리 쓰이지 않아 모두가 바로 이해하지 못한다는 점이다. 하지만 주석을 달아 어디를 봐야 할지 안내하면 패턴을 더 잘 드러낼 수 있다.

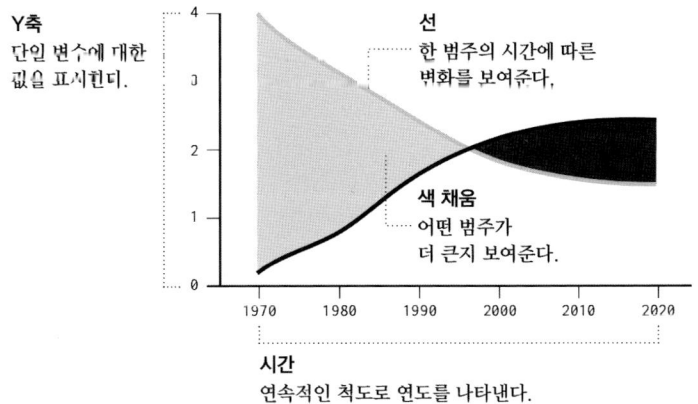

그림 6.16 차이 차트 프레임워크

차이 차트 만들기

사용 도구: HTML, CSS, 자바스크립트, D3.js
데이터 세트: 쇠고기와 닭고기 소비량(1909-2017) book.flowingdata.com/vt2/ch6/data/beef-vs-chicken-difference.csv

1인당 육류 소비량을 비교해 보면, 수십 년간 쇠고기가 선두였다. 하지만 지난 10년간 닭고기가 앞서 나가기 시작했고, 그 격차는 더 벌어지는 듯하다. 닭고기가 쇠고기를 앞지른 시점은 언제일까? 사람들은 얼마나 더 많은 쇠고기를 먹었을까? 차이 차트로 시간에 따른 변화를 보여줄 수 있다. 미국 농무부의 추정치를 활용했다.

D3를 사용한 예제를 하나 더 만들어 보자. HTML, CSS, 자바스크립트가 있다. HTML과 CSS는 이전 예제와 비슷하니 코드 전체를 살펴보지 않고 자바스크립트 부분에 집중할 것이다. 차이 차트 소스 코드를 열고 따라와 보자.

여백과 SVG는 이전처럼 설정한다. 이번엔 x와 y에 선형 스케일을 사용한다. x 축은 연도를, y 축은 미국에서 연간 1인당 소비량을 파운드로 나타낸다.

```
// 스케일: x와 y
let x = d3.scaleLinear()
    .domain([1909, 2017])
    .range([0, width]);
let y = d3.scaleLinear()
    .domain([0, 100])
    .range([height, 0]);
```

데이터는 1인당 연간 소고기와 닭고기 소비량(파운드)을 나타내는 세 개의 열로 구성된 CSV 파일이다. 다음과 같은 형태다.

```
Year,Beef,Chicken
1909,51.1,10.4
1910,48.5,11.0
1911,47.2,11.1
1912,44.5,10.6
1913,43.6,10.3
1914,42.7,10.3
1915,38.8,10.2
```

differencechart.js에서 데이터를 불러온 후 initChart() 함수를 호출해 x 축과 y 축을 추가한다. 선을 그리려면 d3.line()을 사용해 형태를 정의하고 요소를 추가한다. 여기서는 닭고기 소비량을 나타내는 선을 다음과 같이 추가한다.

```
// 닭고기 소비량 표시선
svg.append("path")
    .attr("class", "line chicken")
    .attr("fill", "none")
    .attr("stroke", "#bf980d")
    .attr("stroke-width", "2px")
    .attr("d", d3.line()
        .x(d => x(d.Year))
        .y(d => y(d.Chicken)));
```

소고기 소비량을 나타내는 선도 추가한다. 닭고기 선과 같지만 y 좌표만 소고기 변수를 사용한다. 그림 6.17에서 이를 적용한 선 차트를 볼 수 있다.

```
// 소고기 소비량 표시선
svg.append("path")
    .attr("class", "line beef")
    .attr("fill", "none")
    .attr("stroke", "#fb470e")
    .attr("stroke-width", "2px")
    .attr("d", d3.line()
        .x(d => x(d.Year))
        .y(d => y(d.Beef)));
```

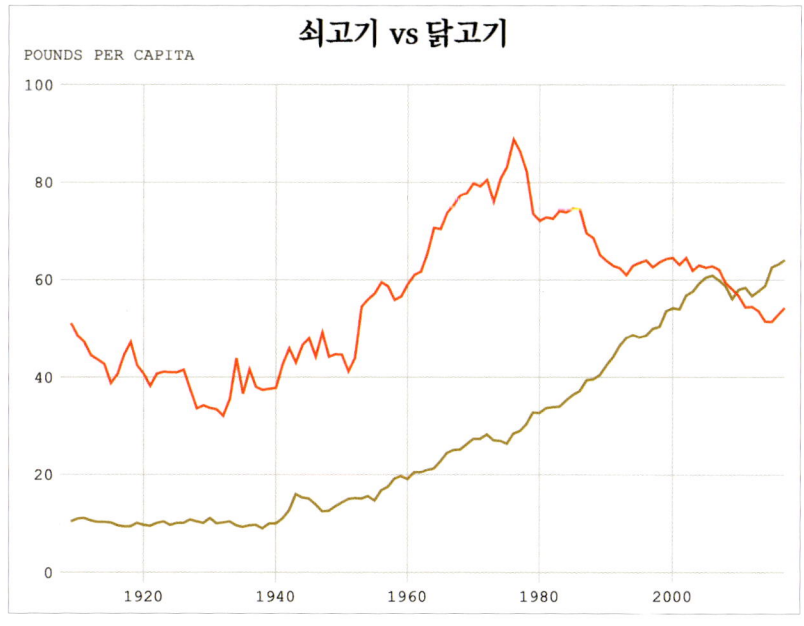

그림 6.17 두 개의 선이 있는 선 차트

차이점   225

선 사이 영역을 채우려면 클리핑 경로를 사용한다. 차트 상단에서 소고기 소비 선까지, 그리고 차트 하단에서 소고기 소비 선까지의 영역을 만든다. 그 다음 클리핑 경로로 소비 선 위아래 영역을 잘라낸다. 먼저 클리핑 경로를 만들어야 한다.

```
// 영역 클리핑 경로
svg.append("clipPath")
    .attr("id", "clip-above")
    .append("path")
    .attr("d", d3.area()
        .x(d => x(d.Year))
        .y0(0)
        .y1(d => y(d.Chicken)));
svg.append("clipPath")
    .attr("id", "clip-below")
    .append("path")
    .attr("d", d3.area()
        .x(d => x(d.Year))
        .y0(height)
        .y1(d => y(d.Chicken)));
```

그 다음 영역을 만들고 clip-path 속성으로 클리핑 경로를 적용한다. 자바스크립트와 SVG 클리핑 경로에 익숙하지 않다면 혼란스러울 수 있다. clip-path 속성을 추가하는 줄을 주석 처리해 보면 클리핑 경로 유무에 따른 영역의 모습 차이를 알 수 있다.

```
// 영역 차이 표시
svg.append("path")
    .attr("class", "area above")
    .attr("clip-path", "url(#clip-above)")
    .attr("fill", "#fdad94")
    .attr("d", d3.area()
        .x(d => x(d.Year)).y0(height).y1(d => y(d.Beef)));
svg.append("path")
    .attr("class", "area below")
    .attr("fill", "#f9e59f")
    .attr("clip-path", "url(#clip-below)")
    .attr("d", d3.area()
        .x(d => x(d.Year)).y0(0).y1(d => y(d.Beef)));
```

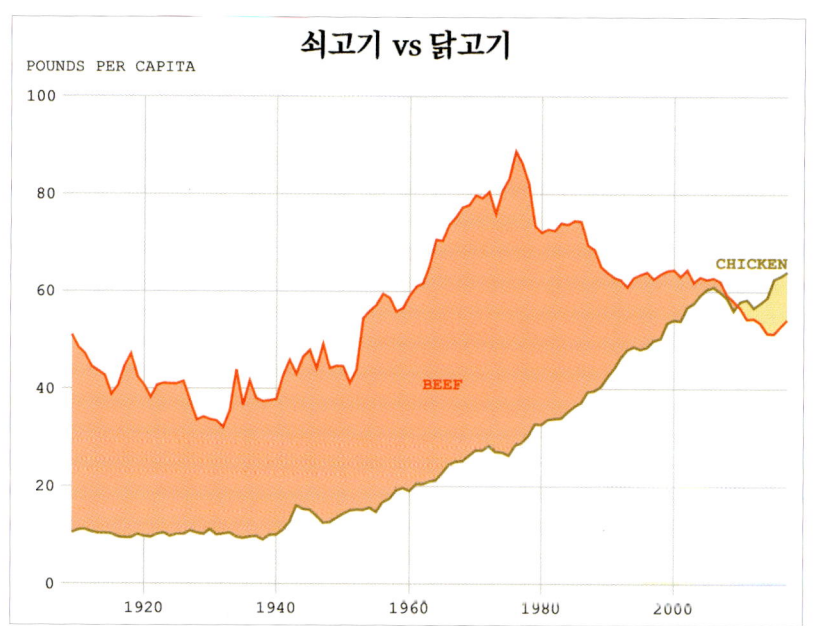

그림 6.18 소고기와 닭고기의 차이 차트

그림 6.18을 보면 오랜 세월 소고기가 압도적이었다. 하지만 2010년, 닭고기가 그 자리를 차지했다. 닭고기는 당분간 그 자리를 지킬 것 같다.[14]

차이점 강조하기

덤벨 차트와 차이 차트로 범주를 비교했다. 그러나 격차나 변화를 보여주기 위해 특별히 디자인된 차트가 아니어도 차이를 강조할 수 있다. 색상, 척도 및 도형을 조정하여 주목해야 할 부분을 강조하면 된다.

그림 6.19는 기준선 차트라고도 부르는 선 차트로, 전공별 학사 졸업자 수의 변화를 보여준다. 연도별 총계 대신 첫해 대비 백분율 변화를 표시해 추세를 강조했다. 변화가 큰 전공 분야는 색을 강하게 써서 주목도를 높였다.

14 D3의 창시자인 마이크 보스톡이 만든 예제를 바탕으로 이 차이 차트의 코드를 수정했다. https://datafl.ws/7my에서 원본을 볼 수 있다.

그림 6.19 대학 전공별 졸업자 변동 추이, https://flowingdata.com/2019/07/10/bachelors-degree-movers

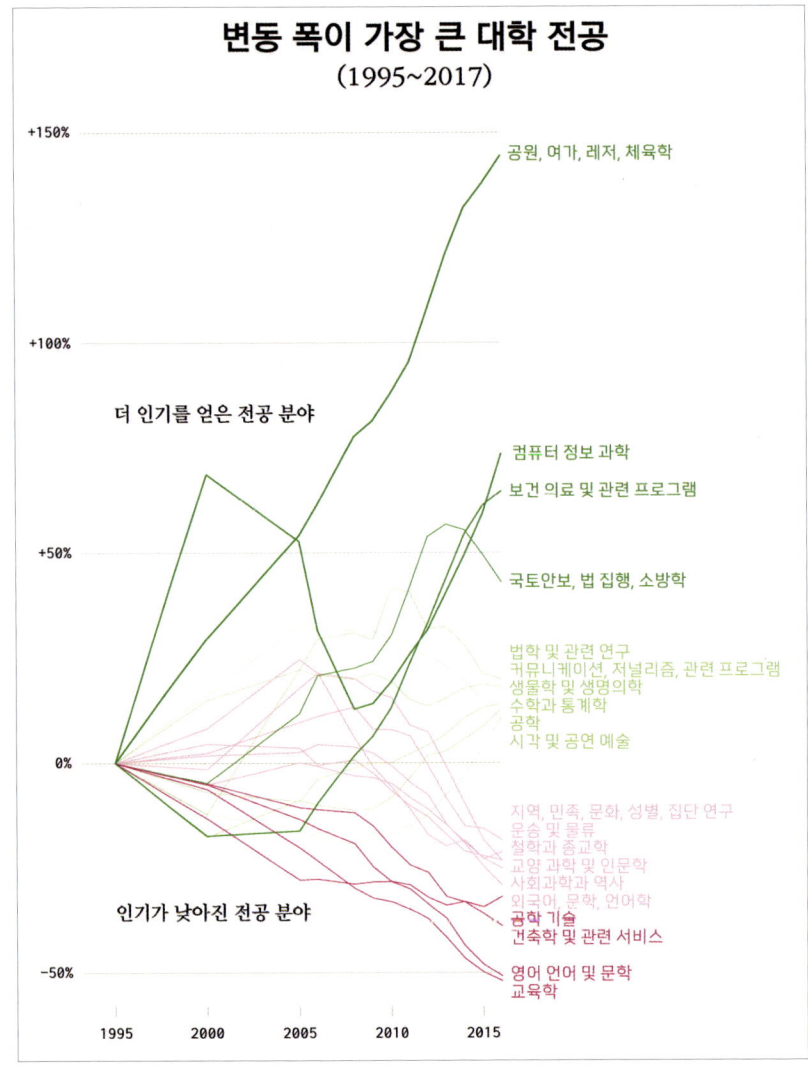

그림 6.20의 누적 영역 차트는 자신의 나이를 기준으로 누가 더 나이가 많고 누가 더 적은지 대비를 보여준다. 보통 y 축은 0%에서 100% 범위를 표시하지만, 축을 확장해 두 범주를 따로 보여줌으로써 분할에 더 주목하게 한다.

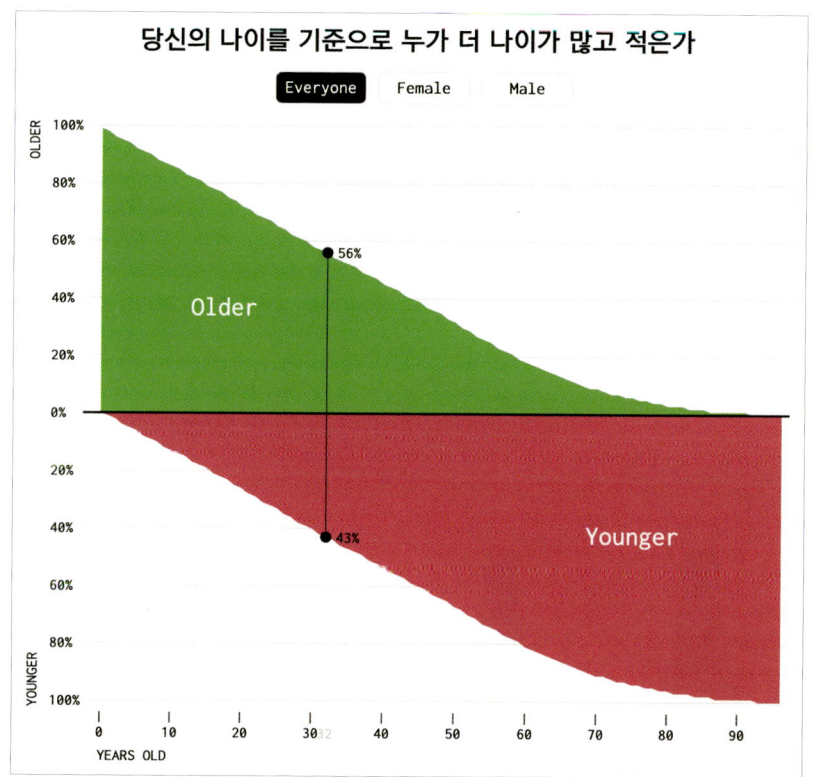

그림 6.20 당신보다 나이 많은/적은 사람들, *https://flowingdata.com/2016/05/10/who-is-older-and-younger-than-you*

기준점과 범주형 값을 비교하면 막대 차트로도 기준선 차트처럼 차이를 보여줄 수 있다. 색으로 많고 적음을 나타내면 히트맵으로도 비슷한 데이터를 표현할 수 있다. 형태는 같고 데이터 부분 집합은 다른 차트를 여러 개 만들어 대조할 수도 있다. 데이터에서 보여주고 싶은 측면이나 인사이트를 먼저 생각하고, 그걸 바탕으로 디자인과 스토리를 만들어 나간다.

다중 변수

지금까지 살펴본 차트들은 두 가지 변수를 동시에 보여줬다. 두 변수 사이의 상관관계를 보여줬고, 두 범주 간의 차이도 보여줬다. 두 개 이상의 변수 관계를 시각화하는 건 까다로운 일이다. 변수가 많아질수록 복잡도가 높아지기 때문이다. 이런 복잡성을 전달하려면 데이터 개념을 설명하거나 독자가 이미 결과를 해석할 줄 안다고 전제해야 한다.

하지만 모든 데이터 포인트와 변수 사이의 전체적인 패턴을 보여주려고 하기보다 개별 관측값을 보여주는 데 중점을 둔다면, 차트의 성공률이 더 높아지는 것 같다. 시각화를 참고 자료나 프로필을 보여주는 도구로 생각해보자.

예를 들어, 나는 가끔 데이터를 화면에서 현실 세계로 끌어내는 걸 좋아한다. 그런 실험 중 하나로, 카운티[15] 데이터를 바탕으로 맥주를 양조했다 (그림 6.21). R 스크립트로 인구 밀도, 인종, 교육 수준, 의료 보험 적용률, 가계 소득을 고려해 특정 카운티의 맥주 레시피에 들어갈 홉과 곡물의 양을 정했다.

[15] (옮긴이) 카운티(County)는 미국 자치 단위로, 우리나라의 군 정도로 생각하면 된다.

그림 6.21 다변량 맥주 양조하기, *https://flowingdata.com/2015/05/20/brewing-multivariate-beer*

여러 변수를 하나의 결과로 녹여냈다. 바로 맥주다. 통계적으로 더 엄밀한 예를 원한다면 주성분 분석이나 다차원 척도법을 살펴보면 좋다. 하지만 맥주 만들기도 재미있다.[16]

[16] 맥주에 관심이 있다면 *https://datafl.ws/7mv*에서 여러 변수를 바탕으로 모든 맥주 스타일을 시각화한 것도 확인할 수 있다.

다중 변수용 히트맵

4장에서 시간에 따른 데이터를 시각화하는 히트맵 사용법을 살펴봤다. 여러 변수를 보여주는 전체 구조도 비슷하다. 그림 6.22를 보자. 각 행은 단위나 관측값을, 각 열은 변수를 나타낸다. 각 셀은 해당 관측값-변수 쌍의 값을 색으로 표현한다.

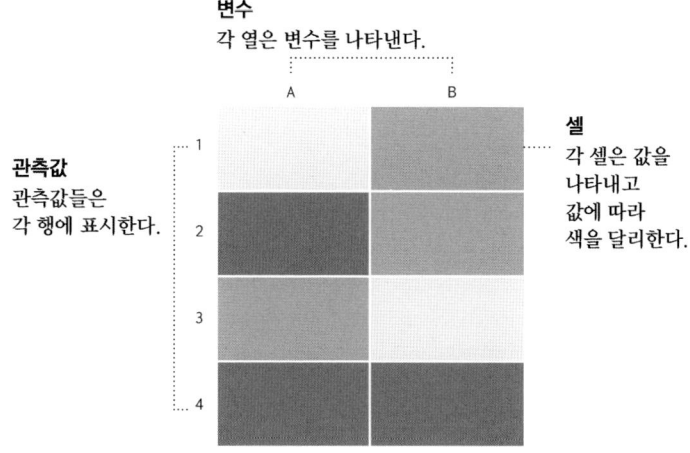

그림 6.22 다중 변수 구조의 히트맵

여러 변수가 있을 때 데이터 세트의 전체 모습을 보는 데 유용한 방법이다. 누락값이나 이상값을 발견할 수 있고, 관측값을 찾아볼 때 참고할 수 있다. 하지만 관계와 패턴을 해석하기는 더 어렵다.

다중 변수용 히트맵 만들기

사용 도구: R
데이터 세트: 2022-2023 시즌 NBA 득점 순위, book.flowingdata.com/vt2/ch6/data/nba-top50scorers-2022-23.csv

신문(집으로 배달이 왔었다)의 스포츠면을 펴서 좋아하는 농구팀과 선수들의 전날 경기 결과를 확인하던 추억이 생생하다. 케이블 TV도 없었고 수신 상태도 좋지 않아 실시간으로 경기를 보기 힘들었다. 그래서 다음 날 신문으로 박스 스코어를 확인하는 게 차선책이었다. 이번 예에선 2022-23 시즌 NBA 득점 상위 50명의 기록을 살펴본다. 경기당 출전 시간, 슈팅 성공률, 경기당 득점 사이에 어떤 연관성이 있을까?

read.csv()로 데이터를 불러오고 head()로 처음 몇 행을 확인한다.

```
# 데이터 불러오기
players <-read.csv("data/nba-top50scorers-2022-23.csv")
head(players)
```

다음은 행과 열의 일부다. 각 행은 선수를, 각 열은 선수 통계를 나타낸다. 2022-23 시즌에 조엘 엠비드(Joel Embiid)가 경기당 33.1 득점으로 득점왕이 되었다.

```
> head(players[,c("Player", "FG", "FGpct", "PTS")])
                   Player    FG  FGpct   PTS
1              Joel Embiid  11.0  0.548  33.1
2       Luka Don&ccaron;i&acute;  10.9  0.496  32.4
3           Damian Lillard   9.6  0.463  32.2
4   Shai Gilgeous-Alexander  10.4  0.510  31.4
5     Giannis Antetokounmpo  11.2  0.553  31.1
6             Jayson Tatum   9.8  0.466  30.1
```

간단히 하기 위해 상위 20명의 선수만 추려낸다.

```
# First 20 players
play20 <-players[1:20,]
```

heatmap() 함수를 사용해서 데이터 행렬을 색을 칠한 셀로 변환한다. scale을 column으로 설정해 색상 척도를 열 값의 범위로 정의한다. Rowv와 Colv를 NA로 설정해 행과 열을 연결하는 덴드로그램(Dendrogram)[17]을 그리지 않는다.

17 (옮긴이) 행과 열의 유사도에 따라 계층적으로 선을 그어 묶어 그린 계통수(系統樹).

```
#4개의 열
heatmap(as.matrix(play20[,c("MP", "FG", "FGpct", "PTS")]),
        scale = "column",
        Rowv = NA, Colv = NA)
```

그림 6.23은 데이터 프레임과 비슷한 구조의 출력을 보여준다. 경기당 출전 시간(MP), 경기당 필드골(FG), 필드골 성공률(FGpct), 경기당 득점(PTS) 이렇게 네 개의 열이 있다.

히트맵만 봐서는 어느 행이 어떤 선수를 나타내는지 알 수 없다. labRow를 Player 열로 설정하면 그림 6.24처럼 행 레이블을 만들어 이름을 보여줄 수 있다.

```
# 이름
heatmap(as.matrix(play20[,c("MP", "FG", "FGpct", "PTS")]),
        scale = "column",
        labRow = play20$Player,
        Rowv = NA, Colv = NA)
```

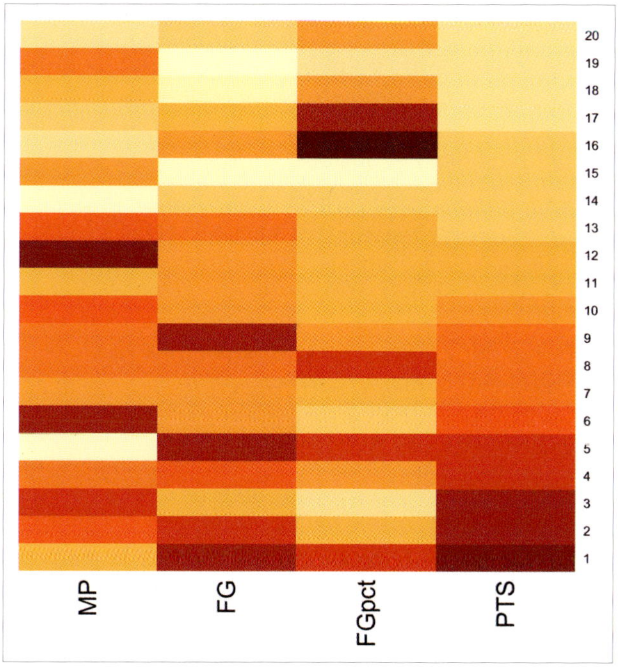

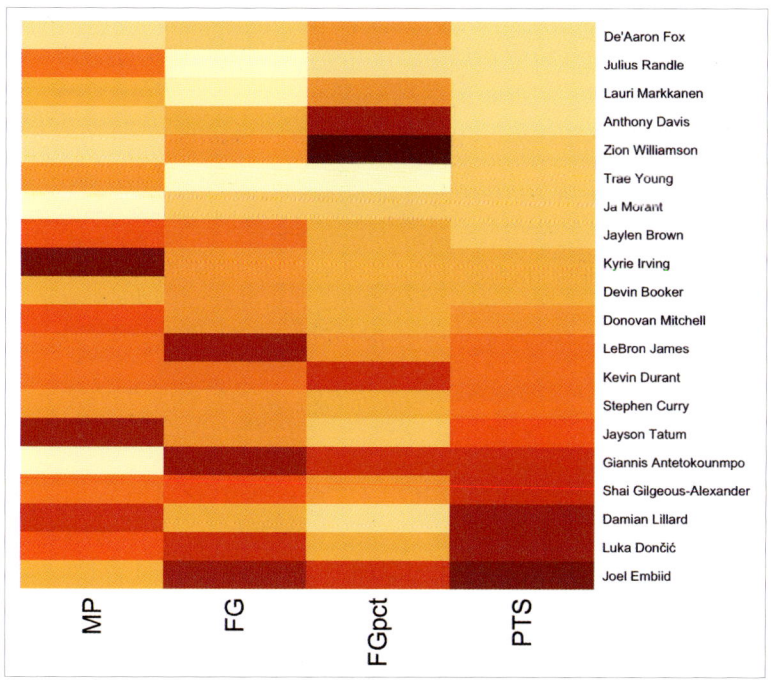

그림 6.23 NBA 선수들의 히트맵

그림 6.24 행 레이블이 있는 히트맵

다중 변수   233

득점 순으로, 즉 조엘 엠비드가 맨 위로 오도록 선수들의 순서를 거꾸로 하려면 order()를 써서 데이터를 재배열하면 된다.

```
# 재정렬
playrev <-play20[order(play20$PTS, decreasing = FALSE),]
```

그다음 playrev를 heatmap()에 넘긴다. 이참에 더 많은 열을 보여주고 col 인수로 기본 색 구성을 바꿔 보자.

```
fnames <-c("MP", "FG", "FGpct", "X2Ppct", "X3Ppct", "FTpct", "PTS")
heatmap(as.matrix(playrev[,fnames]),
        scale = "column",
        labRow = playrev$Player,
        cexCol = 1,
        col = rev(hcl.colors(20, palette = "Blues 3")),
        Rowv = NA, Colv = NA)
```

그림 6.25처럼 푸른 색조의 히트맵이 나온다. 더 많은 데이터 열이 있고, 엠비드가 맨 위에 보인다.

그림 6.25 재정렬하고 색 구성을 바꾼 히트맵

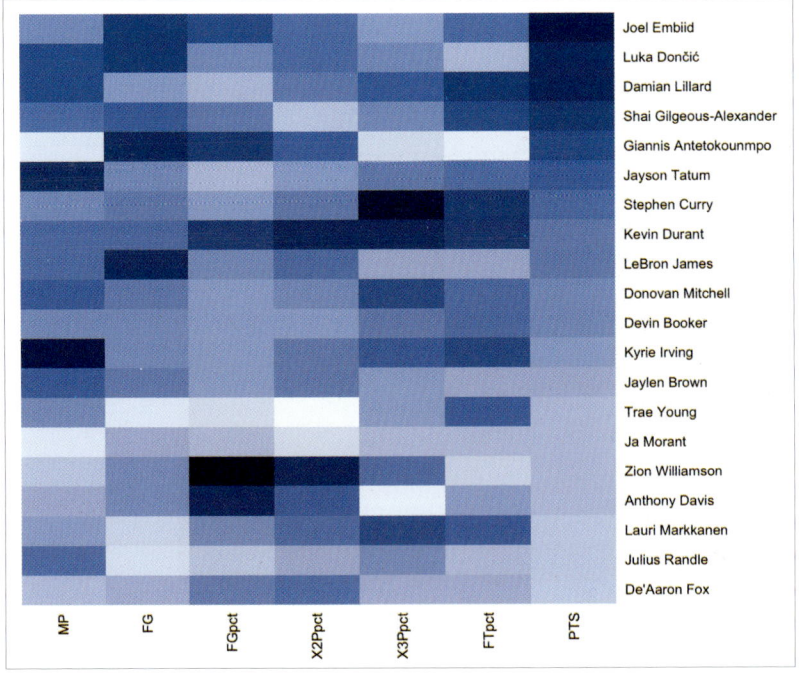

당연히 레이블, 크기, 데이터 부분 집합을 바꿔가며 커스터마이징할 수 있다. R 콘솔에 ?heatmap을 입력해 도움말을 확인해 보자. 아니면 이미지를 PDF로 내보낸 다음 이전 장에서 배운 것처럼 일러스트레이터로 편집해도 된다.

평행 좌표 그래프

평행 좌표는 위치와 선을 이용해 변수 간의 관계를 나타낸다. 그림 6.26과 같이 여러 축을 나란히 배치한다. 각 축의 위쪽은 변수의 최대값, 아래쪽은 최소값을 나타낸다. 각 단위마다 왼쪽에서 오른쪽으로 선을 그리는데, 값에 따라 위아래로 움직인다.

함께 오르내리는 선들이 뭉쳐 보이면 연결된 변수 간 상관관계가 있다는 뜻이다. 무작위로 교차하는 선들은 상관관계가 약하거나 무관하다는 의미이다.

이 그래프의 한계는 인접한 변수만 비교할 수 있고, 축 순서에 따라 선의 전체 패턴이 달라보인다는 점이다. 그래서 나는 더 많이 비교할 수 있거나 패턴을 더 명확히 볼 수 있는 다른 방법을 선호한다. 하지만 용도에 따라 좋을 수도 있다.

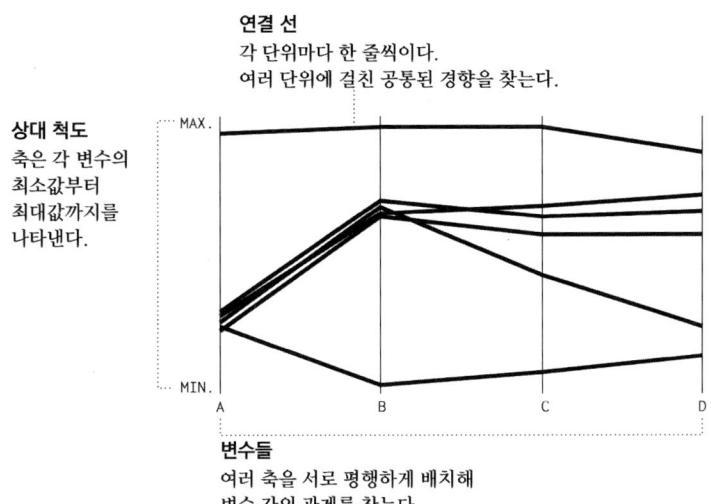

그림 6.26 평행 좌표 그래프 구조

다중 변수   235

평행 좌표 그래프 만들기

사용 도구: R
데이터 세트: 2022-2023 시즌 NBA 득점 1위, book.flowingdata.com/vt2/ch6/data/nba-top50scorers-2022-23.csv

히트맵 예제에서 사용한 농구 데이터로 돌아가자. 평행 좌표 관점으로 보면 유용할지도 모른다.[18]

R에서 평행 좌표 그래프 함수를 제공하는 MASS 패키지를 설치하고 불러온다.

[18] 이 차트는 전체적인 관계보다 각 단위에 관심이 있을 때 참고 자료로 쓰면 좋다. <가디언>은 평행 좌표 그래프를 변형해 선수 순위를 보여줬다. https://datafl.ws/7ms

```
# 패키지 설치/불러오기
install.packages("MASS")
library(MASS)
```

read.csv()로 데이터 세트를 불러온다. 파일 경로는 현재 작업 디렉터리 기준이다.

```
# 데이터 불러오기
players <-read.csv("data/nba-top50scorers-2022-23.csv")
```

head(players)를 입력하면 데이터의 각 행이 선수를 나타내고, 31개 열이 출전 시간, 필드골 성공률, 경기당 득점 등 선수 정보를 나타내는 걸 볼 수 있다. 데이터를 다음과 같이 7개 열로 줄여보자.

```
fnames <-c("MP", "FG", "FGpct", "X2Ppct", "X3Ppct", "FTpct", "PTS")
psub <-players[,fnames]
```

이 부분 집합을 psub에 할당한다. head(psub)를 입력하면 처음 몇 행을 볼 수 있다. 다음과 같이 경기당 출전 시간(MP), 경기당 필드골(FG), 필드골 성공률(FGpct), 2점슛 성공률(X2Ppct), 3점슛 성공률(X3Ppct), 자유투 성공률(FTpct), 경기당 득점(PTS)을 보여준다.

	MP	FG	FGpct	X2Ppct	X3Ppct	FTpct	PTS
1	34.6	11.0	0.548	0.587	0.330	0.857	33.1
2	36.2	10.9	0.496	0.588	0.342	0.742	32.4
3	36.3	9.6	0.463	0.574	0.371	0.914	32.2
4	35.5	10.4	0.510	0.533	0.345	0.905	31.4

```
5  32.1  11.2  0.553  0.596  0.275  0.645  31.1
6  36.9   9.8  0.466  0.558  0.350  0.854  30.1
```

농구에서 이 수치들이 무슨 의미인지 모른다고 해도 괜찮다. 그냥 서로 연관이 있을 수도, 없을 수도 있는 지표라고 생각하면 된다.

MASS 패키지의 parcoord() 함수에 psub를 넘겨준다. 그림 6.27에 결과가 나와 있다.

```
parcoord(psub)
```

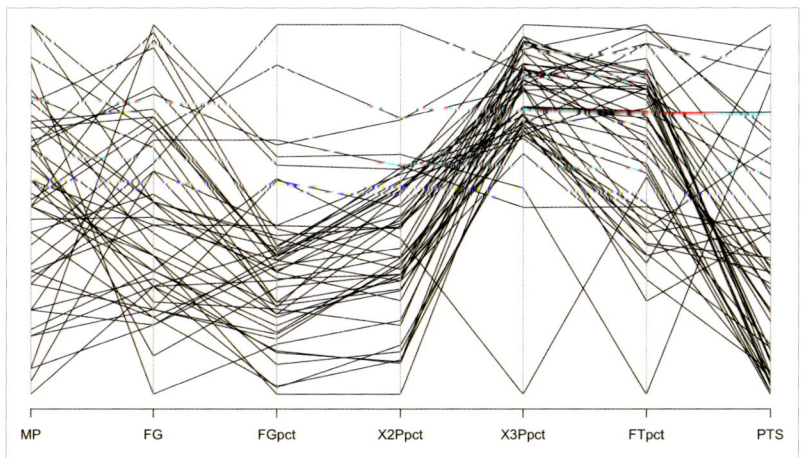

그림 **6.27** 농구 선수들에 관한 평행 좌표 그래프

2점 슛 성공률과 3점 슛 성공률 사이, 그리고 3점 슛 성공률과 자유투 성공률 사이에 양의 상관관계가 있어 보인다. 전자의 경우 선들이 같은 방향으로 움직이는 경향이 있고, 후자는 그보다 느슨하게 연결돼 있다. 다른 지표들은 축 사이에서 선들이 많이 교차하고 있어서 연관성이 덜한 것 같다.

차트가 금방 복잡해질 수 있음을 알 수 있다. 선이 많이 교차하면 차트가 낙서처럼 보인다. 하지만 때로는 한 번에 하나의 관측치만 보여주고 나머지 선들은 맥락만 제공하는 게 도움이 된다.

조엘 엠비드(Joel Embiid), 야니스 아데토쿤보(Giannis Antetokounmpo), 스테판 커리(Stephen Curry), 르브론 제임스(LeBron James) 각각에 대한 차트를 만들어 보자. 이름부터 시작하자.

```
# 한 번에 한 선수씩
curr_players <-c("Joel Embiid", "Giannis Antetokounmpo", "Stephen Curry",
                 "LeBron James")
```

2×2 레이아웃의 차트를 만들기 위해 for 루프를 사용한다.

```
# 각 선수별 차트
par(mfrow=c(2,2))
for (pl in curr_players)) {
    col <-rep("gray", dim(players)[1])
    lwd <-rep(.5, dim(players)[1])
    i <-which(players$Player == pl)
    col[i] <-"blue"
    lwd[i] <-3
    parcoord(psub, col=col, lwd=lwd, main=pl)
}
```

그림 6.27은 모든 선에 동일한 시각적 무게를 부여한 반면, 그림 6.28은 현재 선수를 파란색으로 강조하고 다른 선들은 비교 대상으로 활용한다.

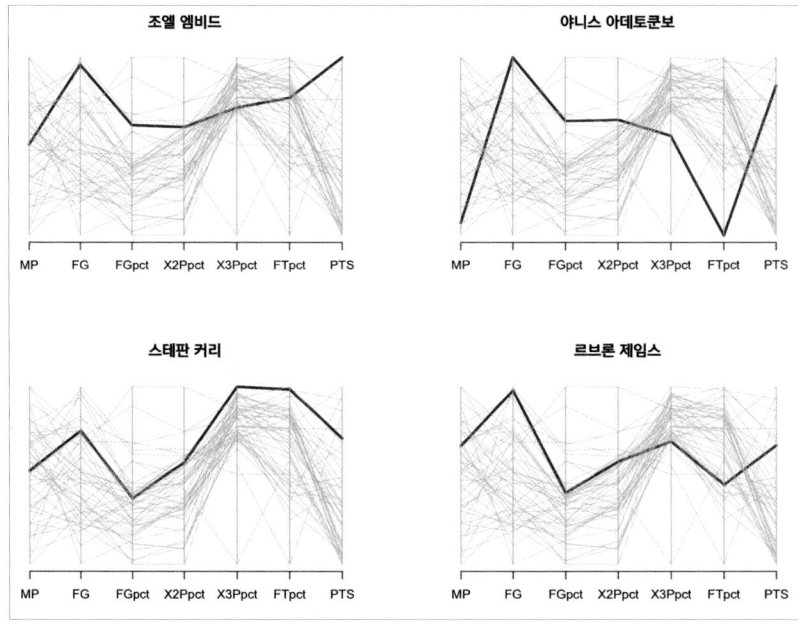

그림 6.28 선 하나만 강조한 평행 좌표 그래프

엠비드, 커리, 제임스는 비슷한 패턴을 보이지만, 아데토쿤보는 자유투 성공률(FTpct)에서 하락세를 보인다. 시즌 상위 50명의 득점자 중 가장 낮은 비율이다. 이 낮은 자유투 성공률은 다른 선수들의 회색 선과 비교해 두드러진다.

하지만 각 변수를 서로 비교하고 싶다면, 산점도 행렬이 더 효과적일 수 있다. 선수 부분집합에 plot() 함수를 사용해 보자.

# 산점도 행렬
plot(psub)

그림 6.29와 같이 병렬 격자(pairwise grid)를 얻는다. 이는 각 변수 쌍 사이의 상관관계를 보여준다. 데이터를 탐색하며 무엇이 있는지 살펴볼 때 유용하다.

그림 6.29 산점도 행렬

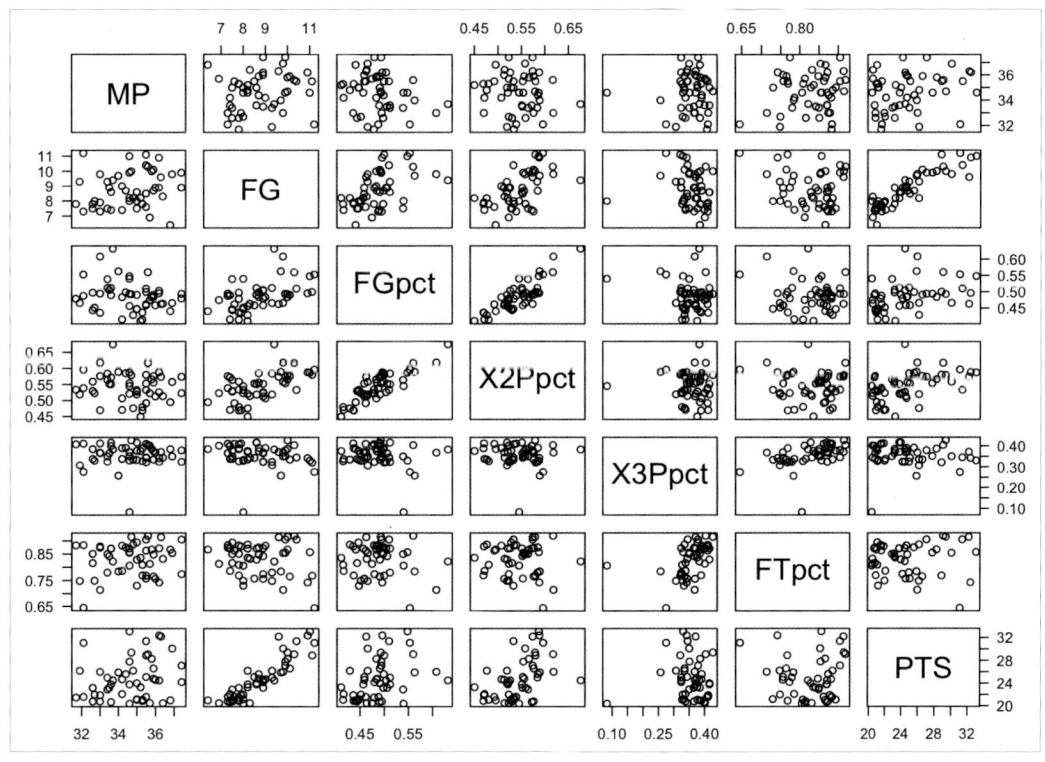

뷰 분리하기

산점도 행렬처럼 전략적으로 배치된 산점도 격자를 보여주는 편이 더 유용할 때가 많다. 모든 걸 하나의 시각화로 보여주는 것보다 별도의 뷰로 보여주는 편이 낫다. 독자들이 낯선 차트를 해석하기 덜 부담스럽고, 만드는 입장에서는 그런 차트를 어떻게 읽어야 할지를 설명할 책임이 줄어든다. 여러 변수나 차원을 보여주려면 간단한 차트 여러 개로 데이터를 나눈다.

이 접근법은 범주형 데이터를 보여줄 때 좋다. 범주형 데이터는 자연스럽게 구분되기 때문이다. 그림 6.30은 시간과 나이에 따른 사망 원인의 변화를 보여준다. 각 차트는 질병통제예방센터(Centers for Disease Control and Prevention)가 분류한 사망 원인을 바탕으로 한 것이다.

원인을 분리하면 더 많은 변수를 한눈에 볼 수 있다. 일관된 형식 덕분에 각 차트를 다른 차트와 직접 비교할 수 있다.

한 차트에 너무 많은 데이터를 욱여넣으면 결국 아무것도 보여주지 못한다. 다변량 데이터 세트를 어떻게 다뤄야 할지 모르겠다면, 간단한 차트 여러 개로 시작해 점차 세부 사항을 보여주는 게 좋다. 이런 분석 기반 접근법은 다른 사람들에게 데이터를 설명할 때도 유용하다.

연결

가족과 친구, 일, 학교, 소셜 미디어, 그리고 사람, 장소, 사물과의 상호작용을 통해 우리는 서로 연결된다. 연결 없이는 우리 모두 고립된 작은 섬일 뿐이다. 그건 재미없어 보인다. 우리는 얼마나 긴밀하게 연결되어 있을까? 당신은 어떤 네트워크에 속해 있는가?

가족이나 가구를 각 구성원이 연결된 네트워크로 생각하면 존재하는 가구 유형의 수를 추정할 수 있다. 그림 6.31을 보면 부부, 자녀가 있는 부부, 룸메이트 둘 등 흔하게 생각할 수 있는 가구 유형들이 있다. 2021년 ACS(American Community Survey, 미국 지역 사회 조사) 데이터에 따르면, 이런 조합이 4,700개 이상 존재한다.

영화에 나올 법한 뻔한 대사처럼, 우리는 모두 어떤 식으로든 연결돼 있다. 그 연결 방식을 보는 게 유용할 수 있다.

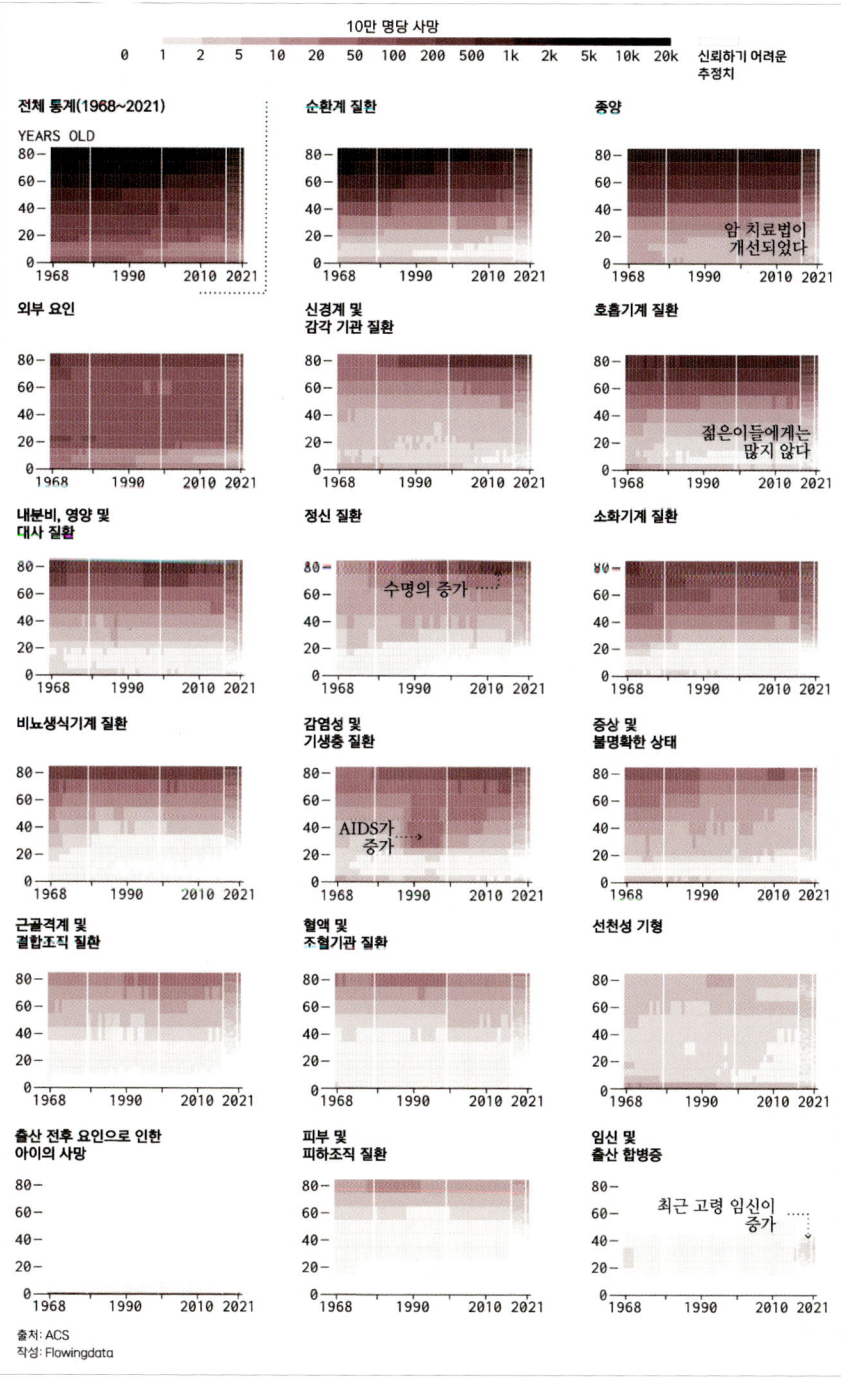

그림 6.30 미국에서의 사망 원인이 나이와 시간에 따라 어떻게 변했는가, https://datafl.ws/7n2

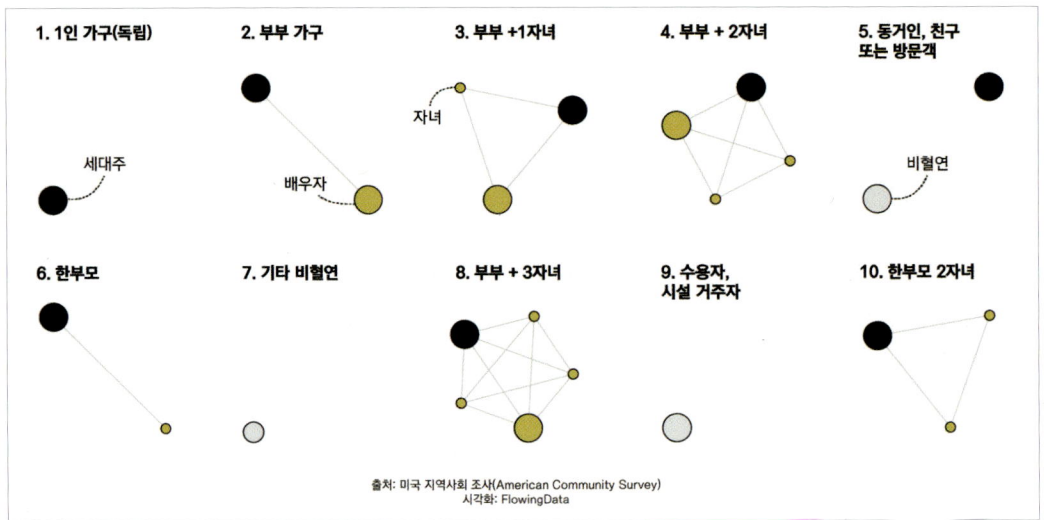

그림 6.31 미국의 모든 가구 유형들, *https://datafl.ws/fams*

네트워크 그래프

네트워크 그래프는 말 그대로 연결을 보여준다. 사람, 장소, 사물, 범주, 항목을 도형으로 표현하고 선으로 연결한다. 그림 6.32에서 볼 수 있듯이, 도형은 정점이나 노드(node)라고 한다. 연결선은 에지(edge)나 링크라고 한다.

그림 6.32 네트워크 그래프 구조

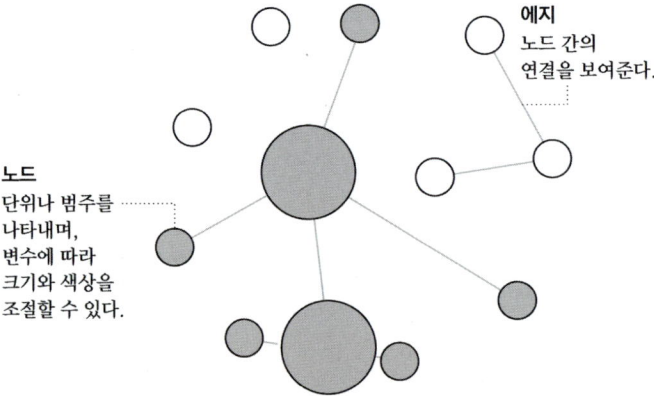

네트워크 그래프는 예전만큼 인기가 없다. 참신함이 사라졌고, 노드와 에지가 많아지면 금세 읽기 힘든 털뭉치처럼 보인다. 네트워크 그래프 소프트웨어는 중복을 최소화하고 연결 수와 강도에 따라 노드를 군집화하는 알고리

즘을 구현하지만, 한계가 있다.

그래도 이런 한계를 감안하면, 추상적인 지표보다 더 직관적으로 연결을 볼 수 있는 사용 사례를 쉽게 찾을 수 있다.

네트워크 그래프 만들기

사용 도구: R

그림 6.31의 가족 구조를 보여주는 네트워크는 R로 만들었다. 이 예제는 그 네트워크 중 하나를 만드는 방법을 다룬다. 이를 응용해 자신의 데이터에 적용할 수 있다.

R 콘솔에서 igraph 패키지가 아직 설치되지 않았다면 install.packages()로 설치하고 library()로 불러온다.[19]

[19] igraph는 오픈 소스 도구 묶음이다. R 뿐만 아니라 파이썬, 매스매티카(Mathematica), C에서도 사용할 수 있다. 자세한 내용은 *https://datafl.ws/7mw*에서 확인할 수 있다.

```
install.packages("igraph")
library(igraph)
```

make_empty_graph()로 빈 그래프를 만든다. directed 인수를 FALSE로 설정한다. 이 예제에서는 연결 방향이 중요하지 않기 때문이다.

```
# 빈 그래프
g <-make_empty_graph(directed=FALSE)
```

add_vertices()로 빈 그래프 g에 정점(vertex)을 추가한다. 다음으로 size가 50(원의 지름)인 정점 하나를 추가하고 16진수 색상 #a3b8a3을 적용한다.

```
# 정점 추가
g <-g %>% add_vertices(1, color="#a3b8a3", size=50)
```

다른 색상의 노드를 같은 크기로 하나 더 추가한다.

```
g <-g %>% add_vertices(1, color = "#d7c668", size=50)
```

그 다음 크기가 20인 노드 10개를 추가한다.

```
g <-g %>% add_vertices(10, color = "#cccccc", size=20)
```

g를 plot() 함수에 전달하면 현재 그래프를 얻을 수 있다.

plot(g)

그림 6.33의 결과를 보면 초록색 큰 노드 하나, 노란색 큰 노드 하나, 회색 작은 노드 10개로 총 12개의 노드를 만들었다. 숫자는 그래프에 노드가 추가된 순서와 인덱스를 나타낸다.

그림 6.33 노드가 추가된 그래프

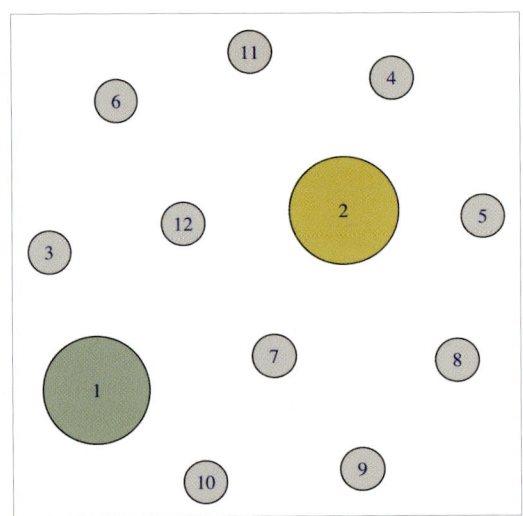

이제 add_edges()로 에지를 추가한다. 추가할 개수 대신 인덱스 벡터로 연결 방식과 대상을 정의한다. c(1, 2)를 전달해 노드 1과 2를 잇는 에지를 추가한다. 선으로 표시될 에지 색상과 노드 간 연결 강도를 나타내는 가중치(일단 0.01로 설정)를 지정할 수 있다.

```
# 처음 두 원 연결하기
g <-g %>% add_edges(c(1,2), weight=0.01, color="#cccccc")
```

인덱스 벡터에 숫자 쌍을 추가해 여러 에지를 한 번에 넣을 수 있다. 노드 8과 10, 그리고 8과 7을 잇고 싶다면 다음과 같이 하자.

```
# 8을 10과 7에 연결하기
g <-g %>% add_edges(c(8,10, 8,7), weight=0.01, color="#cccccc")
```

3과 1, 4와 1, 5와 1 사이에 세 개의 에지는 다음과 같이 추가한다. 가중치와 색상은 동일하다.

```
# 3, 4, 5를 1에 연결한다
g <-g %>% add_edges(c(3,1, 4,1, 5,1), weight=0.01, color="#cccccc")
```

그림 6.34는 지금까지의 결과를 보여준다. 따라하고 있다면 노드 위치가 다르다는 걸 알 수 있다. 초기 배치에 무작위성이 있어 레이아웃이 항상 같지는 않다.

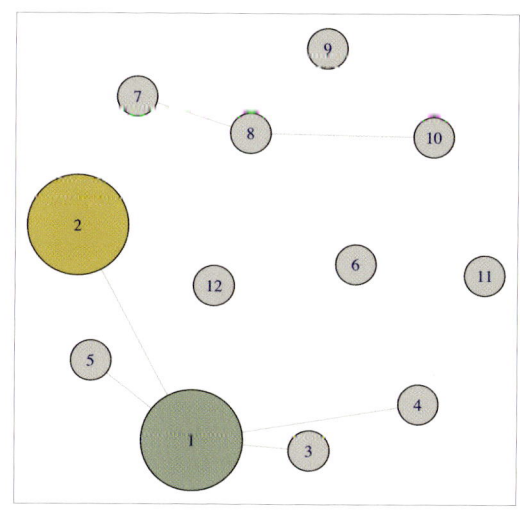

그림 6.34 에지와 노드가 있는 그래프

더 높은 가중치를 준 두 개의 에지를 추가한다.

```
# 11, 12를 2와 더 높은 가중치로 연결한다
g <-g %>% add_edges(c(12,2, 11,2), weight=1, color="#cccccc")
```

plot()을 다시 호출하면 그림 6.35와 같이 나온다. 11과 12 노드가 노드 2에 더 가까워졌다. 에지의 가중치가 이전보다 높아졌기 때문이다.

그림 6.35 에지의 가중치 변화

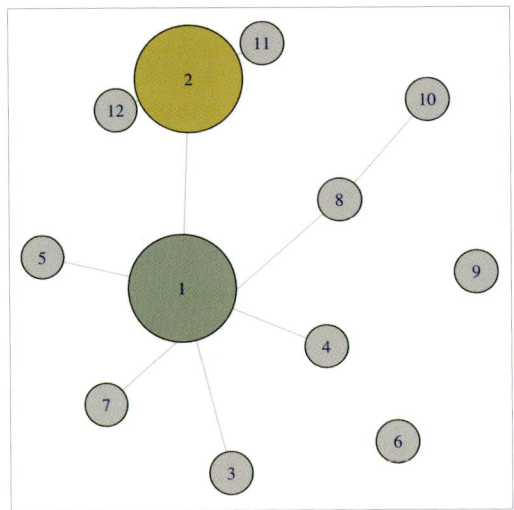

igraph 패키지는 용도에 따라 선택할 수 있는 다양한 레이아웃 알고리즘을 제공한다. 다음 코드는 Fruchterman-Reingold 힘 기반 알고리즘, 격자, 원형을 사용하며, 마지막의 layout_nicely는 그래프 특성에 따라 자동으로 선택한다. 그림 6.36에서 차이를 확인할 수 있다.

```
#레이아웃
par(mfrow=c(2,2), mar=c(1,0,3,0))
plot(g, vertex.label=NA, layout=layoutwithfr, main="Forcedirected")
plot(g, vertex.label=NA, layout=layoutongrid, main="Grid")
plot(g, vertex.label=NA, layout=layoutincircle, main="Circle")
plot(g, vertex.label=NA, layout=layout_nicely, main="Nicely")
```

노드와 에지를 추가하거나 제거하고, 크기와 가중치, 색상을 조정하고, 다양한 레이아웃 알고리즘을 사용해 더 많은 작업을 할 수 있다. 하지만 나는 복잡한 네트워크 그래프를 피하는 편이다. 엉킨 실타래 같은 모습이 싫어서다. 그래도 데이터 세트를 바탕으로 네트워크 그래프를 만드는 예시는 6장의 소스 다운로드 중 make-network-graph.R에서 확인해 보자.

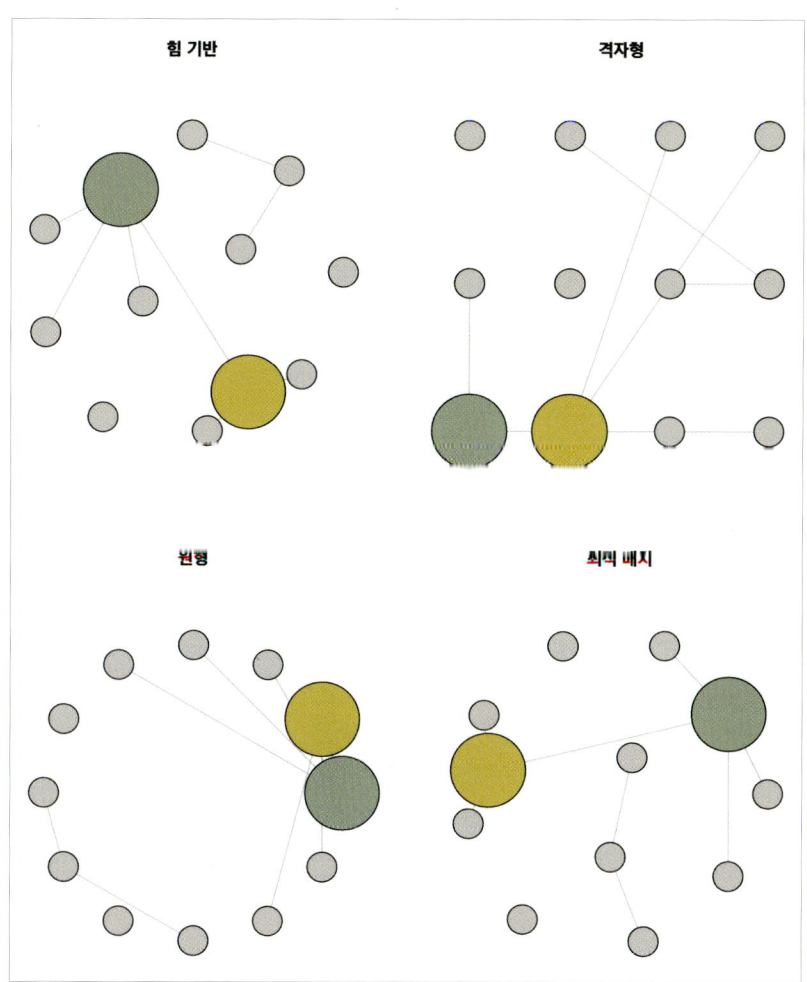

그림 6.36 다양한 그래프 레이아웃

마무리

관계는 복잡하게 얽혀 있을 수 있다. 하지만 너무나 명백한 때도 있다. 그래서 데이터의 맥락을 고려하는 게 좋다. 데이터의 출처, 변수들이 어떻게 왜 연결되는지, 그리고 어떻게 다른지를 살펴봐야 한다. 이 정보로 데이터를 더 잘 이해하고 결과를 해석하는 데 도움을 줄 수 있다.

이번 장에서 살펴본 것처럼 다양한 차트 유형을 사용해 여러 가지 방식으로 관계를 강조할 수 있다. 또는 일반적인 차트 유형에 색상, 도형, 데이터 선택을 조정해 원하는 바를 보여줄 수도 있다. 단순히 데이터를 보여주는 것보다 데이터의 특정 측면에 초점을 맞추면 대개 더 목적에 맞는 결과를 얻는다.

D3.js 자바스크립트 라이브러리로 웹용 차트를 만들어봤다. HTML과 CSS도 조금 다뤘다. 웹 개발이 처음이라면 함수 하나를 호출하는 것보다 처리할 부분이 많아 까다로웠을 수 있다. 하지만 브라우저에서 시각화를 더 자유롭게 다루고 싶다면 좀 더 깊이 공부할 가치가 있다.

다음은 공간 시각화다.

7
공간 시각화

우리가 하는 많은 일에는 위치가 따라 붙어 있다. 지금 이 글을 읽으면서도 당신은 세상 어디에 있는지 의식하고 있다. 디지털 지도를 꺼내서 가고 싶은 곳의 길을 찾는 것도 점점 쉬워졌다. 위치와 직접 연결되어 있는 지도는 지리적 데이터를 시각화하여 공간 패턴을 이해하고 전달하는 최고의 방법이다.

공간 데이터를 지도로 만드는 과정은 차트로 데이터를 시각화하는 과정과 비슷하다. 하지만 지도에는 물리적 위치라는 추가 차원이 있어 이 부분을 고려해야 한다.

예를 들어, 추상적인 x-y 좌표를 쓰는 도표는 가독성을 높이기 위해 선형 척도와 로그 척도 사이를 쉽게 오갈 수 있다. 하지만 위도와 경도를 쓰는 지도는 면적, 거리, 경계선 모양을 고려하지 않고 마음대로 자르고 확대하고 늘릴 수 없다.

공간 데이터를 분석하고 지도로 소통하는 별도의 연구 분야가 있다. 이번 장에서는 지도로 데이터를 시각화하는 분야에 초점을 맞춘다. 위치를 보자. 사람과 장소와 사물이 세상 어디에 있는가? 공간 분포를 보자. 사람과 장소와 사물이 여러 지역에 어떻게 퍼져 있거나 집중돼 있는가? 공간과 시간에 따른 변화를 살펴볼 수도 있다. 분포가 해마다 어떻게 바뀌는가?

공간 데이터 다루기

공간 데이터를 다루는 방법은 보통 두 가지로 나뉜다. 지리 자체와 그 지리에 관련된 데이터다. 전자로는 경계, 위치, 수역 같은 지형을 그린다. 후자는 전자에 대해 말해준다. 누가 사는지, 무엇이 있는지 같은 정보다.

때로는 데이터가 한 세트로 묶여 있다. 하지만 지도를 정의하는 데이터와 지도 속 장소에 대한 데이터가 따로 오는 경우가 더 많아서 합쳐야 한다. 이번 장에서는 이를 다루는 법을 배운다. 하지만 먼저 지리 부분을 다루는 법을 간단히 살펴보자.

주소 지오코딩하기

데이터가 주소 모음일 때 지도 위에 위치를 어떻게 지정할까? R을 열고 '아무개길 123, 아무개시, 미국'을 그리라고 할 순 없다. 각 주소의 위도(지구 표면에서 남북 위치)와 경도(동서 위치), 즉 지리 좌표를 알아야 한다. 지오코딩(Geocoding)은 주소를 기반으로 지리 좌표를 찾는 과정이다. 역지오코딩은 지리 좌표를 기반으로 주소를 찾는 과정이다.

좌표를 지오코딩할 수 있는 서비스는 많다. 하지만 주소의 위치와 정확도에 따라 결과가 다르다. 구글, 맵박스(Mapbox), Esri 같은 회사의 유료 서비스가 가장 안정적이다. 돈이 있고 시간이 없다면, 이들의 API를 쓰면 된다. 보통 쿼리 수에 따라 가격이 매겨진다.

쓸 만한 무료 옵션도 있다. 노미나팀(Nominatim)은 오픈 스트리트 맵 데이터를 쓴다. 브라우저에서 주소를 하나씩 검색하거나, 대량 처리를 위해 API를 쓸 수 있다.

미국 주소라면 인구조사국의 지오코더(Geocoder)[1]를 쓸 수 있다. API로 접근하거나 최대 1만 개의 주소를 업로드해 일괄 처리로 좌표를 받을 수 있다. 다만 항상 좌표를 찾지는 못한다.

때로는 여러 지오코딩 서비스를 조합하는 게 가장 좋은 방법이다. 예를 들어, 무료 서비스로 대부분의 좌표를 얻고, 오류가 나거나 결과가 없는 주소만 유료 서비스를 사용하면 된다. 파이썬 라이브러리인 geopy가 이럴 때 유용하다. 여러 서비스를 한 번에 시도할 수 있게 해준다.

---

1 (옮긴이) 한국에서는 네이버맵이나 카카오 지도 지오코더 API를 사용할 수 있다.

> ☑ **유용한 지오코딩 도구들**
> - 구글 맵스 플랫폼[2]: 지오코딩을 포함한 지도 API 제공
> - 맵박스[3]: 구글 맵스의 대안으로, 비슷한 결과를 얻을 수 있다.
> - Esri ArcGIS 플랫폼[4]: ArcGIS를 이미 사용 중이라면 유용하다.
> - 인구조사국 지오코더[5]: 미국 내 주소에 적합하다.
> - 노미나팀(Nominatim)[6]: 대화형 지도와 API 제공
> - Geopy[7]: 여러 지오코딩 서비스를 이용할 수 있는 파이썬 라이브러리

[2] https://developers.google.com/maps
[3] https://mapbox.com
[4] https://esri.com
[5] https://geocoding.geo.census.gov
[6] https://nominatim.openstreetmap.org
[7] https://github.com/geopy/geopy

지도 투영법

지도를 만들 때 3차원 세계를 화면이나 종이에 2차원으로 표현하려면 타협이 필요하다. 지도 투영법은 3차원 공간을 2차원 표면에 배치하는 수학적 방법으로, 이런 타협의 일부다. 보통 면적, 형태, 방향, 거리 또는 이들의 조합에서 왜곡을 최소화하려 한다. 그림 7.1은 몇 가지 투영법을 보여주는데, 각각 장단점이 있어 표현하려는 지역에 따라 선택한다.

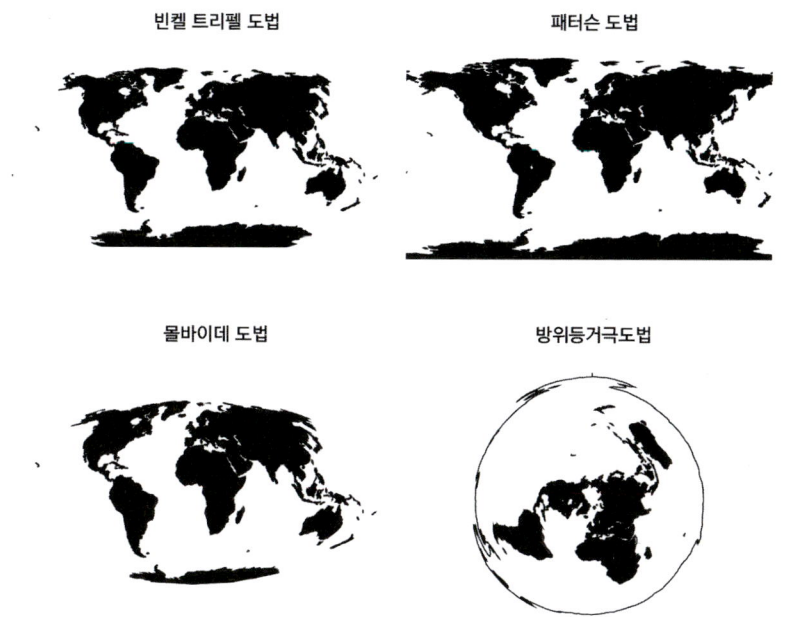

그림 7.1 지도 투영법의 예

예를 들어 메르카토르 도법은 위도와 경도선이 직선이라 길 안내에 좋다. 인기 있는 온라인 지도 서비스들이 길 찾기에 메르카토르 도법을 쓴다. 거리 수준에서는 직각으로 보인다. 하지만 그림 7.2처럼 넓은 지역을 보면 극지방이 실제보다 훨씬 크게 나온다. 여기서는 티소 지표(Tissot's indicatrix)를 사용해 원으로 지도 투영의 왜곡 정도를 보여준다.[8]

8 메르카토르 투영법의 왜곡에 대한 더 많은 예시는 *https://datafl.ws/7n7*에서 확인할 수 있다.

그림 7.2 메르카토르 투영법을 사용한 세계 지도

티소 지표는 적도에서 멀어질수록 메르카토르 도법으로 인한 면적 왜곡이 더 커지는 것을 보여준다.

출처: 슈테판 쿤(Stefan Kühn) / 위키피디아 / CC BY 3.0

반면 알베르스 도법(Albers projection)은 미국이나 유럽 정도 크기의 지역에서 면적이 지켜지기 때문에 해당 지역의 지도에 많이 쓴다. 갤-페터스 도법(Gall-Peters projection)은 형태는 왜곡되지만 면적은 지켜진다. 빈켈 트리펠(Winkel Tripel) 도법은 면적, 방향, 거리의 왜곡을 최소화해서 세계 지도에 흔히 쓰인다.

대부분의 투영법은 위도와 경도 매개 변수를 갖고 있어서 세계 각 지역에 초점을 맞출 수 있다. 선택지가 무한히 많기 때문에 처음엔 좀 압도될 수 있다. 다행히 대부분의 경우 매개 변수와 맞춤 설정을 외울 필요는 없다. 실용적인 관점에서 보면, 같은 투영법을 자주 재사용하거나 특정 지역에 흔히 쓰이는 투영법을 찾아보면 된다.9

9 모든 투영법의 매개 변수를 외우는 건 불가능하다. 그래서 나는 이전 프로젝트를 다시 찾아보거나 관심 있는 지역의 현재 표준 투영법을 검색한다.

위치

어디? 지도로 물을 수 있는 가장 기본적인 질문이지만, 여러 갈래로 뻗어나갈 수 있다. 우리는 어디에 있나? 어디로 가야 하나? 가장 가까운 피자 가게는 어디지? 최고의 피자 가게는 어디지? 더 나아가 장소들은 어떻게 연결되는가? 이곳은 어떤 곳이고, 다른 곳과 비교하면 어떤가? 등을 질문할 수 있다.

예를 들어, 어느 날 신국의 유명 커피 체인집에 대해 궁금해졌다. 내가 주로 경험한 곳은 거의 어디에나 있는 스타벅스였다. 그러다 캘리포니아 남부로 이사한 이후에는 커피빈을 주로 갔고, 뉴욕주(州) 버팔로에서는 팀 호튼스가 지배적인 것 같았다. 그래서 여러 커피 체인점을 지도에 표시해 봤다. 그게 그림 7.3이다.

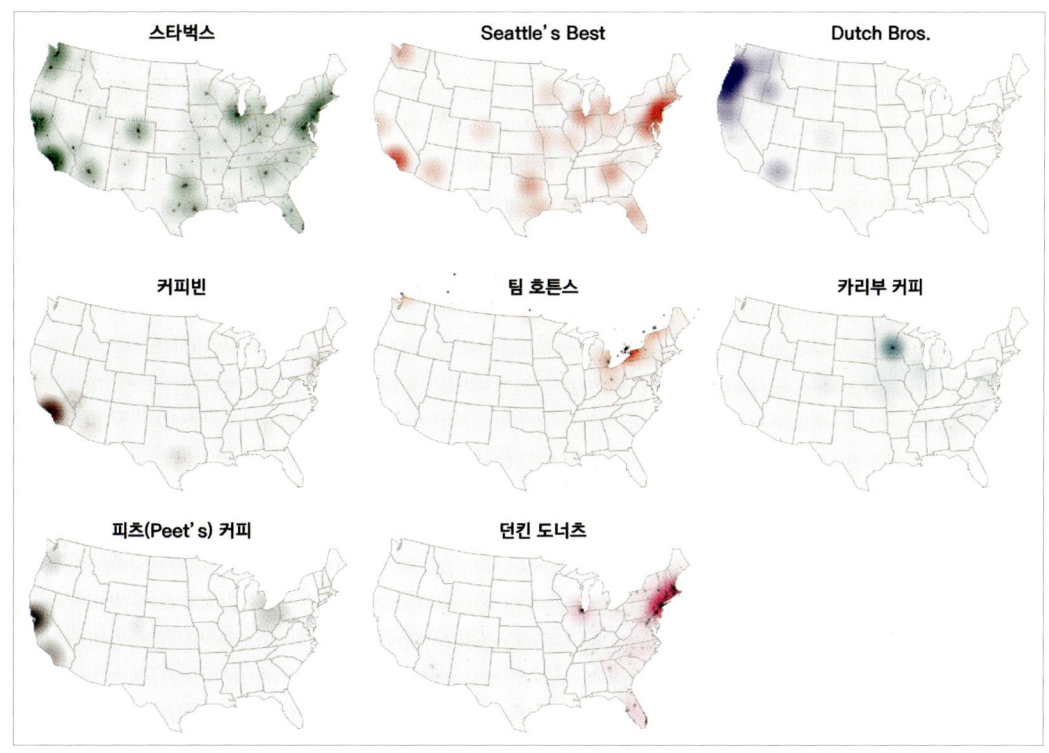

그림 7.3 커피 체인별 분포

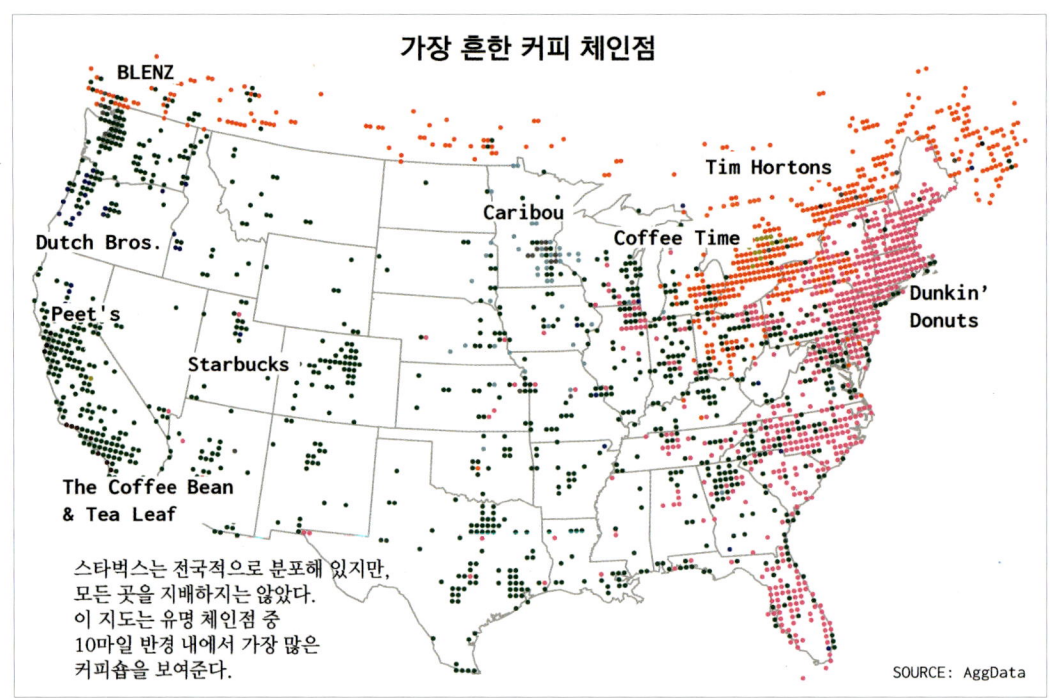

그림 7.4 커피숍 지리학,
https://datafl.ws/coffee

어느 커피 체인이 최강자일까? 그림 7.4를 보면 전국의 10마일 반경 내 매장 수를 비교하고 우세한 체인별로 점을 색칠했다. 스타벅스가 가장 넓은 지역을 커버했지만, 다른 체인들도 각자의 영역을 지키고 있었다.

내 호기심은 피자, 식료품점, 샌드위치 가게, 술집으로 계속 이어졌다. 커피숍에 대한 간단한 질문이 더 많은 질문과 지도로 이어졌고, 웹에서 이 지도를 본 사람들은 자기가 좋아하는 곳을 고르며 재미있는 토론을 벌였다.

위치를 볼 때는 어디에 있는지, 합계는 어떤지, 어떻게 연결될 수 있는지를 알아내야 한다. 기본부터 시작해서 어디로 이어지는지 보라.

점

위도와 경도로 위치를 보여주는 가장 간단한 방법은 지도에 점을 찍는 것이다. 그림 7.5처럼 각 위치마다 표시한다.

간단한 개념이지만 데이터에서 클러스터링, 분포, 이상값 같은 특징을 볼 수 있다.

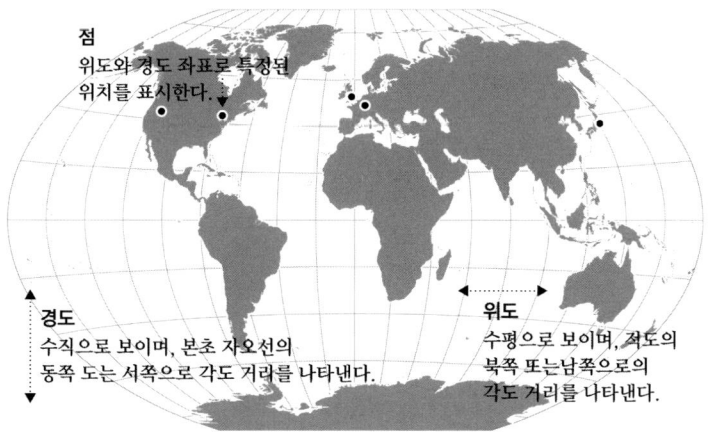

그림 7.5 점 매핑 구조

점 매핑하기

사용 도구. R
데이터 세트
- 미국 주 경계, *book.flowingdata.com/vt2/ch7/data/cb_states.zip*
- 미국 월마트 위치, *book.flowingdata.com/vt2/ch7/data/walmart-openings-geocoded.csv*

점으로 위치를 매핑하는 건 R에서 점 도표를 만드는 것과 비슷하다. 시각화 영역을 설정하고 점을 찍는다. 하지만 빈 도표를 그리고 점을 x-y 좌표로 찍는 대신 빈 지도를 만들고 경도와 위도로 점의 위치를 정한다.

이 예시에서는 미국 내의 월마트 위치를 보려 한다. 그래서 주 경계선이 있는 지도를 그리고 그 위에 위치를 표시할 것이다.

공간 데이터를 위한 sf 패키지(Simple Features for R)를 불러온다. 아직 패키지가 없다면 install.packages()를 사용해 설치한다.[10]

Library(sf)

주 경계선은 미국 인구 조사국의 셰이프파일(shapefile)로 제공된다. 인구 조사국은 매년 여러 지리적 수준의 경계를 갱신한다. 셰이프파일은 7장 다운로드 자료에서 구할 수 있다. .shp 파일 경로를 지정하고 sf 패키지의 st_read() 함수로 파일을 불러온다.

[10] R로 지도를 만드는 방법은 여러 가지가 있지만 나는 주로 sf 패키지를 쓴다. 하지만 maps나 terra 패키지도 좋다. sf 대신 쓰거나 함께 쓸 수 있다.

```
# 주 경계
statefp <-"data/cbstates/cb2022usstate20m.shp"
statebnds <-stread(statefp)
```

다음은 데이터의 일부다. 각 주의 폴리곤[11]과 고유 ID, 주 약자, 이름 등의 메타데이터를 포함한다.

11 (옮긴이) 지역의 경계선을 이루는 다각형. 각 점을 나열하여 나타낸다.

```
Simple feature collection with 6 features and 3 fields
Geometry type: MULTIPOLYGON
Dimension:     XY
Bounding box:  xmin: -124.5524 ymin: 25.84012
    xmax: -80.84313 ymax: 47.05468
Geodetic CRS:  NAD83
       AFFGEOID STUSPS       NAME                        geometry
1  0400000US48     TX      Texas MULTIPOLYGON (((-106.6234 3...
2  0400000US06     CA California MULTIPOLYGON (((-118.594 33...
3  0400000US21     KY    Kentucky MULTIPOLYGON (((-89.54443 3...
4  0400000US13     GA    Georgia MULTIPOLYGON (((-85.60516 3...
5  0400000US55     WI  Wisconsin MULTIPOLYGON (((-86.93428 4...
6  0400000US41     OR     Oregon MULTIPOLYGON (((-124.5524 4...
```

간단히 하기 위해 statebnds 데이터에서 미국 본토 주 경계 데이터만 추출한다.

```
# 미국 주 경계
inconterm <-!(statebnds$STUSPS %in% c("AK", "HI", "PR"))
conterm <-statebnds[inconterm,]
```

매장 위치 정보가 CSV 파일에 있으니 read.csv() 함수를 쓴다.

```
# 매장 위치
stores <-read.csv("data/walmart-openings-geocoded.csv")
```

head()를 써서 데이터의 첫 몇 줄을 살펴보고 제대로 불러왔는지 확인한다.

```
> head(stores)
  store_num year month day      lat       lng   store
1         1 1962     7   1 36.33445 -94.17890 walmart
2         2 1964     8   1 36.25059 -93.11949 walmart
3         4 1965     8   1 36.18320 -94.51260 walmart
4         7 1967    10   1 34.83613 -92.23114 walmart
5         8 1967    10   1 35.16881 -92.72411 walmart
6         9 1968     3   1 36.89540 -89.59512 walmart
```

각 행은 매장을 나타낸다. 개점일(year, month, day), 위도(lat)와 경도(lng)로 표시된 위치, 그리고 월마트나 월마트 소유의 샘스클럽(Sam's Club) 같은 매장 종류를 포함한다. 월마트 매장만 추려내자.

```
# 월마트 매장만 추리기
walmarts <-stores[stores$store == "walmart",]
```

데이터를 불러오고 부분 집합을 만들면 지도 작성 부분은 간단하다. plot() 함수를 사용하면 된다. 다음은 셰이프파일에서 원래 주 경계를 그리는 방법이다. statebnds 데이터에 st_geometry()를 호출하면 메타데이터가 아닌 경계만 지정된 지도를 얻을 수 있다.

```
# 주와 미국 영토
plot(st_geometry(statebnds))
```

그림 7.6은 알래스카, 하와이, 푸에르토리코와 함께 본토 미국의 경계를 보여준다. 지역 간 지리적 간격 때문에 전체를 보기 어려우니 이 예제에서는 미국 본토에만 집중한다.

그림 7.6 기본 주 경계선

plot()과 st_geometry()를 다시 사용하되, 이번엔 미국 본토 부분 집합(conterm)을 사용한다.

```
# 미국 경계
plot(st_geometry(conterm))
```

그림 7.7과 같이 주 경계를 더 쉽게 볼 수 있다.

그림 7.7 미국 본토 경계

points()를 사용해서 지도에 매장 위치를 추가한다. 경도는 지도의 동서 위치를 나타내는 x 좌표로, 위도는 남북 위치를 나타내는 y 좌표로 취급한다. 일단 col 인자로 위치를 파란색으로 표시한다.[12]

12 셰이프파일은 지리적 위치를 담고 있다. 알래스카, 하와이, 푸에르토리코를 같은 화면에 다른 축척으로 표시하려면 지도를 따로 추가해야 한다. par()에 plt 그래픽 매개 변수를 주로 사용한다. layout()이나 viewport()도 쓸 수 있다.

```
# 위치 그리기
points(walmarts$lng, walmarts$lat,
       col="blue")
```

그림 7.8을 보면 결과를 알 수 있다. 예상대로 월마트는 전국에 퍼져 있고, 인구가 많은 곳에 몰려 있다.

그림 7.8 지도 위에 표시한 월마트 위치

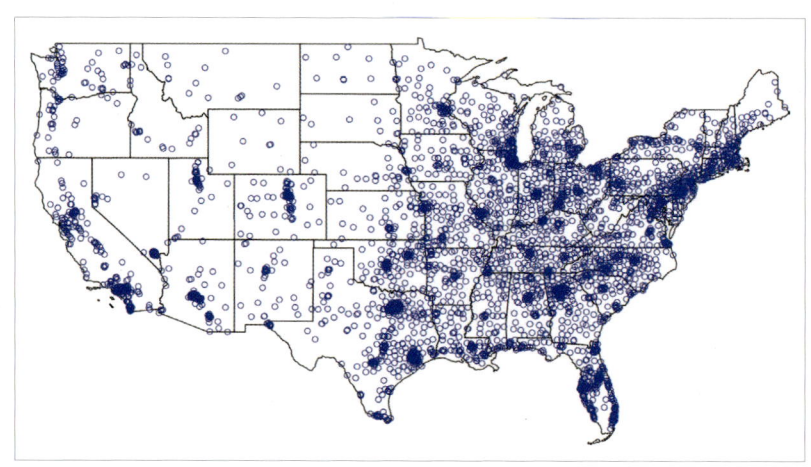

미국을 그리는 데 흔히 쓰이는 알베르스 도법으로 지도를 변환하려면, conterm_p4s에 할당된 proj-string을 사용해 st_transform()으로 conterm에 적용한다.13

13 하인리히 알베르스 (Heinrich Albers) 이름을 따서 만든 알베르스 도법은 등면적 지도 투영법이다. 지역 간 면적을 그대로 유지한다.

```
# 지도 투영법
conterm_p4s <-
    "+proj=aea +lat_1=29.5 +lat_2=45.5 +lon_0=97.2w"
conterm_albers <-st_transform(conterm, conterm_p4s)
```

매장 위치도 변환해야 한다. 하지만 st_transform()을 쓰려면 데이터가 호환되는 유형이어야 한다. 이 경우엔 sf 클래스 객체여야 한다. st_as_sf()로 월마트 데이터 프레임을 바꿀 수 있다. 데이터 프레임을 넘기고, 좌표를 나타내는 열을 지정하고, proj-string을 설정한다.

```
# 데이터 설정
wal_sf <-st_as_sf(walmarts,
                coords = c("lng", "lat"),
                crs = "+proj=longlat")
```

새 월마트 데이터인 wal_sf에 st_transform()을 사용한다. 경계를 변환할 때 썼던 proj-string인 conterm_p4s를 동일하게 적용한다.

```
# 점 변환
walsfalbers <-sttransform(walsf, conterm_p4s)
```

투영된 데이터를 사용해 이전과 동일하게 매장 위치를 지도에 표시한다. plot()과 points() 함수를 호출할 때 색상과 선 굵기도 조정해 보자.

```
# 지도 위 투영된 점
par(mar = c(0,0,0,0))
plot(st_geometry(conterm_albers),
    border = "#cccccc", lwd = .5)
points(st_coordinates(wal_sf_albers),
        col="#30437b", cex = .5)
```

그림 7.9와 같이 알베르스 도법을 적용한 지도가 나온다. 익숙한 모양일 것이다.

그림 7.9 투영된 점들

데이터를 변환하고 경계와 지리 좌표를 투영하는 이 과정은 지도에 다른 도형을 사용할 때도 대체로 동일하다.

크기 조절 도형

보통 위치 데이터만 있는 게 아니다. 업체 매출이나 도시 인구처럼 위치와 연관된 데이터도 있다. 여전히 점으로 지도를 그릴 수 있지만, 6장 "관계 시각화"에서 다룬 버블 차트의 원리를 지도에 적용할 수 있다. 그림 7.10처럼 면적으로 도형의 크기를 조절하고 위치에 맞게 지도에 배치한다.

그림 7.10 크기 조절 도형 매핑 구조

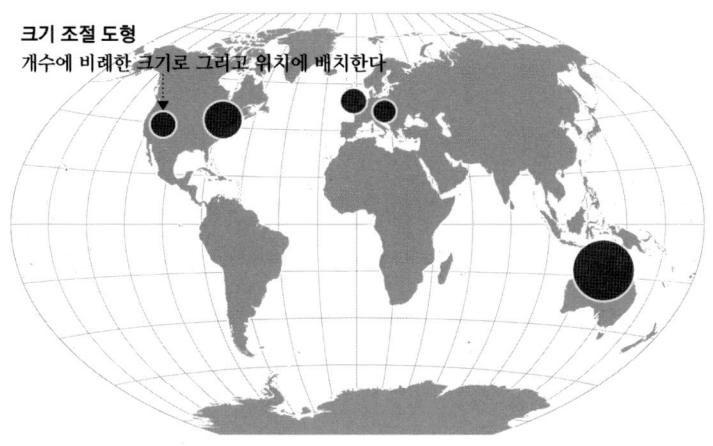

크기 조절 도형 추가하기

사용 도구: R
데이터 세트
- 미국 주 경계, *book.flowingdata.com/vt2/ch7/data/cb_states.zip*
- 미국 내 월마트 위치, *book.flowingdata.com/vt2/ch7/data/walmart_addresses.csv*

앞의 예시에서는 월마트 위치를 일일이 매핑했다. 하지만 정확한 주소가 없거나 더 큰 지역 단위로 집계된 데이터 세트라면? 또는 모든 위치의 세부 정보가 필요 없거나 지오코딩의 번거로움을 피하고 싶을 수도 있다.

예를 들어, 각 주(州)별 월마트 매장 수를 시각적으로 보여주려면 개별 위치보다 주별 집계가 더 유용하다. read.csv()로 데이터 세트를 불러오자.

```
# 주소 불러오기
wal <-read.csv("data/walmart_addresses.csv",
header=FALSE)
```

이 데이터 세트는 이전과 달리 경도와 위도가 없는 주소를 포함하고 있다. 첫 열은 고유 ID 번호이며, 나머지 열은 다음과 같이 주소, 도시, 주, 우편번호로 구성된다.

```
> head(wal)
  V1                V2              V3 V4    V5
1  1     2110 W Walnut St         Rogers AR 72756
2  2   161 N. Walmart Drive      Harrison AR 72601
3  3    30983 Highway 441 S      Commerce GA 30529
4  4    2901 Highway 412 E  Siloam Springs AR 72761
5  5      1155 Hwy 65 North        Conway AR 72032
6  7      9053 Highway 107      Sherwood AR 72120
```

R에서 주별로 집계하는 방법은 여러 가지가 있다. 우선 table() 함수로 개수를 세는 방법은 다음과 같다.

```
# 주별 매장 개수 세기
statecnts <-table(wal$V4)
```

이렇게 하면 테이블 형태의 개수가 statecnts에 할당된다. 처음 몇 개의 개수는 다음과 같다.

위치

```
> statecnts[1:6]
 AK   AL   AR   AZ   CA   CO
  9   97   82   78  201   72
```

원의 크기가 각 수치를 나타낸다. 먼저 각 원을 어디에 놓을지 알아야 한다. 각 주의 중심점을 사용하게 되는데 주의 경계 다각형의 기하학적 중심이다. st_centroid() 함수를 사용하면 중심 좌표를 쉽게 찾을 수 있다.

```
# 중심점
State_centroids <-st_centroid(conterm)
```

주별 월마트 개수와 중심점 좌표를 결합하려면 주 이름 약어 열이 있는 새 데이터 프레임 statesdf를 만든다. 그 다음 cbind()로 좌표를 추가한다.

```
# 주 데이터 프레임
statesdf <-data.frame(abbrev = conterm$STUSPS)
statesdf <-cbind(statesdf,
            st_coordinates(state_centroids))
```

이전과 같이 match()를 써서 statesdf 데이터 프레임에 개수를 추가한다.

```
# 개수를 데이터 프레임과 병합
imatch <-match(statesdf$abbrev, dimnames(statecnts)[[1]])
statesdf$walmarts <-as.numeric(statecnts)[imatch]
```

중심 좌표와 각 주의 매장 개수를 포함한 새 데이터 프레임은 다음과 같다.

```
head(statesdf)
  abbrev         X        Y walmarts
1     TX  -99.30284 31.44191      365
2     CA -119.47278 37.17976      201
3     KY  -85.30026 37.53428       84
4     GA  -83.43304 32.63690      142
5     WI  -89.99169 44.62587       89
6     OR -120.56277 43.93507       31
```

plot()으로 미국 본토를 그린다. par()로 여백을 모두 0으로 설정하면 지도가 공간에 꽉 찬다.

```
# 빈 지도
par(mar=c(0,0,0,0))
plot(st_geometry(conterm), border="#cccccc")
```

symbols() 함수로 크기 조절 도형을 추가한다. x 좌표와 y 좌표를 입력하고, 원의 반지름을 개수의 제곱근으로 설정해 면적에 비례하는 원을 그린다. 제곱근 값을 7로 나누는 건 전체 크기 조절을 위해서다. 나누는 숫자를 바꿔 보면 원 크기가 어떻게 변하는지 알 수 있다.[14]

14 원의 반지름을 개수의 제곱근으로 조정하면 원의 면적이 개수에 비례한다. 5장 "범주 시각화"에서 설명한 크기 조절 도형과 같은 논리에 따라 면적이 값에 비례하도록 한다.

```
# 크기 조절 도형
symbols(statesdf$X, statesdf$Y,
        circles = sqrt(statesdf$walmarts)/7,
        bg = "#b7c1e2",
        inches = FALSE,
        add = TRUE)
```

그림 7.11은 각 주의 월마트 매장 수에 따라 원의 크기를 조정한 것이다.

그림 7.11 주별 크기 조절 도형

크기 조절 도형에 알베르스 도법을 적용하는 건 점을 사용할 때와 같다. st_as_sf()로 X와 Y 좌표를 지정하고, st_transform()으로 알베르스 도법을 적용한다. plot()과 symbols()로 지도를 그린다.

```
# 도법을 적용한 크기 조절 도형
statesdf_sf <- st_as_sf(statesdf,
                        coords = c("X", "Y"),
                        crs = "+proj=longlat")
```

위치   263

```
statesdf_sf_albers <-st_transform(statesdf_sf, conterm_p4s)
par(mar=c(0,0,0,0))
plot(st_geometry(conterm_albers), border="#cccccc")
symbols(st_coordinates(statesdf_sf_albers),
        circles = sqrt(statesdf$walmarts)*12000,
        bg = "#b7c1e2",
        inches = FALSE,
        add = TRUE)
```

원래 위도-경도 버전에서는 symbols() 함수에서 원의 반지름을 7로 나눠 축소했다. 알베르스 버전에서는 반지름을 12,000배 확대했다. symbols() 함수의 circles 인자에 전달되는 크기는 그래프 공간의 스케일에 비례한다. 적절한 스케일을 찾으려면 데이터의 범위를 확인하거나 par("usr")로 현재 그래프의 최대값을 확인하면 된다. 그림 7.12는 크기 조절 도형을 반영한 지도를 보여준다. 위도-경도 버전의 평평한 직사각형 모양과 달리 더 원뿔 모양으로 휘어진 형태에 주목하자.

그림 7.12 알베르스 도법을 적용한 크기 조절 도형

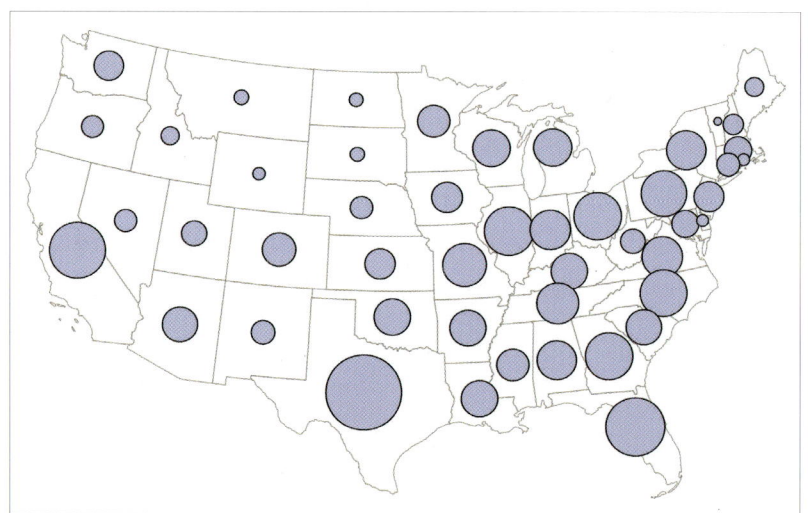

선

점들의 순서가 중요하거나 장소 간 상호작용이 있을 때는 지도 위의 점들을 연결하면 유용하다. 운전 경로나 달리기 코스 같은 루트, 또는 이주나 재정

지원 같은 지리적 위치 간 관계를 생각해 보자. 그림 7.13과 같이 선을 그리면 위치들이 어떻게 연결되는지에 주목하게 된다.

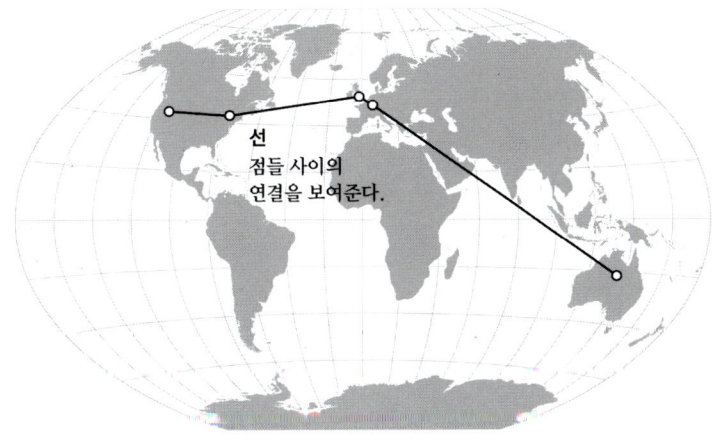

그림 7.13 선 매핑 구조

선 추가하기

> **사용 도구**: R
> **데이터 세트**
> - 미국 주 경계, *book.flowingdata.com/vt2/ch7/data/cb_states.zip*
> - 미국 월마트 위치, *book.flowingdata.com/vt2/ch7/data/walmart_addresses.csv*
> - 양조장 로드 트립, *book.flowingdata.com/vt2/ch7/data/brewery-road-trip-path.tsv*

지도상의 위치를 연결하는 선을 그리는 건 점과 기호를 그리는 과정과 동일하다. 빈 지도를 그리고 선을 추가한다(원하면 다른 도형도). 이 예제에서는 이전 예제의 지도에 두 개 주의 중심점을 연결하는 선을 그린다. 본토 미국의 경계와 월마트 위치가 각각 conterm과 statesdf로 로드되어 있다고 가정한다.

par()의 mar 인수를 사용해 여백 없는 빈 지도를 그리고, st_geometry()로 셰이프파일 데이터의 경계만 그린다.

```
# 빈 지도
par(mar=c(0,0,0,0))
plot(st_geometry(conterm), border="#cccccc")
```

lines() 함수로 선 하나를 그린다. 이 함수는 x 좌표 벡터와 y 좌표 벡터를 받는다. 여기서는 statesdf의 첫 두 관측값을 사용한다. 선 굵기(lwd)는 2로, 선 색상(col)은 16진수 값 #30437b로 설정한다.

```
# 선 그리기
lines(x = statesdf$X[1:2],
      y = statesdf$Y[1:2],
      lwd = 2,
      col = "#30437b")
```

이렇게 하면 그림 7.14와 같이 지도에 선이 추가된다.

그림 7.14 두 위치를 잇는 선

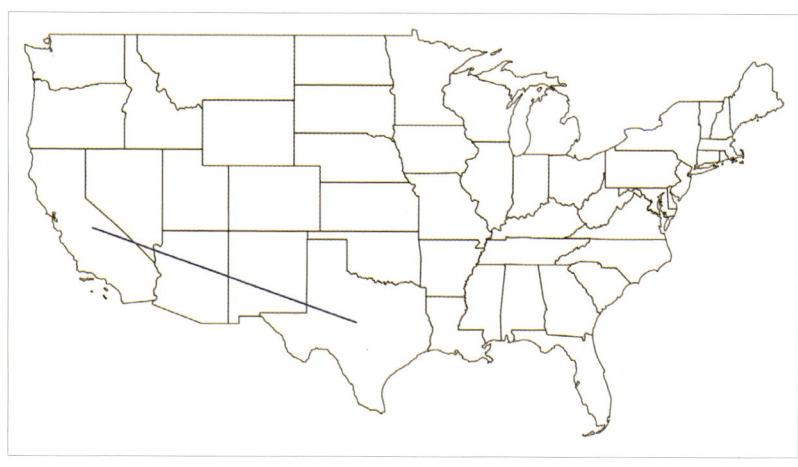

점이나 레이블 같은 다른 요소도 지도에 추가할 수 있다. 예를 들어 points() 함수로 기존 선에 끝점을 추가할 수 있다.[15]

15 빈 지도에 요소를 추가하는 작업을 층층이 레이어를 쌓는다고 생각하면 된다. 빈 지도가 맨 아래층이고, 그 위에 선, 점, 레이블 순으로 올라간다.

```
# 끝점
points(x = statesdf$X[1:2],
       y = statesdf$Y[1:2],
       pch = 21,
       bg = "#30437b",
       col = "#000000")
```

text() 함수로 주 이름 약어 레이블을 추가한다. 선과 점의 x, y 좌표는 그대로 쓰되, y 좌표를 0.75만큼 위로 올려 레이블이 점 위에 나타나게 한다.

```
# 레이블
text(x = statesdf$X[1:2],
     y = statesdf$Y[1:2]+.75,
     labels = statesdf$abbrev[1:2])
```

이렇게 하면 그림 7.15과 같이 선 끝에 두 점이 찍히고 각 점 위에 레이블이 붙는다.

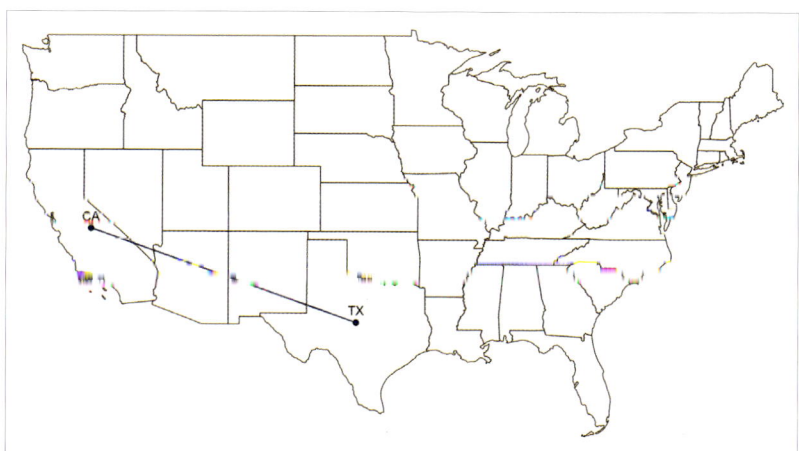

그림 7.15 연결선과 점

이건 두 개의 x-y 좌표만 있는 간단한 예시다. 하지만 더 많은 점으로 선을 그릴 때도 같은 방식을 적용하면 된다. 다음 코드를 보자. brewery-road-trip-path.tsv를 불러온다. 이 데이터는 1장 "데이터로 이야기하기"에서 설명한, 미국 최고의 양조장들을 방문하는 알고리즘으로 짠 로드 트립 경로다.

```
# 긴 경로
roadtrip <-read.csv("data/brewery-road-trip-path.tsv", sep = "\t")
```

데이터를 roadtrip에 할당한다. head(roadtrip)으로 데이터 프레임의 첫 몇 줄을 확인한다. 데이터 세트에는 여러 열이 있지만, 이 예시에서는 위도와 경도를 매핑하는 데 필요한 첫 두 열만 쓴다.

```
> head(roadtrip[,1:2])
       lat       lng
1  36.13686  -96.04723
2  36.13522  -96.04725
```

```
3  36.13348  -96.04725
4  36.13348  -96.04725
5  36.13347  -96.04275
6  36.13344  -96.03357
```

plot()으로 빈 지도를 그리고 lines()로 로드 트립 경로를 추가한다.

```
par(mar=c(0,0,0,0))
plot(st_geometry(conterm), border="#cccccc")
lines(roadtrip$lng, roadtrip$lat, lwd = 3)
```

그림 7.16과 같이 최고의 양조장들을 방문하는 최단 경로를 알게 됐다. 즐겁게 여행하길.

그림 7.16 지도에 로드 트립 경로를 표시했다.

알베르스 도법으로 지도를 변환하려면 roadtrip의 좌표를 st_as_sf()로 지정하고 st_transform()으로 변환을 적용한다. 변환된 빈 지도를 그리고 변환된 선을 추가한다. 월마트 지점과 주 단위 기호를 투영할 때와 같은 단계다.

```
# 지도 투영
conterm_p4s <-
    "+proj=aea +lat_1=29.5 +lat_2=45.5 +lon_0=97.2w"
conterm_albers <-st_transform(conterm, conterm_p4s)

# 도법을 적용한 로드 트립
roadtrip_sf <-st_as_sf(roadtrip,
            coords = c("lng", "lat"),
            crs = "+proj=longlat")
```

```
roadtrip_sf_albers <-st_transform(roadtrip_sf, conterm_p4s)

# 도법을 적용한 로드 트립 지도
par(mar=c(0,0,0,0))
plot(st_geometry(conterm_albers), border="#cccccc")
lines(st_coordinates(roadtrip_sf_albers),
      lwd = 3)
```

그림 7.17 알베르스 도법으로 그린 로드 트립

그림 7.17은 알베르스 도법을 적용한 로드 트립 지도다. 위도와 경도를 직교 좌표로 취급한 그림 7.16과 비교해 보자.

공간 분포

여러 위치를 다룰 때는 개별 장소의 위치만 궁금한 게 아니다. 어떻게 퍼져 있는지, 밀도가 높은 곳과 낮은 곳이 있는지, 아니면 지역 전체에 균일하게 분포돼 있는지, 지역별 차이점이나 유사점은 없는지 살펴본다. 개별 장소보다는 전체 집합과 그 안의 변화에 주목한다.

달리기 기록을 추적하는 앱인 RunKeeper에서 2014년 데이터를 긁어왔다. 주요 도시의 사람들이 어떤 패턴으로 뛰는지 알고 싶었다. 그림 7.18은 사람들이 달린 경로를 모아서 겹쳐 그린 것이다.

당시 RunKeeper 사이트는 도심에서 일정 거리 내의 검색만 허용했지만,

그림 7.18 주요 도시에서 사람들이 달리는 곳, *https://flowingdata.com/2014/02/05/where-people-run*

공원과 수변 지역, 기존 달리기 코스 주변 등의 인기 지역을 여전히 볼 수 있다. 일부에서는 이 궤적의 빈도를 통해 도시에서 걷기 좋은 곳과 (적어도 달리기에 있어서) 사람들이 기피하는 지역을 파악할 수 있다.

지역별 분포, 경로를 따라 나타나는 변화와 노이즈가 지도에 흥미를 더한다.

단계 구분도

단계 구분도(Choropleth Map)는 지역 데이터를 지도화하는 가장 흔한 방법이다. 특정 지표를 바탕으로 지역마다 색을 칠한다. 그림 7.19처럼 색깔은 내가 정한 색상 스케일을 사용하면 된다. 영역과 위치는 이미 정해져 있어서 적절한 색상 스케일을 고르기만 하면 된다.

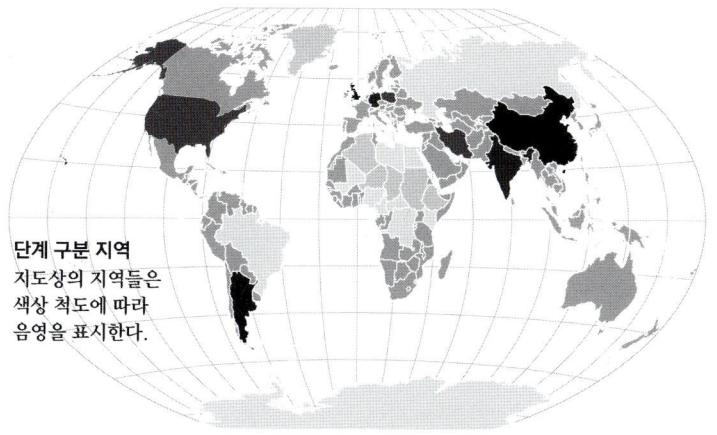

그림 7.19 단계 구분도 구조

2장 "데이터 시각화 도구 선택"에서 살짝 언급한 컬러 브루어(Color-Brewer)로 색상을 간단히 고를 수 있다. 팔레트는 미리 만들어져 있다. 원하는 팔레트 종류와 데이터 클래스 수를 고르면 도구가 옵션을 제시한다.[16]

연속적인 데이터가 있다면, 그림 7.20처럼 밝은 색에서 어두운 색으로 이어지는 연속적인 색상 구성이 필요할 수 있다. 'sequential'을 선택해 단일 색조나 여러 비슷한 색조를 사용한다.

16 컬러 브루어는 원래 지도용으로 만든 도구다. 하지만 이제는 히트맵 같은 통계 시각화 전반에 쓰인다. *https://colorbrewer2.org*

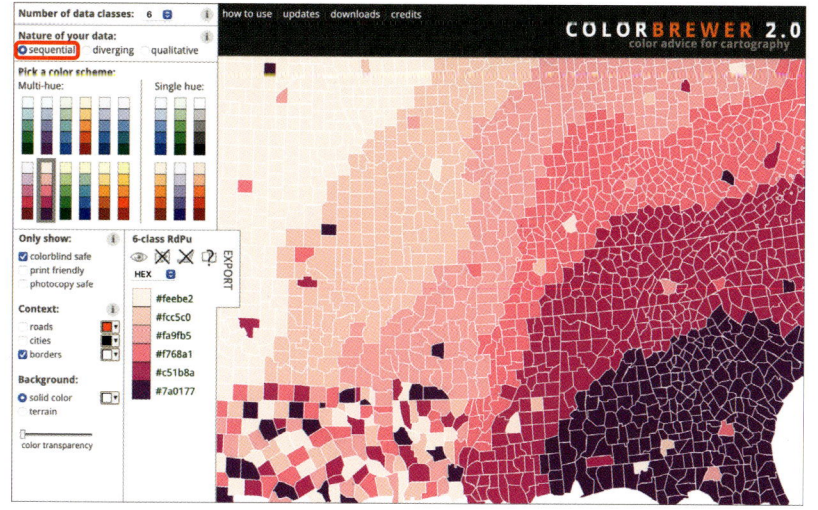

그림 7.20 컬러 브루어이 'sequential' 색상 메뉴

공간 분포

그림 7.21의 'diverging(분기형)' 색상 구성은 좋고 나쁨, 또는 기준점 위아래처럼 데이터가 양면성을 띨 때 적합하다.

마지막으로, 데이터가 클래스나 범주로 나뉘는 정성적 데이터라면 그림 7.22처럼 'quantitative'를 선택해 각각에 고유한 색상을 부여할 수 있다.

사용자 지정 색상 스케일이 필요 없다면 컬러 브루어가 좋은 출발점이 된다. 특히 색맹에게 안전한 옵션만 골라 쓸 수 있어 유용하다. 하지만 회사

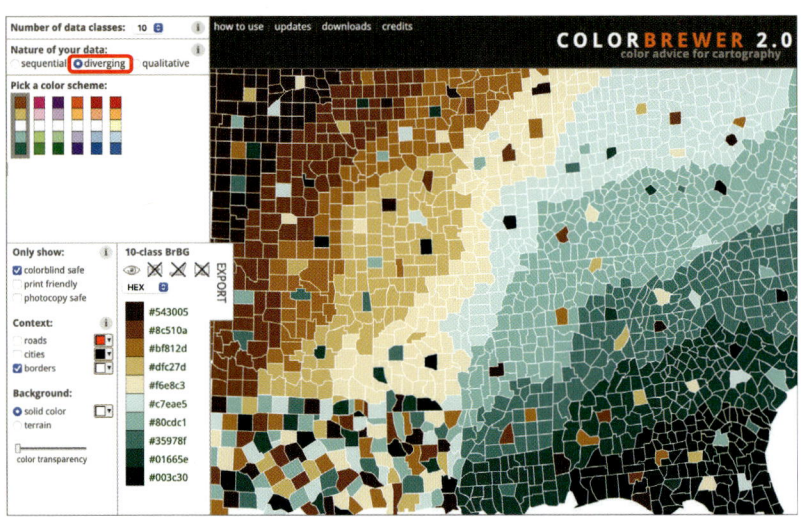

그림 7.21 컬러 브루어의 'diverging' 색상 메뉴

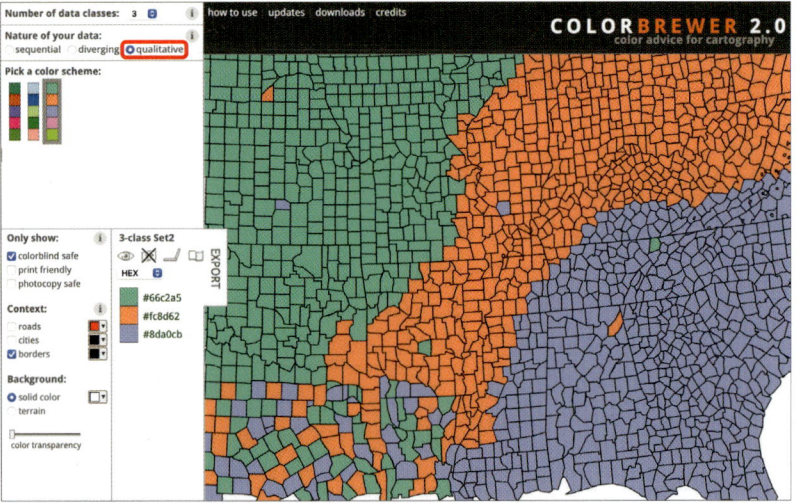

그림 7.22 컬러 브루어의 'quantitative' 색상 메뉴

색상 필레트나 데이터 세트의 맥락에 맞는 색상 구성이 필요하다면 2장에서 언급한 다른 도구들을 써보자.

> **☑ 색맹 안전 팔레트**
>
> 단계 구분도나 히트맵처럼 색상으로 데이터를 표현할 때는 색맹 안전 팔레트를 선택한다. 미국의 경우 남성 12명 중 1명, 여성 200명 중 1명이 적록색맹이다. 이들은 빨간색과 초록색의 구분이 어렵다. 지도에 빨간색과 초록색만 사용하면 색맹인 사람은 지역을 비교하기 어렵다. 지도를 만든 목적 자체가 무색해진다.
>
> 이를 위한 도구가 많이 있다. 컬러브루어는 색맹 안전 팔레트만 보여주는 필터가 있고, Chroma.js 색상 팔레트 도우미는 선택한 색상을 색맹도 구분할 수 있는지 검토한다. 일러스트레이터는 색맹 시뮬레이션 기능이 있다. 마이크로소프트는 스프레드시트 분석용 접근성 검사기를 제공한다. Sim Daltonism 앱은 카메라로 색맹의 시점을 체험할 수 있게 해준다. 이제 모두가 볼 수 있는 색상 고르기가 한결 쉬워졌다.
>
> 기존 색상 체계나 맥락에 맞춰 색상을 써야 해서 색맹을 위한 색상 적용이 힘든 상황이라면, 데이터를 나타내는 데 한 개 이상의 인코딩을 쓸 수 있다. 이를 중복 인코딩이라 한다. 색상과 함께 텍스트, 위치, 크기로 값을 표시할 수 있다. 색조 차이를 볼 수 없는 사람이라도 다른 단서를 통해 이해할 수 있게 한다.

단계 구분도 만들기

> **사용 도구:** R
> **데이터 세트**
> - 미국 주 경계, *book.flowingdata.com/vt2/ch7/data/cb_states.zip*
> - 인종별 인구 수, *book.flowingdata.com/vt2/ch7/data/DECENNIALPL2020.P1.zip*

미국 내 아시아계 인구 분포에 지리적 패턴이 있을까? 인구조사국 추정치를 바탕으로 각 주와 지역의 아시아 인구가 어느 정도 비율인지를 단계 구분도로 보여줄 수 있다. R을 계속 사용하겠다. 이전 예제를 해봤다면 과정이 익숙할 것이다.

공간 데이터를 다루는 함수를 제공하는 sf 패키지를 불러온다.

```
library(sf)
```

st_read() 함수를 이용해서 1/20,000,000 비율로 주 경계선 셰이프파일을 불러온다.

```
# 경계
statefp <-"data/cb_states/cb_2022_us_state_20m.shp"
statebnds <-st_read(statefp)
```

미국 본토로 범위를 한정하고 알베르스 도법으로 변환한다.

```
# 미국 본토로 한정
inconterm <-!(statebnds$STUSPS %in% c("AK", "HI", "PR"))
conterm <-statebnds[inconterm,]
conterm_p4s <-"+proj=aea +lat_1=29.5 +lat_2=45.5 +lon_0=97.2w"
conterm_albers <-st_transform(conterm, conterm_p4s)
```

read.csv()로 2020년 발표된 10년 주기 인구 조사의 주 단위 인구 데이터를 불러온다.[17]

17 R에서 파일 경로는 현재 작업 디렉터리를 기준으로 한다.

```
# 인구 데이터 불러오기
fileloc <-"data/DECENNIALPL2020.P1/DECENNIALPL2020.P1.csv"
pop <-read.csv(fileloc, stringsAsFactors = FALSE)
```

각 행은 한 주를 나타내고, 단일 또는 복수 인종으로 구분된 인종별 인구 수를 나타내는 71개의 열이 있다. 처음 몇 행은 다음과 같다.

```
> pop[1:10, 1:5]
         GEO_ID                NAME   P1_001N   P1_002N   P1_003N
1   0400000US01             Alabama   5024279   4767326   3220452
2   0400000US02              Alaska    733391    643867    435392
3   0400000US04             Arizona   7151502   6154696   4322337
4   0400000US05            Arkansas   3011524   2797949   2114512
5   0400000US06          California  39538223  33777988  16296122
6   0400000US08            Colorado   5773714   5066044   4082927
7   0400000US09         Connecticut   3605944   3273040   2395128
8   0400000US10            Delaware    989948    913430    597763
9   0400000US11 District of Columbia    689545    633468    273194
10  0400000US12             Florida  21538187  17986115  12422961
```

이 예시에서 총인구는 P1_001N 열을, 아시아계 인구는 P1_006 열을 보면 된다. 나중에 다른 변수를 사용하려면 같은 데이터 폴더의 DECENNIALPL 2020.P1_metadata.csv를 찾아보면 된다.

pop의 첫 번째 열인 GEO_ID에 주목하자. 각 주의 고유 ID를 나타낸다. 이제 경계 데이터 conterm_albers에 연결된 처음 몇 행을 살펴보자.

```
> conterm_albers[1:10, 1:6]
  STATEFP   STATENS    AFFGEOID  GEOID  STUSPS       NAME
0      48  01779801  0400000US48     48      TX      Texas
1      06  01779778  0400000US06     06      CA California
2      21  01779786  0400000US21     21      KY   Kentucky
3      13  01705317  0400000US13     13      GA    Georgia
4      55  01779806  0400000US55     55      WI  Wisconsin
5      41  01155107  0400000US41     41      OR     Oregon
6      29  01779791  0400000US29     29      MO   Missouri
7      51  01779803  0400000US51     51      VA   Virginia
8      47  01325873  0400000US47     47      TN  Tennessee
9      22  01629543  0400000US22     22      LA  Louisiana
```

Conterm_albers의 AFFGEOID 열과 pop의 GEO_ID는 ID 구조가 같다. match() 함수로 이 공통 ID를 사용해서 인구 데이터와 경계 데이터를 연결할 수 있다.[18] 이 함수는 전자가 후자의 어느 위치에 있는지를 나타내는 인덱스의 벡터를 반환한다. R에서 벡터는 같은 유형의 요소로 이루어진 가장 기본적인 데이터 구조다. 이 인덱스를 사용해 pop에서 일치하는 인구를 가져온다. 예를 들어 conterm_albers의 첫 번째 주는 AFFGEOID가 0400000US48인 텍사스다. 이것은 pop의 44번째 행과 일치한다. 다음에서 P1_006N 열의 44번째 값, 즉 아시아계 인구가 conterm_albers의 첫 번째 행(텍사스)에 반환된다.

18 match() 함수는 익숙해지는 데 시간이 걸린다. 인덱스를 계속 추적해야 하기 때문이다. 하지만 나는 유연해서 좋아한다. 두 데이터 세트를 합칠 때는 merge() 함수가 더 직관적으로 느껴질 수도 있다. 콘솔에 ?merge를 입력하면 도움말을 볼 수 있다.

```
# 아시아계 인구 결합하기
conterm_albers$asianpop <-
    pop$P1_006N[match(conterm_albers$AFFGEOID, pop$GEO_ID)]
```

P1_001N 열로 같은 작업을 반복해서 총인구를 conterm_albers 경계 데이터에 추가한다.

```
# 총인구 결합하기
conterm_albers$totalpop <-
    pop$P1_001N[match(conterm_albers$AFFGEOID, pop$GEO_ID)]
```

각 주의 총인구 대비 아시아계 인구 비율을 계산한다.

```
# 비율 계산하기
conterm_albers$asianrate <-
    conterm_albers$asianpop / conterm_albers$totalpop
```

conterm_albers 데이터에 totalpop, asianpop, asianrate 이렇게 세 개의 열이 추가됐다. 계산이 제대로 됐는지 확인해 보자.

```
> conterm_albers@data[1:10,
+   c("NAME", "totalpop", "asianpop", "asianrate")]
        NAME  totalpop  asianpop  asianrate
0      Texas  29145505   1585480 0.05439878
1 California  39538223   6085947 0.15392566
2   Kentucky   4505836     74426 0.01651769
3    Georgia  10711908    479028 0.04471920
4  Wisconsin   5893718    175702 0.02981174
5     Oregon   4237256    194538 0.04591132
6   Missouri   6154913    133377 0.02167001
7   Virginia   8631393    615436 0.07130205
8  Tennessee   6910840    135615 0.01962352
9  Louisiana   4657757     86438 0.01855786
```

asianrate 변수에 summary() 함수를 써서 사분위수와 범위를 확인한다.

```
# 요약 통계
summary(conterm_albers$asianrate)
```

범위는 0에서 0.153까지이고 중앙값은 0.029다. 대충 맞아 보인다.

```
   Min.  1st Qu.   Median     Mean  3rd Qu.     Max.
0.007655 0.017695 0.029366 0.038254 0.047825 0.153926
```

인구 데이터를 경계 데이터와 매칭했으니 이제 색 구성을 정할 차례다. 2장에서 설명한 색 도구를 여기서 유용하게 쓸 수 있다. 새로 정의한 pickCol() 함수에 할당된 16진수 색상은 Chroma.js 색상 팔레트 도우미로 만들었다.

```
# 색상 정의
pickCol <-function(x) {
    propbreaks <-c(0, .02, .04, .06, .08, 1)
    shades <-c('#d9e0e1', '#acc0c4', '#7fa1a8',
               '#51828c', '#196572')
    i <-max(which(propbreaks <= x))
    return(shades[i])
}
```

pickCol() 함수는 입력 값을 받아 propbreaks 척도상 위치에 해당하는 색을 결과로 반환한다. sapply() 함수로 conterm_albers의 각 asianrate 값에 대한 색을 얻어 적용한다.

```
conterm_albers$col <-
    sapply(conterm_albers$asianrate, pickCol)
```

보통 단계 구분도의 색 구성을 만들 때 절대 수치가 아닌 정규화된 변수를 기준으로 한다. 그렇지 않으면 캘리포니아 같이 넓은 지역은 크기 때문에 항상 높은 수치를 보인다. 이 예시에서는 정규화된 인구 비율을 기준으로 색조를 선택했다.

conterm_albers를 그리고 plot()의 col 인자로 각 주의 채우기 색을 정한다. 테두리는 흰색으로 한다.

```
# 지도 그리기
plot(st_geometry(conterm_albers),
     col = conterm_albers$col,
     border = "white")
```

이렇게 하면 비율이 높을수록 더 어두운 색조로 표시되는 단계 구분도가 그려진다(그림 7.23).

그림 7.23 비율에 따라 색이 적용된 단계 구분도

나는 지도에 색상 범례를 추가할 때 보통 어도비 일러스트레이터로 직접 만들지만, R의 legend() 함수를 쓰면 간단히 추가할 수 있다. 이 함수로 레이블, 색상, 도형을 조합한 다양한 범례를 만들 수 있다. 다음 코드는 지도 왼쪽 아래에 각 색상에 해당하는 사각형과 레이블로 구성된 범례를 추가한다.

```
# 범례 추가
legend("bottomleft",
       legend = c("0-.01", ".02-.03", ".04-.05", ".06-.07", ".08+"),
       fill = c('#d9e0e1', '#acc0c4', '#7fa1a8', '#51828c', '#196572'),
       title = "Asian Population")
```

카토그램

단계 구분도의 장점은 독자들에게 친숙한 지도를 맥락의 기준점으로 활용할 수 있다는 것이다. 보통 사람들은 자기가 살고 있는 지역의 경계가 어떻게 생겼는지 대충 알고 있다. 거기에 색깔만 입혀도 또 다른 의미가 생긴다. 하지만 지리적으로 넓은 지역은 작은 지역보다 시각적으로 더 눈에 띄어 정보에 왜곡이 생기는 것이 단계 구분도의 단점이다.

카토그램(Cartogram)은 지리적인 형태를 실제 그대로 나타내는 대신 데이터에 따라 영역이나 기호의 크기를 조정한다. 그래서 인구는 적고 면적은 넓은 지역이라면, 사람에 관한 데이터 세트를 시각화할 때는 그렇게 많은 공간을 차지하지 않는다.

그림 7.24의 카토그램은 지리적 영역의 크기를 변형시키는 비연속 동형 카토그램이다. 즉, 경계의 모양은 그대로지만 주들이 붙어있지 않고 떨어져 있다.

이는 몇 년에 걸쳐 고안된 여러 카토그램 유형 중 하나다. 연속 카토그램은 인접 경계를 유지하고 고무판처럼 영역을 늘린다. 돌링 카토그램(Dorling cartograms)은 크기가 조정된 원을 사용한다. 모자이크 카토그램은 격자 안에 배치를 제한한다.

각 카토그램마다 장점이 있지만, 당연히 원래의 지리적 위치에 고정되지 않은 영역을 보여주는 데 따르는 단점이 있다. 굉장히 큰 단점이다. 그래서 단계 구분도를 더 선호한다. 선택은 본인 몫이다. 나는 개인적으로 돌링 카

그림 7.24 카토그램 구조

크기 조절 지역
데이터에 비례해
지리적 영역 크기를 조절했다.

토그램을 특히 선호한다. 연속형 카토그램은 꺼리는 편이다. 형태가 너무 왜곡돼 면적 비교가 어렵기 때문에 정보 전달에 유용하지 않다.

카토그램 만들기

> **사용 도구:** R
> **데이터 세트**
> - 미국 주 경계선, *book.flowingdata.com/vt2/ch7/data/cb_states.zip*
> - 인종 및 출신별 인구 수, *book.flowingdata.com/vt2/ch7/data/DECENNIALPL2020.P1.zip*

이전 예제에서 아시아계 인구 비율을 보여주는 단계 구분도를 만들었으니 나머지는 카토그램 패키지로 쉽게 처리할 수 있다. 아직 단계 구분도를 만들지 않았다면, 경계 데이터와 인구 데이터를 불러온 다음, 두 데이터 세트를 결합하고, 색상을 선택하는 예제까지 따라한 후에 이 예제로 돌아오도록 하자.

아시아계 비율과 전체 인구 수를 동시에 보여주는 것이 목표다. 돌링 카토그램에서 색상은 아시아계 비율을, 원의 크기는 전체 인구 수를 나타내게 할 것이다. 먼저 카토그램 패키지를 불러온다. 패키지가 설치되어 있지 않다면 install.packages(cartogram)을 입력한다.

library(cartogram)

이전 예제의 데이터를 로드했다고 가정하고, conterm_albers를 cartogram_dorling()에 전달한다. asianpop으로 가중치를 주어 크기를 나타낸다.

공간 분포   279

```
# 카토그램 계산
conterm_dorling <-cartogram_dorling(wonterm_albers,
                                    weight = "asianpop")
```

plot()으로 빈 주 지도를 그린다.

```
# 빈 지도
plot(st_geometry(conterm_albers),
     border = "#cccccc",
     lwd = .6)
```

그 다음 카토그램 원을 추가한다. plot()을 사용하고 add 인자를 TRUE로 설정한다. 단계 구분도와 같은 색상을 사용한다.

```
# 돌링 카토그램 원 추가
plot(st_geometry(conterm_dorling),
     col = conterm_albers$col,
     add = TRUE)
```

그림 7.25는 각 주의 아시아 인구로 원 크기를 정한 카토그램이다. 북동부에서 가장 눈에 띄는 원들은 서로 겹치지 않도록 했다.

비연속 카토그램에서 경계선을 유지하려면 같은 단계를 따르되, cartogram_dorling() 대신 계산에 cartogram_ncont()를 사용한다.

```
# 비연속
conterm_ncont <-cartogram_ncont(conterm_albers,
                                "asianpop")
```

빈 지도를 먼저 그린 다음 카토그램 도형을 추가한다.

```
# 빈 지도와 카토그램
plot(st_geometry(conterm_albers),
     border = "#cccccc",
     lwd = .6)
plot(st_geometry(conterm_ncont),
     col = conterm_albers$col,
     add = TRUE)
```

그림 7.26처럼 원 대신 아시아계 인구에 따라 주의 형태 크기를 조정했다.

그림 7.25 수에 따라 크기를 조정하고 비율에 따라 색상을 표시한 돌링 카토그램

그림 7.26 수에 따라 크기를 조정하고 비율에 따라 색상을 지정한 비연속 카토그램

여기까지 왔으니 인접 경계를 유지하는 연속 카토그램도 한번 만들어 보자. 과정도 비슷하고, 데이터만 준비되어 있다면 cartogram 패키지로 쉽게 만들 수 있다. cartogram_cont() 함수를 쓰고 plot()으로 결과를 그리면 된다.

```
# 연속 카토그램
conterm_cont <-cartogram_cont(conterm_albers,
                              "asianpop")
plot(st_geometry(conterm_cont),
     col = conterm_albers$col)
```

공간 분포　281

그림 7.27과 같이 미국을 대충 닮은 올록볼록한 결과물이 나왔다.

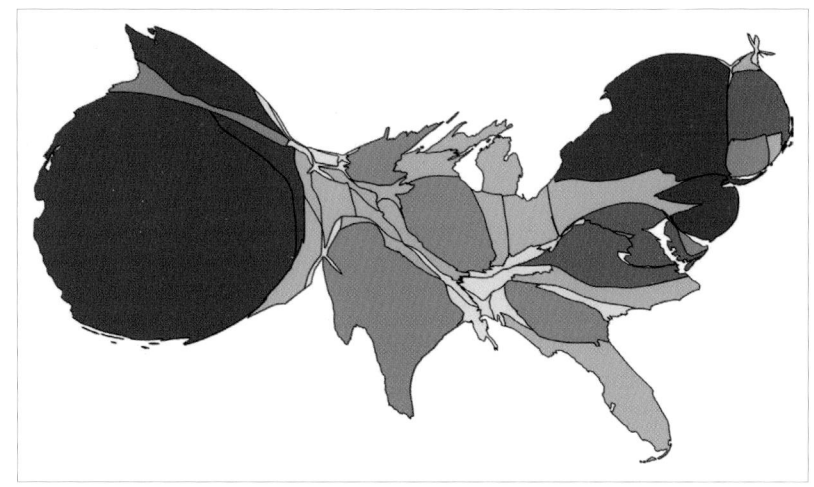

그림 7.27 수에 따라 크기를 조정하고 비율로 색상을 표시한 연속 카토그램

같은 방법으로 다른 인종 인구에 대한 카토그램도 만들 수 있다.

점 밀도 지도

카토그램은 큰 값들이 시각적으로 눈에 더 잘 띄도록 영역을 변형시킨다. 점 밀도 지도에서는 영역을 색으로 채우는 대신 점으로 데이터를 표현한다. 그림 7.28을 보면 점이 많을수록 수치가 크다는 뜻이다.

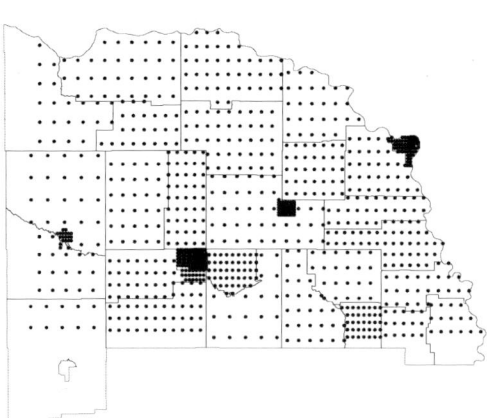

그림 7.28 점 밀도 지도 구조

점
각각은 단위의 집계를 나타내며 분포는 지역 내 밀도를 보여준다.

수치가 낮고 지역이 넓으면 듬성듬성하고, 수치가 높고 지역이 좁으면 빽빽하다. 점은 보통 무작위나 격자 모양으로 찍는다. 이 방식은 주로 지역별 인구 밀도를 보여주는 데 쓰이므로 각 점이 사람이라는 비유가 현실과 크게 동떨어진 것은 아니다.

점 밀도 지도는 1800년대 초부터 있었지만, 빌 랭킨(Bill Rankin)의 지도로 최근 다시 인기를 얻었다. 2009년, 랭킨은 일리노이 주 시카고의 인종과 소득을 지도로 만들었다. 계층별로 색을 달리한 점을 찍었더니 정부가 그은 경계처럼 뚜렷하게 동네별로 나뉘었다.[19]

19 빌 랭킨의 시카고 점 밀도 지도는 *https://datafl.ws/randots*에서 볼 수 있다. 내가 만든 전국 버전은 *https://datafl.ws/dotsback*에 있다.

점 밀도 지도 만들기

사용 도구: R
데이터 세트
- 네바다 주의 블록 그룹 경계, *book.flowingdata.com/vt2/ch7/data/cb_2022_32_bg_500k.zip*
- 인종별 인구 집계, *book.flowingdata.com/vt2/ch7/data/DEC2020.P8_bg.zip*

아시아계 인구의 분포를 더 세밀하게 보려면 네바다 주의 인구 조사 블록 그룹에 집중한다. 주와 카운티 수준의 뷰는 전반적인 분포를 보여주지만, 가까이 들여다보면 더 자세한 변화를 볼 수 있다. 공간 데이터 처리에 도움이 되는 sf 패키지를 불러온다.

```
library(sf)
```

st_read() 함수로 네바다 주의 블록 그룹을 불러온다.

```
# 블록 경계 불러오기
bgfp <-"data/cb_2022_32_bg_500k/cb_2022_32_bg_500k.shp"
nvblocks <-st_read(bgfp)
```

read.csv()로 블록 단위 인구 데이터를 불러온다.

```
# 블록 단위 인구
popfp <-"data/DEC2020.P8_bg/DECENNIALDHC2020.P8-Data.csv"
nvpop <-read.csv(popfp)
```

더 자세히 보려면 네바다 주 클라크 카운티(ID: 003)의 경계 데이터만 추출한다.

```
# 클라크 카운티 블록 그룹
clarkblocks <-nvblocks[nvblocks$COUNTYFP == "003",]
```

인구 데이터 nvpop도 클라크 카운티만 추출한다. 인구 데이터의 ID 형식이 경계 데이터와 달라서 앞의 코드와는 조금 다르다.

```
> nvpop[1:5, c("GEO_ID", "P8_001N")]
              GEO_ID P8_001N
1         0400000US32 3104614
2 1500000US320030001011    1293
3 1500000US320030001012    1765
4 1500000US320030001013     644
5 1500000US320030001014    2062
```

클라크 카운티의 ID가 1500000US32003임을 알 수 있다(웹 검색이나 인구조사 참고 문서를 확인한다). nvpop의 GEO_ID는 각 블록 그룹의 고유 ID지만, 블록 그룹 ID의 첫 부분이 카운티를 나타낸다. substr() 함수로 clark_geoid 길이의 부분 문자열을 추출해 부분 집합을 만든다.

```
# nvpop의 카운티 레벨 ID
clark_geoid <-"1500000US32003"
nvpop$countyid <-substr(nvpop$GEO_ID, 1,
                    nchar(clark_geoid))
clarkpop <-nvpop[nvpop$countyid == clark_geoid,]
```

이전 예시처럼 match()를 사용해 경계 데이터와 인구 데이터를 결합한다.

```
# 카운티별 인구 병합
imatch <-match(clarkblocks$AFFGEOID, clarkpop$GEO_ID)
clarkblocks$asianpop <-clarkpop$P8_006N[imatch]
```

이제 clarkblocks에 asianpop 변수가 생겼다. st_sample()을 이용해 인구 10명당 하나의 점으로 각 좌표를 계산한다.[20]

[20] st_sample() 함수는 경계가 얼마나 복잡한지, 점이 얼마나 많이 필요한지에 따라 시간이 좀 걸릴 수 있다.

```
# 점
clarkdots <-st_sample(clarkblocks,
    as.integer(clarkblocks$asianpop/10))
```

지도를 그린 다음 점들을 찍으면 된다. 점의 색상을 나타내는 16진수 코드 #19657250는 보통 6자리인데, 추가로 붙어 있는 마지막 두 자리 50은 불투명도 50%[21]를 뜻한다. 이렇게 점을 반투명하게 만들면 점들이 겹칠 때 아래를 모두 가리는 대신 색상이 더 진해진다.

[21] (옮긴이) 뒤에 붙은 50도 16진수여서 십진수로 80이다. 불투명도는 80/256= 31%다.

```
# 지도와 점
plot(st_geometry(clarkblocks),
     border = "#cccccc", lwd = .5)
plot(clarkdots, pch=19, cex=0.1,
     col="#19657250",
     add = TRUE)
```

그림 7.29를 보면 중심부의 인구 밀도가 훨씬 높고, 도심에서 멀어질수록 인구가 희박해진다.

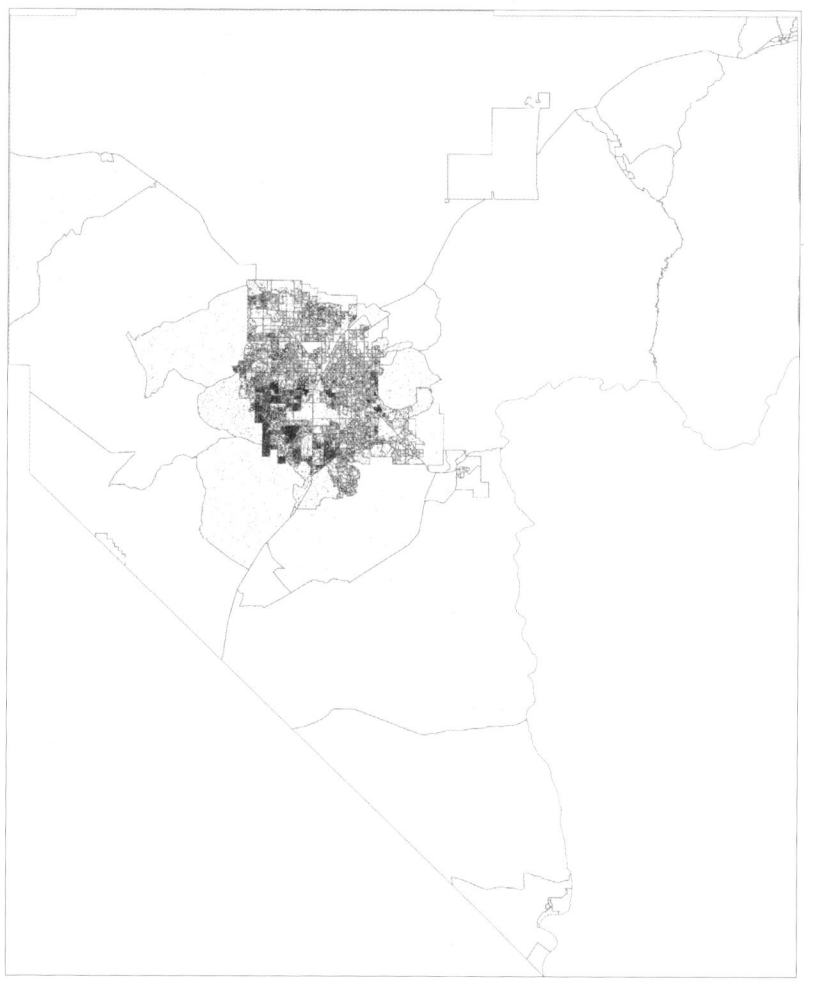

그림 7.29 인구를 보여주는 점 밀도 지도

점의 색, 크기, 인구당 점 수를 바꿔가며 지도가 어떻게 변하는지 실험해 보자. 실제 데이터로 작업할 때는 이미지 크기와 점 개수의 균형을 찾아야 한다. 좁은 공간에 점이 너무 많으면 경계선이 꽉 차 보인다. 넓은 공간에 점이 몇 개 없으면 지도가 거의 비어 보인다.[22]

22 https://datafl.ws/dotsback의 지도는 모든 인종에 대해 1인당 1점으로 만든 것이다.

공간과 시간

지금까지 각 장별로 데이터 유형과 시각화 방법을 살펴봤지만, 5장에서 본 것처럼 데이터 유형을 함께 쓰면 이야기가 흥미로워진다. 시간의 흐름은 앞으로 나아가는 서사를 만드는 데 잘 어울린다. 공간과 시간을 함께 보는 것도 마찬가지다.

지도를 시간의 스냅샷으로 생각해 보자. 특정 시기에 수집된 데이터는 당시 지역 모습을 추정할 수 있게 해준다. 그래서 지도를 여러 개 만들면 시간의 흐름을 보여줄 수 있다. 긴 시간에 걸친 일련의 지도를 만들면 변화와 안정, 불규칙성을 관찰할 수 있다.

그림 7.30은 질병통제예방센터(CDC)의 체질량지수 추정치를 바탕으로 1985년부터 2015년까지의 비만율을 주별로 보여주는 격자 지도이다.

각 사각형은 주를 나타내고 색은 각 주의 연간 평균 비만율을 표현한다. 색상 척도는 질병통제예방센터의 과거 지도를 참고했다. 2000년대에 들어서면서 녹색에서 보라색으로 변하는 걸 볼 수 있다. 1980년대에는 비만율이 대부분 15% 미만이었지만, 2015년에는 대부분 30%를 넘었다. 식단 조정이 필요할 수도, 건강 체중의 정의를 바꿔야 할 수도 있다. 아니면 둘 다일 수도 있다.

지도를 연도별로 배열하면 개별 주의 변화와 국가 전체의 변화를 볼 수 있다. 공간과 시간 데이터는 서로 잘 어울린다.

연속 지도

지도 하나를 만들 줄 알면, 여러 개도 만들 수 있다. 다른 시기의 지도들을 만들어 나열하면 그림 7.31처럼 시공간의 변화를 보여줄 수 있다.

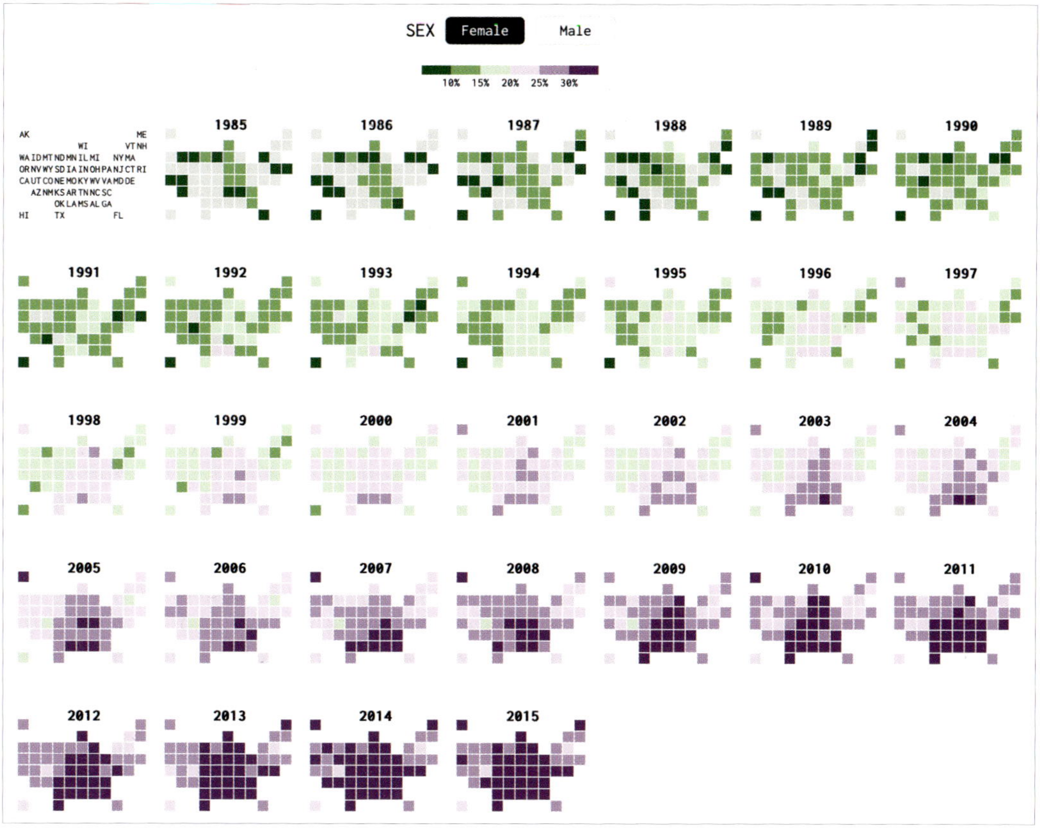

그림 7.30 비만의 확산 지도, https://flowingdata.com/2016/09/26/the-spread-of-obesity

그림 7.31 연속 지도 구성

연속 지도
지도들을 나란히 놓으면 시간에 따른 패턴을 볼 수 있다.

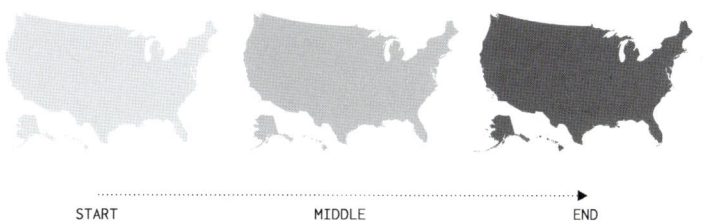

보통 지도 간 변화를 눈에 띄게 하는 게 가장 어려운 문제다. 변화와 차이를 강조하는 색 조합을 시도해 보자. 지도가 작아도 잘 보이는 인코딩을 사용해야 한다.

공간과 시간　　287

연속 지도 만들기

> **사용 도구:** R
> **데이터 세트**
> - 미국 주 경계, *book.flowingdata.com/vt2/ch7/data/cb_states.zip*
> - 미국 월마트 개점 현황, *book.flowingdata.com/vt2/ch7/data/walmart-openings-geocoded.csv*

첫 월마트는 1962년에 문을 열었다. 당시 이름은 월마트 디스카운트 시티였다. 그 후 전 세계에 수천 개의 매장이 생겼다. 지금의 모습까지 어떻게 성장했을까? 기존 데이터 세트로 시간에 따른 성장 과정을 지도에 그려볼 수 있다.

앞서 전체 위치를 지도에 표시했다. 그걸 바탕으로 연속 지도를 만들어 보자. 1962년 이후 매년 누적 개점 수를 보여주는 연도별 지도다.

전과 같이 sf 패키지를 불러온다. 공간 데이터를 다루는 데 주로 쓰이는 핵심 패키지다.

```
library(sf)
```

st_read()로 주 경계를 읽어들이고 미국 본토만 부분 집합으로 만든 다음 read.csv()로 월마트 개점 데이터 세트를 불러온다. 이 데이터 세트엔 월마트와 월마트 소유의 샘스클럽 정보가 있는데, 월마트 위치만 필요하다.

```
# 주 경계
statefp <-"data/cb_states/cb_2022_us_state_20m.shp"
statebnds <-st_read(statefp)

# 미국 본토 한정
inconterm <-!(statebnds$STUSPS %in% c("AK", "HI", "PR"))
conterm <-statebnds[inconterm,]

# 매장 위치
stores <-read.csv("data/walmart-openings-geocoded.csv", sep=",")
walmarts <-stores[stores$store == "walmart",]
```

알베르스 도법으로 주 경계를 변환한다. st_transform() 함수로 위치 데이터도 투영한다.

```
# 도법 적용
conterm_p4s <-
    "+proj=aea +lat_1=29.5 +lat_2=45.5 +lon_0=97.2w"
conterm_albers <-st_transform(conterm, conterm_p4s)
# 점에 도법 적용
wal_sf <-st_as_sf(walmarts,
                  coords = c("lng", "lat"),
                  crs = "+proj=longlat")
wal_sf_albers <-st_transform(wal_sf, conterm_p4s)
```

여기까지는 이전 예제에서도 만들어 보았다. 이제 시간 요소를 다룬다. range() 함수로 시간의 범위를 확인해 보자.

```
> range(walmarts$year)
[1] 1962 2010
```

데이터는 1962년부터 2010년까지 있다. 콜론(:) 표기법으로 연도 범위의 숫자 시퀀스를 설정한다.

```
# 연도 범위
years <-1962:2010
```

par()의 mfrow 인수로 7×7 격자를 설정한다. 각 지도 주변 여백은 mar로, 전체 그리드 주변 여백은 oma 변수로 설정한다.

```
# 7행 7열, 여백 설정
par(mfrow = c(7, 7),
    mar = c(2,0,1,0), oma = c(2,2,2,2))
```

for 루프를 사용해 연도별로 반복한다. 매 반복마다 해당 연도까지 오픈한 모든 매장을 점으로 표시한 지도를 그린다.

```
for (yr in years) {
    curr <-wal_sf_albers[wal_sf_albers$year <= yr,]
    plot(st_geometry(conterm_albers),
         border = "#cccccc", lwd = .2,
         main = yr)
    points(st_coordinates(curr),
           col="#30437b", pch=20, cex = .2)
}
```

curr 변수는 해당 연도 이전에 오픈한 데이터를 추려서 가져오고, plot() 행은 빈 지도를 그리며, points()는 curr 부분 집합을 바탕으로 매장들의 점을 찍는다. 이렇게 해서 그림 7.32가 만들어진다.

주석 달기

첫 매장은 1962년에 문을 열었다. 첫 10년간은 성장이 더딘 편이었다. 그러다 아칸소에서 자연스럽게 매장 개설이 늘어나더니, 결국 전국에 월마트 매장이 들어선다.

시간의 흐름에는 변화를 강조하기 위한 주석이 필요하다. 그림 7.33은 그림 7.32에 간단히 주석을 추가한 버전이다. 크기를 맞추려고 재배열했다.

그림 7.32 각 연도별 연속 지도

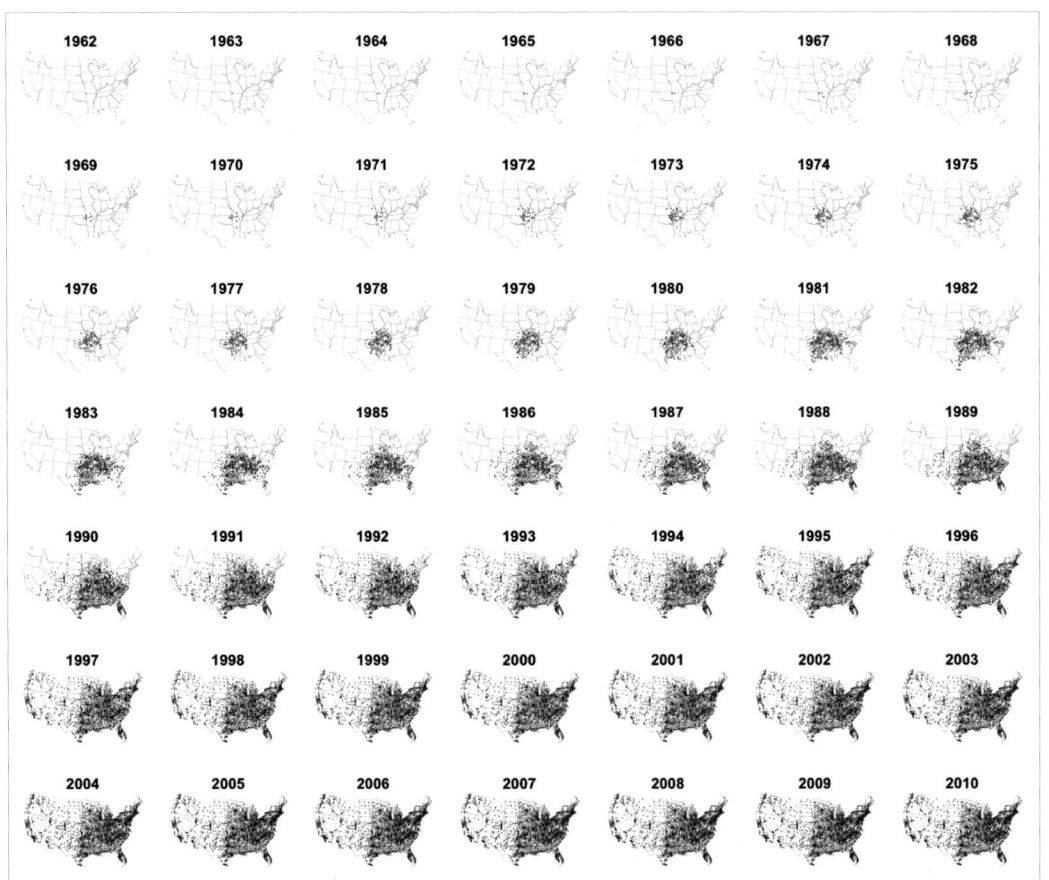

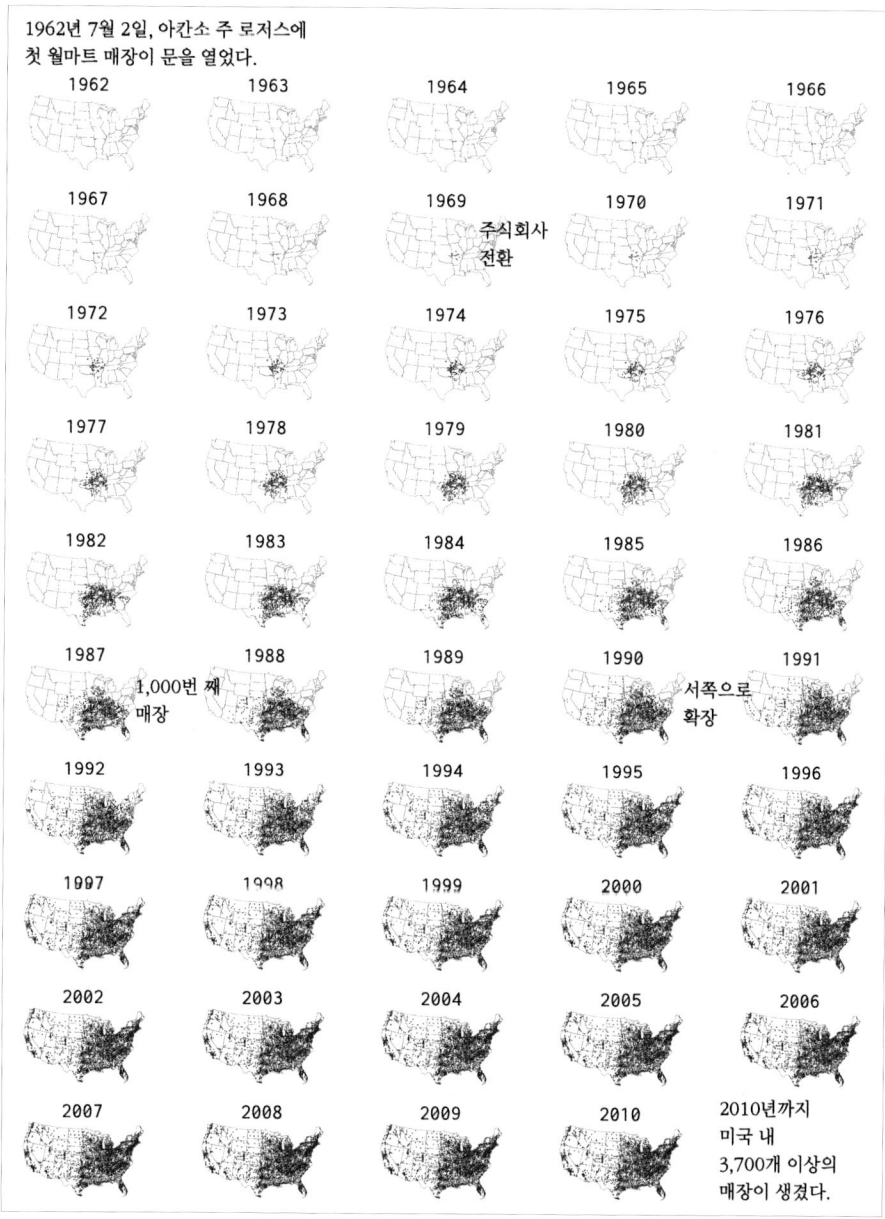

그림 7.33 주석이 달린 연속 지도

데이터 전문가들은 지도와 차트의 패턴이 명백하다고 여겨 주석을 달지 않을 때가 있다. 데이터를 방해하고 싶지 않아서다. 하지만 두드러진 패턴이 있을 때 주석이 가장 필요하다. 변화에 주목하게 하고, 텍스트를 강조하며,

독자들이 보고 있는 게 무엇인지 확인시켜 준다.

주석이 너무 적은 것보다는 많은 게 낫다. 최선을 다했음에도 차트가 이해가 안 간다는 말을 여러 번 들었다. 하지만 설명이 너무 많다는 불평은 한 번도 들은 적이 없다.

애니메이션 지도

공간과 시간에 따른 변화를 시각화하는 재미있는 방법 중 하나는 데이터에 애니메이션을 적용하는 것이다. 그림 7.34와 같이 개별 지도로 시간의 조각을 보여주는 대신 프레임별로 변화를 보여줄 수 있다.

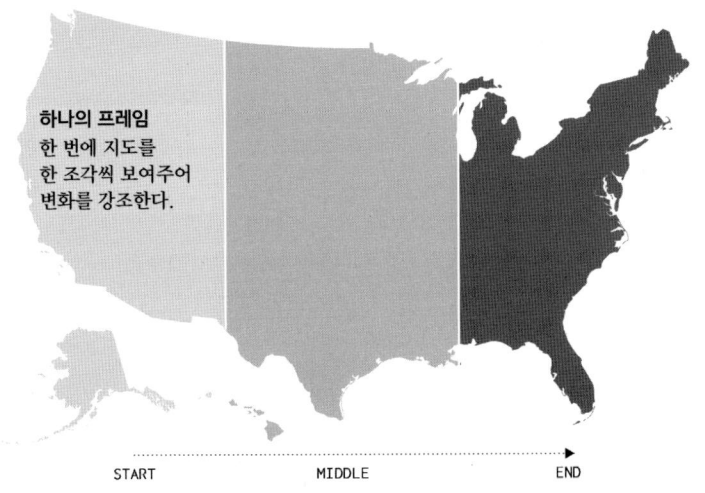

그림 7.34 애니메이션 지도 구조

애니메이션의 단점은 시청자가 진행 과정을 기다려서 전체를 봐야 한다는 점이다. 어떤 사람은 참을성 없이 한번에 다 보여주길 바랄 것이다. 선 차트로 전체 시계열을 보여줄 수 있는데 왜 시간에 따라 업데이트되는 막대 그래프를 만들까? 지도의 경우, 전체 패턴을 보여주는 연속 지도를 사용할 수 있는데 왜 애니메이션을 쓸까?

화면에서 춤추는 데이터를 보는 건 재미있다. 이해하는 데 시간이 더 걸릴 수도 있지만, 사람들이 멈춰서 보게 만들어야 할 때가 많다. 데이터가 움직이면 사람들은 더 주목하게 된다. 이건 좋은 일이다.[23]

23 인터넷에 시각화 관련 비평이 넘쳐나 초보자들은 위축될 수 있다. 하지만 데이터로 청중과 소통하려면 그들 눈앞에 내놓아야 한다. 피드백을 개인적인 비판으로 받아들이지 말고 비평의 맥락을 이해하려고 하자. 성의 없는 피드백은 걸러 들으면 된다.

애니메이션과 사용자에 관한 첫 경험도 앞에서 다룬 월마트 데이터 세트를 이것저것 살펴보다가 시작되었다. 그림 7.35를 보면 1962년부터 2010년까지 지도에 점들이 커졌다가 작아지는 애니메이션이 펼쳐진다. 처음엔 느리게 성장하다가 월마트 지점이 바이러스처럼 전국으로 퍼져나가며 계속 성장했다. 회사가 대규모 인수를 진행한 지역에서는 폭발적으로 늘어났다. 어느새 월마트는 어디에나 있게 되었다.

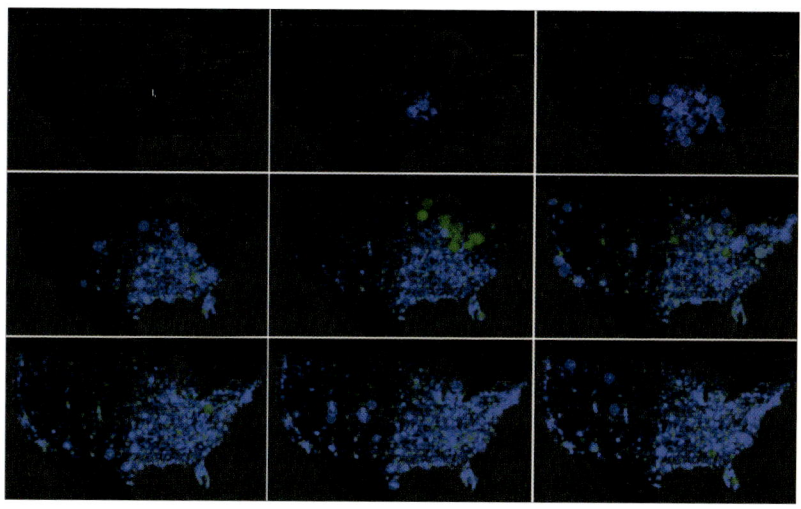

그림 7.35 월마트의 성장, *https://projects.flowingdata.com/walmart*

2010년에 만든 이 지도는 (이제는 사라진) 플래시와 액션스크립트를 배우려는 목적으로 만든 것이었는데, 웹을 통해 공유되어 수백만 번 조회됐다. 소셜 미디어가 유행하기 전이었다. 그 후 더 인기 있는 것들을 만들긴 했지만, 그때의 짧고 강렬한 경험은 여전히 기억에 남아 있다. 가장 효율적인 방식의 시각화가 아니더라도 더 나을 수 있다는 걸 그때 배웠다. 데이터도 즐거울 수 있다.

참고로, 거의 20년 동안 FlowingData에서 가장 인기 있었던 차트는 어떤 식으로든 움직이는 것이었다. 모든 차트를 애니메이션화해야 한다는 건 아니다. 균형도 중요하니까. 하지만 차트를 재미있게 만들면 사람들이 데이터 세트를 더 진지하게 고려하는 데 도움이 된다.

애니메이션 지도 만들기

사용 도구: R
데이터 세트
- 미국 주 경계, *book.flowingdata.com/vt2/ch7/data/cb_states.zip*
- 미국 월마트 개점 현황, *book.flowingdata.com/vt2/ch7/data/walmart-openings-geocoded.csv*

이전 예제에서 연속 지도를 만들었다. 연속된 지도로 플립북을 만든다고 상상해 보자. 격자 형태로 한꺼번에 보여주는 대신 한 번에 한 장씩 보여주면 된다. animation 패키지를 쓰면 간단히 만들 수 있다. library()로 패키지를 불러온다.

```
library(animation)
```

이 패키지는 saveGIF() 함수를 제공한다. 이 함수는 일련의 도표나 지도를 애니메이션 GIF로 만든다. 애니메이션 너비(ani.width), 높이(ani.height), 프레임 간 시간 간격(interval), 저장할 파일명(movie.name)을 지정한다. SaveGIF()의 { } 안에서 만드는 새로운 차트마다 애니메이션의 새 프레임이 생성된다.

```
saveGIF({
    # 각 프레임을 그리기 위해
    # 연속 지도처럼 for 루프를 사용한다.
}, ani.width = 800, ani.height = 500,
interval = 0.1, movie.name = "walmart-growth.gif")
```

연속 지도와 마찬가지로 for 루프로 각 연도를 반복한다. 이번엔 격자를 만들지 않으니 par()에서 mfrow를 쓰지 않는다.

```
saveGIF({
    years <-1962:2010

    par(mar = c(2,0,5,0))
    for (yr in years) {

        # 올해나 이전에 오픈한 월마트 위치
        curr <-wal_sf_albers[wal_sf_albers$year <= yr,]
```

```
        # 빈 지도 그리기
        plot(st_geometry(conterm_albers),
             border = "#cccccc",
             lwd = .2,
             main = yr)

        # 이전 해
        prev <-curr[curr$year != yr,]
        points(st_coordinates(prev),
               col = "#dbe1f1", pch=20, cex = .3)

        # 올해
        thisyear <-curr[curr$year == yr,]
        points(st_coordinates(thisyear),
               col = "#30437b", cex = 1)
    }
}, ani.width = 800, ani.height = 500,
interval = 0.1,
movie.name = "walmart-growth.gif")
```

매해 매장의 오픈을 더 눈에 띄게 하기 위해, 이전 해에 개점한 매장은 연한 회색(col = "#dbe1f1")으로 작게(cex = .3) 표시한다. 반면 해당 연도의 개점은 짙은 청색(col = "#30437b")으로 크게(cex = 1) 표시한다. 그림 7.36은 애니메이션 GIF의 프레임 중 하나를 보여준다.

그림 **7.36** 애니메이션 지도의 한 프레임

단계적으로 보여주는 애니메이션 버전의 지도는 매해 어느 매장이 문을 여는지 볼 수 있어 연도별 성장 패턴을 더 잘 보여준다. 여기에 프레임을 더 넣고, 설명을 달고, 카운터를 추가하여 개선할 수 있다.

R을 벗어나 다른 방식을 결합해서 애니메이션을 만들 수도 있다. 예를 들어 나는 R로 이미지를 만든 다음, ImageMagick이라는 커맨드라인 도구로 그 이미지들을 이어 붙여 애니메이션 프레임을 만들었다. 이렇게 하니 프레임 재생을 더 자유롭게 다룰 수 있었다. 애니메이션을 빠르게 하거나, 느리게 하거나, 멈출 수 있었다.

프레임이 많으면 GIF 파일 크기가 급격하게 커질 수 있다. 고해상도 이미지라면 더 커질 것이다. 이런 경우엔 FFmpeg 같은 도구를 사용해 비디오 파일로 만드는 편이 좋다. 비디오 편집 소프트웨어로 텍스트 오버레이, 음악, 속도 등을 추가 편집할 수 있다.[24]

24 ImageMagick에 대해서는 *imagemagick.org*에서, FFmpeg에 대해서는 *ffmpeg.org*에서 자세히 알아볼 수 있다. 나는 타깃(Target) 매장의 성장을 보여주는 애니메이션 지도를 만드는 데 R과 Ffmpeg를 함께 사용했다. *https://datafl.ws/target*

마무리

공간 데이터를 활용해서 할 수 있는 일이 무궁무진하다. 기본 기술만 알아도 지리 데이터 세트를 지도로 만들어 온갖 흥미로운 이야기를 들려줄 수 있다. 빈 지도를 그리고, 특징적 요소를 추가하고, 설명한다. 이걸 반복하면 된다.

이번 장에서는 예시로 R을 사용했지만, 2장에서 설명한 다른 도구로도 비슷한 단계를 적용할 수 있다. 다행히 데이터 매핑이 점점 쉬워지고 있다. 특히 온라인에서 그렇다. 클릭 몇 번으로 웹용 맞춤 지도를 디자인하고, 상호작용을 추가하고, 애니메이션을 적용하고, 모바일 기기를 위한 반응형으로 만들 수도 있다.

이 책 초판에서는 플래시와 액션스크립트로 인터랙티브 맵을 만드는 법을 설명했다. 꽤 힘든 작업이었고, 사용한 서비스가 하나라도 중단되거나 사용한 컴포넌트가 구식이 되면 쉽게 망가질 것 같았다. 하필 그중에 플래시가 사라질 거라고는 생각도 못했다. 하지만 지도를 만들고 데이터를 시각화하는 과정을 알고 있다면, 그 단계들을 다른 도구에 적용하는 건 훨씬 쉽다.

이제 무엇을 시각화할지에 더 관심을 기울이자. 지금까지 데이터 시각화 방법을 배웠다. 여러 유형의 데이터를 다루어 다양한 차트를 만들 수 있게 됐다. 다음 장에서는 배운 것을 활용해 데이터에 대해 질문하고 무한한 선택지 속에서 흥미로운 지점을 찾아내도록 하자. 글쓰기와 타자 치는 법을 배우는 것과 비슷하다. 글자를 보지 않고도 타자를 칠 수 있게 되면, 하고 싶은 말에 집중하게 된다. 이젠 쓰기만 하면 된다.

8
데이터를 시각적으로 분석하기

시각화는 눈에 띄지 않던 데이터의 패턴을 드러낸다. 하나의 데이터 세트를 시각화하는 방법은 무한히 많다. 무엇을 찾느냐에 따라 보는 것이 달라지기 때문이다. 데이터 분석은 잡음을 걸러내고, 질문에 답하며, 흥미로운 영역으로 안내한다. 지금까지 배운 도구와 방법을 이 과정에 활용해 보자.

정보 수집하기

시각화를 처음 접하는 사람들은 완성된 그래픽을 보고 패턴을 보여주는 힘에 감탄한다. 평범한 숫자 스프레드시트가 명확한 통찰로 바뀐다. 이 과정이 자동으로 이루어지는 것처럼 보일 수 있다. 데이터 세트를 도구에 넣기만 하면 저절로 진실이 드러난다고 생각할 수도 있다. 가끔은 그렇게 될 수도 있지만, 대개 인사이트를 도출하기 위해서는 그다지 우아하지 않은 정보 수집 과정이 필요하다.

우선 질문이나 호기심에서 시작된다. 그리고 데이터를 모은다. 간단한 차트와 개요를 만들어 보고 파고들 가치가 있는지 확인한다. 뭔가 있다면 세부 사항을 탐색하는 데 시간을 더 들인다. 더 많은 질문을 하고, 더 많은 데이터를 모으고, 잡음을 걸러내거나 집중한다. 결론에 이를 때까지 이 과정을 반복해야 한다.

실무자들은 데이터, 응용 분야, 연구 영역, 가용 자원, 보유 도구, 그리고 질문에 따라 이 과정을 각자의 방식으로 진행한다. 통계 검정을 쓰기도 하고 시뮬레이션을 돌리기도 하며, 시각화나 대규모 컴퓨터 계산을 활용하기도 한다. 자신의 필요에 맞는 방법을 선택하면 된다.

나는 혼합적 접근법을 취하지만, 시각화에 보다 편향되어 있다. 발표용 차트보다 정보 수집용 차트를 만드는데 더 많은 시간을 쏟는다.

튜키는 《Exploratory Data Analysis》(Pearson, 1977)에서 이를 '그래픽 탐정 작업'이라 불렀다. 무엇을 찾는지 대충 알지만, 아직 무엇을 발견할지는 모른다. 가지고 있는 도구들로 우선 사용 가능한 자원을 탐색한다. 데이터 세트와 시간을 보내며 차트를 만들다 보면 숫자에 대한 이해가 생기고, 운이 좋으면 유용한 무언가를 얻게 된다.

개요

데이터 세트 분석에 많은 시간과 자원을 쏟기 전에, 다루는 대상에 대한 전반적인 감을 잡아야 한다. 데이터를 신뢰할 수 있는가? 노이즈가 많은가? 공백이나 누락된 데이터가 많은가? 전체 집계가 예상과 일치하는가? 예상을 조정해야 하는가?

이 초기 분석 단계는 데이터를 가볍게 알아가는 과정이다. 첫 데이트나 파티에서 낯선 누군가를 만나는 것과 비슷하다. 일종의 한담이다. 상대방을 더 알아가고 싶은지 결정하기 위해 하는 공통 질문들이 있다. 이 경우에는 날씨 얘기나 고향, 직업을 묻는 대신 데이터의 구조와 출처, 분포에 대해 묻는다.

이 단계에서 데이터 수집을 더 진행할지 빠르게 결정할 수 있다. 깊이 파고들어 분석한 뒤에야 숫자가 생각했던 걸 대표하지 않음을 알게 되는 상황은 피하고 싶다. 때론 깊이 들여다보기 전까지는 데이터의 실체를 알 수 없지만, 가능하다면 초기에 감을 잡아두는 게 좋다.

기초 통계 수업에서 배웠을 요약 통계를 살펴보고, 관측치의 분포를 보기 위해 그래프를 그리고, 빠르게 품질을 확인하고, 발견한 것을 기반으로 질문을 조정한다.

주요 개념

일부 요약 통계는 데이터 세트의 범위를 빠르게 훑어볼 수 있다: 평균, 중앙값, 최빈값, 최소값, 최대값이다. 데이터 이해를 돕는 소프트웨어라면 이 값들을 찾는 기능이 있다. 각 통계가 나타내는 바를 간단히 설명하면 다음과 같다.

- 평균: 통계적으로, 관측값의 합을 관측 횟수로 나눈 값이다. 수치들의 집합이 어디로 향하는지 알려준다. 보통 사람들이 말하는 수치적인 '평균'이 이것을 뜻한다.
- 중앙값: 5명을 키 순서대로 세우면 가운데 사람의 키가 중앙값이다. 데이터 세트의 중간을 나타내며, 평균보다 극단값에 영향을 덜 받는다.
- 최빈값: 데이터 세트에서 가장 자주 나오는 값이다. 예를 들어 5명 중 2명이 60인치, 나머지가 55, 57, 59인치라면 최빈값은 60이다. 가장 일반적인 것을 찾는 데 유용하다.
- 최소값: 가장 낮은 값이다.
- 최대값: 가장 높은 값으로, 최소값과 함께 전체 범위를 나타낸다.
- 백분위수: 데이터를 정렬하고 일정 비율의 데이터가 아래에 있는 지점을 표시한다. 예를 들어, 90 백분위수는 데이터의 90%가 해당 값보다 작은 지점이다. 중앙값은 50 백분위수이고, 10 백분위수는 데이터의 10%가 그 값보다 작은 지점이다.

요약 통계를 계산하고 결과가 말이 되는지 확인한다. 이전 연도의 추정치나 다른 데이터 그룹의 알려진 계산 결과와 비교해볼 수 있다. 어쩌면 어떤 값이 나올지 미리 짐작하고 있을 수도 있다. 값이 너무 높거나 낮아 보이지는 않는가? 누락된 데이터 때문에 계산이 잘못됐을 수도 있다. 뭔가 동떨어져 보이는 게 있는지 살펴본다.

계산 자체만으로도 판단하기에 충분할 수 있지만, 그림 8.1과 같이 상자 그림으로 시각화하면 도움이 된다. 상자의 양 끝은 25 백분위수와 75 백분위수라는 두 개의 새로운 값을 보여준다. 이 두 점 사이의 거리를 사분위 범위라고 한다. 상자에서 뻗어 나온 선(수염이라고 부른다)은 각각 25와 75

그림 8.1 상자 그림의 구조

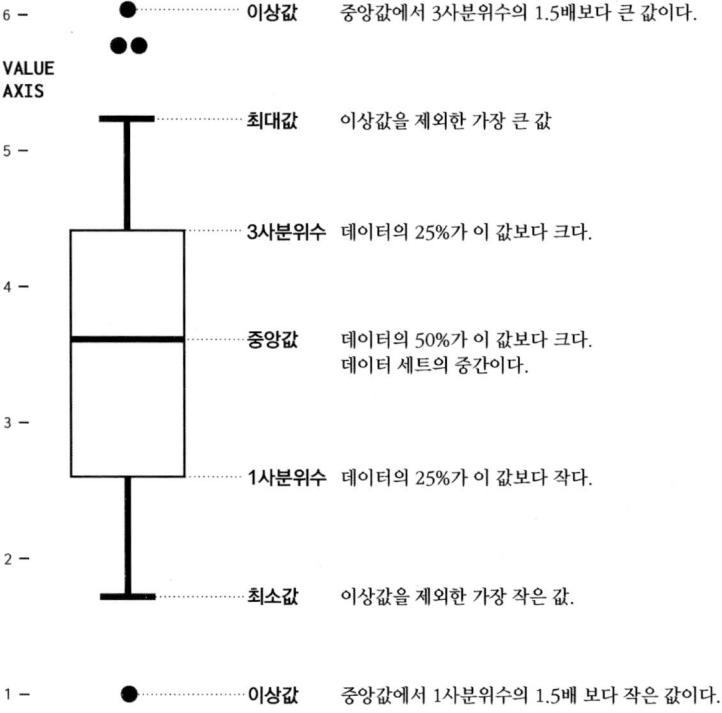

1 (옮긴이) 상자 그림을 그리는 방법은 여러 가지 변형이 있다. 사분위 범위 상자(1사분위, 중앙값, 3사분위)를 그리는 것은 공통이지만 수염을 어디까지 그리는지와 이상값을 어떻게 그리는지에 차이가 있다. 이 책에서는 일반적으로 많이 쓰이는 존 튜키의 스키매틱 플롯(schematic plot)를 설명한다. 우리나라 중등 수학 개정 교과서에는 이상값이 없이 수염을 전체의 최대값, 최소값까지 그리고 있어서 주의가 필요하다.

백분위수의 사분위 범위 1.5배 내에 있는 최소값과 최대값을 나타낸다.[1]

데이터에 대한 사전 지식이 없다면 상자 그림은 그다지 유용하지 않다. 하지만 여러 범위를 비교할 때 유용하다. 그림 8.2를 보자. 스피드 데이트에서 사람들은 파트너의 여러 특성에 점수를 매기고 실제 데이트 의사를 밝혔다. 예상대로 점수가 높을수록 데이트 승낙률이 올라간다.

꼭 상자를 써야 하는 건 아니다. 중요한 건 상자 그림의 각 지점이 나타내는 값이다. 그림 8.3은 직업별 근로자의 나이를 다른 방식으로 표현한 것이다. 직업을 검색해 요약 통계를 볼 수 있는 인터랙티브 그래프다. 점은 요약 통계를, 굵은 선은 사분위 범위를, 점선은 최소/최대 나이를 보여준다.

요약 통계가 기본적이고 세부 정보를 제한적으로 제공해도, 개요만으로도 유용할 수 있다. 지금 단계에선 그걸로 충분하다.

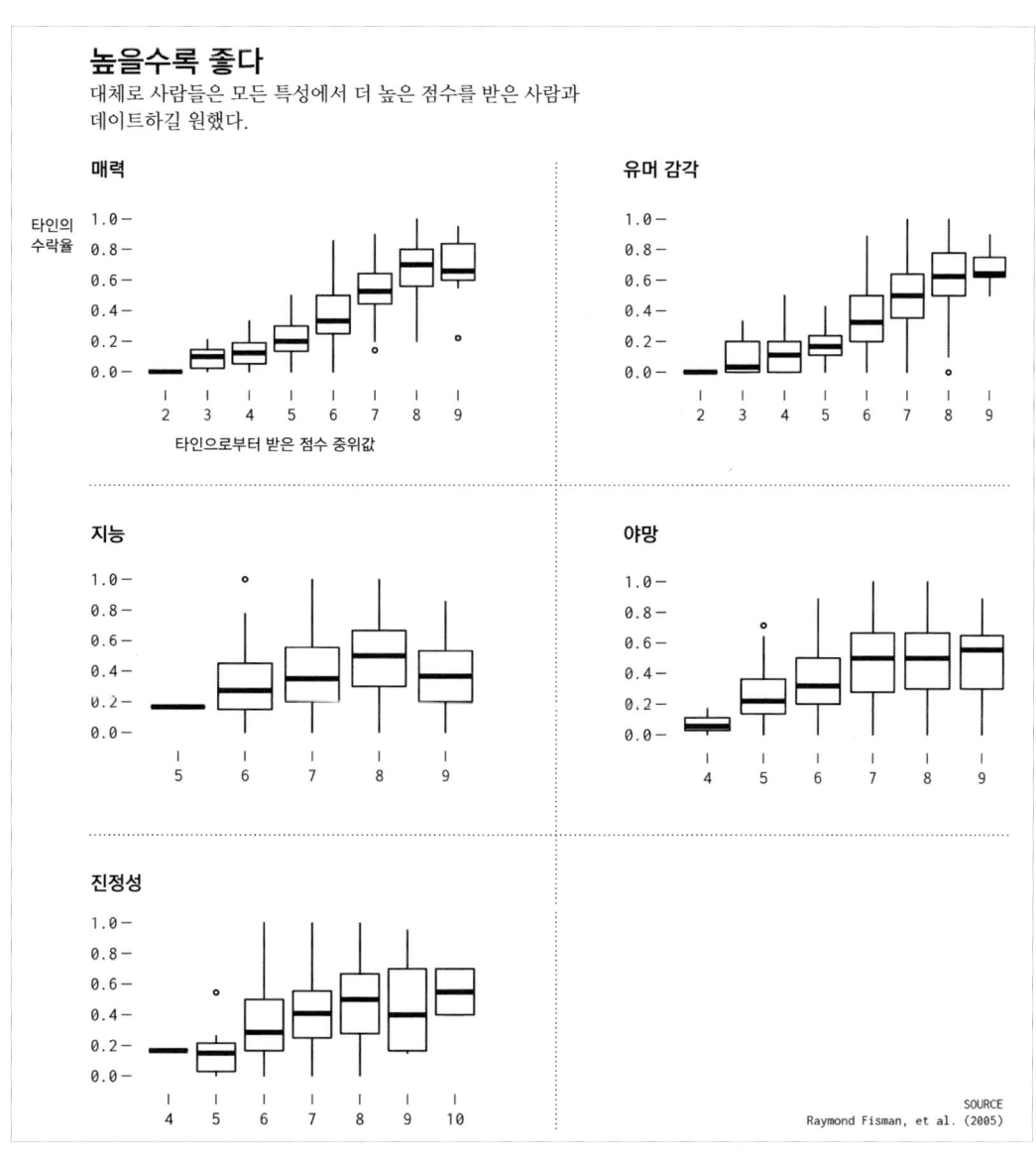

그림 8.2 스피드 데이트에서 남녀가 원하는 것, https://datafl.ws/dating

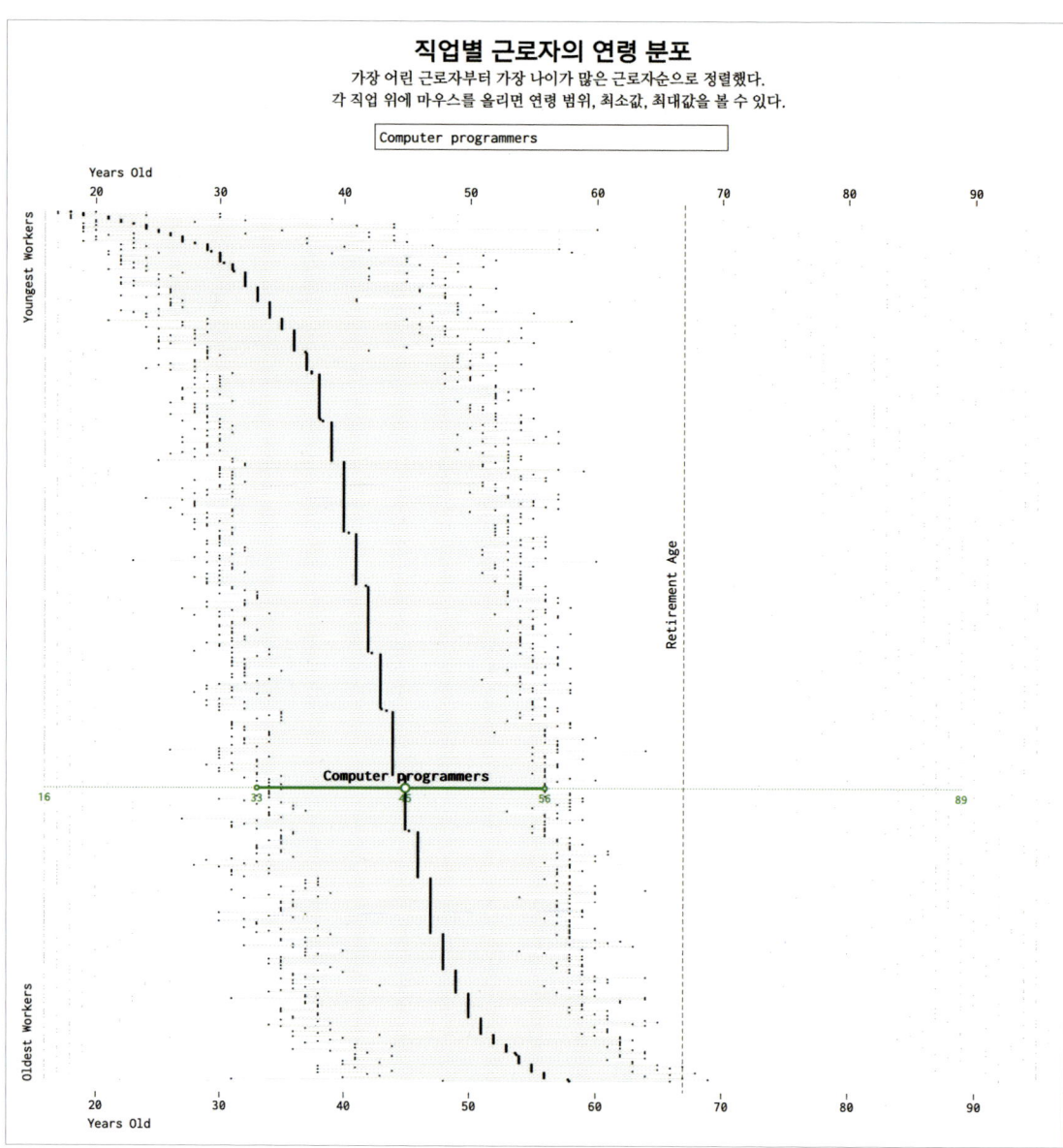

그림 8.3 나이와 직업, *https://flowingdata.com/2021/09/30/age-and-occupation*

상자 그림 만들기

사용 도구: R
데이터 세트: 2013-14 시즌 NBA 선수들, *book.flowingdata.com/vt2/ch8/data/nba-players-2013-14.csv*

NBA 선수들의 키는 얼마나 될까? 아마 클 것이다. 데이터 세트에는 2013-2014 시즌의 선수 이름, 포지션, 키와 기타 정보가 담겨 있다. R에서 readr과 dplyr 두 패키지를 먼저 불러오자. 아직 설치하지 않았다면 install.packages()를 사용한다.

```
# 패키지 불러오기
install.packages(c("readr", "dplyr"))
library(readr)
library(dplyr)
```

readr 패키지는 파일을 불러오는 함수를, dplyr은 데이터 조작 함수를 제공한다. 이전 장처럼 read.csv()와 대괄호 표기법을 쓸 수도 있지만, 결과를 얻는 방법과 도구는 다양하다. R 안에서도 다른 패키지, 함수, 데이터 구조를 써서 같은 결과를 낼 수 있다.

readr와 dplyr은 tidyverse라는 패키지 모음의 일부다. 이들은 '기본 설계 철학, 문법, 데이터 구조를 공유한다'. 이 책의 초판 이후 tidyverse의 인기가 높아졌고, R 프로그래밍의 통일된 방식을 제공한다. 일부 사용자는 tidyverse 패키지만 쓰기도 한다.[2]

이번 장에선 맛보기로 배우지만, tidyverse만 사용하려는 것은 아니다. 대신 일부 함수를 써보고 이전 장에서 배운 내용과 어떻게 연결되는지 살펴보려 한다. 먼저 read.csv() 대신 read_csv()로 CSV 파일을 불러온다. NBA 데이터 세트는 작지만, 수백 MB나 GB 단위의 큰 파일은 read_csv()로 불러오는 편이 더 효율적이다.

```
# 데이터 불러오기
players <-read_csv("data/nba-players-2013-14.csv")
```

이 함수는 데이터 프레임의 변형 버전인 티블(tibble)이라는 데이터 구조를 반환한다. 데이터 프레임처럼 다루면 된다. 데이터 세트의 첫 몇 행은 다음

[2] tidyverse에 대해 더 알고 싶다면 *tidyverse.org*를 방문하자.
(옮긴이) Tidyverse는 'Tidy Data'라는 철학을 바탕으로 데이터를 분석하기 쉽고 일관된 형태로 정리한다. 데이터를 각 행이 관측값, 각 열이 변수를 가지는 간결한 구조로 정리한다. 대신 분량이 많아지지만 데이터 처리와 분석이 간편해진다. 다른 언어에서도 데이터를 분석할 때 이 구조로 먼저 변환하는 경우가 많다.

과 같다. 각 행은 선수이고, 총 528개 행이 있다.

```
> players %>% select(Name, POS, Ht_inches)
# A tibble: 528 × 3
   Name              POS     Ht_inches
   <chr>             <chr>       <dbl>
 1 Gee, Alonzo       F              78
 2 Wallace, Gerald   F              79
 3 Williams, Mo      G              73
 4 Gladness, Mickell C              83
 5 Jefferson, Richard F             79
 6 Hill, Solomon     F              79
 7 Budinger, Chase   F              79
 8 Williams, Derrick F              80
 9 Hill, Jordan      F/C            82
10 Frye, Channing    F/C            83
# … with 518 more rows
```

위의 코드는 %>%를 사용한다. 이를 파이프라고 하는데 dplyr 패키지에서 제공한다. 파이프 왼쪽의 출력을 오른쪽으로 전달한다. 유닉스가 익숙하다면 파이프 문자 |를 사용하는 것과 비슷하다(유닉스를 몰라도 걱정할 필요는 없다). 선수 데이터를 select()로 넘겨 특정 열만 보여준다. Name, POS(선수 포지션), Ht_inches(선수 키, 인치). $로도 열에 접근할 수 있다. summary()를 호출하면 키에 대한 요약 통계를 보여준다.

```
> summary(players$Ht_inches)
Min.   1st Qu.  Median    Mean  3rd Qu.    Max.
69.00   77.00    80.00   79.12   82.00   87.00
```

최소값은 69인치, 최대값은 87인치다. 중앙값은 80인치다. 이 정도면 충분할 수도 있지만, boxplot() 함수로 상자 그림을 그려 보자. 그래픽 매개 변수 las를 1로 설정하면 모든 축 레이블이 수평으로 표시된다.

```
# 상자 그림
par(las = 1)
boxplot(players$Ht_inches,
        main = "NBA Player Height, Inches")
```

이렇게 하면 그림 8.4와 같은 상자 그림이 나온다. y 축은 키를 나타낸다. 최대 키 87인치는 맨 위 막대로, 최소 키는 아래 점으로 표시된다. 이 점은 25

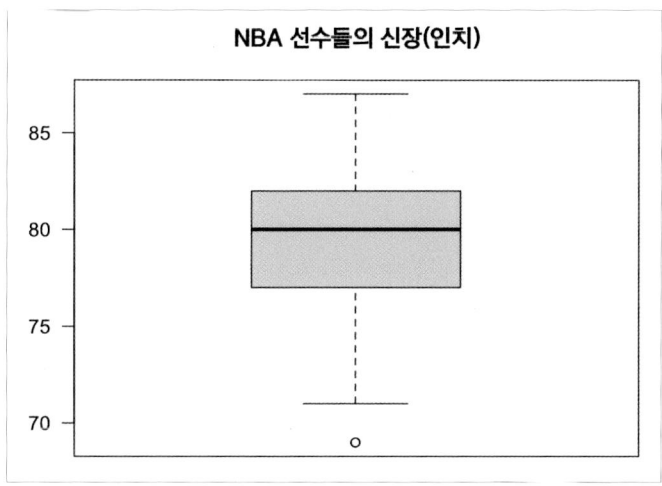

그림 8.4 NBA 선수들의 키 분포를 보여주는 상자 그림

백분위수의 1.5배 사분위수 범위를 벗어나 있다. 이는 boxplot() 함수의 기본 표시 방법이고, 원하면 이 표시를 수정해 자신만의 상자 그림을 만들 수 있다.

농구 선수들은 포지션별로 키가 다른 경향이 있다. 센터가 더 큰 편이고, 가드는 좀 더 작으며, 포워드는 보통 그 중간이다. 실제로 그런지 데이터로 확인해 보자.

unique() 함수를 사용해서 선수 데이터에서 POS로 분류된 포지션을 찾아낸다.

```
# 선수 포지션
ppos <-unique(players$POS)
```

tidyverse를 계속 쓰고 싶으면 distinct()를 사용해도 된다.

```
> players %>% distinct(POS)
# A tibble: 5 × 1
  POS
  <chr>
1 F
2 G
3 C
4 F/C
5 G/F
```

개요   307

첫 번째 옵션을 선택한다. 데이터 세트에는 다섯 가지 선수 포지션이 있다. par()로 mfrow를 설정해 각 포지션별로 차트 다섯 개를 만든다. 그래픽 매개 변수를 설정할 때 여백, 바깥 여백, 테두리 상자 유형을 none으로 선택한다.

```
# 그래픽 매개 변수
par(mfrow = c(1, length(ppos)),
    mar = c(2, 2, 2, 2),
    oma = c(1, 3, 2, 2),
    bty = "n")
```

다음과 같이 for 루프로 각 포지션별 상자 그림을 그린다. 파이프 표기법을 다시 사용하고, filter()로 현재 루프의 포지션에 해당하는 선수들만 선택한다. 이는 대괄호 표기법으로 players[players$POS == pos,]를 쓴 것과 같다. curr의 키 데이터로 boxplot() 함수를 호출한다. y 축 범위는 전체 데이터 세트의 범위로 명시적으로 설정해 모든 차트가 같은 범위를 다루게 한다. 이렇게 하면 포지션 간 비교가 쉬워진다.

```
# 포지셔널 상자 그림
for (pos in ppos) {
    curr <-players %>%
        filter(POS == pos)
    boxplot(curr$Ht_inches,
        ylim = range(players$Ht_inches),
        main = pos)
}
```

그림 8.5를 보면 다섯 개의 상자 그림이 나란히 보인다. 'C'로 표시된 센터가 가장 높다. 가장 키가 크다는 뜻이다. 가드가 가장 작다. 결과를 통해 처음의 예상이 옳았음을 확인했다.

수식 표기법을 사용하면 여러 개의 상자 그림을 더 간단히 만들 수 있다. 물결표(~)가 있는 수식은 POS별로 상자 그림을 그려야 한다고 지정한다.

```
# 물결표 표기법 사용하기
boxplot(Ht_inches ~ POS,
        data = players,
        ylab = "",
        main = "NBA Player Height by Position")
```

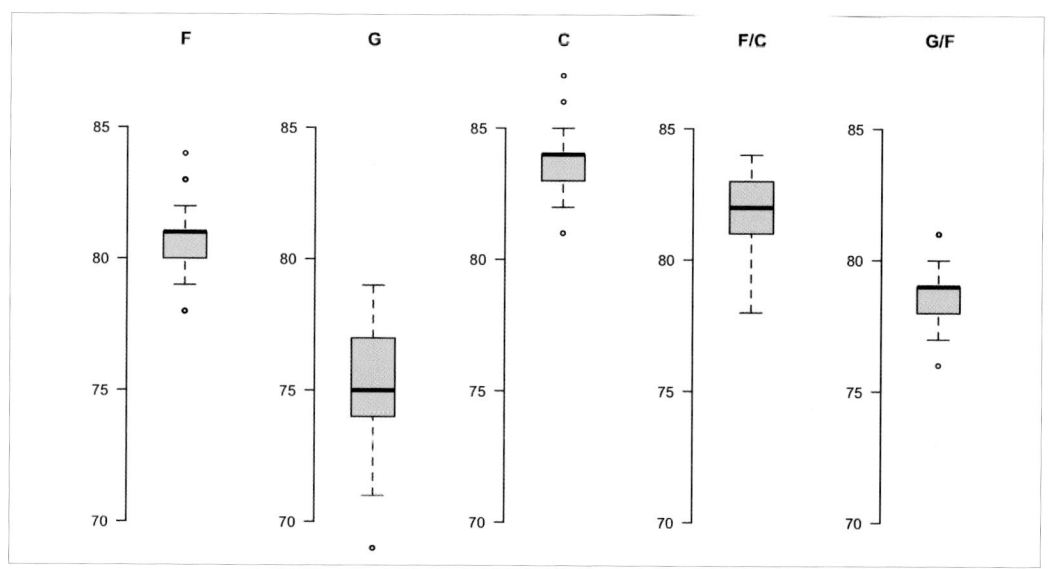

그림 8.5 나란히 있는 여러 개의 상자 그림

이렇게 하면 다섯 개의 개별 차트가 아니라 그림 8.6처럼 모든 상자 그림이 한 그래프 공간에 그려진다.

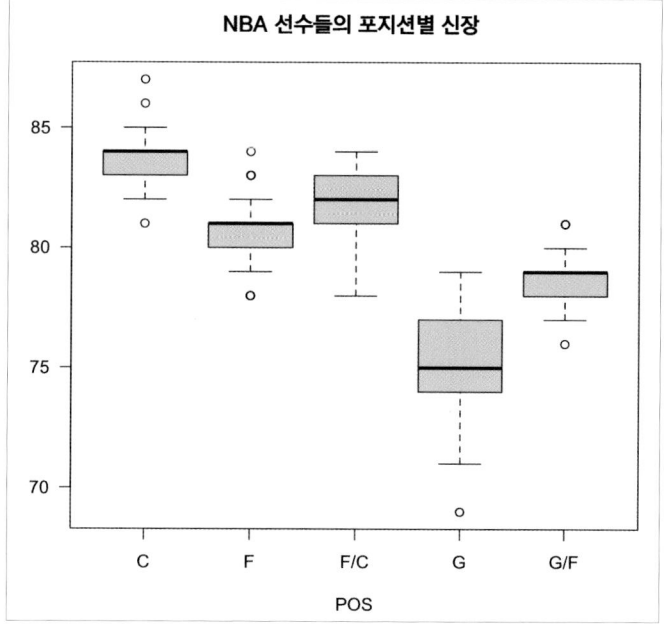

그림 8.6 한 차트에 있는 상자 그림

비교할 때는 카테고리를 잘 정렬하는 것이 좋다. 이 경우엔 포지션을 키순으로 정렬할 수 있다. factor() 함수의 levels 인자로 포지션 순서를 명시적으로 지정한다.

```
# 재정렬
players_fact <-players
players_fact$POS <-
    factor(players_fact$POS,
        levels = c("C", "F/C", "F", "G/F", "G"))
```

정렬된 데이터 players_fact를 함수에 전달한다.

```
boxplot(Ht_inches ~ POS,
        data = players_fact,
        ylab = "",
        main = "NBA Player Height by Position,\nOrdered")
```

왼쪽에서 오른쪽으로, 포지션은 키가 큰 순서대로 정렬했다(그림 8.7).

그림 8.7 포지션을 인자로 지정하여 순서대로 정렬한 상자 그림

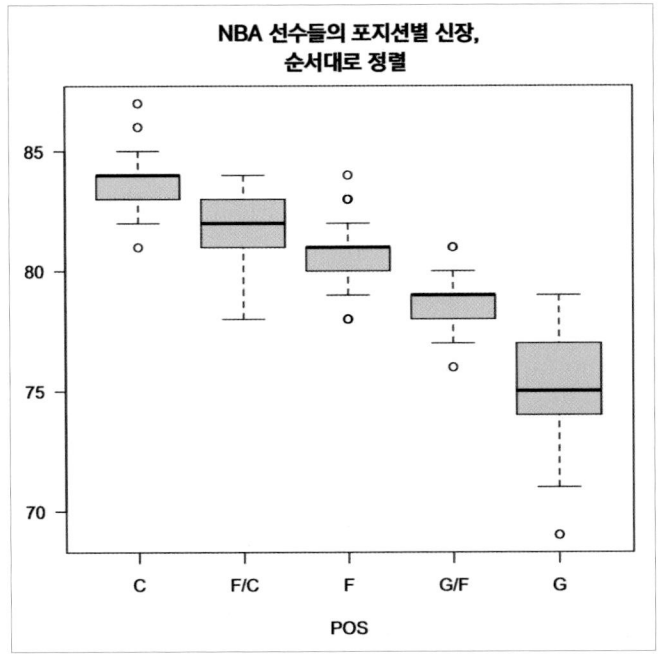

분포

통계학에서 분포는 수학 공식으로 표현될 수 있고, 공식 명칭과 특정 모양을 갖는다. 하지만 일반적으로, 분포는 데이터가 하나 또는 여러 범위에 걸쳐 퍼져 있는 방식이라고 생각할 수 있다.

요약 통계는 분포를 단순화한 것이다. 데이터를 자세히 살펴보면 더 많은 세부 사항을 발견할 수 있다.

그림 8.8을 보자. 데이터를 그래프로 나타내면 경우에 따라 종 모양(단봉형)이거나, 봉우리가 두 개(이봉형 또는 다봉형)거나, 그 이상일 때(다봉형)도 있다. 분포의 가늘어지는 끝부분을 꼬리라고 한다. 봉우리는 데이터의 경향을 보여주거나 더 자주 나타나는 데이터 지점을 나타낸다.

분포가 어느 쪽으로 기울어졌는지에 대한 정도, 비대칭도(skewness)에 대해 들어봤을 것이다. 단봉형 분포에서는 음의 비대칭이나 양의 비대칭이 있을 수 있다. 그림 8.9에서 보듯이, 음의 비대칭도는 꼬리가 왼쪽으로 더 실

단봉 분포
정점이 하나인 종 모양의 곡선으로 보인다.

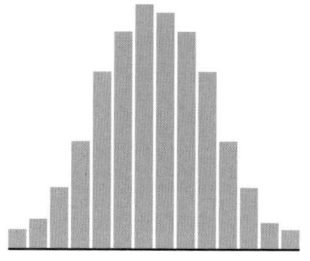

다봉 분포
정점이 여러 개인 분포

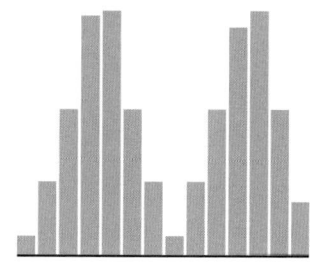

그림 8.8 분포의 봉우리 개수

음의 비대칭도
꼬리가 더 왼쪽으로 당기는 것 같이 보인다

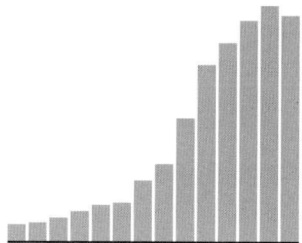

양의 비대칭도
꼬리가 오른쪽으로 당기는 것 같이 보인다.

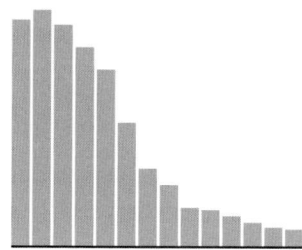

그림 8.9 분포의 비대칭성

게 뻗은 것 같고, 양의 비대칭도는 꼬리가 오른쪽으로 더 길게 뻗은 것처럼 보인다.

분포를 더 자세히 볼 수도 있지만, 나는 주로 무작위로 보이지 않는 형태나 주어진 데이터 세트에서 나올 것 같은 분포의 봉우리를 찾는다. 분석 초기 단계에서는 그림 8.10의 히스토그램이 유용하다.

그림 8.10 히스토그램 구조

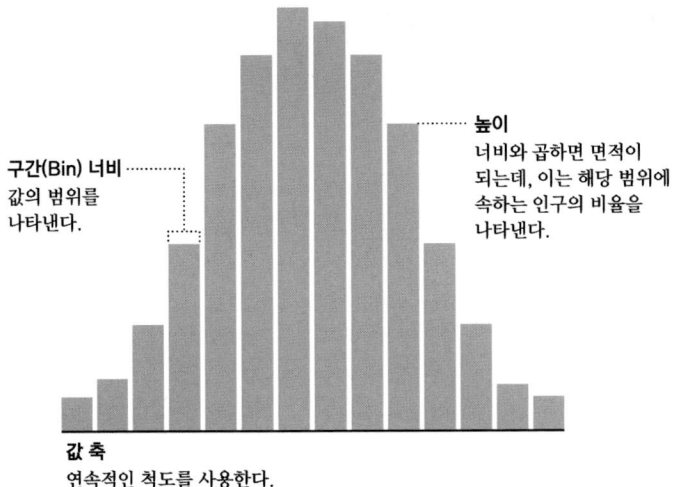

히스토그램은 막대 차트와 비슷해 보인다. 값 축을 따라 막대들이 나란히 서 있고, 높이는 빈도를 나타낸다. 하지만 값 축은 연속적이며, 각 막대의 너비 또는 구간(Bin)은 해당 값의 범위를 나타낸다. 높은 막대는 높은 빈도를 의미하며, 그 범위가 다른 것들보다 더 흔하다는 뜻이다.

예를 들어, 그림 8.11은 인생에 이정표가 되는 경험을 몇 살에 겪는가를 나이의 중앙값으로 보여주는 간단한 타임라인이다. 이는 질병통제예방센터(CDC)의 2013-15 국가 가족 성장 조사 데이터를 기반으로 한다.

여성이 첫 성경험을 한 나이의 중앙값은 17세이고 남성은 16세였다. 하지만 중앙값만으로는 전체 그림을 볼 수 없다. 그림 8.12에서 보듯, 사람들의 삶에서 이런 일들이 일어나는 나이는 넓은 범위에 퍼져 있다.

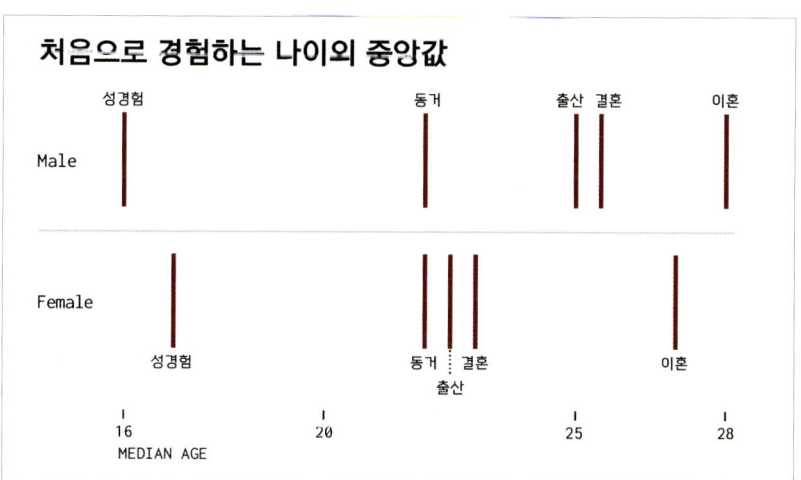

그림 8.11 관계 타임라인

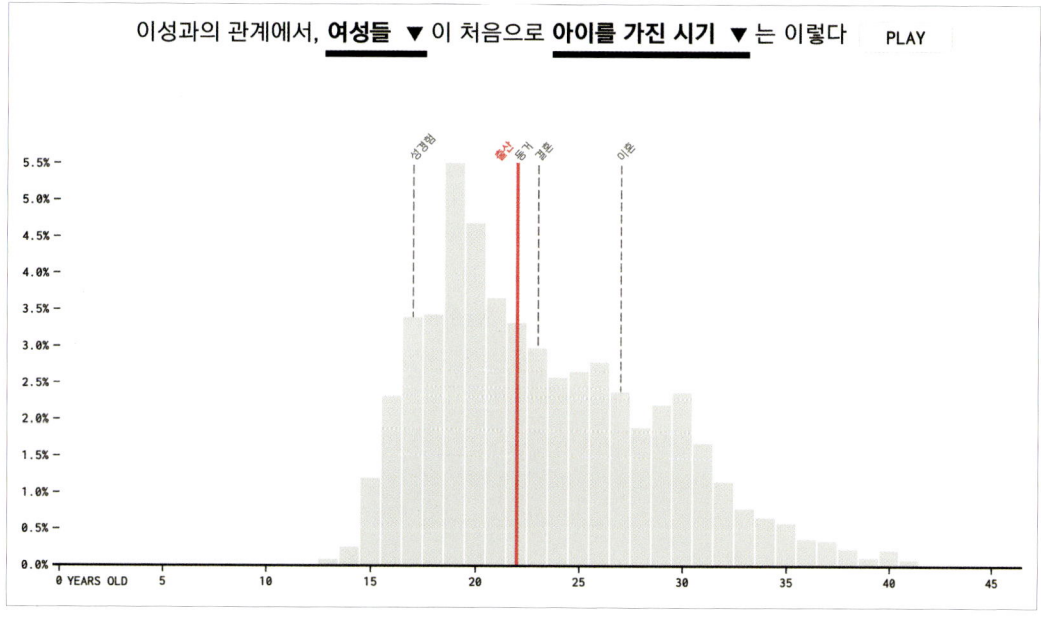

그림 8.12 관계: 첫 경험...
https://flowingdata.com/2017/02/23/the-first-time

이런 분포의 가장 높은 점을 보통 '정점'이라고 부른다. 하지만 정점은 더 넓은 분포의 작은 부분일 뿐이다. 나중에 더 자세한 결론을 내리려면 전체 분포를 파악해 두는 게 좋다.

히스토그램 만들기

> **사용 도구:** R
> **데이터 세트:** 2013-14 시즌 NBA 선수들, *book.flowingdata.com/vt2/ch8/data/nba-players-2013-14.csv*

히스토그램으로 NBA 선수의 키 분포를 자세하게 살펴보려 한다. 데이터 로딩과 처리를 위해 readr과 dplyr 패키지를 다시 불러온다.

```
library(readr)
library(dplyr)
```

read_csv()로 데이터 세트를 불러온다. 각 행이 선수를 나타내는 상자 그림 예제와 같은 데이터 세트다.

```
# 데이터 불러오기
players <-read_csv("data/nba-players-2013-14.csv")
```

Ht_inches 데이터를 hist()에 넣어 기본 히스토그램을 그린다. 그림 8.13과 같이 각 구간을 2인치씩으로 나누었다. 중앙값은 80인치지만, 키가 큰 쪽으로 갈수록 빠르게 줄어든다.

그림 8.13 기본 히스토그램

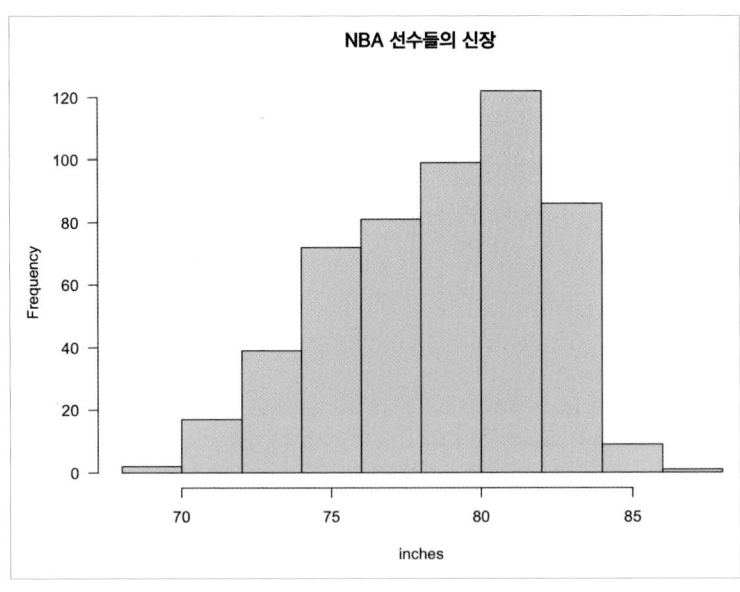

```
# 기본 히스토그램
hist(players$Ht_inches,
     xlab="inches",
     main="NBA Player Heights")
```

더 자세한 정보를 위해 구간 경계를 지정할 수 있다. hist() 함수의 breaks 인수는 값의 벡터를 받거나 전체 구간 수를 정의하는 하나의 값을 받는다. 다음과 같이 65인치에서 90인치까지 1인치 간격의 구간을 만들 수 있다.

```
# 히스토그램
hist(players$Ht_inches,
     breaks=seq(65, 90, 1),
     xlab="inches",
     main="NBA 선수들의 신장")
```

그림 8.14를 보면 80인치에서 급격한 상승이 있다. 전체 모양은 그림 8.13 과 비슷하지만, 1인치 단위로 구간을 나누면 변동이 더 커 보인다.

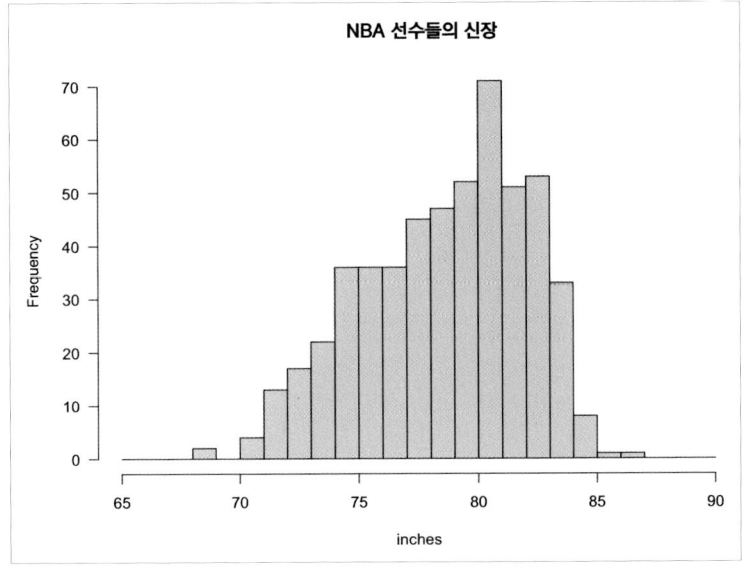

그림 8.14 구간을 좁게 만든 히스토그램

구간 크기를 다양하게 바꿔 보고 히스토그램 모양이 어떻게 달라지는지 살펴보자.

```
# 구간 크기 변경하기
par(mfrow=c(1,3), mar=c(5,3,3,3))
hist(players$Ht_inches,
     breaks=seq(65, 90, 1),
     xlab="inches", main="One-inch bins")
hist(players$Ht_inches,
     breaks=seq(65, 90, 3),
     xlab="inches", main="Three-inch bins")
hist(players$Ht_inches,
     breaks=seq(65, 90, 6),
     xlab="inches", main="Six-inch bins")
```

그림 8.15는 1인치, 3인치, 6인치로 구간을 다르게 했을 때의 차이를 보여준다. 구간이 작을수록 변동이 크고, 구간이 클수록 세부 정보가 적다. 이 경우 작은 구간이 유용하지만, 데이터 세트에 따라 다를 수 있다. 작은 구간은 잡음일 수도 있고, 큰 구간은 형태를 보여주기엔 너무 넓을 수 있다. 구간 크기는 데이터에 맞게 선택하면 된다.

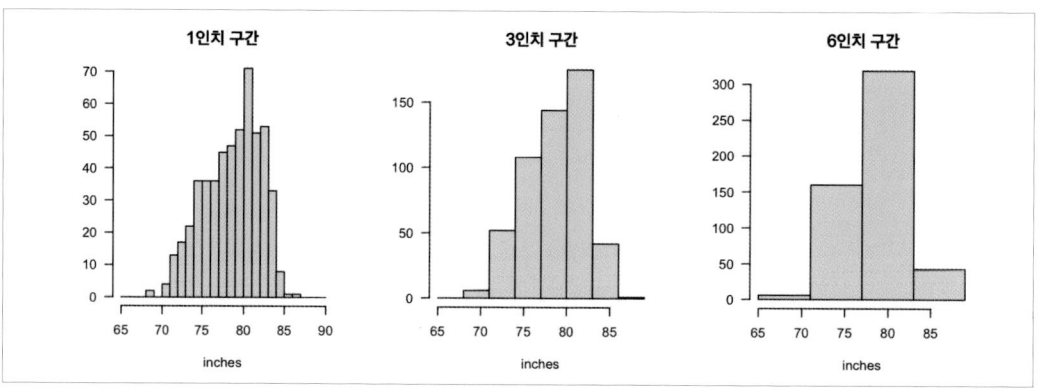

그림 8.15 구간 크기 설정에 따른 차이

선수 포지션별로 키 분포를 비교해 보면 어떨까? 과정은 상자 그림과 비슷하다. 고유한 포지션 분류를 얻고 for 루프로 반복한다. 고유한 포지션을 얻는 건 unique()를 사용한다.

```
# 포지션 간 비교
ppos <-unique(players$POS)
```

5개 차트를 좌우로 나란히 배치하는 대신(1행 5열) 각 차트를 위아래로 배치한다(5행 1열). par()로 mfrow를 c(5, 1)로 설정한다. 각 for 루프 반복에서 filter()로 현재 포지션의 선수들을 추출하고, 모든 히스토그램의 가로 폭이 같도록 breaks를 명시적으로 정의한다.

```
# 그래프 그리기
par(mfrow=c(5,1))
for (pos in ppos) {
    curr <-players %>% filter(POS == pos)
    hist(curr$Ht_inches,
        breaks=seq(65, 90, 1),
        xlab="inches", main=paste0(pos, " Heights"))
}
```

가드는 전체적으로 가장 작지만, 키 범위도 가장 넓다. 가드의 히스토그램에 구간이 가장 많아 이를 쉽게 알 수 있다. 반면 센터의 키는 그림 8.16에서 보듯 큰 키 구간에 더 집중돼 있다.

정렬하면 분포를 비교하기 쉬워진다. 이전과 같은 방식으로, 키가 작은 포지션부터 큰 포지션 순으로 정렬해 보자. 다음 코드는 mean()으로 각 포지션의 평균 키를 계산하고, abline()으로 파란 기준선을 그린다.

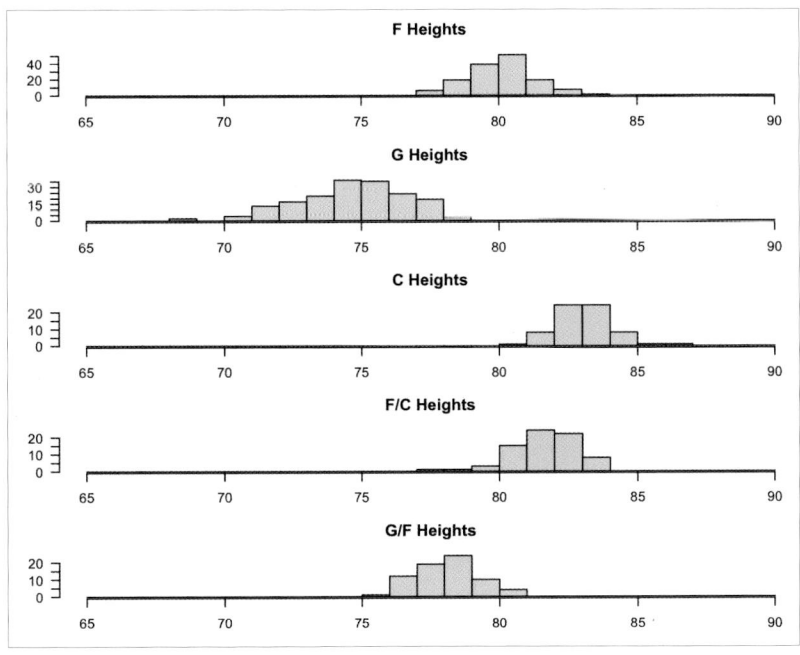

그림 8.16 카테고리별 분포 비교

```
#재정렬된 히스토그램
par(mfrow=c(5,1))
for (pos in ppos2) {
    curr <-players %>% filter(POS == pos)
    curr_mean <-mean(curr$Ht_inches)
    
    hist(curr$Ht_inches,
        breaks=seq(65, 90, 1),
        border = "white",
        xlab="inches",
        main=paste0(pos, " Heights"))
    abline(v = curr_mean,
           col = "blue",
           lwd = 2)
}
```

이렇게 하면 평균을 쉽게 비교할 수 있다. 그림 8.17에서 볼 수 있듯이, 연한 회색 막대는 맥락을 제공하는 배경 정보 같은 역할을 한다.

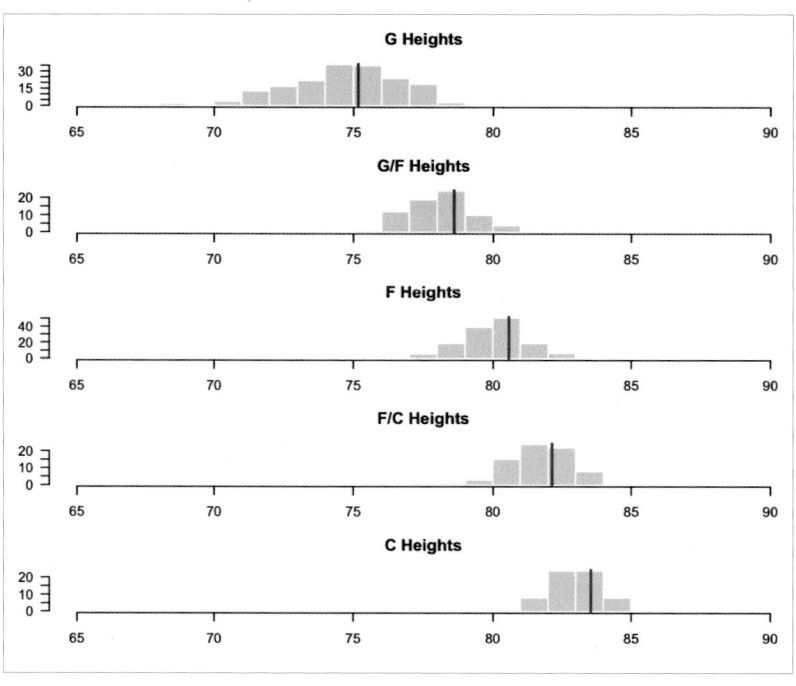

그림 8.17 재정렬한 히스토그램에 중앙값 표시

밀도 그래프 만들기

사용 도구: R
데이터 세트: 2013-14 시즌 NBA 선수들, *book.flowingdata.com/vt2/ch8/data/nba-players-2013-14.csv*

히스토그램의 구간은 연속적이지 않고 끊어져 있다. 하지만 때론 연속적인 그래프가 필요할 때가 있다. 데이터가 연속적이거나 더 매끄러운 뷰로 보고 싶을 때이다. 이런 경우 밀도 그래프를 사용한다(그림 8.18). 히스토그램처럼 x 축은 끊김 없이 연속적이고, y 축은 해당 범위에 속하는 데이터의 비율이다. 데이터가 개별 구간으로 나뉘는 대신 하나의 형태로 부드럽게 만들어진다는 차이가 있다.

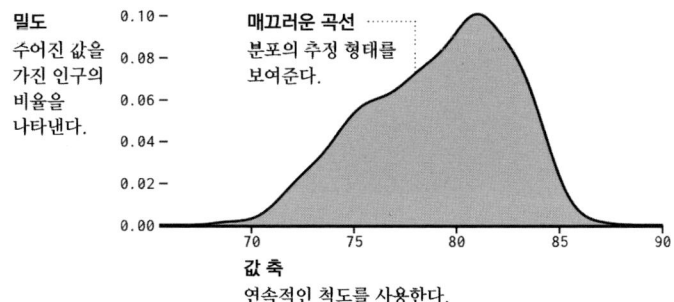

그림 8.18 밀도 그래프 구조

readr과 dplyr 패키지를 불러오고 이전 예제처럼 read_csv()로 데이터를 불러온다.

```
library(readr)
library(dplyr)

# 데이터 불러오기
players <-read_csv("data/nba-players-2013-14.csv")
```

density() 함수에 Ht_inches 변수를 넣어 평활화한(smoothed) 좌표를 계산한다. 이 함수에는 다양한 평활화 옵션이 있다. 문서를 보면 자세히 나와 있는데(콘솔에 ?density를 입력하면 확인할 수 있다), 이 예시에서는 기본값을 사용했다.

```
# 밀도 좌표 계산
pdens <-density(players$Ht_inches)
```

계산 결과를 plot()에 전달한다.

```
# 그래프 그리기
par(las = 1)
plot(pdens, lwd = 2,
     main = "NBA Player Height")
```

그림 8.19는 그림 8.13의 평활화 버전을 선 형태로 만든 것이다.

그림 8.19 단순 밀도 그래프

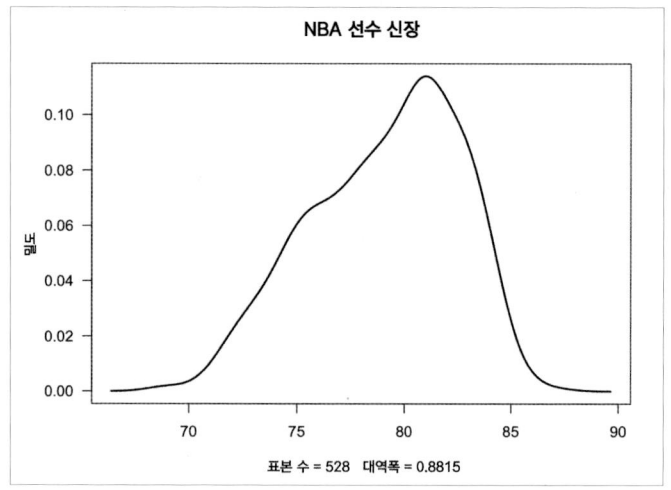

polygon()으로 평활화한 곡선 아래를 채워준다. 같은 pdens 좌표를 전달할 수 있다. 레이어처럼 생각하면 된다. plot()으로 기본 선을 그리고, polygon()으로 칠해진 영역을 뷰에 추가한다.

```
# 그래프 그리기
par(las = 1)
plot(pdens, lwd = 2,
     main = "NBA Player Height")
polygon(pdens,
        col = "lightblue")
```

그래프에 추가할 때 abline()과 points()를 써서 곡선의 정점을 표시한다.

```
# 최대값
i <-which.max(pdens$y)
abline(v = pdens$x[i],
       lty = 2)
points(pdens$x[i], pdens$y[i],
       pch = 21,
       bg = "black")
```

이렇게 하면 다각형이 연한 파란색으로 채워진 밀도 그래프가 나온다(그림 8.20).

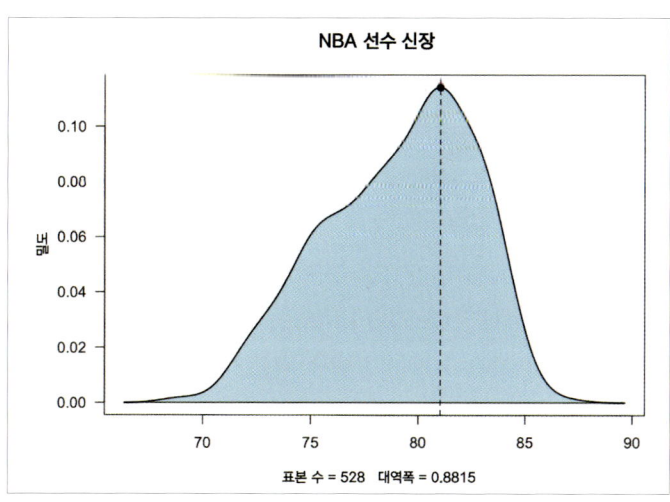

그림 8.20 중요한 부분을 강조한 밀도 그래프

히스토그램 예제처럼 여러 포지션의 밀도 그래프를 볼 수 있다면 좋을 것이다. 연습 삼아 스스로 만들어 보자. for 루프를 써서 선수 포지션별로 부분집합을 만들고, 각 반복마다 그래프를 그리면 된다.

벌떼 차트 만들기

> **사용 도구:** b
> **데이터 세트:** 2013-14년 NBA 선수 명단 *book.flowingdata.com/vt2/ch8/data/nba-players-2013-14.csv*

히스토그램과 밀도 그래프가 데이터를 집계하고 평활화해서 분포를 보여주는 반면, 벌떼 차트는 각 데이터 포인트를 점(또는 벌)처럼 개별적으로 표시한다. 그림 8.21처럼 점들의 무리는 전체적인 분포를 보여준다.

그림 8.21 벌떼 차트 구조

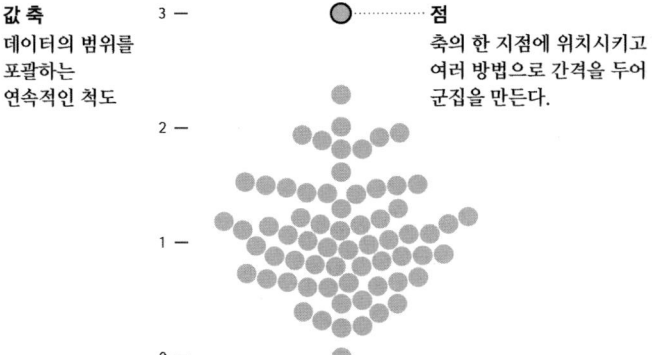

이 차트는 비교적 최근에 만들어졌다. 이 책의 초판을 쓸 때만 해도 이름이 없었지만, 요즘엔 벌떼 차트가 흔해져서 많은 곳에서 찾아볼 수 있다. 더 많은 공간을 사용하고 잡음도 많아 보이지만, 다른 차트보다 덜 추상적이고 덜 뭉뚱그려진 형태다.

사건이 언제 일어났는지, 또는 어떤 사람이나 장소, 물건이 전체 모집단에서 어디에 속하는지 보기가 더 쉽다.

벌떼 차트를 처음 쓰기 시작했을 때는 이름도 없어서 처음부터 만들어야 했다. 하지만 이제는 과정이 훨씬 간단해졌다. R에서는 beeswarm 패키지를 하나의 함수로 제공한다.

readr과 beeswarm 패키지를 불러온다. 패키지가 아직 없다면 이전처럼 install.packages()나 RStudio 또는 R GUI의 패키지 설치 도구를 쓰면 된다.

```
library(readr)
library(beeswarm)
```

read_csv()로 NBA 선수 데이터를 불러온다.

```
# 데이터 불러오기
players <-read_csv("data/nba-players-2013-14.csv")
```

선수 키의 분포를 보기 위해 beeswarm() 함수에 Ht_inches 변수를 전달한다.

```
# 벌떼 차트
par(las = 1)
beeswarm(players$Ht_inches,
         main = "NBA Player Heights")
```

이 데이터 세트에는 키가 정수로 되어 있다. 그래서 키가 같은 선수들이 많이 있다(그림 8.22). 각 점은 선수 한 명을 나타낸다. x 축 중앙을 중심으로 하고 y 축은 키에 따라 배치된다. 익숙한 분포 모양이다. 80인치 부근에서 정점을 이루고 큰 키로 갈수록 빠르게 줄어든다.

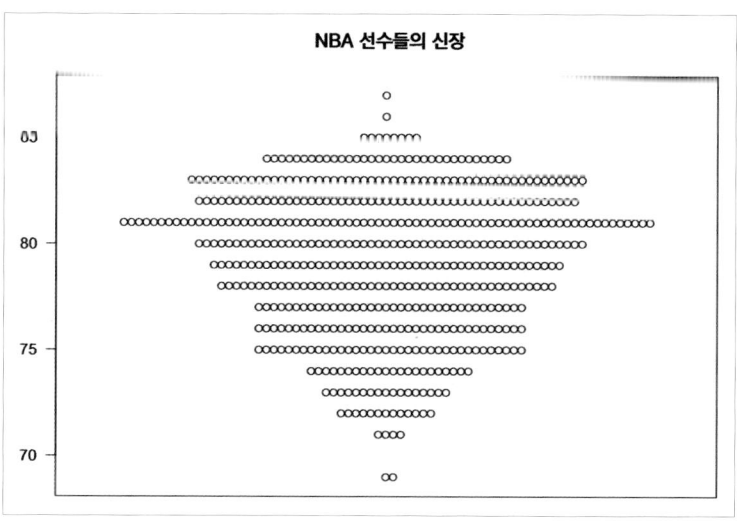

그림 8.22 선수들의 신장 분포를 보여주는 벌떼 차트

각 포지션별로 별도의 상자 그림을 그릴 때 썼던 공식 표기법으로 벌떼 차트도 따로 그릴 수 있다. swarm 방식을 지정하고 점 크기(cex)는 0.7로 한다. corral 매개 변수는 경계를 넘어 다른 선수와 겹치는 점들을 어떻게 처리할지 정한다. random으로 하면 x 위치를 무작위로 정한다. 점 모양(pch)은 21로 정하는데, 테두리가 있는 색칠된 원이다. 채우기 색(bg)은 50% 투명도의 검정으로 한다.[3]

[3] ?beeswarm 을 입력해서 차트 옵션을 모두 확인하자.

```
# 포지션별
beeswarm(Ht_inches ~ POS,
         method = "swarm",
         cex = .7,
         corral = "random",
```

```
        pch = 21,
        bg = "#00000050",
        data = players,
        main = "NBA Player Heights, by Position")
```

그림 8.23에는 각 포지션별로 군집을 만들었다.

그림 8.23 범주별 벌떼 차트

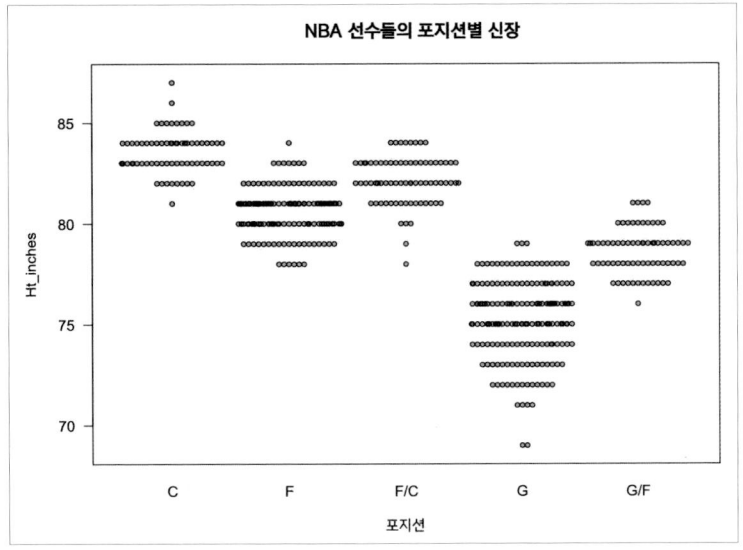

키를 반올림하여 정수로 나타냈기 때문에 점들이 한 줄로 늘어서 보인다. 하지만 벌떼 차트는 값이 고르지 않을 때 더 유용하다. 차이를 보여주기 위해 runif()로 키에 랜덤 노이즈를 추가했다. 이 함수는 지정한 범위(여기서는 0부터 1) 내에서 균등 분포의 난수를 생성하는 함수다. 노이즈가 더해진 키를 players 데이터의 Ht_inches_rand에 할당한다.

```
# 노이즈 추가
players$Ht_inches_rand <-players$Ht_inches +
    runif(dim(players)[1], 0, 1)
```

새 데이터로 벌떼 차트를 만든다.

```
beeswarm(Ht_inches_rand ~ POS,
        method = "swarm",
        pch = 21,
```

```
                  bg = c("red", "blue", "black", "purple", "darkgreen"),
                  data = players,
                  main = "NBA Player Heights, by Position")
```

그림 8.24처럼 점 사이 간격을 좁히고 군집을 더 조밀하게 만들면, 점들이 일렬로 늘어서지 않고 보다 온전한 분포의 차트처럼 보인다.

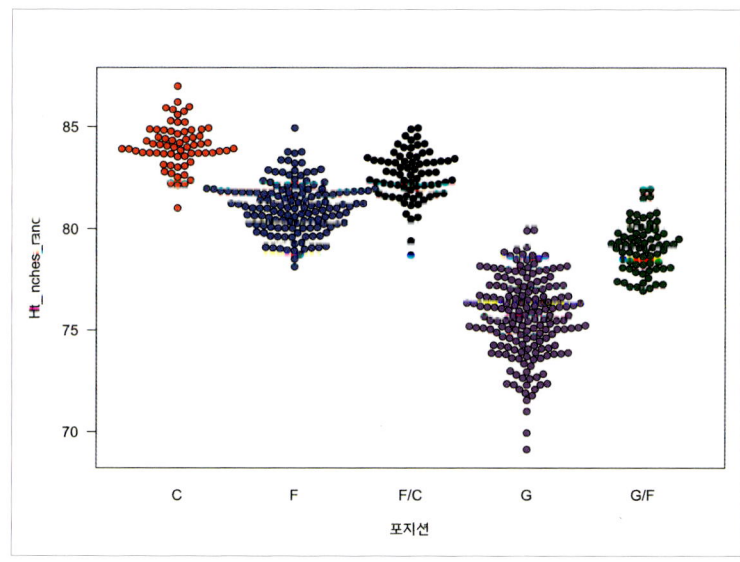

그림 8.24 여러 변형을 추가한 벌떼 차트

앞서 말했듯이 이 차트의 장점 중 하나는 각 데이터 포인트를 심벌로 나타낸다는 것이다. 여기서는 각 점이 선수를 나타낸다. beeswarm() 함수를 사용하면 색상과 크기를 포인트별로 설정할 수 있어서 개별 데이터 포인트를 강조할 수 있다.

예를 들어 루디 고베어(Rudy Gobert) 선수를 다른 색과 크기로 강조해서 눈에 띄게 할 수 있다. 먼저 색부터 시작하자. 모든 점은 회색이고 고베어의 점만 보라색으로 바꾼다.

```
# 각 선수의 색상
players$col <-"#cccccc"
players$col[players$Name == "Gobert, Rudy"] <-"purple"
```

고베어를 제외한 모든 점의 크기를 1로 설정하고, 고베어의 점은 cex 크기를 3으로 지정한다.

```
# 각 선수의 원 크기
players$cex <-1
players$cex[players$Name == "Gobert, Rudy"] <-3
```

이전처럼 beeswarm()을 사용하되, pwcol과 pwcex 인수를 각각 players의 col과 cex 열로 설정한다.

```
# 벌떼 차트
beeswarm(Ht_inches_rand ~ POS,
         method = "swarm",
         pch = 20,
         pwcol = players$col,
         pwcex = players$cex,
         data = players,
         main = "NBA Player Heights, by Position")
```

그림 8.25를 보면 고베어의 점이 눈에 띈다. text()로 이름 레이블을 추가하는 방법을 찾아 보자.

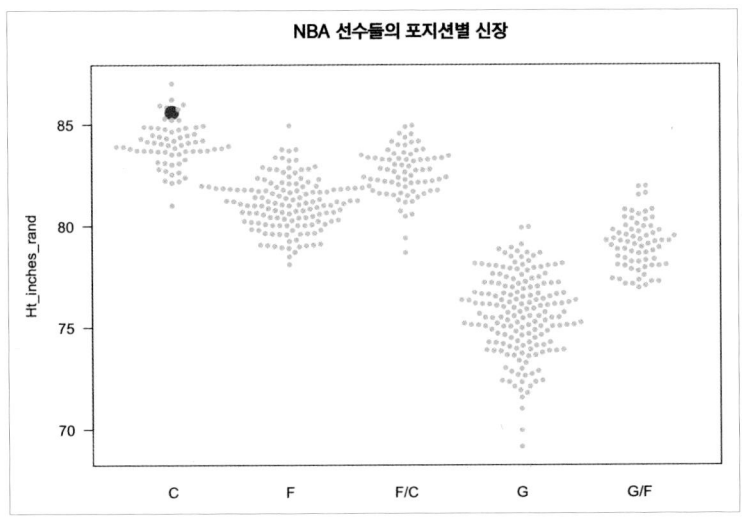

그림 8.25 군집에서 점 하나를 강조했다.

beeswarm() 함수는 유연성이 높아 자신의 데이터에 맞게 차트를 커스터마이징할 수 있다. 점 배치 방식을 바꾸거나, 레이블을 추가하거나, 다른 색상 배합을 사용해 보자.

데이터 품질

분포와 마찬가지로 데이터 품질을 평가하는 공식적인 방법이 있지만, 정보 수집 초기 단계에서는 눈으로 보는 테스트가 효과적이다. 미감이나 가독성은 신경 쓰지 말고 간단한 차트부터 만들어 보자.

시계열 데이터가 있으면 선 차트로, 범주형 데이터라면 막대 그래프로, 공산 데이터라면 지도로 그려 보자. 추세가 보이는가? 예상과 일치하는가? 선이나 막대가 무작위로 오르내려 데이터가 잡음처럼 보이는가? 신호를 포착하려면 더 넓은 시간대나 더 큰 범주로 데이터를 집계해야 하는가? 이런 질문들에 먼저 답해야 나중에 고생하지 않는다.

데이터의 출처와 컴퓨터에 있는 파일이 어떻게 만들어졌는지 생각해 보자. 출처가 믿을 만한가? 추정치의 근거가 되는 방법론은 무엇인가? 예를 들어, 한 포르노 사이트가 트래픽 데이터를 분석해 어느 주에서 가장 많이 시청하는지 알아냈다. 캔자스주가 1인당 페이지뷰가 월등히 많은 이상값으로 나타났다. 인터넷에 자료가 공개되자 사람들은 며칠 동안 맥락은 모른 채 손가락질했다. 알고 보니 트래픽 위치는 IP 주소를 기반으로 했는데 주를 특정할 수 없으면 미국 중심으로 기본 설정됐다. 그 지리적 중심 위치가 캔자스주어서 1인당 수치가 부풀려진 것이었다.

다른 예를 하나 더 보자. 언론은 사람들의 마음을 바꾸는 방법에 대한 중요한 연구로 보이는 내용을 보도했다. 이 연구는 22분의 대화로 사람의 마음을 바꿀 수 있다고 결론지었고, 이는 정치적, 사회적 이슈에 대한 생각과 투표에 영향을 미칠 수 있다는 뜻이었다. 알고 보니 그 연구 데이터가 가짜인 것으로 드러났다.

이 글을 쓰는 시점에 AI 생성 이미지와 텍스트가 절정을 이루고 있다. 미디어를 만들고 편집하기는 쉬워졌지만, 진짜와 가짜를 구분하기는 더 어려워졌다. 시간이 지나면 가짜 데이터 세트도 더 쉽게 구할 수 있게 될 것이다.[4]

4 다른 오류 데이터 예시는 https://datafl.ws/miss에서 볼 수 있다.

데이터를 다룰 때 내가 주로 쓰는 품질 판단법은 신뢰할 만한 출처의 이전 추정치와 비교하는 것이다. 나는 마이크로데이터, 즉 집계가 아닌 개별 설문 응답을 가져다가 직접 계산하는 경우가 많다. 검증을 위해 내 방법론을 이전 년도의 마이크로데이터에 적용해 알려진 추정치와 맞춰 본다. 일치하지 않으면 내가 실수했거나 마이크로데이터에 문제가 있는 것이다.

자기에게 맞는 방법을 쓰되, 모든 진행 과정에 주의를 기울여야 한다. 보이는 게 말이 되는지 자문해 보자. 의도적으로든 아니든 가끔은 숫자가 거짓말을 할 수 있다. 데이터가 지나치게 충격적이거나 트렌드가 이상하리만치 뚜렷해 보인다면, 더 자세히 들여다봐야 한다.

질문 조정하기

데이터의 품질과 내용을 파악했다면 어떤 질문에 답할 수 있을지 결정할 수 있다. 데이터가 너무 잡음이 많거나, 생각했던 것을 대표하지 않거나, 정리하는 중에 더 흥미로운 점이 나타나면 질문을 조정해야 할 때가 많다.

초기의 호기심을 출발점으로 삼는 게 가장 좋다. 처음 품었던 질문에 정확히 답하는 경우는 드물지만, 그 질문들이 더 깊이 분석할 가치가 있는 다른 것으로 이어지는 경우가 많다. 반대로 질문을 던지고 답하지 않거나, 아무런 정보도 주지 않는 데이터를 제공하는 건 자신에게도 독자에게도 재미를 주지 못한다.

세부 사항 탐색하기

데이터에 대한 감은 잡았다. 이제 더 자세히 살펴보자. 이 단계부터는 기계적으로 적용하기 어렵고 맥락에 맞춰 적용해야 한다. 데이터의 양, 구조, 세분화 정도, 그리고 데이터에서 무엇을 찾고자 하는지에 따라 달라진다.

데이터 세트에서 최선을 찾고 있나? '최선'이 무엇인지 정의해야 한다. 추정치가 판단을 내릴 만큼 신뢰할 수 있나? 예상 밖의 경향이 있나? 있다면 예상을 바꿔야 하나, 아니면 뭔가 흥미로운 일이 일어나고 있나? 그룹 간 차이가 있고 다른 그룹은 정체되어 있나? 분포에서 튀는 사람, 장소, 물건이 있나? 그게 측정 오류인가, 실제 이상값인가?

이건 세 번째니 네 번째 데이트쯤 할 내화로 비유할 수 있다. 한담을 나누면서 상대방에 대해 조금은 알게 됐다. 고향이 어딘지, 어떤 음식을 좋아하는지, 유머 감각은 어떤지, 최근에 본 영화는 무엇인지와 같은 정보는 얻었다. 이제 이 사람의 진짜 모습을 알아볼 차례다. 복잡하지만 훨씬 더 흥미로워진다.

비교

어릴 때 시험에서 좋은 점수를 받으면 신나서 부모님께 이야기했다. 나를 칭찬해 주시고 나면 거의 항상 다른 애들은 어땠냐고 물어보셨다. 정말 싫었다. 나는 사람과 비교당하고 싶지 않았으니까.

하지만 부모님은 그저 내 점수의 척도를 파악하려는 것이었다. 내가 85점을 받았다고 해도 최저점과 최고점을 모르면 별 의미가 없으니까. 다들 85점인 건가? 85점이 좋은 점수인가, 아니면 200점이 만점이었나? 이제 나도 아이를 키우면서 비슷한 상황을 겪어보니 부모님의 질문을 더 잘 이해하게 됐다.

비교는 데이터에 의미를 부여한다. 무언가가 좋은지 나쁜지, 높은지 낮은지, 상위인지 하위인지 맥락을 제공한다. 익숙한 것에서 시작해 익숙하지 않은 것으로 확대하거나 축소함으로써 규모를 느끼게 해주는 시각화 장르가 있다.

전체 집단의 변동과 하위 집단 간, 한 집단 내의 변동을 살펴볼 수 있다. 그림 8.26은 연령대별 소득 분포를 보여준다. 교육 수준과 경력이 소득에 영향을 미치기 때문이다. 2020년 전체 중위 연봉은 43,000달러였지만, 60대 이상에겐 낮은 편이고 10대에겐 상당한 금액이다.[5]

4장 "시간 시각화"에서 일, 월, 연 단위 데이터 비교를 통해 변화, 추세, 주기를 보여줬다. 7장 "공간 시각화"에서는 도시, 국가, 지역을 비교하는 방법을 다뤘다. 시각적 비교의 가장 직관적인 방법은 모든 범주, 시간, 공간에 공통 척도를 쓰는 것이다. 차트를 여러 개 만든다면? 각 차트에 같은 x 축과 y 축을 쓴다. 크기 조절 도형을 쓴다면? 모든 범주에 같은 면적 척도를 적용한다.

5 실용적인 것부터 황당한 것까지 다양한 척도를 비교한 예시는 *https://datafl.ws/scale*에서 확인할 수 있다.

그림 8.26 미국인의 소득, https://datafl.ws/ageinc

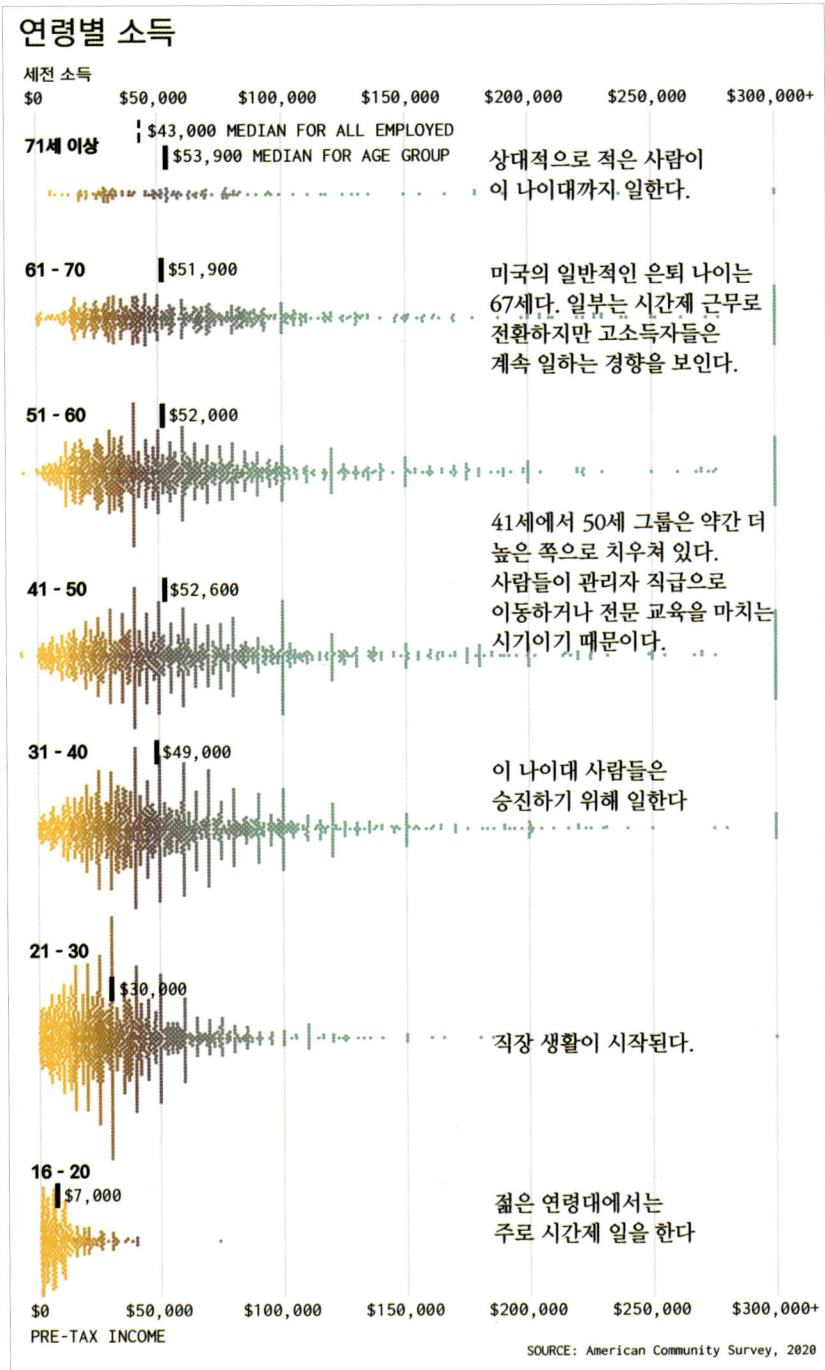

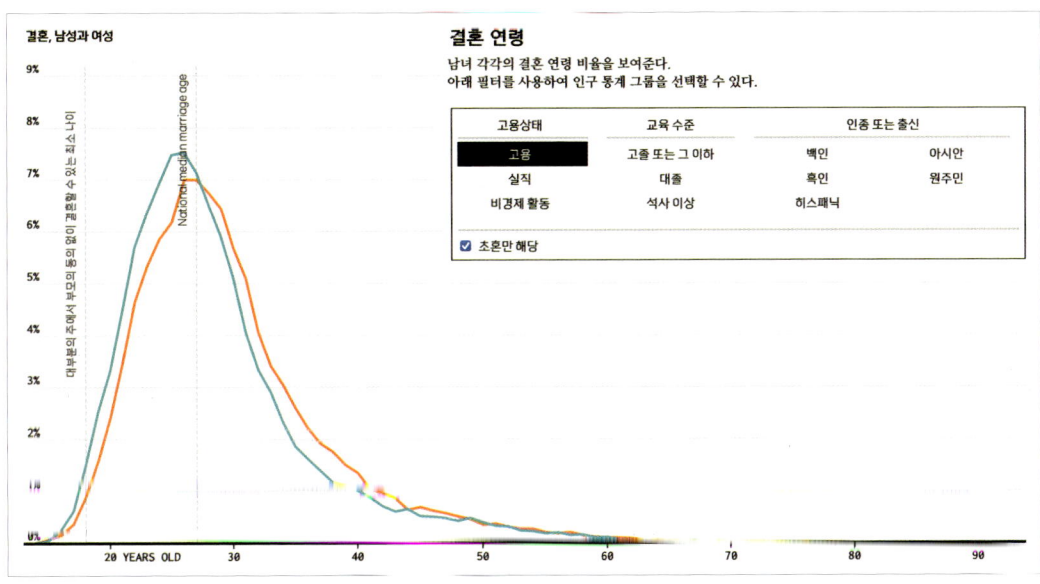

그림 8.27 결혼 연령, https://flowingdata.com/2016/03/03/marrying-age

인구통계학적 결혼 연령을 비교하기 위해 그림 8.27처럼 x 축에는 나이를, y 축에는 남녀 각각의 결혼 비율을 표시했다. 차트는 인구 통계 특성을 선택하면 인터랙티브하게 선이 업데이트된다. 다른 그룹을 선택할 때마다 선이 위아래로 움직이는 것을 볼 수 있다.

비교를 하면 데이터를 더 잘 이해할 수 있다. 나중에 청중에게 낯선 내용을 전달해야 할 때를 대비해 적절한 데이터를 보관해 두자.

패턴

우리는 이 책 전반에서 패턴을 찾아왔다. 교통사고 발생량은 주간 단위로 반복되는 경향이 있다. 특정 직업군의 사람들은 다른 특정 직업군의 사람들과 결혼하는 경향이 있다. 가구 유형은 더 작은 가족과 자녀 없는 맞벌이 부부 쪽으로 변화해 왔다.

데이터 트렌드는 소셜 미디어의 10대처럼 오르락내리락한다(그림 8.28). 이 글을 읽을 즈음엔 내가 모르는 소셜 미디어 플랫폼이 정상에 오를 수도 있다. 아니면 소셜 미디어가 사라지고, 개인 웹 사이트들 사이를 자유롭게 돌아다니던 예전 인터넷의 평화로운 시절로 돌아갈 수도 있다.

그림 8.28 10대들의 소셜 미디어 사용 변화, https://datafl.ws/7nj

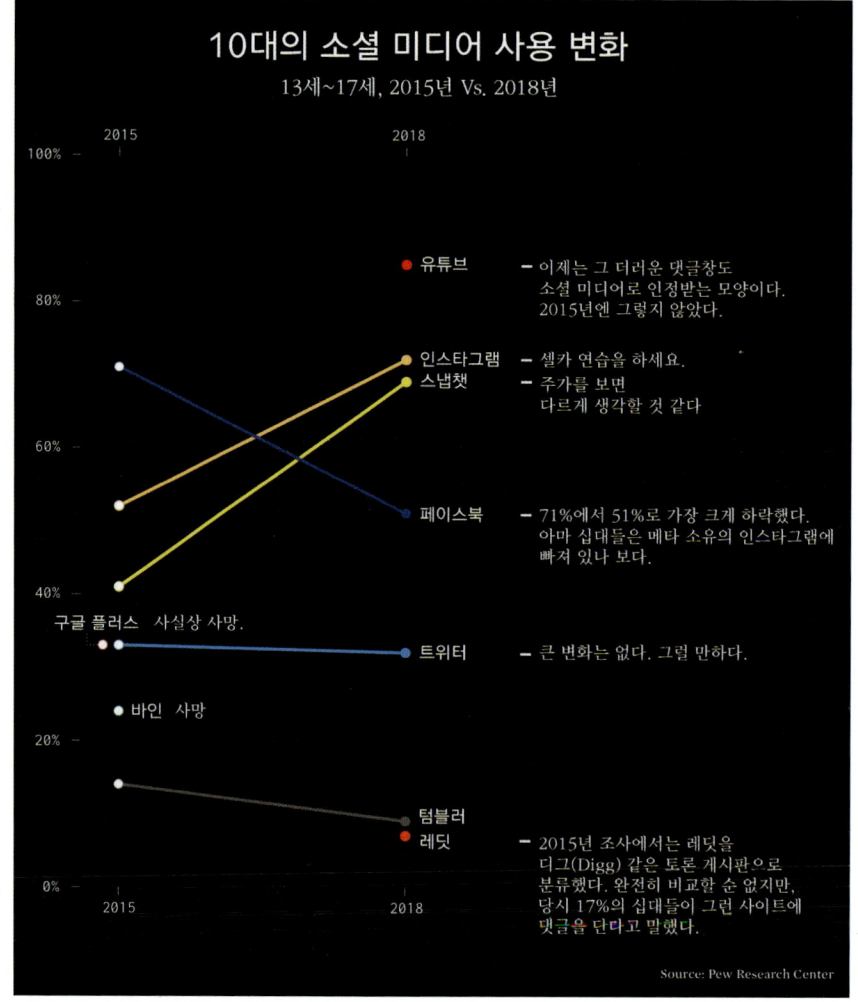

구글 맵 API 데이터에 따르면 어떤 지역은 식료품점보다 술집이 더 많다(그림 8.29). 인구당 비율로 보면, 위스콘신주는 3위로 인구 1만 명당 약 8개의 술집이 있다. 노스다코타주와 몬태나주가 각각 9.9개와 8.6개로 1, 2위를 차지한다. 델라웨어주, 메릴랜드주, 미시시피주는 인구 1만 명당 1.5개 미만으로 가장 적다.

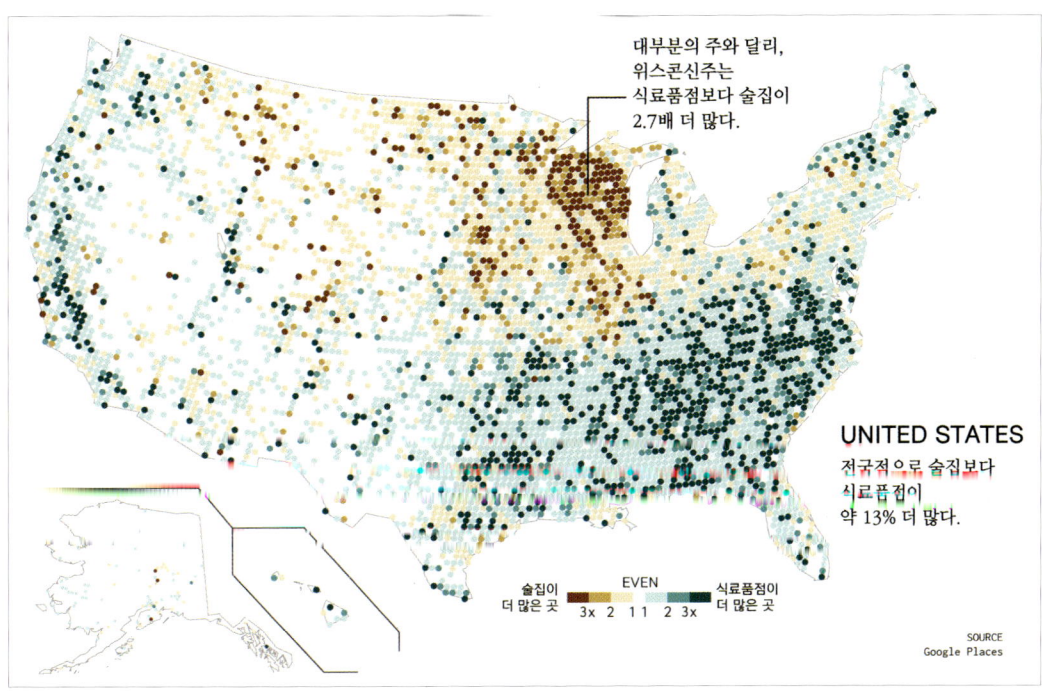

그림 8.29 식료품점보다 술집이 더 많은 곳, *https://datafl.ws/bars*

노동통계국(the Bureau of Labor Statistics) 추정에 따르면, 고소득층은 저소득층과 다른 소비 패턴을 보인다.

생필품에 돈을 쓰고 나면 다른 항목에 쓸 여유가 생긴다. 그림 8.30이 이를 보여준다.

데이터 내에서 경향을 찾아라. 패턴에 주목하자. 뭔가 발견하면 더 자세히 들여다보라. 더 세밀하게 볼수록 더 많은 것을 알아낼 수 있다.

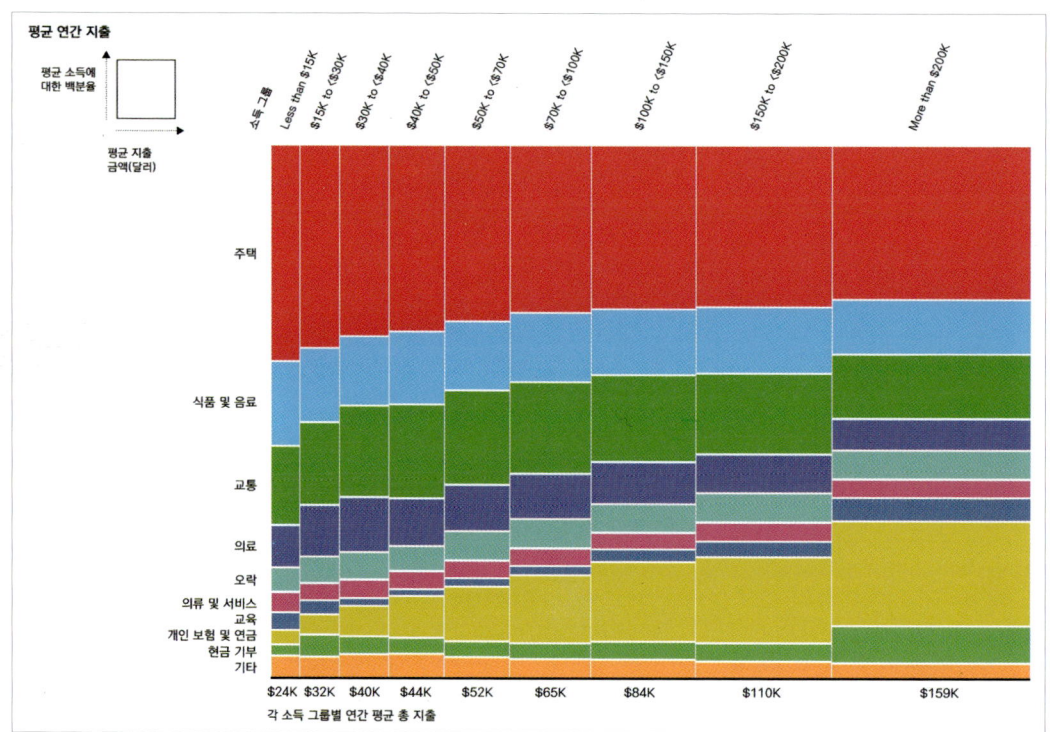

그림 8.30 소득 집단별 지출 패턴, *https://flowingdata.com/2018/02/08/how-different-income-groups-spend-money*

불확실성

우리는 단순한 답을 원한다. 구체적이고 확실한 답. 데이터가 이런 답을 줄 것이라 생각하지만 보통은 아니다. 대신 오차 범위가 있는 추정치, 가능한 결과의 확률, 참 값이 속할 수 있는 범위를 얻을 뿐이다. 데이터에는 거의 항상 불확실성이 따른다. 그러니 시각화하고 분석할 때 확실한 건 아니라고 간주해야 한다.

통계학에서는 '아마도', '어쩌면', '그럴 것 같다'란 말을 자주 쓴다. '확실히', '절대적으로'란 말은 잘 안 쓴다. 차트의 패턴이 명확해 보여도 '그렇다'가 아닌 '그런 것 같다'로 표현하고 싶다.

예를 들어, 주별로 저녁 식사 시간이 얼마나 다른지 궁금해서 미국 시간 사용 조사 데이터 세트를 활용했다. 각 주의 저녁 식사 피크 타임을 계산했다. 그림 8.31이 그 결과다.

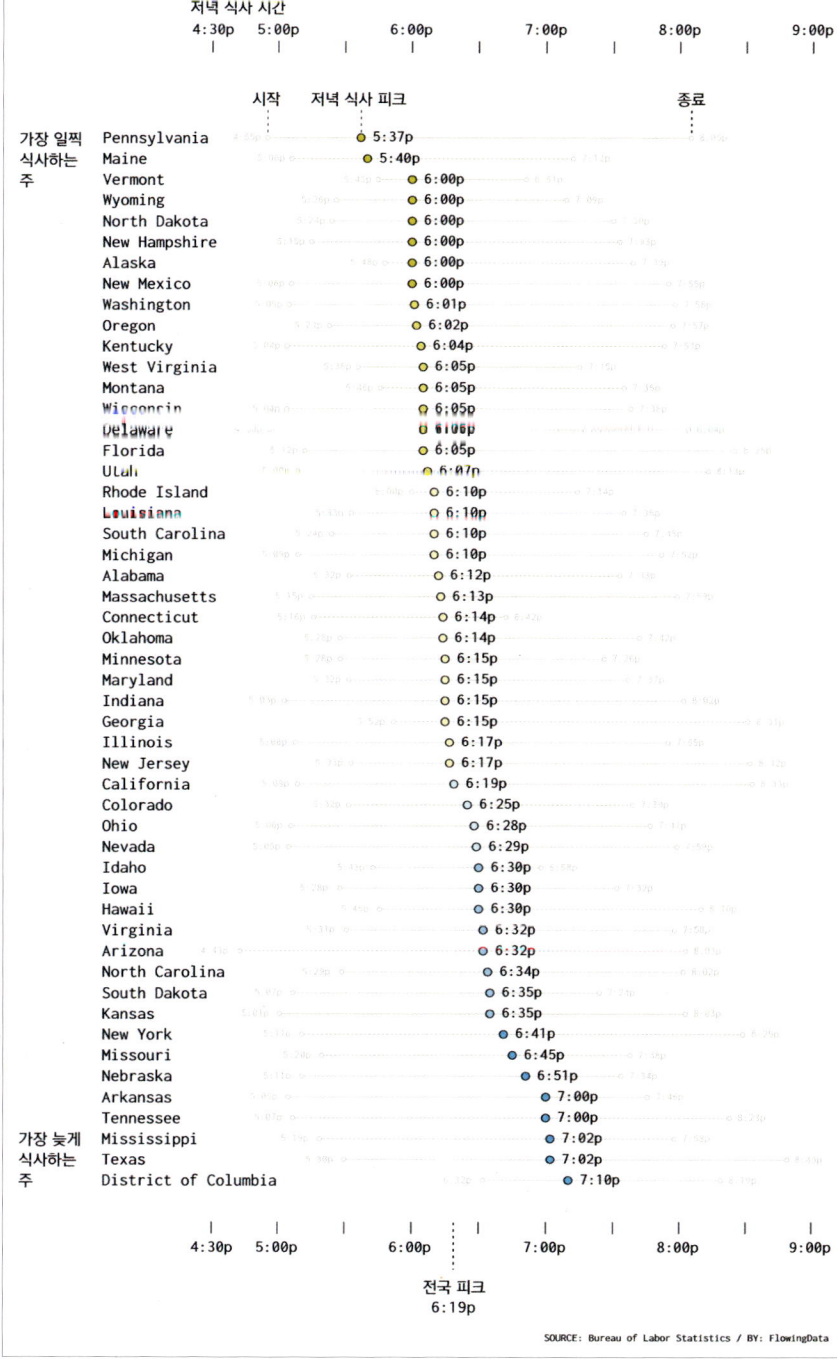

그림 8.31 주별 저녁 식사 시간, https://datafl.ws/dintime

피크 타임은 중간에 강조돼 있다. 하지만 어린 아이를 둔 부모로서 훨씬 이른 시간대가 눈에 띈다. 주별로 하나의 데이터 포인트만 두긴 아쉬웠다. 저녁 식사 시간대는 폭이 넓어 애매하니, 식사가 늘어나는 시점과 줄어드는 시점을 계산해 시작과 끝으로 정했다. 시작과 끝 시간은 불규칙하지만, 이게 현실에 더 가깝다.

우리에게 남은 수명을 생각해 볼 때, 정확한 날짜와 시간은 알 수 없다. 하지만 사망률 데이터를 이용하면 가능한 결과를 추측할 수 있다. 그림 8.32의 인터랙티브 차트가 이를 보여준다. 평균 기대 수명보다 가능성의 범위가 더 흥미롭다.

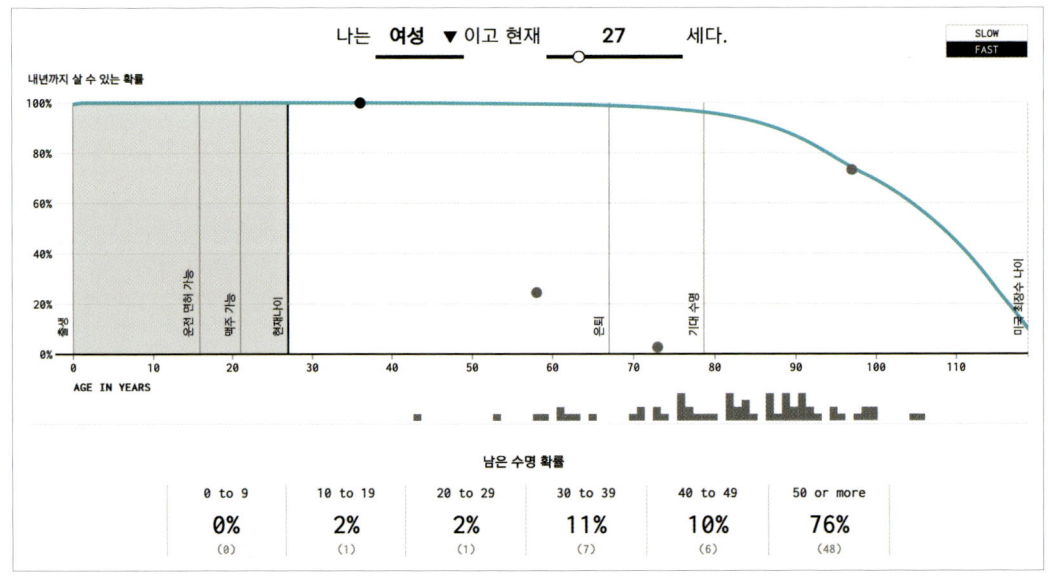

그림 8.32 당신에게 남은 수명 추정해 보기, *https://flowingdata.com/2015/09/23/years-you-have-left-to-live-probably*

데이터가 많이 있어도 정확한 답을 내기 어려울 때가 있다. 나이별로 은퇴 자금은 얼마나 모았을까? 소비자 금융 조사는 2년마다 이를 물어보지만, 조사 데이터를 보면 노이즈가 많다. 더 많은 질문도 생긴다. 은퇴 자금으로 무엇을 고려해야 할까? 은퇴 자금으로 표시된 돈만 계산할까, 아니면 모든 금융 자산을 포함할까? 주택 자산은 어떻게 할까? 그림 8.33은 중앙값, 25 백분위수와 75 백분위수, 개별 데이터 포인트를 사용해 다양한 유형의 저축 범위를 보여주는 인터랙티브 그래프이다.

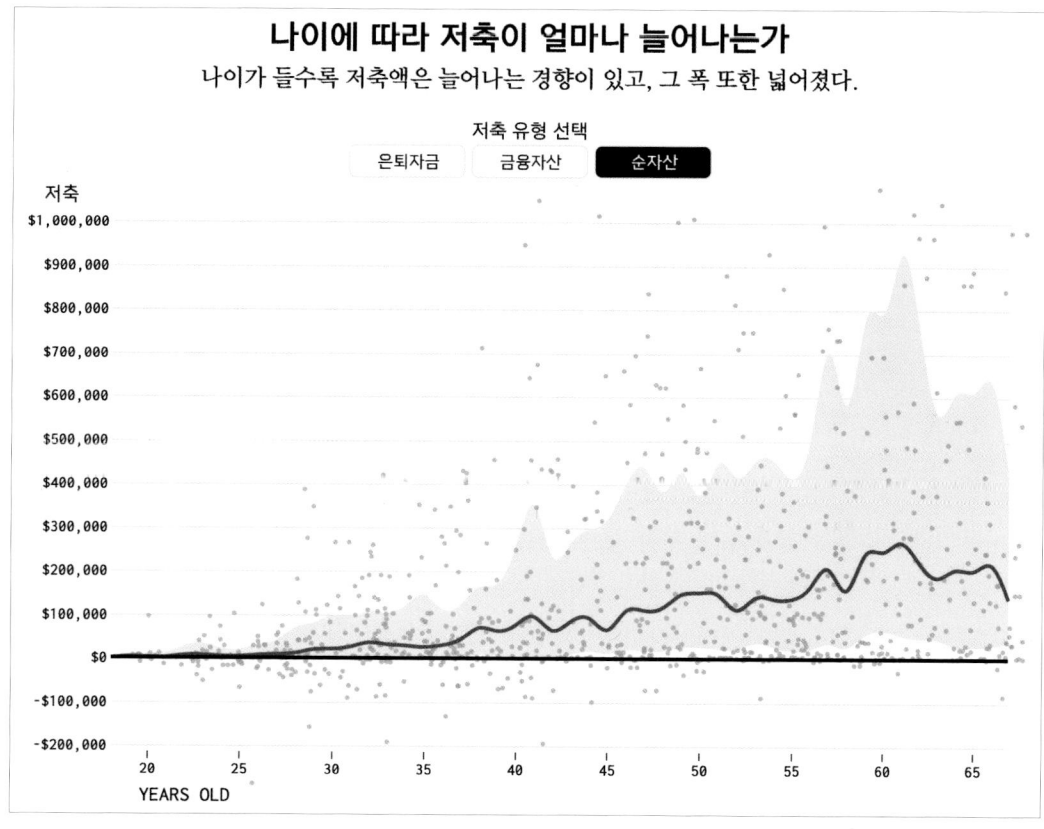

그림 8.33 나이에 따른 저축 증가율. https://flowingdata.com/2019/11/08/saving-for-retirement-and-age

기본 요약 통계가 간단한 답이지만, 때로는 더 상세할수록 더 불확실한 답이 될 수 있다. 하나의 값보다는 범위와 가능성을 보여주는 편이 낫다.

이상값

이상값은 나머지와 확연히 구별되는 데이터 포인트다. 이상값을 찾는 방법과 기준이 있지만, 결국 주관적인 작업이다. 데이터의 맥락에 따라 이상값 처리 방법이 달라진다.

예를 들어, 그림 8.34는 30일 동안의 FlowingData 방문자 수를 보여준다. 방문자 수가 이틀간 갑자기 떨어진 적이 있다. 이 두 지점은 다른 데이터와 비교해 이상값이다. 하지만 어떻게 처리해야 할까? 서버 오류로 잘못 측정된 걸까? 아니면 내가 불쾌한 차트를 만들어 갑자기 많은 사람들의 미움을

그림 8.34 시간에 따른 방문자 수를 보여주는 선 차트

샀을까? 방문자 수가 빠르게 회복된 걸 보면 아마 전자일 것이다. 그렇다면 잘못된 추정치는 무시해도 된다. 하지만 내가 불쾌한 동영상으로 유명한 콘텐츠 제작자라면, 이 감소를 다르게 해석해야 할 것이다.

때론 이상값을 주목할 대상으로 볼 수 있다. 무시할 게 아니라 눈에 띄는 독특한 것이다. 그림 8.35는 연령별 출산 분포를 보여주는 애니메이션 산점도의 한 장면이다. 전국 가족 성장 조사(National Survey of Family Growth) 데이터를 보니 30살에 아이 12명을 둔 응답자가 있었다. 그때 나는 아이 둘 키우기도 벅찼기 때문에 이 데이터 포인트가 눈에 확 들어왔다.

전국 직업 인기도(그림 8.36)를 살펴보면, 이상값이 가장 흥미롭다. 전국 평균과 비교해 특정 주나 지역에서 훨씬 인기 있는 직업들이다. 예를 들어 워싱턴 D.C.에는 경제학자와 예산 분석가가, 캘리포니아와 뉴욕에는 다른 곳보다 배우가 흔하다. 알래스카, 메인, 루이지애나에는 어부와 사냥꾼이 더 많다. 이런 직업의 이상값이 각 주의 특색을 보여준다.

요리마다 고유한 식재료가 있다. 그림 8.37을 보면, 간장, 참기름, 사천 고추는 중국 요리에서 상대적으로 더 자주 쓰인다. 레시피에 등장하는 비율로 봤을 때 그렇다. 이탈리아 요리에서는 파마산 치즈와 신선한 바질이, 프랑스 요리에서는 샬롯과 무염 버터가, 멕시코 요리에선 옥수수 토르티야, 검은콩, 아보카도가 가장 특징적인 재료였다.

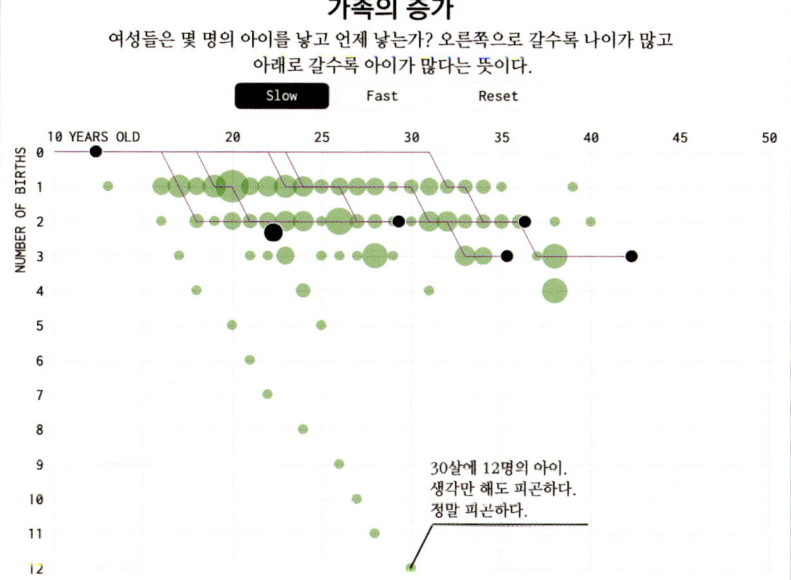

그림 8.35 몇 명의 아이를 언제 갖는가? https://flowingdata.com/2019/02/01/how-many-kids-we-have-and-when-we-have-them

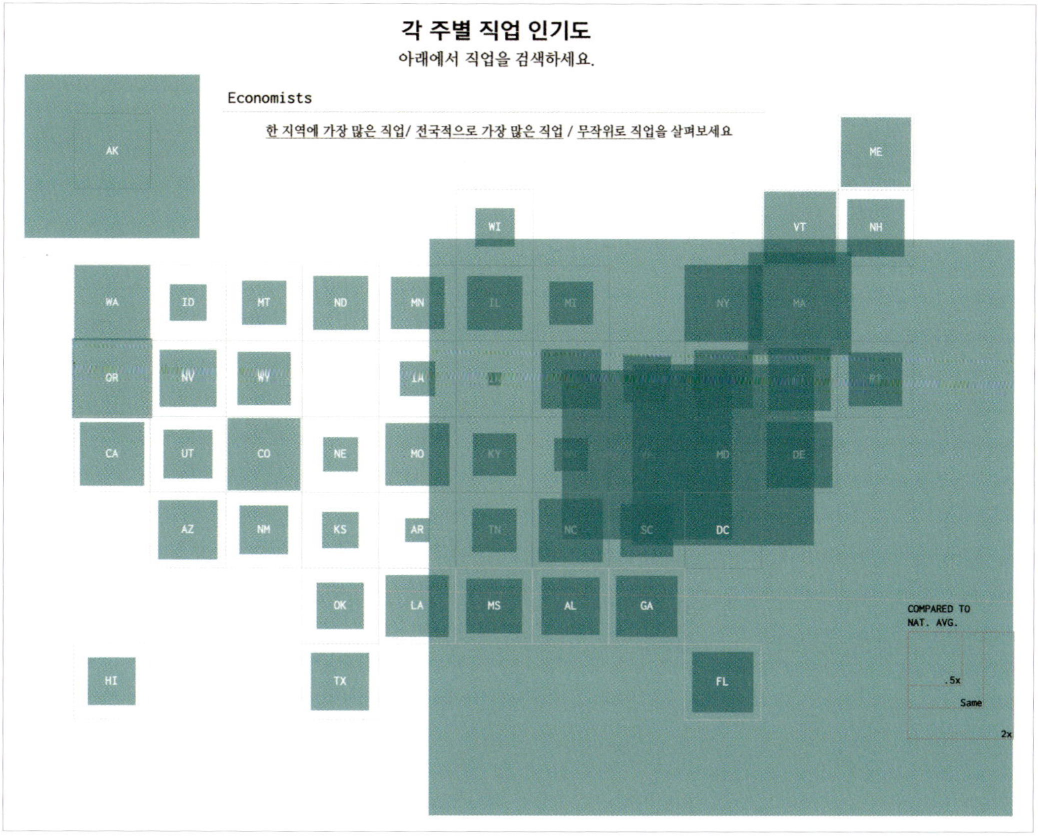

그림 8.36 당신의 직업이 가장 인기 있는 곳, https://flowingdata.com/2019/02/27/where-your-job-is-most-popular

세부 사항 탐색하기

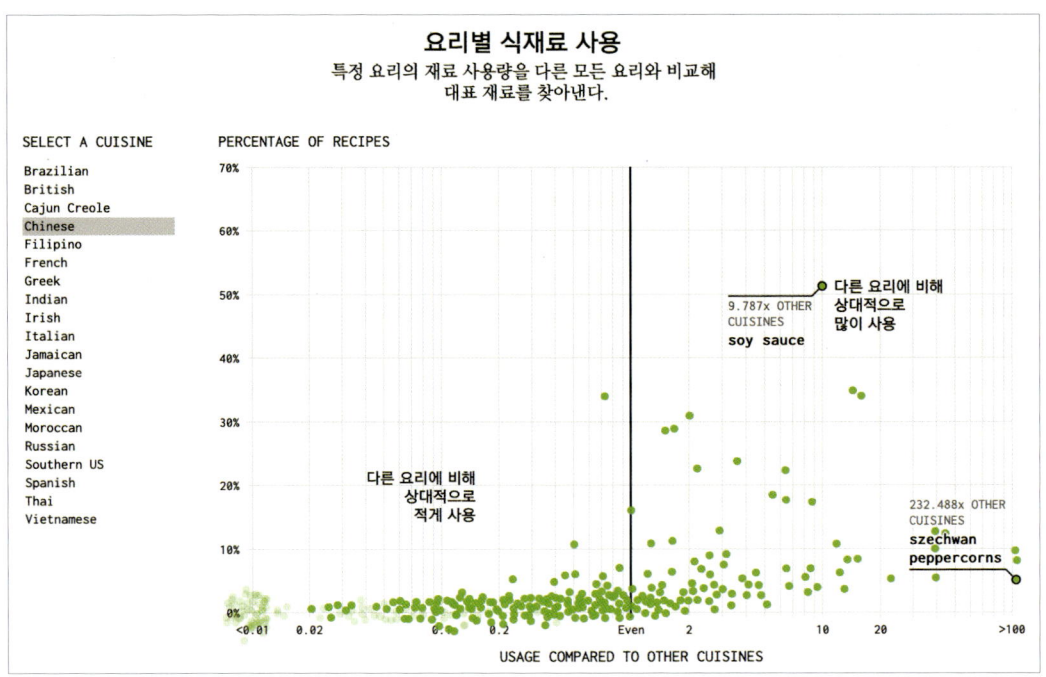

그림 8.37 요리의 재료들, https://flowingdata.com/2018/09/18/cuisine-ingredients

이상값을 찾으려면 튀는 것을 살펴본다. 이상값으로 뭘 할지는 무엇을 보고 있는지, 무엇을 찾는지, 그리고 어떤 질문을 하는지에 따라 달라진다.

결론 도출하기

데이터 탐색을 통해 결론을 도출하면 데이터로 이야기를 전하는 과정이 더 쉬워진다. 더 이상 "여기 데이터가 있으니 한 번 봐."가 아니다. 데이터로 질문에 답하고 세부 사항을 탐색해 "여기 데이터가 있어. 데이터는 이렇게 말하고 있어. 이런 걸 배울 수 있고 이게 중요한 이유야."라고 말할 수 있다. 한 명의 청중(자신)에서 벗어나 누구에게 전달해야 할지 생각하게 된다.

시각화 과정은 데이터를 재료로 더 복잡한 무언가의 추상적인 모습을 만드는 것이다. 데이터는 보통 단순화된 것이지만, 상황을 측정하는 최선의 방법이다. 그래서 이를 분석하고 탐색한다. 그리고 데이터로 이야기를 전할 때, 분석 과정에서 발견한 것을 강조해 다른 이들이 추상적인 것을 현실과 연결하도록 돕는다.

그림 8.38은 몇 년 전에 이 과정을 대충 그린 것이다. 완벽하진 않지만, 단계들은 여전히 유효하다. 많은 사람들이 데이터와 시각화 사이에서 멈춘다. 끝내지 못하고 공간만 차지하는 차트를 만들게 된다.

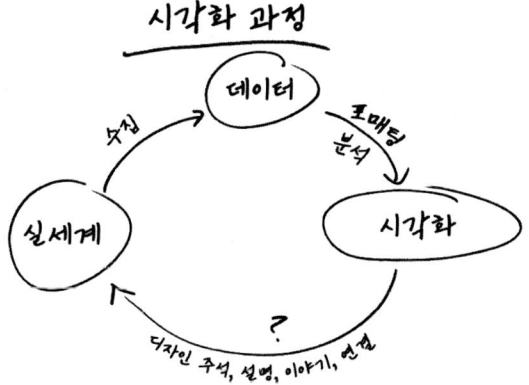

그림 8.38 시각화 프로세스 순서도

데이터를 분석할 때는 어디서 왔는지, 왜 존재하는지, 나타내려는 의도가 무엇인지, 실제로 나타내는 것은 무엇인지 생각해야 한다. 맥락을 통해 질문과 답을 얻어라. 맥락은 단순히 숫자를 모양과 색으로 바꾸는 것 이상의 의미 있는 시각화를 만들어 낸다.

마무리

학교에서 하는 데이터 분석은 자동적이고 기계적으로 느껴질 수 있다. 가설을 결정하고, 통계를 계산하고, 표를 참고해 형식적인 견해를 내린다. 하지만 실제로 분석은 더 유동적이다. 질문하고, 답하려 노력하고, 조정한다. 한 발견이 다른 발견으로 이어지며 단계 사이를 오갈 수 있다.

나는 시각화를 위한 사전 분석 단계가 가장 좋다. 데이터에 대해 배우는 시간이니까. 대다수에게는 횡설수설하는 것처럼 보이는 스프레드시트나 데이터 파일에서 새로운 것을 발견하고 인사이트를 만들어 낸다. 이렇게 얻은 새로운 정보로 더 넓은 독자층에게 복잡한 내용을 풀어서 이야기로 들려줄 수 있다. 분석 단계에서 얻은 정보를 활용하면 최종 그래픽을 디자인할 때 결정이 훨씬 쉬워진다.

나는 전통적인 분석과 시각적 분석을 동등하게 결합하는 편이다. 이렇게 하면 정밀함과 탐색의 균형을 찾을 수 있다. 사람마다 이 균형이 다를 수 있다. 핵심은 균형이 아니라 결과에 만족할 때까지 데이터에 대해 계속 질문하고 답하는 것이다.

　다음 장에서는 이런 발견을 바탕으로 그래픽을 디자인하는 법을 배운다. 사람들은 목적을 가지고 디자인한다. 많은 사람이 소프트웨어의 결과물을 그대로 복사해 붙여 넣는 쉬운 방법을 택하지만 그보다 더 나은 방법이 있다.

9
목적을 담은 디자인

자기 혼자 데이터를 탐색할 때는 스토리텔링에 신경 쓸 필요가 없다. 당신이 바로 스토리텔러니까 자신에게 설명할 필요가 없다. 하지만 시각화로 타인(한 사람에게든, 수천 명이든, 수백만 명이든)에게 정보를 전달할 때는 차트 하나만으로는 부족하다.

물론 독자가 결과를 해석하고 자신만의 이야기를 만드는 것도 좋겠지만, 데이터를 처음 보는 독자가 데이터에 대해 어떤 질문을 해야 할지 알기는 어렵다. 그러니 무대를 세팅하는 건 당신의 몫이다. 시각화의 대상과 목적을 생각하고 그에 맞게 디자인해야 한다.

좋은 시각화

데이터 시각화는 수세기 동안 사용되었지만, 무엇이 효과적인지 여부를 연구한 건 불과 몇십 년밖에 안 되었다. 그만큼 시각화는 비교적 새로운 분야다. 한동안 시각화가 정확히 무엇인지에 대한 합의도 없었다. 분석 도구인가? 소통의 수단인가? 예술인가? 시각화를 하나로 정의하는 사람들은 다르게 생각하는 사람들과 의견이 갈렸다. 소통에 좋은 차트가 분석에는 적합하지 않을 수 있고, 그 반대도 마찬가지다.

시각화는 단일한 규칙과 기준을 가진 하나의 개념이 아니다. 시각화는 다양한 목적을 위해 사용할 수 있는 매체다.

예를 들어, 데이터를 분석하는 사람들은 탐색 과정에서 주로 전통적인 통계 차트를 쓴다. 그래픽이나 인터랙티브 차트가 분석에 도움이 되지 않으면 쓸모가 없다. 반면 데이터로 다른 사람들과 소통하려는 사람들에게는 인사이트를 발견하는 것보다 그걸 부각시키는 방법이 더 필요하다. 데이터 아트를 하는 사람들은 시각적 표현 방식을 자유롭게 바꾸고 요소들을 조합하는 방법이 필요하다. 어떤 이들은 시각화가 제공하는 모든 자원을 활용하기도 한다.[1]

모든 장르의 영화가 동일한 구조와 흐름, 스타일을 따라야 한다고 상상해 보자. 드라마, 코미디, 액션, 다큐멘터리가 모두 같아진다면 영화를 만들고 보는 목적이 사라진다. 액션 영화가 웃게 만들 필요는 없고, 모든 코미디에 멋진 추격 장면이 필요한 건 아니다. 시각화도 마찬가지다. 항상 빠르고 정확하거나 아름다워야 하는 건 아니다. 작업하는 사람이 누구인지, 무엇을 하는지, 왜 하는지에 따라 필요한 것이 다르다.

시각화를 도구가 아닌 매체로 접근하면 데이터에 대해 더 나은 질문을 하고 더 좋은 결과물을 만들 수 있다. 도구가 무엇을 할 수 있는지 묻고 도구의 기능에 맞춰 통계적 질문을 조정하는 대신, 데이터와 목적에 따라 목표를 정하고 그것을 달성하기 위해 시각화를 사용해야 한다. 시각화가 목적에 맞으면 좋은 것이고, 아니면 다른 방법을 시도해 보자.

시각화를 처음 접하는 사람들은 어떤 차트가 좋은 차트인지 착각하기 쉽다. 사람들은 차트의 용도와 모습, 그 뒤의 의도를 섣불리 판단한다. 분석가들이나 전문가라는 사람들이 쓴 기사에 나온 체크리스트에 맞지 않으면 잘못된 것이라고 단정짓는다. 비평이 도움이 될 수도 있지만 그 비평의 출처가 어디인지, 시각화의 목적에 비춰볼 때 받아들일 만한 것인지 생각해 봐야 한다.

무한한 선택지

시각화를 배울 때는 제약과 규칙을 중심으로 배우는 게 일반적이다. 마치 올바른 차트를 만들려면 가능성을 제한해야 하는 것처럼 보인다. 처음 시작할 때는 이런 접근이 중요하다. 글쓰기를 배우는 것과 같은 이치다. 맞춤법을 익히고, 문장 부호의 쓰임을 알고, 문장 구조를 배우고, 생각을 문단과

[1] 마틴 와텐버그(Martin Wattenberg)와 페르난다 비에가스(Fernanda Viégas)는 시각화의 여러 형태를 책의 장르로 설명했고, 에릭 로덴벡(Eric Rodenbeck)은 시각화를 영화나 사진에 빗대어 설명했다. 각각은 https://datafl.ws/genre 와 https://datafl.ws/med 에서 볼 수 있다.

절로 나누는 법을 먼저 배운다.

의도를 정반대로 해석할 소지가 있는 차트를 만들지 않도록 차트의 작동 원리를 배워야 한다. 막대 차트의 값 축은 0에서 시작해야 한다. 막대 길이가 데이터를 나타내기 때문이다. 원 차트의 백분율 합은 100이어야 한다. 부분의 합이 전체를 나타내기 때문이다.

기초를 다지고 나면 그때부터 진짜 재미가 시작된다. 시각화라는 매체는 무한한 선택지를 제공한다. 색과 형태를 조정하고 주석과 시각적 은유로 맥락의 층을 더한다. 데이터 탐색과 분석 과정에서 발견한 인사이트로 시각화 방향을 선택할 수 있다.

시각화 구성 요소

한꺼번에 모든 선택지가 주어지면 사탕 가게에서 마음대로 고르라는 말을 들은 아이가 된 것처럼 혼란스럽다. 시각화를 맞춰가는 구성 요소로 생각하면 도움이 된다. 데이터가 가득한 차트 하나를 상상하기보다는 작은 단위로 나누어 이해하자.

시각화를 나누는 방법은 다양하다. 자크 베르탱(Jacques Bertin)은 《Semiology of Graphics》(1967, Gauthier-Villars)에서 '평면(plane)'과 '시각 변수(retinal variables)'를 설명한다. 평면은 도형을 공간에 배치하는 좌표계와 비슷하고, 시각 변수는 데이터를 시각적으로 인코딩하는 방법을 정의한다.

윌리엄 클리블랜드(William S. Cleveland)는 《The Elements of Graphing Data》(1994, Hobart Press)에서 '그래프 구성의 기본 요소'로 척도, 캡션, 도식 기호, 기준선, 범례, 레이블, 패널, 눈금을 꼽았다. 리랜드 윌킨슨(Leland Wilkinson)은 《The Grammar of Graphics》(2005, Springer)에서 통계 그래픽의 구성 요소를 더 체계적으로 정의했다. 데이터, 변수 변환, 척도 변환, 좌표계, 시각 요소, 안내 요소가 그것이다.

예를 들어, 그림 9.1은 윌킨슨의 분류를 사용해 단순화한 막대 차트의 구성 요소를 보여준다. 데이터와 변환은 표시되지 않았지만, 좌표계(x 축의 시간과 y 축의 선형 숫자 척도), 시각 요소(막대), 안내 요소(축, 제목, 출처) 같은 요소들로 막대 차트가 만들어진다.

그림 9.1 막대 차트 요소

막대 그래프
길이로 데이터를
표현하는 기본 차트다.

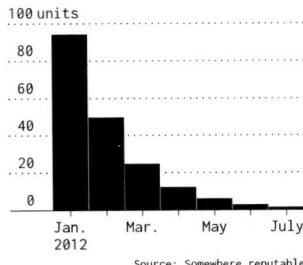

좌표계
가로축은 시간,
세로축은 숫자를 나타낸다.

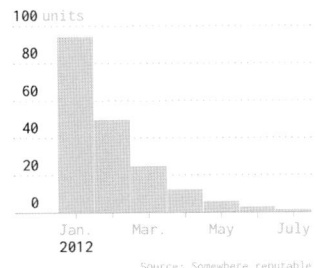

시각 요소
막대의 크기는
데이터 값에 따라 정해진다

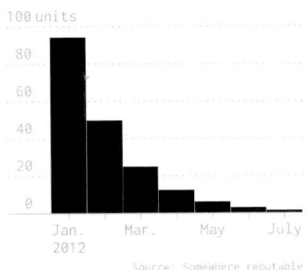

안내 요소
축과 라벨, 그리고
이 텍스트가 차트 읽는 법을 알려준다.

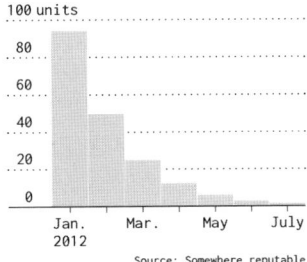

이런 분류는 형태와 겉모습을 실험할 때 유용하다. 모든 차트를 처음부터 다시 만들 필요 없이 부분만 조정할 수 있기 때문이다. 그림 9.1에서 다른 요소는 그대로 두고 시각적 요소만 바꾸면 그림 9.2처럼 다른 차트가 만들어진다.

그림 9.2
시각적 요소
변경하기

구현 관점에서 이 방식은 다양한 차트를 만들어야 할 때 작업량을 줄여준다. 여러 코드 라이브러리가 이 접근법을 적용한다. D3 자바스크립트 라이브러리, Altair 파이썬 라이브러리, ggplot2 R 패키지는 차트를 컴포넌트로 정의할 수 있게 해준다. 기본 차트를 만든 후 코드를 수정하여 새로운 차트를 만들 수 있다. 클릭 기반 도구에서는 시각화를 구성 요소별로 생각하면 다양한 선택지를 더 쉽게 탐색할 수 있다.

데이터를 불러온다. 좌표계를 정의한다. 정해진 척도로 축을 그린다. 시각적 인코딩에 따라 데이터를 그린다. 과정마다 구성 요소를 커스터마이징 할 수 있다.

지금까지 이 책에서 보았듯이 차트를 구성 요소로 나누지 않고도 많은 일을 할 수 있다. 데이터만 주면 모든 것을 자동으로 구성해 주는 패키지와 애플리케이션이 있다. 함수 하나만 호출하면 거의 완성된 차트를 만들 수 있다. 하지만 결과물을 커스터마이징하거나 데이터 세트에 맞는 특별한 시각화를 만들고 싶다면, 시각화를 구성 요소의 모음으로 생각하는 게 좋다.

타인을 위한 통찰

데이터 탐정에서 데이터 디자이너로 자리를 바꾸게 되면, 이제 당신의 역할은 알아낸 내용을 청중에게 전달하는 것이다. 청중은 당신처럼 데이터를 들여다보지 않았을 테니, 설명이나 맥락 없이는 당신이 보는 걸 보지 못한다. 내 경험상 사람들이 그래프를 볼 때 사전 정보가 없다고 가정하는 게 좋다. 실제로 대부분 그렇다. SNS나 어떤 기사의 링크, 강연에서 언급된 걸 통해와서 처음 그래프를 보게 된다.

당신의 차트를 보는 사람들에게 데이터의 이야기를 들려주거나 최소한 투어 가이드를 제공해 줘야 한다. 모든 그래픽에 긴 설명을 쓸 필요는 없지만, 제목과 간단한 설명만이라도 있으면 항상 도움이 된다. 그렇지 않으면 곧 '말 옮기기 게임'처럼 되어 버려서, 당신이 정성 들여 만든 그래픽이 의도와 정반대로 해석되어 퍼져 나가게 된다. 웹은 그런 이상한 특성이 있다.

시각적 위계

4장 "시간 시각화"에서 시각적 위계를 다뤘지만, 다시 한번 언급할 필요가 있다. 시각화를 통해 다른 사람과 소통할 때 지켜야 할 일관된 목표이기 때문이다. 대부분의 소프트웨어는 모든 구성 요소에 동일한 시각적 무게를 기본값으로 설정한다. 어느 부분에 더 주목하게 할지는 만드는 사람이 결정해야 할 문제다.

특정 데이터 포인트를 강조하고 싶다면, 시각적으로 도드라지게 만들어 독자의 주의를 끌어야 한다. 중요한 부분이 눈에 띄게 만들어야 한다. 대비되는 색상으로 데이터의 일부를 강조하고 나머지는 배경으로 물러나게 한다. 데이터 포인트를 더 크게 만들면 화면에서 차지하는 공간이 늘어나 더 많은 주목을 받는다. 위치로 포인트를 구분하고, 흥미로운 영역에는 주석을 달도록 한다.

최소한 어떤 요소를 가장 강조할 것인지, 그리고 어떤 요소가 맥락을 위해 필요한지 파악해야 한다. 그래야 어떻게 그 요소들 사이에 시각적 가중치를 둘지 결정할 수 있다.

미학

미학은 본질적으로 아름다움을 뜻하는데, 이는 주관적이다. 어떤 이는 미니멀한 차트를 아름답다고 느끼고, 다른 이는 화려한 색상과 장식을 아름답다고 느낀다. 어떤 이는 차트를 예쁘게 만드는 건 불필요한 노력이고, 데이터를 가리고 명확성을 해친다고 주장하기도 한다.

하지만 사실은 그 반대다. 예쁘면 더 명료해 보인다. 디자인에 공을 들이면 독자가 차트를 더 잘 이해할 수 있다. 시각적 위계로 가독성이 높아지고, 더 넓은 주제를 아우르는 공통된 정체성이 생기고, 시각화에 시간과 노력을 들였다는 신호를 준다. 게다가 멋지게 만드는 건 즐겁다. 사람들은 멋진 걸 좋아한다. 나도 멋진 걸 좋아한다. 기본 설정은 따분하다.

나는 진행 중인 프로젝트들을 서로 다른 미적 요소로 구분한다. '데이터 언더로드'는 데이터에 대한 궁금증을 풀어보는 분석 중심 프로젝트다. 이 책에 나온 차트 대부분이 여기서 나왔다. 복잡도는 제각각이지만, 대체로 여백을 넉넉히 두고 레이블엔 고정폭 글꼴을, 설명엔 세리프 글꼴을 쓴다.[2] 내 색상 취향은 채도가 높은 것과 낮은 것 사이를 오가며 계속 바뀌어왔다.

반면 '통계 지도' 프로젝트는 의도적으로 1800년대 인구조사국의 지도처럼 보이도록 만들었다. 그림 9.3을 보면 빛바랜 색깔에 장식적인 테두리가 있고, 텍스트 레이아웃은 템플릿처럼 보이도록 했다.

2 (옮긴이) 이 설명은 원래의 영문 그래프에 적용된 폰트를 말한다. 저자의 Flowingdata 사이트에서 확인할 수 있다.

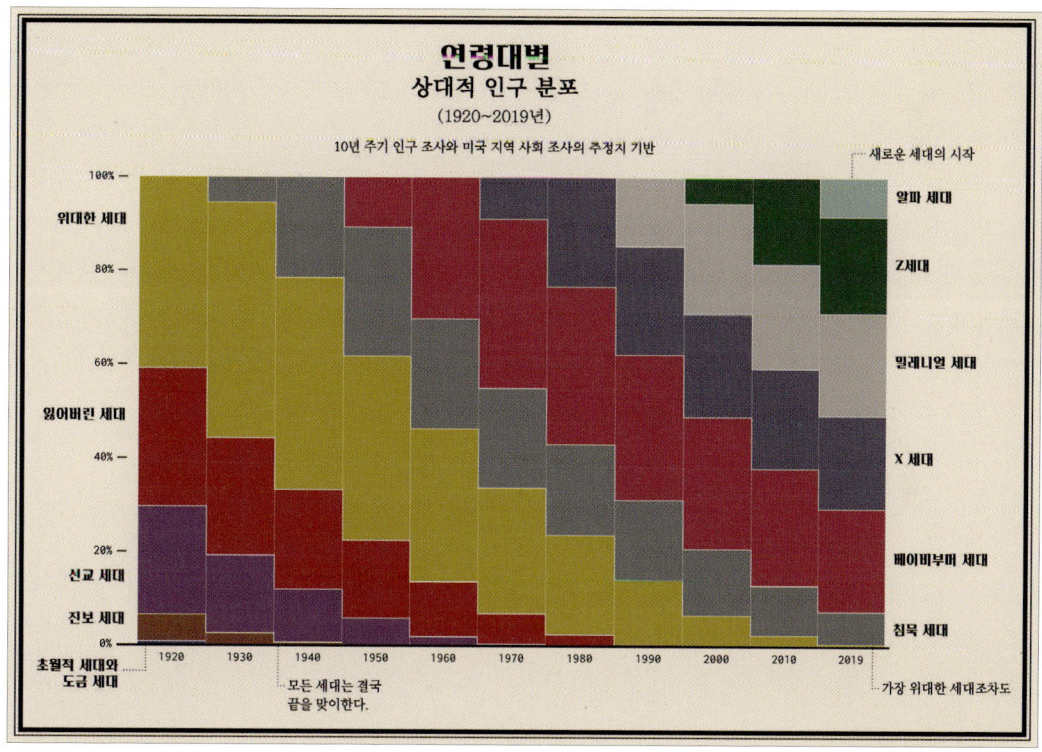

그림 9.3 세대의 흥망[3], https://flowingdata.com/2021/05/18/change-in-age-generations

3 (옮긴이) 이 세대 분류는 스트라우스와 하우의 세대 이론에서 제시한 것이다. 심리학이나 비즈니스 관리 분야에서 많이 활용하지만 과학적 검증이 어렵다는 점에서 유사 과학이라는 비판도 만만치 않다.

때론 그림 9.4처럼 손에 닿는 가장 가까운 도구로 그림을 그렸다. 크레용이 근처에 있어서, 10년마다 하는 인구 조사에서 설문 작성의 중요성을 시각적으로 설명해 보려 했다.

그림 9.4 집계하기, *https://flowingdata.com/2018/03/05/making-the-count*

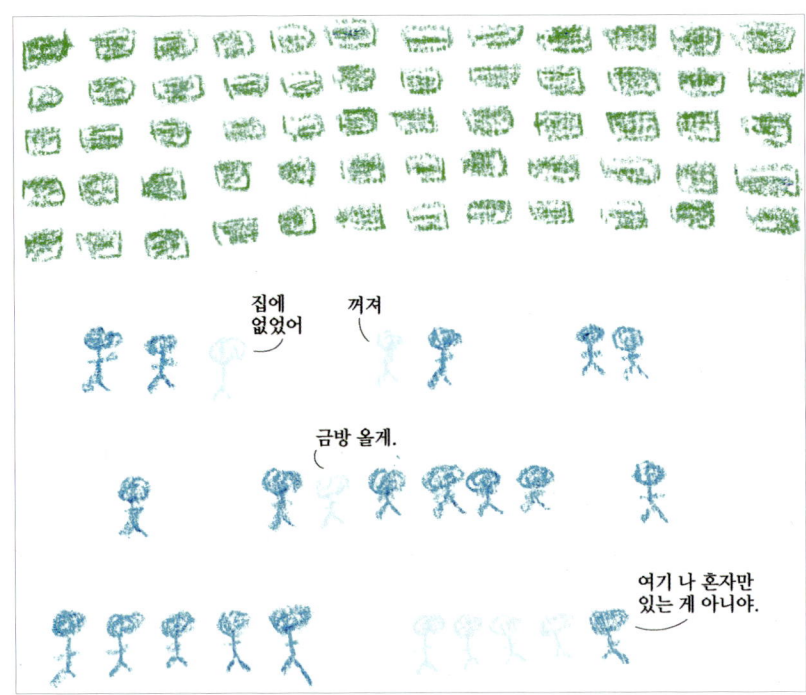

출판물용 그래픽을 만든다면 기존 디자인 스타일을 맞춰야 한다. 회사 대시보드를 만든다면 전체 플랫폼에서 공통 테마를 써야 할 수도 있다. 하지만 개인 작업이라면 자신만의 디자인 스타일을 개발하는 게 좋다. 어떤 경우든 차트의 미적인 부분을 다듬는 데 들이는 시간은 가치가 있다.

시각적 은유

통계 차트는 대개 데이터를 단순한 기하학적 형태로 압축한 추상적 표현이다. 컴퓨터 출력물 같아 보이고 실제 데이터와는 동떨어져 보인다. 데이터를 분석할 때는 그래도 괜찮다. 기본 차트는 어떤 맥락의 데이터든 빠르게

적용할 수 있다. 하지만 독자들은 이런 추상성 때문에 내용을 이해하기 어려울 수 있다.³

기본적인 점 도표만으로는 양적 측정값 이상의 것을 느끼거나 해석하기 힘들다. 이럴 때 시각적 은유가 도움이 된다.

시각화에 데이터 맥락을 나타내는 요소를 사용하자. 관련 있는 색상을 선택하는 등 간단한 방법이어도 된다. 그림 9.5는 인구 통계별 여전히 흡연하는 사람들의 비율을 보여준다. 누적 막대 차트의 범주에 일반적인 담배 색상을 사용했다.

3 어디서 시작해야 할지 모르겠다면, 그래픽을 똑같이 따라 해보는 것도 좋은 방법이다. 그러면 세부 사항을 자세히 살펴보게 된다.

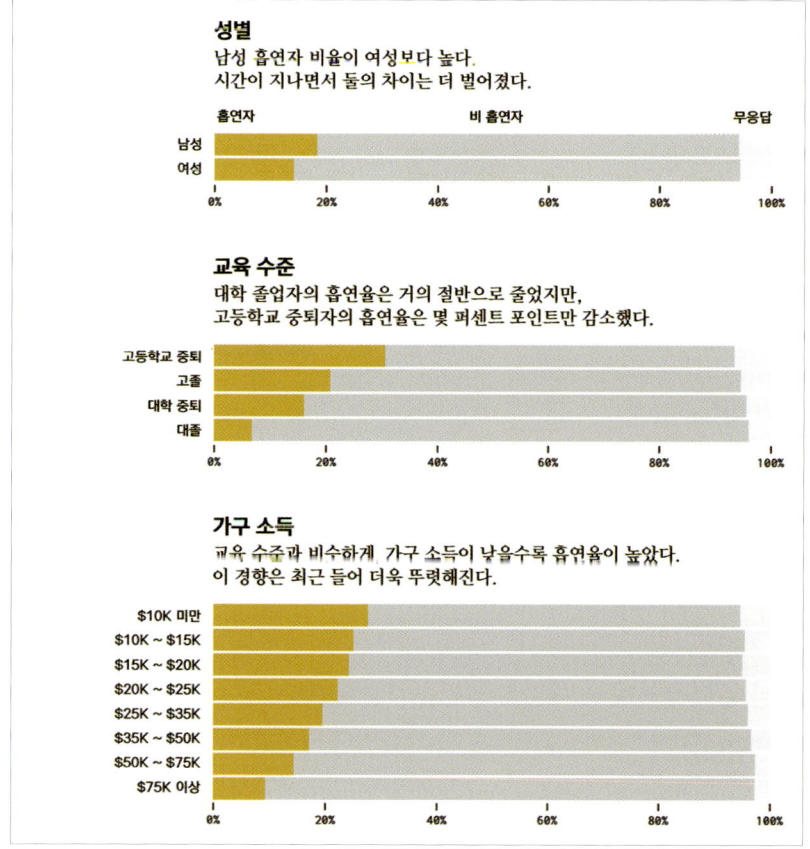

그림 9.5 누가 아직도 담배를 피우나? *https://flowingdata.com/2016/06/20/who-still-smokes*

그림 9.6은 소득 증가를 엘리베이터로 비유해 보여주는 인터랙티브 시각화의 화면을 캡처한 것이다. 각 엘리베이터의 사람 아이콘이 무엇을 나타내는지 더 명확히 해준다. 이 시각화는 '정상으로의 상승'을 나타낸다. 소득이 높을수록 백분위도 높아지며, 이는 나이에 따라 달라진다.

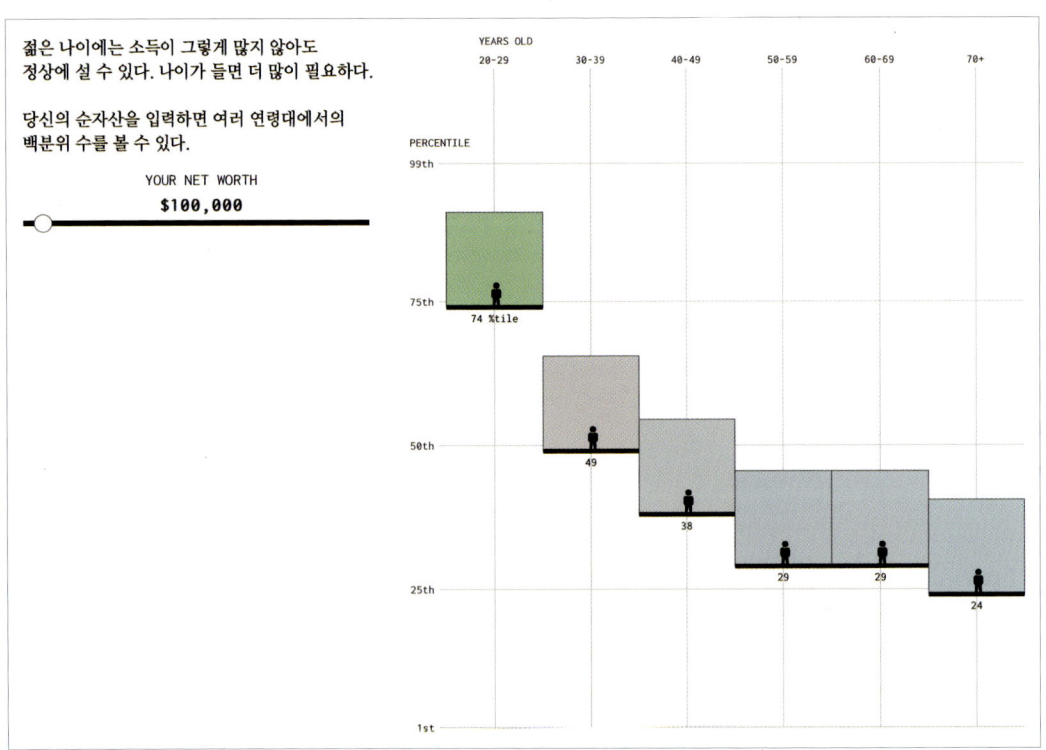

그림 9.6 연령별 내 순자산 순위, https://flowingdata.com/2023/10/26/rising-to-top-net-worth-by-age

인생에서 무엇이 사람들을 행복하게 하는지 보여주기 위해 그림 9.7처럼 힘 기반(force-directed) 알고리즘으로 배치한 웃는 얼굴 기호를 썼다. 스마일리의 면적 크기와 색, 웃음의 크기를 다르게 했다. 정보를 인지하기에 가장 정확한 시각화는 아닐지 모르지만, 만들면서 재미있었다. 이건 보너스다.

나이젤 홈즈(Nigel Holmes)의 작품은 차트에서 시각적 은유의 사용을 잘 보여준다. 종종 일러스트와 데이터 패턴을 하나의 그래픽으로 엮는다. 그 조합은 정보를 전달하면서도 재미있고 유쾌하다. 모나 찰라비(Mona Chalabi)는 시각적 은유를 효과적으로 쓴다. 아마존 창업자 제프 베조스의 재산 규모를

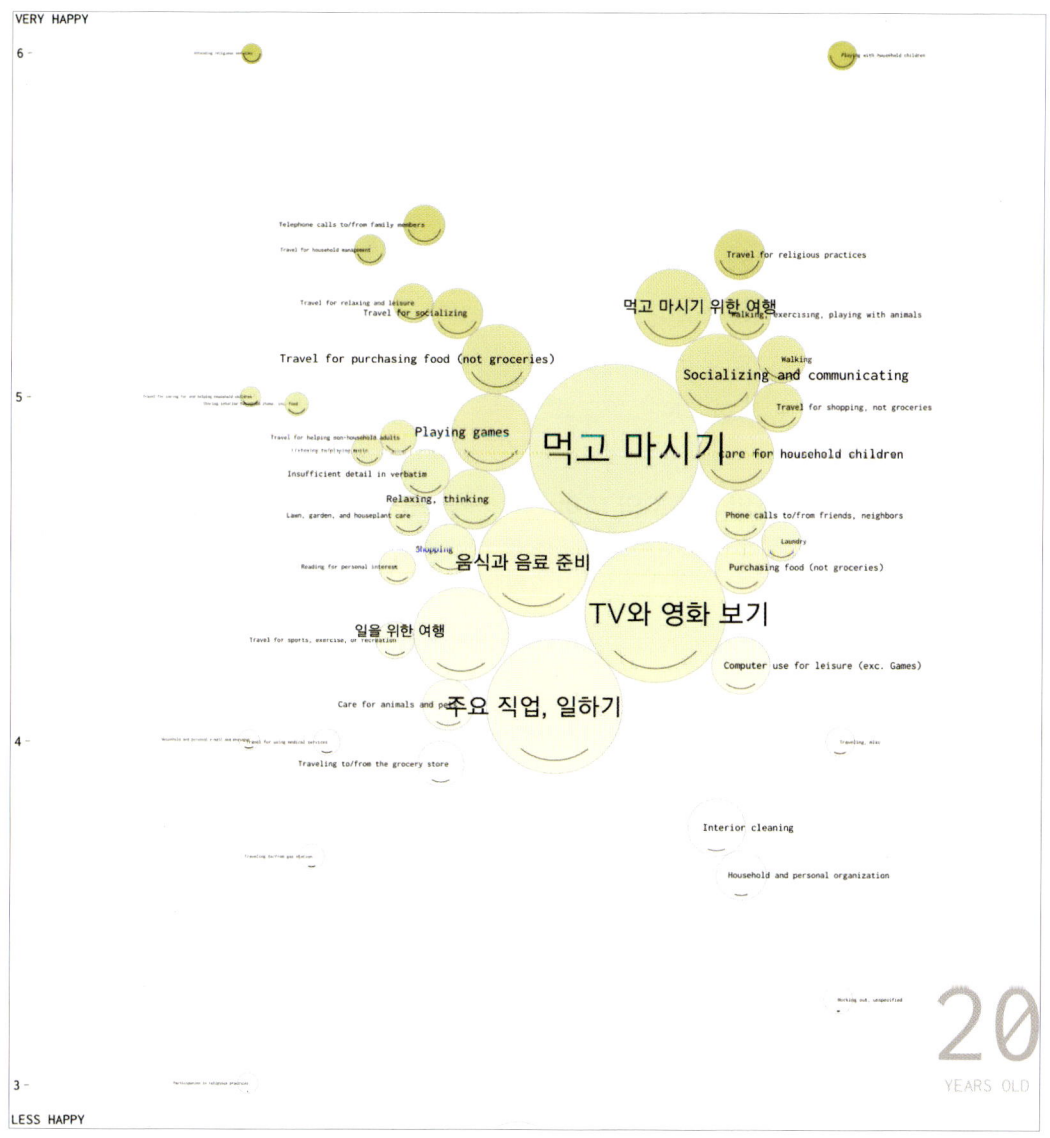

그림 9.7 미국인들이 가장 행복할 때, https://flowingdata.com/2023/01/04/when-americans-are-happiest

점점 더 터무니없는 비교로 보여 주어 퓰리처상을 받았다.

　재미있는 일러스트가 회사 보고서에는 안 맞을 수도 있다. 하지만 그 정신만은 살릴 수 있다. 시각화에는 언제나 주제가 있다. 수치적 인사이트와 함께 그 주제를 표현하는 시각 요소를 써보면 좋다.

주석

시각화는 패턴을 드러내는 데 탁월하다. 하지만 원본 데이터를 보지 않은 사람들에게는 그 패턴이 선명하게 보이지 않는다. 가독성 문제를 해결하는 간단한 방법은 바로 글이다. 기대치를 설정하고, 인코딩을 설명하며, 독자의 눈을 인사이트로 이끌고, 이야기를 들려준다. 주석은 적은 것보다는 많은 게 낫다. 독자가 글을 건너뛸 수도 있지만, 설명이 부족해 길을 잃으면 시각화 노력이 물거품이 된다.

그림 9.8처럼 직접 주석을 다는 게 가장 좋다. 물론 공간이 있다면 말이다. 차트를 따로 만들고 그 옆에 글을 쓰는 게 더 간단하다.

그림 9.8 삶의 만족도와 나이, https://flowingdata.com/2022/11/10/life-satisfaction-and-age

차트 위에 주석을 덧붙이면 글과 인코딩이 더 긴밀하게 연결된다. 특히 범례를 써서 범주를 설명하는 경우에 유용하다. 각 색상이 무엇을 나타내는지 확인하려고 시선을 왔다 갔다 할 필요 없이, 패턴에만 집중할 수 있다.

발표할 때 큰 화면에 차트가 나온다고 상상해 보자. 포인터로 차트의 특정 부분을 가리키며 그 의미를 설명할 것이다. 당신이 없을 때도 차트를 설명하려면, 가리킬 부분에 단어를 넣고 그 영역을 글로 설명하면 된다.

접근성

데이터를 이해하기 쉽게 만드는 게 목표라면, 모든 사람이 볼 수 있는 차트를 만드는 게 좋다. 대부분의 사람이 구분할 수 있는 색을 써야 한다. 2장에서 소개한 색상 도구들이 도움이 될 것이다. 시각적 인코딩에 글을 함께 쓰면 패턴과 인사이트를 설명하는 데 좋다. 텍스트 추가는 비효율적 긴단하고, 연구자들도 주석 추가 자동화 방법을 연구하고 있다. 키보드로도 조작할 수 있게 만들면 좋다.

일부는 비시각적 감각으로 데이터를 전달하려 했다. 데이터를 소리로 바꾸는 도구도 있고, 3D 프린팅이나 공, 상자 같은 일상 물건으로 만든 촉각 객체도 있다.

지금 시점에 접근성은 시각화 분야에서 새로운 영역이다. 10년 후 이 글을 다시 볼 때 이 분야가 크게 발전했길 바란다. 그러려면 접근성을 염두에 두고 적극적으로 설계해야 한다.

마무리

디자인은 그래픽을 예쁘게 만드는 것만이 아니다. 읽기 쉽고 이해하기 쉽고 사용하기 쉽게 만드는 것이다. 기본값의 차트를 조금만 다듬어도 사람들이 데이터를 더 잘 이해할 수 있다. 잡다한 것은 정리하고, 중요한 점을 강조하고, 감정적인 반응을 불러일으킬 수 있다. 데이터 그래픽은 재미있고 유익할 수 있다. 목적에 따라 재미만 추구할 때도 있지만, 시각화든 인포그래픽이든 데이터 아트든 데이터가 작업의 방향을 이끌게 해야 한다.

데이터가 많은데 어디서부터 시작해야 할지 모르겠다면, 질문부터 던져

보는 게 좋다. 무엇을 알고 싶은가? 계절성 패턴을 찾는 건가? 여러 변수 간의 관계? 이상값? 공간적 관계? 범주 간 차이? 그런 다음 데이터를 다시 살펴보며 답을 찾아본다. 필요한 데이터가 없다면 더 열심히 찾아보자.

데이터가 준비됐다면 이 책의 예제에서 배운 기술로 흥미로운 이야기를 풀어낼 수 있다. 하지만 여기서 멈추지 말라. 지금까지 배운 내용은 기초일 뿐이다. 당신이 좋아하는 모든 데이터 시각화 프로젝트의 핵심이 되는 데이터 유형과 방법은 모두 배웠다. 이를 바탕으로 더 고급스럽고 복잡한 그래픽을 만들 수 있다. 상호 작용을 추가하고 도표를 조합하거나, 사진과 글로 맥락을 더해 그래픽을 보완할 수 있다.

데이터는 실제 삶을 나타낸 것일 뿐임을 잊지 말자. 데이터를 시각화한다는 건 우리 주변과 세상에서 일어나는 일을 시각화하는 것이다. 개인 수준의 미시적인 것부터 우주 규모의 거시적인 것까지 볼 수 있다. 데이터를 이해하면 사람들이 아직 모르지만 듣고 싶어 하는 이야기를 들려줄 수 있다. 그 어느 때보다 많은 데이터가 있고, 사람들은 그 의미를 알고 싶어 한다. 이제 당신이 들려줄 수 있다. 즐겁게 해보자.

찾아보기

기호, 숫자
⟨link⟩ 태그 202
⟨title⟩ 태그 202
1사분위수 302
3사분위수 302

ㄱ
감정을 전달하는 시각화 5~7
감정의 지도 6
개요
  만들기
    밀도 그래프 319~321
    벌떼 차트 321~327
    상자 그림 305~310
    히스토그램 314~318
  소개 300
  질문 조정하기 328
갤-페터스 도법 252
갭마인더 재단 7
검색 엔진 60
결론 도출하기 340~341
계단형 차트
  만들기 107~110
  소개 106
고정 너비 텍스트 77
공간
공간 데이터
  소개 250
  지도 투영법 251~252
  지오코딩
    도구 251
    주소 250

공간 분포
  단계 구분도 270~273
  만들기
    공간 분포 283~286
    단계 구분도 273~278
    카토그램 279~282
    색맹 안전 팔레트 273
  소개 269~270
  점 밀도 지도 282~283
  카토그램 278
공간 시각화
  공간 데이터 249~252
  공간 분포 269~286
  공간과 시간 286~296
  소개 249
  위치 253~269
공간과 시간
  만들기
    소개 283
    연속 지도 288~290
  소개 286
  애니메이션 지도 292~293
  연속 지도 286~287
  주석 290~292
관계 시각화
  다중 변수 229~240
  상관관계 198~216
  소개 197
  연결 240~246
  차이 216~229
구간 312

구글
  검색 60
  루커 스튜디오 26~27
  소개 251
구글 데이터 세트 검색 61
구글 맵스 플랫폼 251
구글 스프레드시트 24~25
구글 지도 44
구글 학술검색 62
구분자로 분리된 텍스트 76
구조 202
국소 회귀 111
국제 관련 통계 자료 64
그레고르 아이시 50
기기 17~18

ㄴ
넘파이 89
네트워크 그래프
  만들기 242~247
  소개 242
네트워크 그래프
노동통계국 15
노미나팀 251
누적 막대 차트
  만들기 185~189
  소개 184
누적 영역 차트
  만들기 190~191
  소개 189~190

ㄷ

다봉형 311
다중 변수
  만들기
    평행 좌표 그래프 236~239
    히트맵 230~235
  소개 229
다중 선 차트
  만들기 135~141
  소개 135
  편집 141
다차원 척도법 230
단계 구분도
  만들기 273~278
  소개 270~273
단봉형 311
달라이 라마 6
대상 청중과 디자인 17
덕덕고 60
덤벨 차트
  만들기 218~222
  소개 217~218
데이터
  원시 75
  질문을 던지는 8~14
  찾기
    검색 엔진 60
    리스트 63
    범용 데이터 응용 프로그램 60~61
    소개 60
    연구자 61
    정부 기관 62~63
    주제별 참고 자료 63~65
    카탈로그 63
  포매팅
    고정 너비 텍스트 77
    구분자로 분리된 텍스트 76
    데이터 포맷 바꾸기 82~88
    도구 79~82
    셰이프파일 78
    소개 75, 185~187
    스프레드시트 76

    스프레드시트 애플리케이션 79
    오픈리파인 79
    코드 82
    타불라 80
    JSON 77
    Mr. Data Converter 80
    XML 78
  표본 필터링 89~91
  표본 집계 89~91
  품질 327~328
데이터 검증 10
데이터 다루기
  데이터 불러오기 74
  데이터 수집 65~73
  데이터 준비 59
  데이터 찾기 60~65
  데이터 처리 88
  데이터 포매팅 75~88
  소개 59
  표본 데이터 집계 89~91
  표본 데이터 필터링 89~91
데이터 분석
  개요 299~328
  결론 도출하기 340~341
  세부 사항 328~340
  소개 299
  정보 수집 299
데이터 불러오기 74
데이터 수집
  복사/붙여 넣기 65~66
  소개 65
  수동으로 66
  스크래핑 67~68
  웹 사이트 스크래핑 68~73
데이터 스크래핑
  소개 67~68
  웹 사이트 68~73
데이터 시각화
  감정을 전달하는 5~7
  설득력 있는 7~8
  소개 1
  오락 4~5
  통계적인 정보 시각화 2~4

데이터 시각화 프로젝트 53
데이터 시각화 협회 55
데이터 인더로드 프로젝트 349
데이터 찾기 60~65
데이터 처리 88
데이터 탐색 11~12
데이터 포매팅 75~88, 185~187
데이터 포맷 바꾸기 82~88
데이터는 복수형 63
데이터래퍼
  만들기
    도넛 차트 172~173
    파이 차트 168~171
  소개 27
데이터로 소통하기 12~14
데이터에게 6
데이터와 스토리 라이브러리 61
데이터허브 61
도구
  간단한 시각화 도구 50~54
  데이터 포매팅 79~82
  사용 가능한 도구들 살펴보기 55~57
  소개 21
  일러스트레이션용 45~49
  종이와 연필 54~55
  지도 41~45
  지오코딩 251
  클릭 기반 시각화 도구 22~31
  프로그래밍 31~40
도넛 차트
  만들기 172~173
  소개 172
디자인
  기기 17~18
  대상 청중 17
  명확성 18~19
  목적 15~16
  무한한 선택지 344
  미학 348~350
  소개 14~15, 343
  시각적 위계 348
  시각적 은유 350~353

시각화 구성 요소 345~347
접근성 355
좋은 시각화 343~347
주석 354~355
통찰 18~19, 347~355
트레이드오프 19~20
디자인의 목적 15~16
딩크족 94~95

ㄹ, ㅁ

라이브 페인트 통 도구 175
라이브러리
    자바스크립트 39
    파이썬 36
루커 스튜디오 26~27
리랜드 윌킨슨
    The Grammar of Graphics 34, 345
리스트 63
리플릿 44
마이크 보스톡 209
마이크로소프트
    엑셀 23~24, 55
    파워 BI 27
    파워포인트 55
마크 해로워 50
막대그래프
    만들기 96~100
    범주형 150~154
    소개 95~96
    편집 153~154
만들기
    계단형 차트 107~110
    네트워크 그래프 242~247
    누적 막대 차트 185~189
    누적 영역 차트 190~191
    다중 선 차트 135~141
    단계 구분도 273~278
    덤벨 차트 218~222
    도넛 차트 172~173
    막대그래프 96~100
    밀도 그래프 319~321
    버블 차트 210~216

벌떼 차트 321~327
사각 파이 차트 174~176
산점도 199~210
상자 그림 305~310
선 차트 102~106
애니메이션 지도 294~296
연속 지도 288~290
점 도표 121~132
점 밀도 지도 283~286
차이 차트 223~227
충적 다이어그램 192~195
카토그램 279~282
타임라인 116~120
트리맵 177~178
파이 차트 168~171
평행 좌표 그래프 236~239
히스토그램 314~318
히트맵
    히트맵 다중 변수 230~235
    히트맵 소개 142
매트랩 40
맵박스 43, 251
맷플롯립 라이브러리 36
멋진 공공 데이터 세트 63
메르카토르 도법 252
명확성 18~19
모나 찰라비 352
문자 도구 132, 145
물결표(~) 308
물음표 연산자(?) 98
미국 인구조사국 2
미국 지질조사국 64
미국의 통계 지도 3, 349
미학 348~350
밀도 그래프 만들기 319~321

ㅂ, ㅅ

백분위수 302
버블 차트
    만들기 210~216
    소개 210~211
벌떼 차트 만들기 321~327
범용 데이터 응용 프로그램 60~61

범주 시각화
    범주와 시간 183~195
    소개 147
    순위와 순서 180~183
    양 148~165
    전체에서의 부분 166~180
범주와 시간 183~195
범프 차트 195
벤 슈나이더만 176
복사/붙여 넣기 65~66
분산
    분포 311~327
    소개 311~313
    히스토그램 만들기 314~318
불확실성 334~337
뷰 분리하기 240
비교 329~331
비대칭도 311
빌 랜킨 283
빙 60
빙 지도 44
사각 파이 차트
    만들기 174~176
    소개 173~174
사분위 범위 301~303
산점도 만들기 199~210
산점도 소개 199
산점도
    산점도 199~210
상관관계
    만들기
        버블 차트 210~216
        산점도 199~210
    버블 차트 210~211
    산점도 199
    소개 198~199
상자 그림 305~310
색맹 시뮬레이터 52
색맹 안전 팔레트 273
선 소개 264~265
선 추가 264~269
선 차트
    만들기 102~106

소개 100~101
선택 도구 128, 144, 163, 179
설득력 있는 시각화 7~8
세계보건기구 64
세계은행 64
세부 사항
  불확실성 334~337
  비교 329~331
  소개 328~329
  이상값 337~340
  패턴 331~333
셉 캄바
  우린 괜찮아요 6
셰이프파일
  데이터 포맷 78
  소개 258
수동으로 데이터 수집 66
수염 301
순위와 순서 180~183
스크래핑
  소개 67~68
  웹 사이트 68~73
스테이먼 디자인 6
스테파니 포사백
  데이터에게 6
스트림 그래프 190
스포츠 레퍼런스 64
스프레드시트
  데이터 포맷 76
  애플리케이션 79
스플라인 111~114
시각적 위계 133~134, 348
시각적 은유 350~353
시각적 인코딩 95
시각화 구성 요소 345~347
시간
  범주 183~195
  시각화
    소개 93
    이벤트 114~134
    주기 134~145
    추세 94~114

시간과 공간
  만들기
    소개 283
    연속 지도 288~290
    소개 286
    애니메이션 지도 292~293
    연속 지도 286~287
    주석 290~292
신시아 브루어 50
씨본 라이브러리 36

ㅇ
아마존 데이터 익스체인지 61
알베르스 도법 259
알테어 라이브러리 36
애니메이션 지도
  만들기 294~296
  소개 292~293
액션스크립트 293
양
  막대그래프 149
  소개 148~149
  차트 만들기 150~154
  크기 조절 도형 155~157
  편집
    막대그래프 153~154
    차트 162~165
어도비 일러스트레이터
  만들기
    다중 선 차트 135~141
    범주형 막대 차트 150~154
    사각 파이 차트 174~176
    점 도표 121~132
    충적 다이어그램 192~195
    트리맵 177~178
    히트맵 142~145
  소개 47~48
  크기 조절 도형 157~161
어피니티 디자이너 49
엑셀 23~24, 55
역지오코딩 250
연결
  네트워크 그래프 242

네트워크 그래프 만들기 242~247
  소개 240
연구자 61
연속 지도
  만들기 288~290
  소개 286~287
  주석 290~292
오락으로써의 시각화 4~5
오픈레이어즈 44
오픈리파인 79
와플 차트 173
우린 괜찮아요 6
울프람 알파 61
원시 데이터 75
웹 사이트
  구글 데이터 세트 검색 61
  구글 맵스 플랫폼 251
  구글 학술검색 62
  넘파이 89
  노미나팀 251
  누적 영역 차트 189
  데이터 시각화 프로젝트 53
  데이터 시각화 협회 55
  데이터는 복수형 63
  데이터와 스토리 라이브러리 61
  데이터허브 61
  맵박스 251
  맷플롯립 라이브러리 36
  멋진 공공 데이터 세트 63
  메르카토르 도법 252
  미국 지질조사국 64
  버블 차트 210
  색맹 시뮬레이터 52
  세계보건기구 64
  세계은행 64
  스크래핑 68~73
  씨본 라이브러리 36
  아마존 데이터 익스체인지 61
  알테어 라이브러리 36
  어도비 일러스트레이터 47
  어피니티 디자이너 49
  오픈리파인 79
  울프람알파 61

위키백과　61
인구 조사 통계를 통한 투표와 등록　65
인구조사국　62
인구조사국 지오코더　251
인코딩　96
잉크스케이프　49
자바스크립트　38
종합사회조사　62
캐글　61
커플의 만남과 지속　169
컬러브루어　50
타뷸라　80
통합 공공 사용 마이크로데이터 시리즈　63
투톤　53
트리맵　176
판다스 라이브러리　36
퓨 리서치 센터　65
프로세싱　36
플로틀리 라이브러리　36
ArcGIS 허브　64
ATUS 데이터 세트　183
Chart.js 라이브러리　39
Chroma.js 컬러 팔레트 도우미　50
Corpora　63
CSS　38
D3 라이브러리　39
Data.gov　62
Data.gov.uk　62
Data.world　61
Esri ArcGIS 플랫폼　251
FlowingData의 데이터 출처　63
Geopy　251
GitHub 선정 핵심 데이터 세트　61
HTML　38
Layer Cake 라이브러리　40
MIT 선거 연구실　65
Natural Earth　63
Observable Plot 라이브러리　39
OECD 통계　64
OpenSecrets　65
OpenStreetMap　63

Our World In Data　64
p5.js 라이브러리　39
ProPublic Data Store　65
R　35
RStudio　35
Sip　52
TIGER/Line Shapefiles　63
UN데이터　64
Vega 라이브러리　39
위치
　선　264~269
　소개　253~254
　점　254
　점 내팽하기　254~260
　추가
　　선　264~269
　　크기 조절 도형　260~264
　크키 조절 도형　260
위키백과　61
윌리엄 클리블랜드
　The Elements of Graphing Data　345
윌리엄 플레이페어　167
이동 평균　110
이벤트
　만들기
　　점 도표　121~132
　　타임라인　116~120
　소개　114
　점 도표　121
　타임라인　116
이봉형　311
이상값　302, 337~338
인구 조사 통계를 통한 투표와 등록　65
인구조사국　62
인구조사국 지오코더　250
일러스트레이션용 도구　45~49
일러스트레이터
　만들기
　　다중 선 차트　135~141
　　범주형 막대 차트　150~154
　　사각 파이 차트　174~176

점 도표　121~132
충적 다이어그램　192~195
트리맵　177~178
히트맵　142~145
소개　47~48
크기 조절 도형　157~161
잉크스케이프　49

ㅈ
자바스크립트
　구현　202~209
　만들기
　　덤벨 차트　218~222
　　버블 차트　210~216
　　산점도　199~210
　소개　37~40
자바스크립트로 구현하기　202~209
전체에서의 부문
　도넛 차트　172
　만들기
　　도넛 차트　172~173
　　사각 파이 차트　174~176
　　트리맵　177~178
　　파이 차트　168~171
　사각 파이 차트　173~174
　소개　166~167
　차트 편집하기　179~180
　트리맵　176
　파이 차트　167~168
점
　내핑　254 260
　소개　254
점 도표
　만들기　121~132
　소개　121, 199
　편집　127
점 밀도 지도
　만들기　283~286
　소개　282~283
접근성　355
정보 수집　299
정부 기관　62~63
정치 관련 통계 자료　64

조나단 해리스
	우린 괜찮아요 6
조르지아 루피
	데이터에게 6
존 튜키
	Exploratory Data Analysis 2, 8, 300
종이와 연필 54~55
종합사회조사 62
주기
	다중 선 차트 135
	만들기
		다중 선 차트 135~141
		히트맵 142~145
	소개 134
	히트맵 142
주석
	소개 354~355
	연속 지도 290~292
주성분 분석 230
주소 지오코딩 250
주제별 참고 자료 63~65
중앙값 301, 302
지도
	도구 41~45
	점 254~260
지도 투영법 251~252
지리 좌표 250
지리학 참고 자료 63~64
지오코딩 도구 251
직접 선택 도구 128, 143, 162
질문 조정하기 328

ㅊ
차이
	강조 227~229
	덤벨 차트 217~218
	만들기
		덤벨 차트 218~222
		차이 차트 223~227
	소개 216~217
	차이 차트 223

차이 차트
	만들기 223~227
	소개 223
차이점 강조하기 227~229
최대값 301, 302
최빈값 301
최소값 301, 302
추가하기
	선 264~269
	크기 조절 도형 260~264
추세
	계단형 차트 106
	만들기
		계단형 차트 107~110
		막대그래프 96~100
		선 차트 102~106
	선 차트 100~101
	소개 94~95
	스플라인 사용하기 111~114
	시간을 나타내는 막대그래프 95~96
	평활화 110~111
충적 다이어그램
	만들기 192~195
	소개 192

ㅋ, ㅌ, ㅍ
카탈로그 63
키토그램
	만들기 279~282
	소개 278
캐글 61
커플의 만남과 지속 168~171
컬러브루어 50, 271~272
코드 형식 82
크기 조절 도형
	사용 방법 157~161
	소개 155~157, 260
	추가 260~264
클리핑 마스크 153
클릭 기반 시각화 도구 22~31
타뷸라 80

타일러 비겐
	허무맹랑한 상관관계 199
타임라인
	만들기 116~120
	소개 116
태블로 데스크톱 25~26, 55
태블로 퍼블릭 26, 55
통계 주요 개념 301~302
통계적인 정보 시각화 2~4
통찰 18~19
통합 공공 사용 마이크로데이터 시리즈 63
투톤 53
트레이드오프
	간단한 시각화 도구 50
	디자인 19~20
	일러스트레이션용 도구 49
	지도 도구 45
	클릭 기반 시각화 도구 30~31
	프로그래밍 도구 40
트렌들라이저 7
트리맵
	만들기 177~178
	소개 176
	편집 179~180
티블 305
파워 BI 27
파워포인트 55
파이 차트
	만들기 168~171
	소개 167~168
파이썬
	데이터 포맷 바꾸기 82~88
	만들기
		범주형 막대 차트 150~154
		히트맵 142~145
	소개 35~36, 55
	웹 사이트 스크래핑 68~73
	크기 조절 도형 157~161
	표본 데이터 집계 89~91
	표본 데이터 필터링 89~91
판다스 라이브러리 36
패턴 331~333

페르디오 53
펜 도구 144, 175
편집
    다중 선 차트 141
    막대그래프 153~154
    점 도표 127
    차트 편집하기 162~165
    트리맵 179~180
평균 301
평행 좌표 그래프
    만들기 236~239
    소개 235
평활화 110~111
폴 에크먼 6
표본 데이터 집계 89~91
표본 데이터 필터링 89~91
퓨 리서치 센터 65
프로그래밍 도구 31~40
프로세싱 36~37
플래시 293
플러리시 28
플로틀리 라이브러리 36

ㅎ

한스 로슬링 7
함수
    abline() 118, 139, 317, 320
    add_edges() 244
    add_vertices() 243
    append() 203
    axis() 126, 137
    barplot() 98, 106, 152
    beeswarm() 325
    boxplot() 306~308
    cbind() 262
    colnames() 117
    d3.axisBottom() 204~206
    d3.scaleSqrt() 212
    density() 319
    dev.off() 179
    distinct() 307
    factor() 310
    filter() 308, 317

grid() 137
head() 89, 97, 107, 110, 117, 136, 186, 231, 256
heatmap() 232, 234
hist() 314
initChart() 208, 212, 214, 219,
install.packages() 112, 177, 243, 255, 305, 322
jitter() 119
join() 208
layout() 258
legend() 278
lines() 113, 138, 266, 268
make_empty_graph() 243
match() 262, 275, 284
mean() 317
min() 140
order() 234
par() 102, 106, 125, 126, 151, 258, 262, 265, 289, 294, 308, 316
parcoord() 237
paste() 120
pdf() 127, 141
pickCol() 276~277
plot() 102~104, 106~108, 110, 120, 125,112, 118, 137, 138, 239, 244, 245, 257, 259, 262, 268, 277, 280, 290, 320
points() 118, 124,258, 259, 266, 290, 320
polygon() 320
range() 289
read.csv() 97, 102, 107, 116, 121, 136, 177, 186, 231, 236, 256, 261, 274, 283, 288, 305
rep() 118
runif() 324
sapply() 277
saveGIF() 294
scatter() 157
select() 306
selectAll() 208

set() 151, 158
setInteraction() 214
spline() 113
st_as_sf() 259, 263, 268
st_centroid() 262
st_geometry() 257, 265
st_read() 288
st_sample() 284
st_transform() 259, 263, 268, 288
strwrap() 105
subplots() 152
summary() 108, 276, 306
symbols() 143, 263, 264
table() 261
tail() 120
text() 104~106, 120, 158, 266, 326
treemap() 178
unique() 136, 139, 186, 306, 316
viewport() 258
write.table() 187
허무맹랑한 상관관계 199
히스토그램 314~318
히트맵
    다중 변수 230
    만들기
        다중 변수 230~235
        소개 142
    소개 32, 142, 230

A, B, C, D

abline() 118, 139, 317, 320
add_edges() 244
add_vertices() 243
alluvial 패키지 34
animation 패키지 34
API 60~61
append() 203
ArcGIS 42, 64
ATUS 데이터 세트 183
axis() 126, 137
barplot() 98, 106, 152
beeswarm() 325
boxplot() 306~308

cbind()　262
Chart.js 라이브러리　39
Chroma.js 컬러 팔레트 도우미
　　50~52
colnames()　117
Corpora　63
CSS
　만들기
　　덤벨 차트　218~222
　　버블 차트　210~216
　　산점도　199~210
　　소개　37~40
　　스타일　209
D3 라이브러리　39
d3.axisBottom()　204~206
D3.js
　덤벨 차트 만들기　218~222
　버블 차트 만들기　210~216
　산점도 만들기　199~210
d3.scaleSqrt()　212
Data.gov　62
Data.gov.uk　62
Data.world　61
datawrapper.de
　도넛 차트 만들기　172~173
　파이 차트 만들기　168~171
density()　319
dev.off()　179
distinct()　307

E, F, G, H
Esri　251
Esri ArcGIS 플랫폼　42, 251
Exploratory Data Analysis　2, 8, 300
factor()　310
filter()　308, 317
FlowingData　2, 4, 18, 46, 63, 74,
　　173, 337
FlowingData의 데이터 출처　63
Geopy　251
ggplot2 패키지　34
GitHub 선정 핵심 데이터 세트　61
grid()　137

HappyDB　6
head()　89, 97, 107, 110, 117, 136,
　　186, 231, 256
heatmap()　232, 234
hist()　314
HTML
　소개　37~40
　HTML 구조 만들기　202

I, J, L, M, N
initChart()　208, 212, 214, 219,
install.packages()　112, 177, 243,
　　255, 305, 322
jitter()　119
join()　208
JSON　77
Layer Cake 라이브러리　40
layout()　258
legend()　278
library()　112, 177, 243, 294
lines()　113, 138, 266, 268
make_empty_graph()　243
match()　262, 275, 284
mean()　317
min()　140
MIT 선거 연구실　65
Mr. Data Converter　80
Natural Earth　63

O, P, Q
Observable Plot 라이브러리　39
OECE 통계　64
OpenSecrets　65
OpenStreetMap　63, 250
order()　234
Our World In Data　64
p5.js 라이브러리　39
packcircles 패키지　34
par()　102, 106, 125, 126, 151, 258,
　　262, 265, 289, 294, 308, 316
parcoord()　237
paste()　120
pdf()　127, 141

pickCol()　276~277
plot()　102~104, 106~108, 110, 120,
　　125,112, 118, 137, 138, 239,
　　244, 245, 257, 259, 262, 268,
　　277, 280, 290, 320
plotrix 패키지　34
points()　118, 124,258, 259, 266,290,
　　320
polygon()　320
ProPublic Data Store　65
QGIS　42

R
R
　만들기
　　계단형 차트　107~110
　　네트워크 그래프　242~247
　　누적 막대 차트　185
　　다중 변수를 위한 히트맵
　　　230~235
　　다중 선 차트　135~141
　　단계 구분도　273~278
　　막대그래프　96~100
　　밀도 그래프　319~321
　　상자 그림　305~310
　　선 차트　102~106
　　애니메이션 지도　294~296
　　연속 지도　288~290
　　점 도표　121~132
　　점 밀도 지도　283~286
　　카토그램　279~282
　　타임라인　116~120
　　트리맵　177~178
　　평행 좌표 그래프　236~239
　　히스토그램　314~318
　　히트맵　142~145
　　선 추가　264~269
　　소개　32~35, 55
　　스플라인 사용하기　111~114
　　점 매핑하기　254~260
R 저장소　34
range()　289
RateBeer　4

RAWGraphs
   만들기
      누적 막대 차트　185
      누적 영역 차트　190~191
      충적 다이어그램　192~195
   소개　30
rawgraphs.io　185
read.csv()　97, 102, 107, 116, 121,
      136, 177, 186, 231, 236, 256,
      261, 274, 283, 288, 305
rep()　118
RStudio　35
runif()　324

S

sapply()　277
saveGIF()　294
scatter()　157
select()　306
selectAll()　208
set()　151, 158
setInteraction()　214
Sip　52
spline()　113
st_centroid()　262
st_as_sf()　259, 263, 268
st_geometry()　257, 265
st_read()　288
st_sample()　284
st_transform()　259, 263, 268, 288
strwrap()　105
subplots()　152
summary()　108, 276, 306
SVG　203
symbols()　143, 263, 264

T, U, V, W, X, Y

table()　261
tail()　120
text()　104~106, 120, 158, 266, 326
The Elements of Graphing Data　345
The Grammar of Graphics　34, 345
TIGER/Line Shapefiles　63

treemap 패키지　34
treemap()　178
UN 데이터　64
unique()　136, 139, 186, 306, 316
Vega 라이브러리　39
viewport()　258
Weather Underground　67~68
write.table()　187
x 축　95
xkcd　199
XML　78
y 축　96